JACQUES STAEHLE

HEILENDE ENERGIE

Gesundheit aus den Fingerspitzen

Zum Autor

Jacques Staehle war Berater und wissenschaftlicher Leiter der Weltorganisation der Naturheilkunde und ist Akupunkteur, Krankengymnast und Naturheilarzt. Bevor er mehr als 21 Werke über die Gesundheit verfaßte, litt er an diversen ernsthaften Gesundheitsbeschwerden. Als er daher dazu angehalten wurde, Yogaübungen zu machen, entdeckte er diese Möglichkeit einer besseren Lebensgestaltung und beschloß, seine Kenntnisse auf dem Gebiet der Ernährungslehre, der Anwendung von Heilkräutern und der Aromatherapie weiter zu vertiefen, und stieß so schließlich auf die Akupressur. Von seinen Werken sollen folgende Titel besonders erwähnt werden:

Arôme et Energie (Aroma und Energie)
Chakras et Energie (Chakren und Energie)
Effacez vos douleurs (Schmerz weg)
Effacez le ventre (Bauch weg)
Le guide de l'épanouissement sexuel
(Handbuch der sexuellen Entfaltung)
Le guide pratique d'esthétique naturelle
(Praktisches Handbuch der natürlichen Ästhetik)
und
La santé par les médicines douces
(Gesund durch sanfte Heilweisen).

Anmerkung des Herausgebers

Dieses Buch bildet die Zusammenfassung eines Lebens, das der energetischen Heilkunst gewidmet ist. Der Autor hat nicht nur zahlreiche Werke über dieses Thema verfaßt, sondern veranstaltet auch Konferenzen und Seminare auf der ganzen Welt. Möchten Sie diesbezüglich mehr Informationen erhalten, dann nehmen Sie bitte mit uns Kontakt auf: *Reuille Verlag*, Grand-Montfleury 6, CH-1290 Versoix, Telefon 022 755 50 58.

Wir halten Sie gern über die neuesten Erkenntnisse auf dem Gebiet der Gesundheit, der angewandten Psychologie, der Naturheilkunde und der Persönlichkeitsentfaltung auf dem laufenden. Sind Sie daran interessiert, senden Sie bitte eine Karte mit Ihrem Namen, Ihrer Adresse und dem Vermerk »Neuerscheinungen« an folgende Adresse:

Reuille Verlag
Champ-Colin 12
CH-1260 Nyon 1
Tel. 022 994 51 10
Fax 022 994 51 55

Vielen Dank.

Titel der französischen Originalausgabe:
L'Energie qui guérit - La santé au bout du doigt

Deutsche Übersetzung:
Andrea Fischer

ISBN: 2-88181-090-X
Code: LU31A

Inhaltsverzeichnis

Vorwort

Ich hatte schon sehr lange vor, dieses Buch zu veröffentlichen. In der Tat erschien mir der menschliche Körper schon immer als eine Einheit, komplex und einfach zugleich. Als großartige Schönheit vermischt mit einem Hauch von Mysterium.

Ich habe mich mit Jacques Staehle darüber unterhalten. Er war erstaunt über meine Äußerungen. Die Energie, die den Körper durchströmt, ist für ihn ebenso konkret faßbar wie die Haut, die ihn umhüllt.

Den Chinesen ist es schon seit Urzeiten möglich, diese Energie zu materialisieren. Ihre Traditionen haben sie gelehrt, daß der menschliche Körper mit einem Energie-Netz überzogen ist. Daß man, oft nur mit Hilfe eines Fingers, den Strom dieser Lebensenergie zu fördern oder zu mindern vermag.

Mir waren die Arbeiten von Jacques Staehle bereits bekannt. Ich habe ihn zunächst bei all seinen Seminaren in der Schweiz unterstützt und später deren Organisation übernommen. Jedesmal der gleiche Erfolg, jedesmal die gleiche Verzauberung.

Er hat mir die Veröffentlichung eines praktischen und umfassenden Werkes vorgeschlagen, das Ihnen alles anschaulich erklärt und Sie sicher zum Erfolg führt.

Dieses Buch halten Sie nun in Händen. Es ist sicherlich eines der besten Werke, die wir je veröffentlicht haben.

Ich weiß jetzt schon, daß es Ihnen und Ihren Mitmenschen großartige Dienste leisten wird. Zögern Sie nicht, es in Ihrem Bekanntenkreis weiterzuempfehlen.

Allein mit Hilfe eines Fingers werden Sie demnächst wahre Wunder vollbringen.

Mit meinen besten Wünschen für Ihre Gesundheit

Jean-Claude Reuille,
Herausgeber.

1. Einleitung

Was ist Akupressur?

Die Akupressur kann als die Kunst verstanden werden, dank der Stimulierung der Energiepunkte des Körpers in bester Gesundheit zu leben. In der Tat ist es möglich, die Energiepunkte unseres Körpers zu stimulieren, indem wir diese mit dem Finger massieren - das ist Akupressur; Stimulierung mit Nadeln ist Akupunktur; oder noch besser, mit Hilfe eines elektronischen Gerätes, dann handelt es sich um Elektro-Akupressur.

Ziel der Akupressur und ihre Möglichkeiten

Die Stimulierung der Energiepunkte ermöglicht es uns, unsere Energie zu harmonisieren, indem ihre Zirkulation im Organismus gefördert wird.

Bei akuten Schmerzen wird oft schnelle Erleichterung bewirkt, ob es sich bei diesen um Gelenkschmerzen, Muskelschmerzen oder durch Rheuma, Verletzungen, Verdauungsprobleme, Nervenstörungen, Wettereinflüsse oder sogar psychisch bedingte Schmerzen handelt. Dies gilt ebenso für die meisten Funktionsstörungen.

Mit Hilfe dieser phantastischen Technik werden die kleinen Störungen, die Ihnen tagtäglich das Leben schwer machen, behoben, doch es können auch bei bereits länger vorhandenen Beschwerden nicht zu verachtende Resultate erzielt werden.

Die persönliche Erfahrung des Autors bestätigt die Wirksamkeit dieser Technik: "Ich litt seit 18 Jahren an Lendenschmerzen, als ich die chinesische Akupressur und ihre Heilmethoden entdeckte. Nachdem ich einige speziell für meinen Zustand geeignete Punkte behandelt hatte, konnte ich mein Leiden endlich loswerden, das bis dahin mit Hilfe des üblichen Arsenals nicht gelindert werden konnte."

Diese Technik hat sich auch für Tausende anderer Personen als wirksam erwiesen, und sie haben ihre Lebensfreude wiedergefunden.

Obwohl sie kein universelles Wundermittel ist, bietet die Akupressur Möglichkeiten zur Heilung und Vorbeugung, denn je früher ein Leiden festgestellt wird, desto schneller kann es auch unter Kontrolle gebracht werden.

Die Akupressur ist nicht darauf beschränkt, Schmerzen zu beseitigen: sie hat ihre Wirksamkeit auch in der Schönheitspflege bewiesen, etwa um die Beschaffenheit der Haut zu verbessern, sei es, daß diese zu trocken oder zu fettig ist, aber auch bei der Behandlung von Akne sowie von Tränensäcken und auch, um Haarausfall zu stoppen, Schuppenbildung unter Kontrolle zu bringen ...

Die Akupressur ist die Kunst, bei bester Gesundheit zu leben, und zwar dank der Stimulierung spezifischer Energiepunkte, die

Müdigkeit beseitigen und bei der Bekämpfung von Streß und Krankheiten behilflich sind. Sie ist eine ausgezeichnete Methode, um Grippe, Mandel- und Stirnhöhlenvereiterungen zu vermeiden. Sie ist auch die Lehre von der Selbstkontrolle, die uns dabei unterstützt, in allen Situationen Ruhe zu bewahren und ein besseres Gleichgewicht im Leben zu erzielen.

Die Akupressur lehrt uns die Sprache des Körpers. Auf diese Weise werden wir verstehen können, daß Schmerzen Alarmglocken sind, die uns auf funktionelle, biologische oder psychische Störungen hinweisen. Es wird also genügen, dieses Alarmsignal zu beachten, um die Ordnung in unserem Organismus wieder herzustellen, indem wir die spezifisch in Frage kommenden Energiepunkte stimulieren, gegebenenfalls in Verbindung mit der Ernährungslehre und dem Einsatz von Heilkräutern und ihren ätherischen Aromaölen. Man kann also sagen, daß die Akupressur, indem sie Schmerzen beseitigt, auch die Ursache behebt und möglichen Krankheiten vorbeugt.

Das Erlernen der Akupressur wird Ihr Leben verändern

Sie werden nicht nur zahlreiche Unpäßlichkeiten und mögliche Krankheiten vermeiden, sondern auch mehr Verständnis für den Sinn des Lebens entwickeln und Antworten auf vielerlei Fragen erhalten, wie etwa: Warum ist das Herz das Symbol der Liebe? Warum sagt man: “eine offene Hand haben”? Sie werden auch nicht mehr darüber erstaunt sein, daß es Punkte auf dem Herzmeridian gibt, die in der Lage sind, Ihnen zu helfen, Ihre Lebensfreude wiederzufinden, die Sie vielleicht infolge eines psychisch-emotionalen Schocks verloren hatten. Sie werden auch verstehen, warum emotionale Gefühle einen großen

Einfluß auf den Herzschlag haben können, und Sie werden zugeben müssen, daß es ganz leicht ist, einen Nervenschmerz im Bereich des Herzens zu beseitigen, indem Sie einfach einen oder zwei Energiepunkte stimulieren.

Die Akupressur erklärt auch die Ursachen für die Verschiedenheit unserer Geschmäcker: Warum es jemand lieber süß oder salzig, scharf, sauer oder auch bitter mag. Warum jemand diese oder jene Farbe bevorzugt, warum man sich während einer bestimmten Jahreszeit besser oder schlechter fühlt usw. Sie werden erfahren, daß es für alles Vorhandene eine Erklärung gibt und daß nichts zufällig existiert.

Die Akupressur wird Ihnen dabei behilflich sein, Ihre Schlaflosigkeit, Ihre Ängstlichkeit und manches andere Übel zu besiegen. Sie wird sich auch als erstaunliche Methode erweisen, um jemanden innerhalb von wenigen Sekunden aus einer Ohnmacht zu wecken.

Dieses Werk behandelt die Rolle der Energie und ihrer Zirkulation in den Meridianen. Wir werden uns dem Studium der Energiepunkte widmen und dann erfahren, wie wir sie kombinieren können.

2. Grundprinzipien

Die Akupressur beruht auf einer offensichtlichen Tatsache:

Leben benötigt Energie und Leben erzeugt Energie.

Was ist Energie?

Für die Physiker stehen Energie und Materie in so enger Beziehung zueinander, daß sie geneigt wären zu sagen, daß Materie nichts anderes als konzentrierte Energie ist. Doch Energie ist vor allem eine Kraft, die sich aus den Molekularbewegungen von Atomen ergibt und die in der Lage ist, Wärme abzugeben, einen mechanischen Effekt in Gang zu setzen, Elektrizität zu produzieren, chemische Reaktionen zu erzeugen, die einen Knallkörper oder eine Atombombe zur Explosion bringen kann ... Kurz, Energie ist die Kraft, die alle dynamischen Phänomene erzeugt, positiver wie auch negativer Art.

Wußten Sie, daß im Innern der Sonne ein so starker Druck herrscht, daß die Wasserstoffatome miteinander verschmolzen werden und ihre Explosion kalorische Energie und Lichtenergie freisetzt, die durch den Weltraum fließt?

Wußten Sie, daß, wenn der Mensch in der Lage wäre, die gesamte Energie, die in einem Kilogramm Kieselsteinen enthalten ist, "aufzutauen", ausreichend Energie freigesetzt würde, um mit einem Frachtschiff mehr als 200mal um die ganze Welt zu fahren?

Wußten Sie, daß die Pflanzen dank der Sonnenenergie in der Lage sind, das Kohlendioxid aus der Luft zu binden, und daß ihnen die Möglichkeit gegeben ist, mit Hilfe des Kohlenstoffs, den sie gespeichert haben, Kohlehydrate zu produzieren, und weiter, daß diese Kohlehydrate bei ihrer Zersetzung das Kohlendioxid und die Energie freisetzen, die für die Aktivität ihrer Zellen nötig sind? Man kann folglich sagen, daß Leben das Ergebnis einer ganzen Folge von physio-chemischen Vorgängen ist, die Energie produzieren und erfordern.

Das menschliche Leben ist das Ergebnis einer ganzen Folge physiologischer Vorgänge wie Atmung, Verdauung, Blutkreislauf usw. All diese Vorgänge erfolgen durch Austausch von Partikeln zwischen verschiedenen Molekülen. Folglich verbindet sich jedesmal, wenn ein Molekül ein Element freisetzt, dieses Element mit einem anderen Molekül und produziert dabei Energie, und umgekehrt.

Dieser Austausch benötigt zu seiner Wiederholung Energie. Und dies gilt auf allen Ebenen. Jede Lageveränderung erfordert Energie und erzeugt Energie.

Diese energetischen Vorgänge werden durch Gesetze geregelt, die unsere Experten der Kernphysik allmählich zu erkennen beginnen. Der Stand der Wissenschaft ist im Augenblick der, daß es eine Analogie gibt zwischen den Vorgängen, die sich im

Körper des Menschen abspielen, der aus Milliarden von Zellen besteht, und jenen Vorgängen, die sich im Kosmos abspielen, der aus Milliarden und Abermilliarden von Planeten besteht. Von daher rührt eine regelrechte Philosophie, die immer mehr Erklärung von seiten der Atomexperten findet (und die das Thema eines der nächsten Bücher des Autors bilden wird).

Im Augenblick möchten wir jedoch auf der Erde bleiben und uns mit unseren kleinen Wehwehchen befassen. In den meisten Fällen handelt es sich um eine Energieblockade, die man mit Hilfe der Stimulation von Energiesteuerpunkten auflösen muß. Diese Steuerpunkte sitzen auf Energieleitbahnen, die als Meridiane bezeichnet werden.

Die Behandlungsweisen der Akupressur

Ziel der Behandlung durch Akupressur ist es, den Energiefluß zu verbessern und die harmonische Verteilung der Energie im Körper zu ermöglichen. Unser physiologisches, biologisches und psychisches Gleichgewicht hängt von diesen energetischen Vorgängen ab.

Ein Energieüberschuß, der durch ein gestörtes Gleichgewicht in einem Organ entstanden ist, kann auf der Bahn des Meridians einen Schmerz hervorrufen, und zwar an einem ganz bestimmten Punkt oder in einer ganz bestimmten Zone. So verursacht eine Gallenblasenfunktionsstörung eine Erhöhung der Energiezufuhr, die ihrerseits eine Migräne hervorruft, die ziemlich genau im Bereich des Ausgangspunktes des Meridians der Gallenblase auftritt, d. h. am äußeren Augenwinkel, im Bereich der Schläfen, gelegentlich auch in Verbindung mit einer Ausstrahlung des Schmerzes über die gesamte Gesichtshälfte und besonders bis unter den Hinterhauptshöcker im Nacken, wo sich der zwanzigste Punkt der Gallenblase befindet. Um diese Migräne unter Kontrolle zu bringen, sedieren wir den Sedierungspunkt der Gallenblase G38, der sich auf der Außenseite des Beines befindet. Die Stimulierung dieses Punktes aktiviert die Gallenblasentätigkeit und ihre Energie, beseitigt somit ihren Energieüberschuß, und dadurch verschwindet die Migräne.

Einerseits war die Migräne das Alarmsignal, das uns auf die Notwendigkeit hingewiesen hat, die einwandfreie Funktion der Gallenblase wieder herzustellen. Andererseits haben wir, indem wir den Schmerz behandelt haben, auch die Ursache behoben.

Betrachten wir nun einen genau entgegengesetzt gearteten Fall:

Es handelt sich dieses Mal um einen Energiemangel, z. B. um Müdigkeit oder Muskelerschlaffung. Man muß folglich die für diese Schwäche zuständigen Meridiane tonisieren, indem man sich für eine Tonisierungstechnik entscheidet.

In diesem Fall muß man tonisieren, da es sich um einen Mangel an Yang-Energie handelt. Wenn es sich dagegen um einen Überschuß an Yang gehandelt hätte, hätte man sedieren müssen.

Um sicher zu sein, ob man tonisieren oder sedieren soll, muß man sich um das Verständnis von Yin und Yang bemühen.

In diesem Werk bedeutet die Bezeichnung (-) sedieren, die Bezeichnung (+) tonisieren, HM bedeutet Hauptmeridian und SM bezeichnet einen Sondermeridian.

Die Stimulierung von Energiepunkten mit Hilfe Akupressur

Das Tonisieren

Um einen Punkt zu tonisieren, üben wir Druck auf diesen aus und massieren ihn im Uhrzeigersinn, wobei wir ein bis zwei Minuten lang einen Impuls in Fließrichtung des Energiestroms auslösen.

Das Sedieren

Um einen Punkt zu sedieren, üben wir Druck auf diesen aus und massieren ihn gegen den Uhrzeigersinn, wobei wir ein bis zwei Minuten lang einen Impuls entgegen der Fließrichtung des Energiestroms auslösen.

Die Stimulierung von Energiepunkten mit Hilfe des *elektronischen Akupressurgeräts* (R)

Bei der Stimulierung von Energiepunkten kann mit Hilfe eines elektronischen Gerätes eine noch weitaus größere Wirksamkeit erzielt werden: mit dem elektronischen Akupressurgerät.

Dieses Gerät lokalisiert die Lage eines Punktes auf äußerst präzise Weise und ermöglicht ein sofortiges Tonisieren oder Sedieren, bzw. eine einfache Stimulierung.

Es handelt sich um ein völlig neuartiges Gerät, das zur Erleichterung der Suche eines bestimmten Punktes und seiner sofortigen Stimulierung innerhalb einiger weniger Sekunden entwickelt wurde. Seine Anwendung ist äußerst leicht zu handhaben. Es besteht keinerlei Risiko, da es mit Hilfe einer 9-Volt-Batterie betrieben wird, die im Handel leicht erhältlich ist und eine Betriebsdauer von bis zu über einem Jahr hat.

Es genügt, mit dem Suchfühler über die Zone zu fahren, in der sich der in der Skizze abgebildete Punkt befindet, und es ertönt ein akustisches Signal in Verbindung mit einem Lichtsignal, das die exakte Lage dieses Punktes angibt. Es genügt dann, fünfzehn Sekunden lang auf den Knopf zu drücken, der sich auf der Unterseite des Gerätes befindet, um eine leichte elektronische Stimulierung auszulösen. Nun zeigt Ihnen das akustische Signal zusammen mit dem Lichtsignal an, daß eine Stimulierung stattfindet. Dank diesem Gerät wird die Arbeit folglich erleichtert, und die Behandlungserfolge stellen sich schneller ein.

Dieses neuartige Gerät ist dank einem selektiven Fühler sowohl für die Anwendung auf trockener, feuchter als auch normaler Haut geeignet.

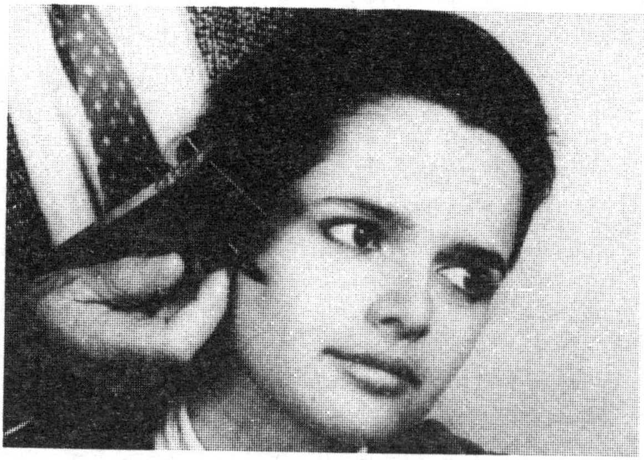

Zum Tonisieren genügt es, den Hebel auf (+) zu stellen und den Punkt 10 bis 15 Sekunden lang zu stimulieren.

Zum Sedieren genügt es, den Hebel auf (-) zu stellen und den Punkt 10 bis 15 Sekunden lang zu stimulieren.

Anwendung auf beiden Seiten

Sie müssen die Punkte stets auf beiden Seiten des Körpers stimulieren, es sei denn, es ist anders angegeben. Alle Punkte existieren beidseitig, d. h. auf der rechten und der linken Körperseite, mit Ausnahme des Konzeptions- und des Lenkergefäßes, denn diese verlaufen einseitig, d. h. in der Mitte. Das Konzeptionsgefäß verläuft auf der Mittellinie entlang der Vorderseite des Körpers, das Lenkergefäß auf der Mittellinie entlang der Rückseite, größtenteils entlang der Wirbelsäule.

Die Anzahl der empfohlenen Behandlungen

Diese hängt von dem zu behandelnden Leiden ab.

Zur Raucherentwöhnung ist wahrscheinlich eine Behandlung täglich erforderlich, bis der gewünschte Behandlungserfolg erzielt ist; wir können hierbei mit Behandlungen zur Appetiteindämmung, bzw. Bekämpfung der Nervosität abwechseln.

Zur Verbesserung der Sehkraft sind eine bis zwei Behandlungen pro Woche empfehlenswert; bei Ischiasbeschwerden ist es gut möglich, daß zwei bis drei Behandlungen ausreichen.

Als generelle Faustregel gilt, nur eine Behandlung pro Tag vorzunehmen und die Behandlung abzubrechen, sobald Ihr Leiden verschwunden ist.

Fal!s Sie mehrere Behandlungen vor sich haben, beginnen Sie mit dem vorrangigsten Leiden.

Die Kunst des Tonisierens und des Sedierens, deren Aufgabe die Herstellung des Gleichgewichts zwischen Yin und Yang in unserem Energiehaushalt ist, um uns ein Leben in der Harmonie des Universums zu ermöglichen, wird im nächsten Kapitel besprochen.

Yin und Yang

Um das Verständnis von Yin und Yang zu erleichtern, wählen wir als grundlegendes Beispiel für Yang - die Sonne.

Die Sonne erzeugt Licht und Wärme.

Sie fördert Trockenheit und Bewegung.

Wasser, der Hauptbestandteil der lebenden Materie (unser Körper besteht zu mehr als 70 % aus diesem Element), kann sich bei Temperaturen unter 0 Grad C nicht bewegen.

Außerdem tendieren wir dazu, tagsüber zu reisen, und dies noch viel lieber bei schönem Wetter, hauptsächlich im Sommer.

Die Nacht fördert die Ruhe.

Das Äußere ist Yang. Die Erdstrahlen treffen auf die Erdkruste, auf die Haut und alles, was außen liegt, auf. Südländer sind extravertierter als die Menschen aus dem Norden.

Doch man muß sich dabei stets die Relativität von Yin und Yang vor Augen halten, denn nichts existiert im reinen Zustand: Im Yang ist immer Yin, und im Yin ist immer Yang enthalten. So ist die Haut Yang in bezug auf die Muskeln, die wiederum Yin in bezug auf die Haut sind, während die Muskeln gleichzeitig als Yang in bezug auf die Knochen betrachtet werden können. Dies ist auch der Grund dafür, weshalb uns die Wolken als Bezugspunkt zur Darstellung der Relativität von Yin dienen. Je dichter die Wolken sind, desto weniger Sonnenlicht dringt zu uns durch und desto mehr Feuchtigkeit ist in der Atmosphäre enthalten. All dies bedeutet Yin.

Außerdem kann sich ein Überschuß an Yang in Yin verwandeln. Wenn es zum Beispiel zu heiß ist, dann haben wir kein Bedürfnis nach Bewegung, sondern nach Ruhe. Wer sich zu sehr aufregt, kann nach einem Nervenzusammenbruch in eine Depression verfallen. Ebenso kann ein Überschuß an Yin das Phänomen eines Überschusses an Yang hervorrufen, etwa wie eine zu starke Kälteeinwirkung Verbrennungserscheinungen hervorrufen kann.

Vereinfachte Übersicht über die Wechselbeziehung zwischen Yin und Yang

Yang (+)	**Yin (-)**
Sonne	Wolken
Licht	Nacht
Wärme	Kälte
Trockenheit	Feuchtigkeit (Wasser, Blut)
Äußeres	Inneres
Bewegung	Ruhe
Verteidigung	Befruchtung

Überschuß an Yang (+)

Abneigung gegen Hitze
Thermophobie
Ungenügende
Harnausscheidung
(weniger als 3 Mal am Tag)
Zu schwache Regelblutungen
Amenorrhoe
(Ausbleiben der Regel)
Krämpfe
Extravertiertheit
Überaktivität
Erregung
Äußerliche Nervosität
Schlaflosigkeit
Verbrennungen
Entzündung

Überschuß an Yin (-)

Abneigung gegen Kälte
Frösteln
Übermäßige
Harnausscheidung
(mehr als 5 Mal am Tag)
Zu starke Regelblutungen
Langanhaltende
Regelblutungen
(mehr als 5 Tage)
Muskelerschlaffung
Introvertiertheit
Passivität
Lymphatische Konstitution
(Trägheit)
Innere Nervosität
Schläfrigkeit
Verlangsamter Ablauf der
Funktionen
Unempfindlichkeit

Im Falle eines Überschusses an Yang sedieren wir (-).
Im Falle eines Mangels an Yang tonisieren wir (+).
Wir können einen Meridian, ein Organ oder eine Funktion tonisieren oder sedieren.
Wir können den gesamten Körper tonisieren oder sedieren.
Wir können eine bestimmte Zone des Körpers tonisieren oder sedieren.

Am überzeugendsten sind eigene Erfahrungen

Im folgenden einige unangenehme Zustände, die uns häufig das Leben schwermachen und für die wir fast augenblicklich eine Lösung finden können.

Versuchen Sie, diese phantastische Methode umgehend in die Praxis umzusetzen, indem Sie je nach Ihrem Zustand folgende Punkte stimulieren. Die Lage dieser Punkte ist auf den in Klammern angegebenen Seiten erläutert.

Sie sind nervös: Sedieren Sie die Punkte
Di4 (S. 69),
Ma36 (S. 81) und
Le3 (S. 187).

Sie sind müde: Tonisieren Sie die Punkte
MP6 (S. 97),
KG6 (S. 293) und
KG12 (S. 294).

Sie haben Bauchschmerzen, Durchfall, Krämpfe: Sedieren Sie den Punkt
MP9 (S. 98).

Sie haben Husten:	Sedieren Sie den Punkt Lu7 (S. 59).
Sie haben einen Sonnenbrand:	Sedieren Sie den Punkt Lu7 (S. 59).

Der Verlauf von Yin und Yang

Zwei Kräfte, die entgegengesetzt wirken und sich ergänzen.
Eine Dualität, die unaufhörlich existiert: das Gute und das Schlechte, das Positive und das Negative, Tag und Nacht, Vorder- und Rückseite, warm und kalt, Aktivität und Ruhe ...

Doch nichts ist ganz und gar Yin oder ganz und gar Yang.
Alles ist mehr oder weniger Yin, bzw. mehr oder weniger Yang.
Der Zustand ändert sich ständig.

Als Beispiel hier der Verlauf von Yin und Yang über 24 Stunden hinweg:
12.00 Uhr (Mittags) stellt den Höhepunkt von Yang dar.
24.00 Uhr (Mitternacht) bildet den Höhepunkt von Yin.

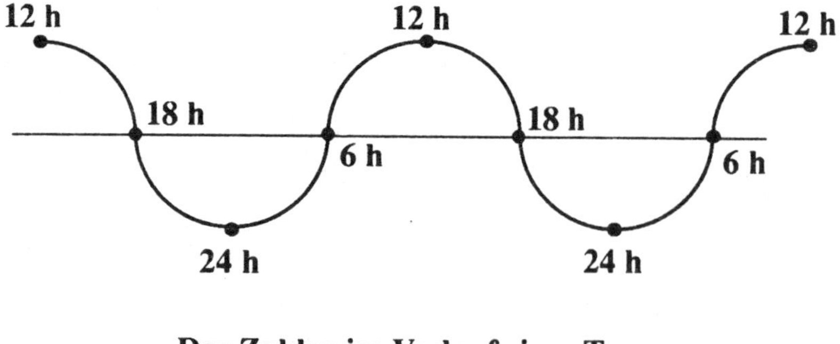

Der Zyklus im Verlauf eines Tages

Doch Yang nimmt ab 24.00 Uhr zu und steigt bis 12.00 Uhr an, um dann wieder abzunehmen. Es verändert sich fortwährend, doch es verhält sich auch abhängig von den Jahreszeiten.

Alles besitzt ein bestimmtes Maß an Yin und Yang.

So ist der Mann mehr Yang als die Frau, doch ein Mann kann mehr oder weniger Yang sein und eine Frau mehr oder weniger Yin. Yin zieht Yang an und umgekehrt.

Ein Überschuß an Yang (extreme Erregung, Hysterie) kann plötzlich in Yin umschlagen (nervöse Depression), was manchmal auf eine übermäßige nervöse Anspannung erfolgt.

Für einen materialistisch orientierten Menschen ist dieses Prinzip von Yin und Yang nicht immer leicht nachvollziehbar, denn es ist Symbol für das Bewegte. Doch was ist das Leben anderes als eine beständige Bewegung von Energie, denn ohne Molekularbewegung kann es kein Leben geben.

Definition der Hauptmeridiane

Wie das Blut, so strömt auch die Energie pausenlos durch unseren Körper. Sie ist überall vorhanden, doch sammelt sie sich in Leitbahnen, die wir Hauptmeridiane nennen.

Die Hauptmeridiane sind zwölf (12) an der Zahl und tragen den Namen des jeweiligen Organs, auf das sie sich beziehen. Die Hauptmeridiane kommen jeweils symmetrisch vor, d. h. sie haben alle jeweils eine rechte und eine linke Bahn.

Es gibt sechs (6) Yang-Meridiane und sechs (6) Yin-Meridiane.

Yang-Meridiane	Yin-Meridiane
Magen (Ma)	Milz-Pankreas (MP)
Dünndarm (Dü)	Herz (H)
Dickdarm (Di)	Lunge (Lu)
Gallenblase (G)	Leber (Le)
Blase (B)	Nieren (N)
Dreifacherwärmer (3E)	Meister des Herzens (MH)

Die Yang-Meridiane

Die Yang-Meridiane sind Hohlorgane oder schlauchartige Organe, die in Verbindung mit außen stehen.

Die ersten 3 Yang-Meridiane:

Die Nahrung, die von außen kommt, findet im Mund Eingang, wandert in den **Magen** hinab, gelangt von dort aus in den **Dünndarm** und endet dann im **Dickdarm**, von wo aus sie durch den After ausgeschieden wird.

Die 3 anderen Yang-Meridiane in ihrer Beziehung zu außen:

Die **Gallenblase** ist ein Hohlorgan, das die Gallenflüssigkeit aus der Leber aufnimmt, sie speichert, um sie dann je nach Bedarf in den Dünndarm weiterzuleiten.

Die **Blase** ist ein Hohlorgan, das den Urin aus den Nieren aufnimmt und diesen über die Harnröhre nach außen ausscheidet.

Der **Dreifacherwärmer** ist ein energetisches Koordinationssystem, das mit der Wärmeregulierung und dem sympathischen Nervensystem in Beziehung steht.

Die Yin-Meridiane

Die Yin-Meridiane stehen in Verbindung mit empfindlicheren Organen, die stets mit Blut gefüllt sind.

Die **Milz** speichert und reinigt das Blut.

Das **Herz** ist die Pumpe des Blutes.

Die **Lungen** entziehen dem Blut die Kohlensäure und reichern es mit Sauerstoff an.

Die **Leber** kontrolliert, entgiftet und reguliert die Zusammensetzung des Blutes.

Die **Nieren** filtern das Blut kontinuierlich, um die Säuren daraus zu entziehen.

Der **Meister des Herzens** ist das System, das der Erhaltung und Kontrolle der Herzfunktionen, des Blutkreislaufes und der Lebensfreude dient.

Die Energie-Kopplung

Jeder **Yang-Meridian** ist mit einem **Yin-Meridian** gekoppelt und umgekehrt.

So ist der **Magen-Meridian** mit dem **Milz-Pankreas-Meridian** gekoppelt. Der Magen-Meridian bezieht sich auf die erste Phase der Verdauung, die sich im Mund und im Magen abspielt. Der Milz-Pankreas-Meridian spielt eine sehr wichtige Rolle in bezug auf die zweite Phase der Verdauung, die sich mit Hilfe des Einsatzes der Pankreassäfte im Dünndarm abspielt.

Die **Meridiane des Dünndarms** und **des Herzens** sind aus folgenden Gründen miteinander gekoppelt: Der Dünndarm ermöglicht es den verdauten Speisepartikeln, durch seine Wand zu dringen. In diesem Augenblick wird die in kleine Partikel zerlegte Nahrung vom Kreislaufsystem aufgenommen, das sie an all unsere Zellen weiterverteilt.

Der **Lungen-Meridian** ist mit dem **Dickdarm-Meridian** gekoppelt, denn diese beiden Organe haben die Hauptaufgabe, zum einen die gasförmigen, zum anderen die festen Schlackenstoffe zu beseitigen. Sie spielen auch eine Rolle in einem anderen Bereich. So führen die Lungen Sauerstoff zu, der Dickdarm wiederum absorbiert Wasser, Mineralien und bestimmte Vitamine.

Der **Leber-Meridian** ist mit dem **Gallenblasen-Meridian** gekoppelt, da die Leber die Gallenflüssigkeit produziert, die die Gallenblase speichert.

Der **Nieren-Meridian** ist mit dem **Blasen-Meridian** gekoppelt, da die Nieren den Urin ausscheiden, der in der Blase gesammelt wird.

Bezüglich der **Meridiane Meister des Herzens** und **Dreifacherwärmer** ist anzumerken, daß nichts anderes übrig bleibt, als daß auch diese miteinander gekoppelt sind, da es sich um zwei Funktionen handelt: Die Yin-Funktion bezieht sich insbesondere auf alles, was in Verbindung mit dem Herzen steht, und die andere ist im wesentlichen Yang, da sie in Beziehung zur Hitze und Wärmeregulierung steht.

Die Rolle des Verdauungssystems

Unser Körper ist ein Universum, das aus Milliarden von Zellen besteht. In der Tat sind wir für das Leben dieser Zellen verantwortlich. Deshalb müssen wir ihnen Nahrung zuführen. Dazu sind wir mit einem Verdauungssystem ausgestattet, das es uns ermöglicht, die makroskopischen Substanzen, die wir als Nahrung aufnehmen, in ganz kleine Partikel zu spalten, so daß sie mikroskopisch klein werden, d. h. einer Größenordnung entsprechen, die den Möglichkeiten der Aufnahme durch unsere Zellen angemessen ist. Die Nahrungsmittel, die wir aufnehmen, werden also in Nährstoffe umgewandelt, die an die Bedürfnisse unseres Zell-Universums angepaßt sind.

Die Lehre von den fünf Elementen

Die Lehre von den fünf Elementen ermöglicht es uns, die Gründe für unsere Vorlieben, Abneigungen und für unseren Charakter zu verstehen. Sie ist uns dabei behilflich, eine Energiebilanz zu ziehen und verhilft uns zu einem besseren Verständnis der Gesetze des Universums.
Jeder Jahreszeit entspricht ein vorherrschendes Element. Dem Frühling ist das Holz zugeordnet, dem Sommer das Feuer, dem Herbst das Metall und dem Winter das Wasser. Die Erde hat den Rang einer Übergangsjahreszeit, doch ihre Hauptaktivität findet im Spätsommer statt.
Jedem Element entspricht ein Meridianenpaar, eine oder mehrere Farben, eine oder mehrere Geschmacksrichtungen, ein Klima, ein bestimmter psychischer Zustand, eine Gruppe organischer Substanzen. Die Tabellen auf den folgenden Seiten bieten Ihnen eine graphische Darstellung davon.

Das Element Erde

Dem Element Erde entsprechen die Meridiane der Milz und des Magens.
Die Erde ist unser nährendes Element. Sie produziert die Nahrungsmittel, die uns am Leben erhalten und die wir dann mit Hilfe der Verdauungssäfte des Magens und der Pankreas (Bauchspeicheldrüse) verdauen müssen.
Dieses Element entspricht der Farbe gelb. Es befindet sich in der Mitte, wie unser Magen, unsere Milz und unsere Pankreas sich in der Mitte unseres Organismus befinden. Es entspricht einem feuchten Klima, das erforderlich ist, damit die Erde produktiv sein kann, und es entspricht dem süßen Geschmack, den man in den Kohlehydraten findet, die in den meisten Früchten, Getreidearten und einigen Gemüsesorten enthalten sind.

Der Mensch befindet sich zwischen Himmel und Erde. Er schwingt entsprechend der Harmonie der kosmo-tellurischen Wellen, die er empfängt. Die Erde stellt für den Menschen das Universum dar, das in gewisser Weise sein Zentrum ist. Eine Person, die sich in ihrer eigenen Mitte befindet, die harmonisch ausgerichtet ist, ist eine ausgeglichene Person, die "Magen" hat, also kühn ist. Dies bezieht sich auch auf die Fähigkeit zu Konzentration und Schnelligkeit der Reflexe. Man muß auch wissen, daß die Milz ein Bestandteil des lymphatischen Systems ist und daß jemand, der hinsichtlich der Milz ausreichend mit Energie ausgestattet ist, schnell und unternehmungsfreudig ist, während jemand, der in diesem Bereich nicht genügend Energie aufweist, in gewissem Maße zu lymphatischer Konstitution neigt, was dafür verantwortlich sein kann, daß bei ihm etwas "auf die Milz", also daneben schlägt.

Zu diesem Element gehören das lymphatische System, die Haut und die Bindegewebe.

Das Element Metall

Das Element Metall entspricht den Meridianen der Lunge und des Dickdarms. Es hat Beziehung zum Westen, zum Herbst, zur Farbe weiß und zur Geschmacksrichtung scharf.

Die Psyche wird vom Herbst beeinflußt, der einer Übergangszeit zwischen dem Ende einer Jahreszeit des Yang und dem Beginn eines Zyklus des Yin entspricht. In diesem Moment legt die Natur für eine an sich sehr kurze Zeitspanne ihr schönstes Kleid an. Innerhalb weniger Tage nimmt das Laub eine herrliche Färbung an und lädt uns zu romantischer

Stimmung ein. Dann fallen die Blätter ab, und die Natur ruft auf diese Weise eine Art Melancholie, ja sogar Trauerstimmung hervor. Indem wir also die Energie der Meridiane der Lunge und des Dickdarms harmonisieren, können wir Zustände von Traurigkeit und Depression angehen.

Das Element Metall steht in Beziehung zu Haut, Hals und Nase. Man kann die Haut als äußere Lunge betrachten, da auch sie atmet. Demzufolge sollten wir nicht erstaunt darüber sein, daß man auf den Meridianen der Lunge und des Dickdarms Punkte findet, die sich auf die Haut günstig auswirken.

Das Element Wasser

Das Element Wasser entspricht dem Winter, der Kälte und dem Salz. Vergessen wir nicht, daß wir in den Ozeanen, die 70 % unseres Planeten bedecken, das Salz vorfinden. Abgesehen von der obersten Wasserschicht ist das Wasser der Ozeane kalt, und es herrscht dort Nacht. Folglich wird Schwarz mit diesem Element verbunden.

Der Nierenmeridian steht auch in Beziehung zu den Nebennieren, die Adrenalin produzieren, das man als Hormon des Mutes betrachten kann. Wer einen Energiemangel auf diesem Meridian aufweist, hat wenig Mut und neigt dazu, sich aus Angst und Kälte "die Hosen naßzumachen". Wer über eine ausreichende Energiezufuhr auf dem Nierenmeridian verfügt, ist mutig und weiß in jeder Situation die richtigen Entscheidungen zu fällen, während jemand, der einen Energiemangel auf diesem Meridian hat, regelrecht den Typ des Unentschlossenen verkörpert. Er braucht immer Zeit, um eine Frage zu beantworten. Man sagt, er "rede um den heißen Brei herum".

Dieses Element steht in Beziehung zu den Knochen, den Zähnen und den Ohren. Unsere Knochen und Zähne benötigen Mineralien, ebenso wie unsere Ohren, die aus kleinen Knöchelchen bestehen, die anfällig für Osteoporose und Kalkmangel sind. Demnach ist es wichtig für die Gesundheit unserer Knochen, daß unsere Nieren sehr selektiv sind und unsere Mineralien nicht mitausscheiden. Andererseits kennt man die bedeutsame Wirkung, die das von der Nebennierenrinde produzierte Kortison auf rheumatische Schmerzen der Knochen und der Gelenke ausübt.

Das Element Holz

Im Frühling dominieren die Farben grün und blau. Grün in der Natur und Blau am Himmel, dank dem Wind, der die Wolken vertreibt. Wer Blau gerne mag, benötigt die Energie, die von dieser Farbe ausgeht, um seine Leber anzuregen. Wenn jemand dagegen ungern grüne Kleidung trägt, könnte dies ein Anzeichen für einen Überschuß an Yang-Energie auf der Gallenblase sein. Im Hinblick auf die Psyche entspricht das Element Holz dem Kampf. Wenn die Energie auf der Gallenblase ausgeglichen ist, dann versteht man es, sich im Kampf des Lebens zu behaupten und gegen Mikroben, Trägheit, Streß und alle anderen Faktoren, die uns angreifen, vorzugehen. Wenn ein Energiemangel besteht, dann ist man wenig kampflustig und wagemutig. Herrscht dagegen ein Energieüberschuß, dann gerät man leicht in Wut, neigt zu Rache, ist leicht verletzbar und kann gelegentlich zu unüberlegten Handlungen neigen, die schwerwiegende Konsequenzen mit sich bringen!

Im Falle eines Energiemangels wie auch -überschusses ist der Betroffene nicht richtig in der Lage, mit Aggressionen umzugehen, und er wird sich aufregen, daß ihm die Galle hochkommt. So wird man auf den Leber- und den Gallenblasenmeridian einwirken, wenn man einen Fall von Angst, Furchtsamkeit oder Impulsivität vor sich hat.

Diesem Element sind die Augen, die Muskeln und die Fingernägel zugeordnet. In der chinesischen Medizin sagt man, daß die Leber in den Augen blüht. Wir werden erfahren, wie man das Sehvermögen verbessern kann, indem man bestimmte Punkte der Meridiane der Leber und der Gallenblase behandelt. Die Muskeln arbeiten mit Hilfe von Glukose, die vom Blut produziert wird.

Das Element Feuer

Die Energie erreicht ihren Höhepunkt beim Element Feuer, das durch vier Meridiane verkörpert wird. Durch den Feuer-Diener mit den Meridianen Meister des Herzens und Dreifacherwärmer, und den Feuer-Herrscher mit den Meridianen des Herzens und des Dünndarms. Dieses Element findet seine Entsprechung in der Farbe rot, im Sommer, in der Hitze und im Süden. Als Geschmacksrichtung ergibt sich geräuchert, angebrannt und bitter.

Im Hinblick auf die Psyche verkörpert das Element Feuer den Lebensinhalt, die Liebe zur Schöpfung des Universums, kurz: Lebensfreude, Liebe, Großzügigkeit. Wenn dieses Element gut unter Kontrolle ist, dann räumt es der Weisheit, Heiterkeit und

Freude an einem gesunden, aktiven und erquicklichen Leben Platz ein. Jemand, der einen Überschuß im Hinblick auf das Element Feuer hat, gehört dem sanguinischen Temperament mit gerötetem Gesicht an, der gerne lacht, leicht Worte findet und zu spontanem Handeln neigt. Er schätzt das gute Essen und die natürlichen Freuden des Lebens etwas zu sehr und läuft Gefahr, mit seiner Gesundheit "Raubbau zu betreiben", und wird es schließlich mit Herzgefäßbeschwerden zu tun bekommen.

Wer an einem Mangel in bezug auf dieses Element leidet, hat einen farblosen Teint, neigt zu niedrigem Blutdruck, zeigt wenig Begeisterungsfähigkeit und Optimismus und neigt zu Nervenschwäche und Lebensüberdruß.

Das Ideal befindet sich, wie bei allen Dingen, in der Harmonie, d. h. in der goldenen Mitte.

Dieses Element steht in Beziehung zu den Venen und Arterien, d. h. zum Blutkreislauf. Ein Mangel im Hinblick auf das Element Feuer produziert niedrigen Blutdruck, ein Überschuß dagegen begünstigt Bluthochdruck.

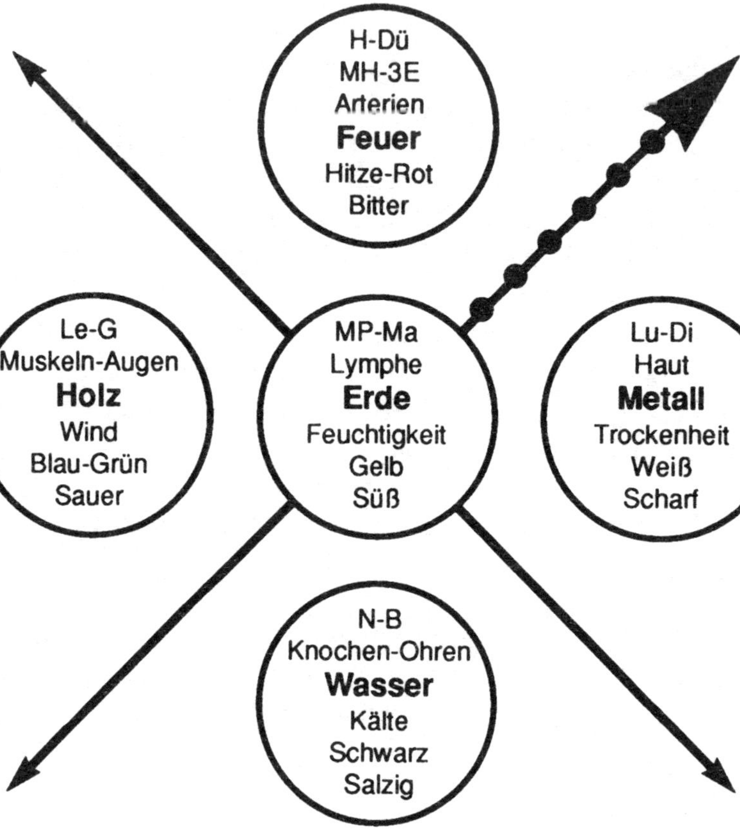

Das Element Erde mit Sitz in der Mitte wandert zwischen jede Jahreszeit und dominiert im Spätsommer.

Element	Erde	Metall	Wasser	Holz	Feuer
Lage	Zentrum	Westen	Norden	Osten	Süden
Jahreszeit	Übergangszeiten Spätsommer	Herbst	Winter	Frühling	Sommer
Klima	Feucht	Trocken	Kalt	Windig	Heiß
Farbe	Gelb	Weiß	Schwarz	Blau und Grün	Rot
Geschmacks-richtung	Süß	Scharf	Salzig	Sauer	Bitter
Yin-Meridian	MP	Lu	N	Le	H - MH
Yang-Meridian	Ma	Di	B	G	Dü - 3E
Funktionen	Nährstoffzufuhr Verdauung	Aufnahme Ausscheidung	Filtern Entzug	Produktion Entgiftung	Assimilation Transport Zirkulation
Organische Substanz	Lymphe	Haut	Knochen und Zähne	Augen und Muskeln	Arterien

Die fünf Elemente und ihre Entsprechungen

Element	Erde	Metall	Wasser	Holz	Feuer
Psychische Energie: positiv	Gleichgewicht Konzentration Beweglichkeit	Ordnung Organisation Konservatismus	Mut Widerstand Entscheidung Wille	Verteidigung Kampf Verwirklichung	Zufriedenheit LIEBE Weisheit Intelligenz
destruktiv	Sorgen	Traurigkeit	Furcht	Wut	Unzu- friedenheit
Energieüber- schuß	Zwangs- vorstellungen Unausge- glichenheit	fixe Ideen	autoritäres Verhalten Neigung zu unüberlegten Risiken Impulsivität	Rachsucht Aggressivität	Charakter eines Lebemannes "Raubbau an seiner Gesundheit betreiben"
Energiemangel	Mangel an Harmonie lymphatische Konstitution	Jammern Auflösung	Furcht Unent- schlossenheit	"galliges" Temperament	Depression Lebens- überdruß

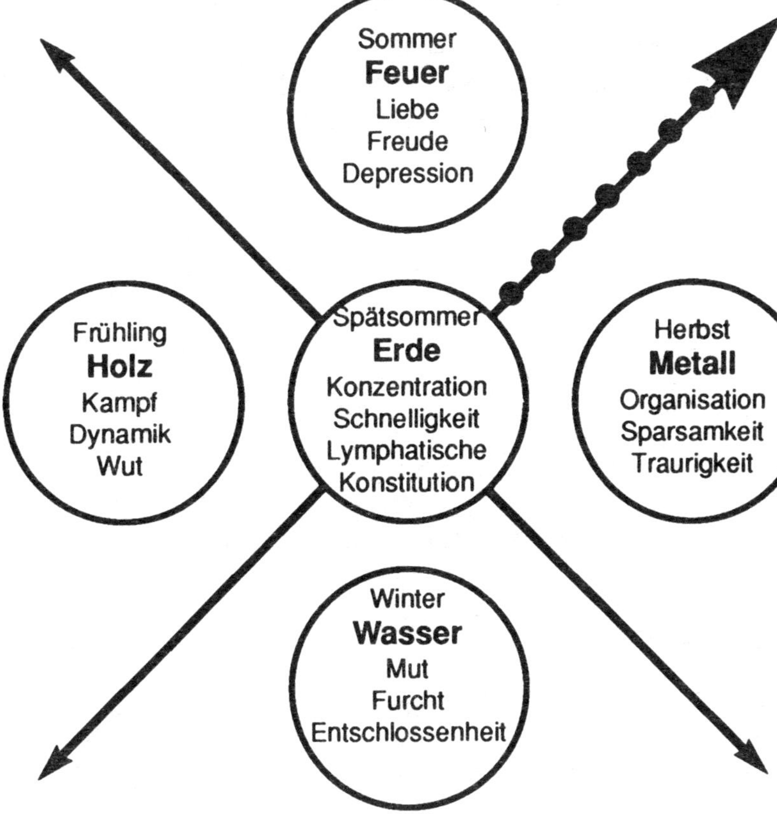

Die fünf Elemente und die Psyche

Tonisieren und Sedieren

Es bieten sich uns drei Möglichkeiten, und zwar:

1. Tonisieren oder Sedieren des gesamten Körpers;
2. Tonisieren oder Sedieren einer bestimmten Zone des Körpers oder einer bestimmten Funktion;
3. Tonisieren oder Sedieren eines Meridians.

Dazu verfügen wir über:

1. spezifische Punkte, die auf den gesamten Körper einwirken;
2. Punkte, die eine bestimmte Zone oder eine bestimmte Funktion ansprechen;
3. Steuerpunkte auf dem Meridian, die auf diesen einwirken.

Um den gesamten Körper zu tonisieren, benutzen wir Punkte mit allgemeiner Wirkung, die tonisiert werden müssen, wie z. B. folgende Punkte gegen Schläfrigkeit:

MP6, Ma36, KG6, LG4, KG12 und B38.

Um den gesamten Körper zu sedieren, wie beispielsweise im Falle eines Überschusses an Yang bei einer sehr erregten Person, sedieren wir Punkte, die eine allgemein entspannende Wirkung besitzen, wie etwa:

MH6, Le3, Di4, G40 und KG17.

Um einen Meridian zu tonisieren, stimulieren wir den Tonisierungspunkt des Meridians oder seinen Quellpunkt.

Um einen Meridian zu sedieren, stimulieren wir den Sedierungspunkt des Meridians oder seinen Quellpunkt.

Hinweis: Die Tonisierungs- und Sedierungspunkte eines jeden Meridians ändern sich mit den Jahreszeiten. Die diesbezüglichen Hinweise erhalten Sie nach und nach im Laufe des Studiums der Hauptmeridiane.

Die wichtigsten Punkte auf den Hauptmeridianen

Die fünf folgenden Punkte befinden sich stets auf jedem Hauptmeridian und sitzen an den Enden der Extremitäten, zwischen Zehen und Knie, bzw. Fingern und Ellbogen.

Der Tonisierungspunkt
Er fördert den Gehalt an Yang im entsprechenden Meridian.

Der Sedierungspunkt
Er mindert den Gehalt an Yang im entsprechenden Meridian.

Der Quellpunkt
Durch ihn kann man den entsprechenden Meridian je nach Bedarf tonisieren oder sedieren.

Der Lo-Punkt

Dies ist ein Punkt, der die Harmonie des Yin- und Yang-Paares fördert, indem er bewirkt, daß der Energieüberschuß des einen Meridians an seinen Partnermeridian, mit dem er gekoppelt ist und der an einem Energiemangel leidet, weitergegeben wird.

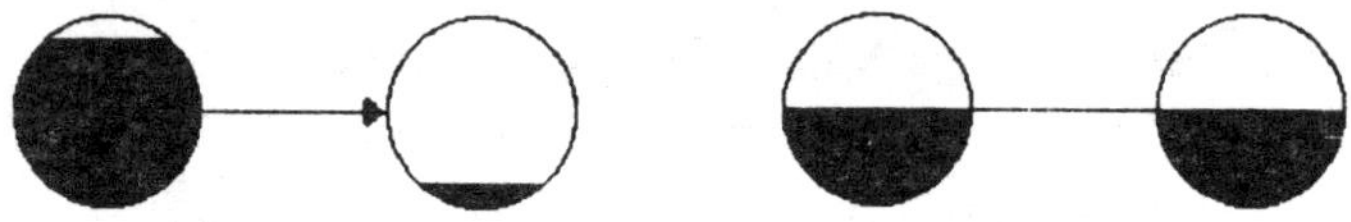

Schnitt Unausgeglichene Hauptmeridiane

Schnitt Ausgeglichene Hauptmeridiane

Der Ting-Punkt

Der Ting-Punkt befindet sich an der Basis des Nagels, die man auch als Nagelbett bezeichnet, wie in den unten abgebildeten Skizzen dargestellt. Dies ist der erste oder letzte Punkt des Hauptmeridians. Alle Meridiane beginnen oder enden an der Basis eines Nagels, mit Ausnahme des Hauptmeridians der Nieren, der an der Fußsohle beginnt.

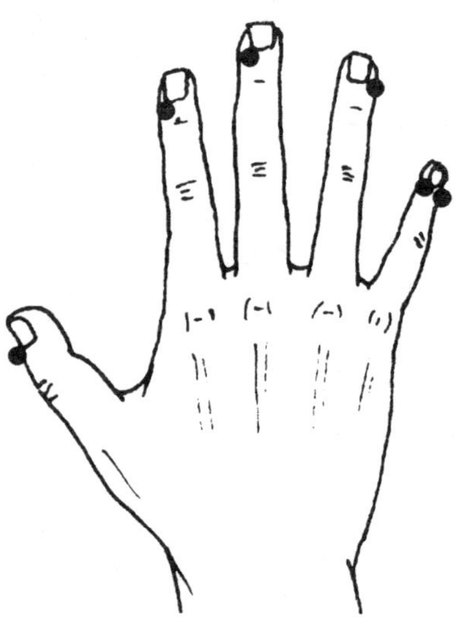

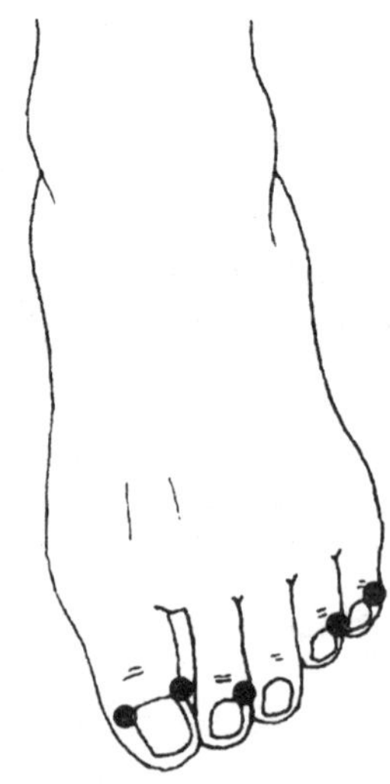

Hinweis: Die Anzahl der Punkte variiert von Meridian zu Meridian. So besitzt z. B. der HM Meister des Herzens neun, der HM der Blase 67 Punkte. Doch alle Meridiane besitzen einen Punkt, an dem man diesen Meridian tonisieren kann, einen Punkt, an dem man ihn sedieren kann, einen Quellpunkt, durch den man die Wirkung des Tonisierungs- oder Sedierungspunktes vervollkommnen kann, sowie einen Lo-Punkt, der für die Harmonie zwischen den Partnermeridianen sorgt. All diese Punkte befinden sich an den Enden der Extremitäten, unterhalb von Knie oder Ellbogen, ebenso wie die Schlüsselpunkte, die auf die Sondermeridiane wirken. Die anderen Punkte wirken auf eine spezifische Funktion oder Zone des Körpers.

Die Sonderpunkte

Der Schlüsselpunkt

Es gibt auf jeder Körperseite acht Schlüsselpunkte. Jeweils vier davon befinden sich am Fuß und vier an der Hand. Es handelt sich hierbei um sehr wichtige Punkte, denn sie öffnen die Sondermeridiane, regulieren mehrere Hauptmeridiane auf einmal und ermöglichen es, mehrere Leiden gleichzeitig zu behandeln.

Der Mo-Punkt

Dies ist ein Punkt, der sich im Rumpfbereich befindet. Er wirkt direkt auf das entsprechende Organ, auf das er sich bezieht. Man stimuliert ihn im allgemeinen in Verbindung mit dem entsprechenden Iu-Punkt.

Der Iu-Punkt
Dies ist ein Punkt, den man im Rücken findet, auf dem HM der Blase, auf beiden Seiten der Muskeln der Wirbelsäule. Es handelt sich hierbei um einen Reflexpunkt mit direkter Wirkung auf das Organ, das er vertritt.

Wichtige Informationen über die Tonisierungs- und Sedierungspunkte

Man muß unterscheiden zwischen dem Tonisieren oder Sedieren eines Meridians und dem Tonisieren oder Sedieren eines Punktes. Nur die Quellpunkte, die Tonisierungs- und die Sedierungspunkte können den Meridian tonisieren oder sedieren. Alle anderen Punkte des Meridians können eine Funktion, bzw. die Zone, mit der sie in Beziehung stehen, tonisieren oder sedieren.

Andererseits werden nur die Tonisierungs- und Sedierungspunkte jahreszeitlich beeinflußt und können aufgrund dieser Tatsache den Meridian während einer bestimmten Jahreszeit tonisieren und während einer anderen sedieren. Der Punkt Lu6 z. B. wirkt in seiner Jahreszeit besonders tonisierend, d. h. im Herbst, doch da er auch zugleich Quellpunkt ist, kann er auch während der anderen Jahreszeiten tonisierend wirken, außer im Sommer, wo er sedierend wirkt. Mit anderen Worten, will man den Meridian im Sommer sedieren, dann behandelt man Lu9, will man ihn tonisieren, dann stimuliert man Lu11, der zu dieser Jahreszeit tonisierend wirkt.

Es ist interessant zu wissen, daß alle Tonisierungs- und Sedierungspunkte sich stets an den Extremitäten befinden, unterhalb von Ellbogen oder Knie. Es gibt keine Tonisierungs- oder Sedierungspunkte eines Meridians im Rumpfbereich. Dennoch kann man einen Punkt im Rumpfbereich für sich allein tonisieren oder sedieren, wie z. B. den Punkt Lu2, der unter dem Schlüsselbein liegt und der in seinem Bereich wirksam ist, das heißt direkt auf die Lunge einwirkt.

Hinweis für die Frau

Stimulieren Sie die Punkte niemals während der Periode. Der Punkt B60 ist der einzige Punkt, bei dem eine Ausnahme erlaubt ist (zum Sedieren). Er bringt Schmerzlinderung.

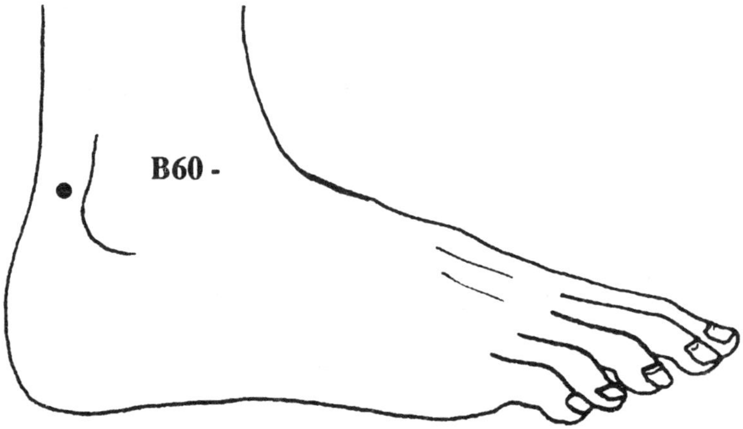

B60: Unmittelbar hinter dem äußeren Fußknöchel.

Von der Behandlung bestimmter Punkte während der Schwangerschaft wird ebenfalls abgeraten. Sie sind unter dem Hinweis "Vorsicht" angegeben.

3. Hauptmeridiane

Energetische Physiologie und die wichtigsten Punkte

HM der Lunge

Polarität:	Yin.
Partnermeridian:	HM des Dickdarms.
Element:	Metall.
Jahreszeit:	Herbst.
Farbe:	Weiß.
Lage:	Westen.
Organische Substanz:	Haut.
Organische Funktion:	Aufnahme von Sauerstoff und Abgabe von gasförmigen Abfallstoffen.
Psychische Energie:	Romantische Stimmung, Traurigkeit.
Energetischer Höhepunkt:	Zwischen 3.00 und 5.00 Uhr morgens.

Physiologie der Lunge

Die Rolle der Lunge besteht darin, für den Übertritt von Sauerstoff ins Blut und die Abgabe von Kohlendioxid zu sorgen.

Der Sauerstoff ist für die chemischen Reaktionen der Zellen, die das Leben erhalten, unbedingt nötig. Doch bei eben diesen chemischen Reaktionen wird Kohlendioxid produziert, das möglichst schnell wieder ausgeschieden werden muß.

Dieser Transport in zwei Richtungen wird mit Hilfe der Lungenbläschen aufgrund eines Druckunterschiedes zwischen dem Inneren und dem Äußeren sowie durch ein unterschiedliches elektro-ionisches Potential erreicht.

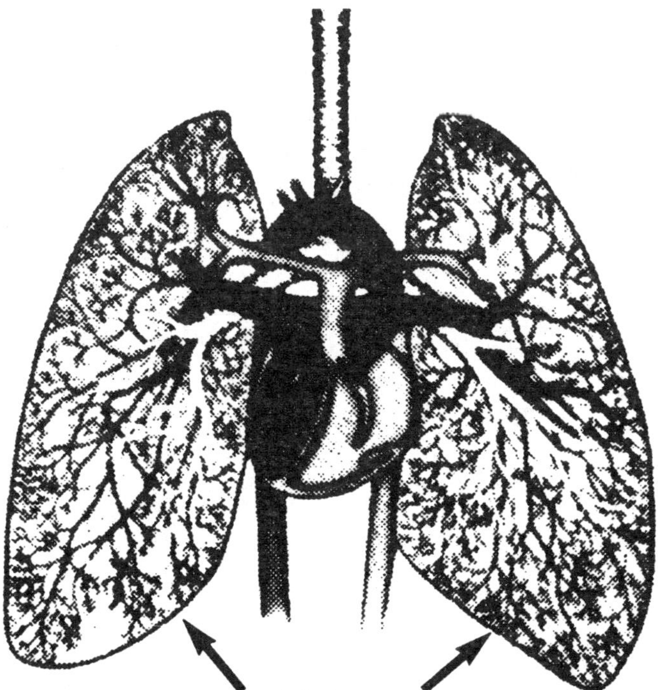

Die Lunge

Die Beziehung zwischen Lunge und Herz

Der Herzrhythmus wird durch den Atemrhythmus beeinflußt und umgekehrt. In der Tat ist es möglich, einen schnellen Herzschlag, der während einer körperlichen Übung oder durch einen Lauf beschleunigt wurde, durch mehrere tiefe Atemzüge wieder unter Kontrolle zu bringen. Dies ist auch die Methode der Yogis, die dank dieser Technik die Grundfunktionen des Körpers gut beherrschen. Diese Beziehung zwischen Herz und Lunge erklärt auch, warum bestimmte Punkte des HM der Lunge auf die Arterien und den arteriellen Blutdruck wirken, wie etwa der Punkt Lu9.

Energetische Physiologie des HM der Lunge

Das Paar Lunge-Dickdarm ist dem Element Metall zugeordnet, das zum Sommer gehört, der Jahreszeit der romantischen Inspiration aufgrund der Atmosphäre, die hier herrscht. Die herrliche Färbung in der Natur, das milde Klima, die Zeit der Ernte, die Einmachzeit. Es ist also an der Zeit, sich auf den bevorstehenden Winter vorzubereiten. Im Spätherbst verlassen uns die Blätter, die Tage werden kürzer, und es kommt Kälte auf. Ebenso auch traurige Stimmung: "Die toten Blätter sammeln sich auf der Schaufel, ebenso die Erinnerungen und der Kummer." So kann es geschehen, daß die romantische Stimmung der Melancholie Platz macht.

Und man findet nicht ohne Grund bei Personen, die an einem Energiemangel hinsichtlich der HM der Lunge und des Dickdarms leiden, einen Hauch von Pessimismus in ihrem Verhalten; daraus ergibt sich das berechtigte Interesse, diese Meridiane bei diesen Patienten, die jede Gelegenheit nutzen, um zu jammern, zu tonisieren.

Im Hinblick auf das bereits Gesagte hier nun, warum ein berechtigtes Interesse besteht, dieses elektro-ionische Potential durch die Stimulierung der Harmonisierungspunkte ins Gleichgewicht zu bringen. Der Punkt Lu9 ist ein ausgezeichneter Punkt für die Stimulierung, denn er ist gleichzeitig im Herbst ein Tonisierungspunkt, also im heikelsten Zeitraum des Jahres, sowie Quellpunkt während des ganzen Jahres, wodurch er die Eigenschaft erhält, die Physiologie der Atmung nicht nur im Hinblick auf die Lunge zu verbessern, sondern auch und vor allem im Bereich der Zellen. Dies erklärt seine wohltuende Wirkung auf die Gesamtheit des Organismus, der sich aus Milliarden lebender Zellen zusammensetzt.

Der Punkt Lu9 wirkt auf:

1. Nervosität und Schlaf, denn die Nervenzellen benötigen fünfmal mehr Sauerstoff als die übrigen Zellen.
2. Die Arterien, die Beschaffenheit des Blutes und den arteriellen Blutdruck. (Das Blut, das flüssiger wird, da es reich an Sauerstoff ist und weniger Kohlendioxid enthält, unterstützt die Vermeidung von Agglomeraten. Es wird folglich dynamischer und zirkuliert viel besser, wodurch sich die Vitalität erhöht.)
3. Traurigkeit, Pessimismus und Melancholie. (Wir haben bereits bei der Besprechung der Lehre von den fünf Elementen gelernt, daß Energiemangelzustände auf dem HM der Lunge mit Neigung zu Traurigkeit verbunden sind. Dadurch wird verständlich, warum die Tonisierung des Punktes Lu9 besonders bei melancholischen und traurigen Patienten angezeigt ist. Es wäre außerdem von Vorteil, im Anschluß auch den Punkt der Lebensfreude, den Punkt H3, zu stimulieren, den wir beim HM des Herzens besprechen werden.)

Verlauf des HM der Lunge

Der HM der Lunge beginnt auf dem Brustkorb, zwischen der zweiten und dritten Rippe, und endet am Daumen im Bereich des Nagelbetts, auf der Außenseite.

Schmerzen entlang des HM der Lunge

Schmerzen im Daumen, am Handgelenk auf der Seite des Daumens, auf der Oberseite des Unterarms, mitten im Ellbogen auf der Innenseite, im Oberarm im Bereich des Bizeps, in der Schulter auf der Vorderseite.

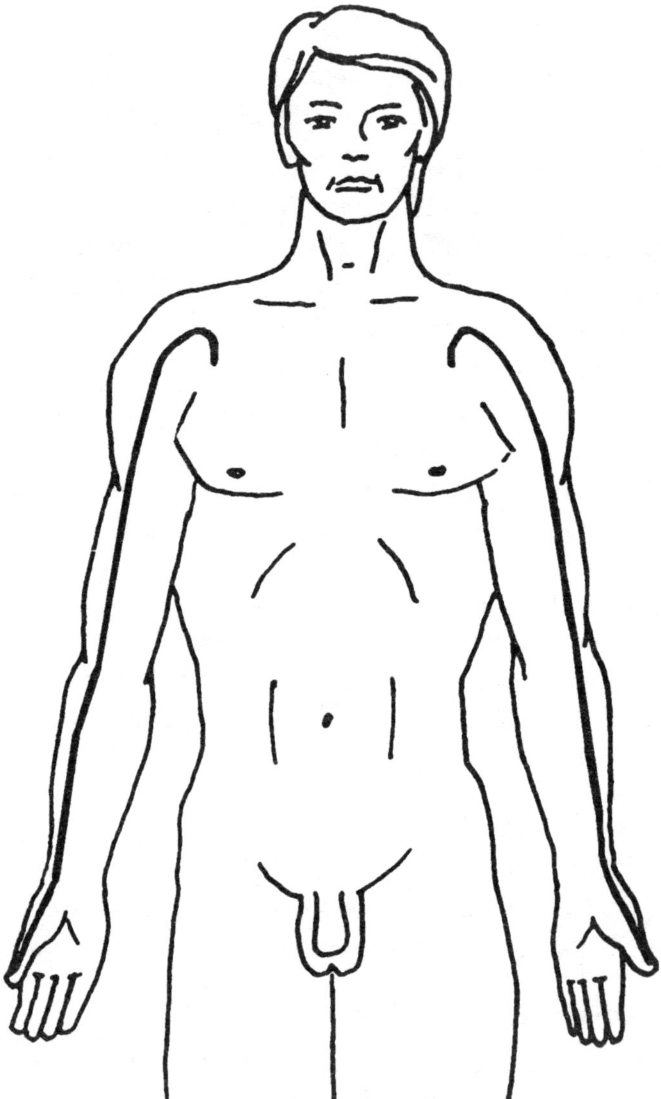

Der Verlauf des HM der Lunge

Was tun bei Schmerzen entlang des HM der Lunge

Tonisieren des Ting-Punktes auf beiden Seiten:	Lu11 +
Tonisieren des Tonisierungspunktes auf der schmerzhaften Seite:	Lu9 +
Sedieren der Punkte, die den Schmerz begrenzen:	-
Tonisieren des Berührungspunktes auf beiden Seiten:	G22 +

Beschwerden bei Energieüberschuß auf dem HM der Lunge

Husten, Niesen, Trockenheit und leichte Entzündung im Hals, Trockenheit der Nase, übertriebene Anpassungsbereitschaft.

So sedieren Sie den HM der Lunge bei Energieüberschuß

Im Frühling:	Lu10 -	Im Herbst:	Lu5 -
Im Sommer:	Lu9 -	Im Winter:	Lu1 -
Im Spätsommer:	Lu8 -		

Beschwerden bei Energiemangel auf dem HM der Lunge

Häufige Halsschmerzen, blasse Gesichtsfarbe, niedriger Blutdruck, schwache Stimme, Melancholie.

So tonisieren Sie den HM der Lunge bei Energiemangel

Im Frühling:	Lu5 +	Im Herbst:	Lu9 +
Im Sommer:	Lu11 +	Im Winter:	Lu8 +
Im Spätsommer:	Lu10 +		

Die wichtigsten Punkte des HM der Lunge

Lu1: *Mo-Punkt*
Auf der Oberkante der zweiten Rippe, unter dem Punkt Lu2, von dem er durch die erste Rippe getrennt ist.
Wirkt direkt auf die Lunge.
Im Falle von Kälteempfinden, um einer Grippe vorzubeugen (+).
Husten mit Lungenentzündung (-).

Lu2: In der Vertiefung unterhalb des Schlüsselbeins, in der Mulde, die sich bildet, wenn man die Schulter nach vorne schiebt.
Wirkt direkt auf die Lunge.
Im Falle von Kälteempfinden, um einer Grippe vorzubeugen (+).
Husten mit Lungenentzündung (-).

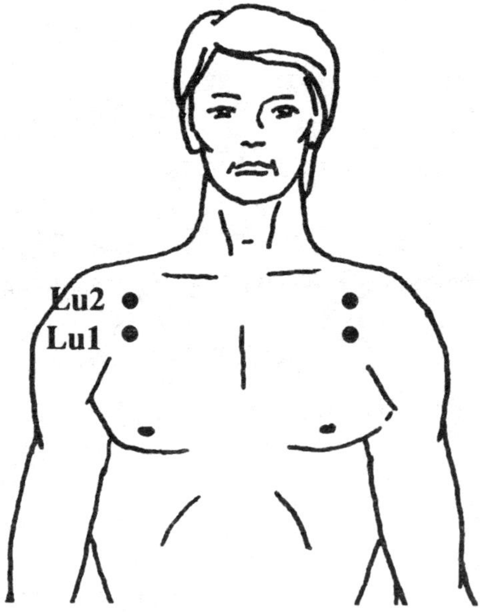

Lu 5: Mitten in der Beugefalte des Ellbogens, an der Sehne des Bizeps.
Dieser Punkt wirkt auf den Lungenmeridian zu seiner Jahreszeit, im Herbst, sedierend und im Frühling tonisierend. Zu allen Jahreszeiten kann er in folgenden Fällen wirksam eingesetzt werden:
Niesen (-).
Schmerzen im Ellbogen (-).

Lu7: *Wichtiger Schlüsselpunkt*
Lo-Punkt
In der Speichenfurche, wo man den Schlag der Arterie spürt, 3 Fingerbreit über der Handgelenksfalte, d. h. über dem Griffelfortsatz der Speiche.
Um einen Asthmaanfall abzuwenden (-).
Um einen Hustenanfall zu stoppen (-).
Um eine Verbrennung, einen Sonnenbrand zu lindern (-).

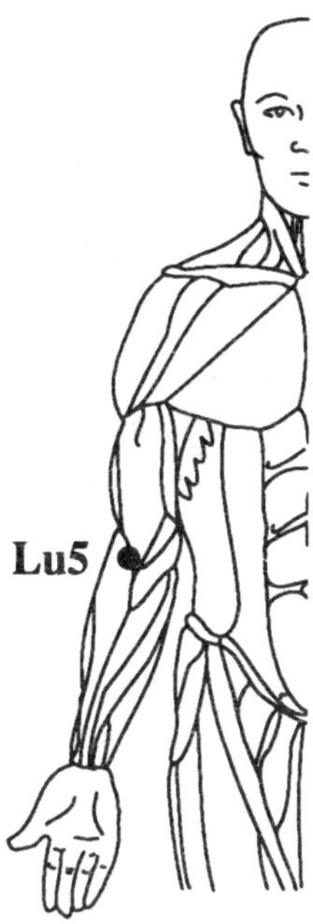

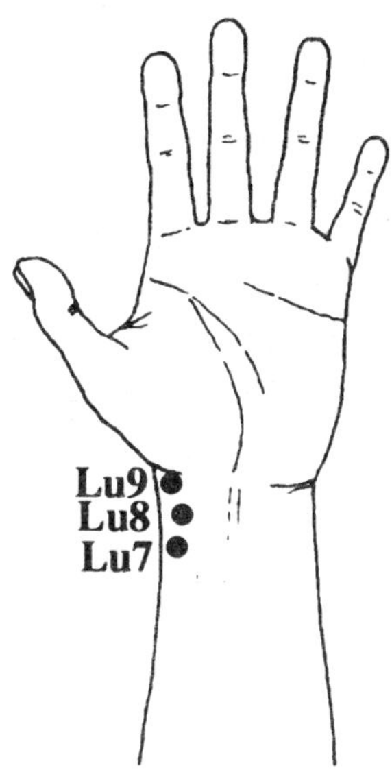

Lu8: In der Speichenfurche, im Bereich des Griffelfortsatzes der Speiche.
Dieser Punkt wirkt auf den Lungenmeridian im Winter tonisierend und im Spätsommer sedierend.
Zu allen Jahreszeiten kann er in folgenden Fällen wirksam eingesetzt werden:
Schmerzen in der Hand, im Handgelenk, im Daumen (-).
Kehlkopfentzündung (-).
Trockene Nase (-).

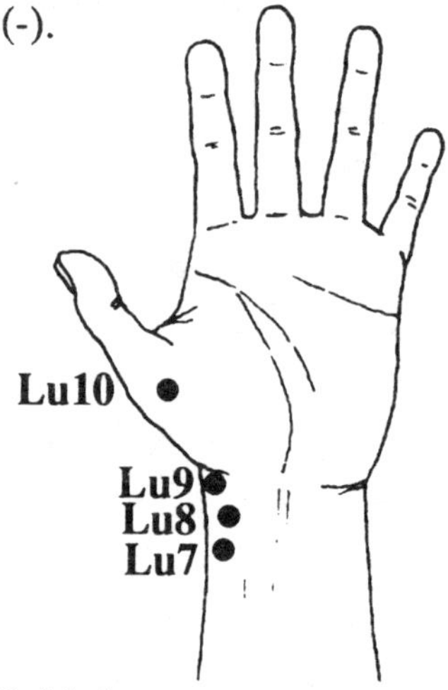

Lu9: *Quellpunkt*
Auslösepunkt für den Schlaf
In der Speichenfurche, auf der Handgelenksfalte, d. h. vor dem Griffelfortsatz der Speiche.
Dieser Punkt wirkt auf den Lungenmeridian zu seiner Jahreszeit, im Herbst, tonisierend und im Sommer sedierend.
Zu allen Jahreszeiten kann er in folgenden Fällen wirksam eingesetzt werden:
Zur Förderung der Arterienfunktion.
Zur Erhöhung des Tonus bei niedrigem Blutdruck (+).
Zur Erhöhung des Tonus bei Traurigkeit (+) in Verbindung mit Ma36 (+), MP6 (+) und H3 (-).

Lu10: In der Mitte des ersten Mittelhandknochens, auf dem Daumenballen, im Bereich des Ansatzes der Innenkante des kurzen Streckmuskels des Daumens.
Dieser Punkt wirkt auf den Lungenmeridian im Spätsommer tonisierend und im Frühling sedierend.
Zu allen Jahreszeiten kann er in folgenden Fällen wirksam eingesetzt werden:
Schmerzen im Daumen (-).
Stimmverlust bei Halsentzündung (-).
Alkoholvergiftung (-).

Lu11: *Ting-Punkt*
Am Nagelbett des Daumens.
Dieser Punkt wirkt auf den Lungenmeridian im Sommer tonisierend und im Winter sedierend.
Zu allen Jahreszeiten kann er in folgenden Fällen wirksam eingesetzt werden:
Halsschmerzen (+).
Sehr wirksam bei Kindern.

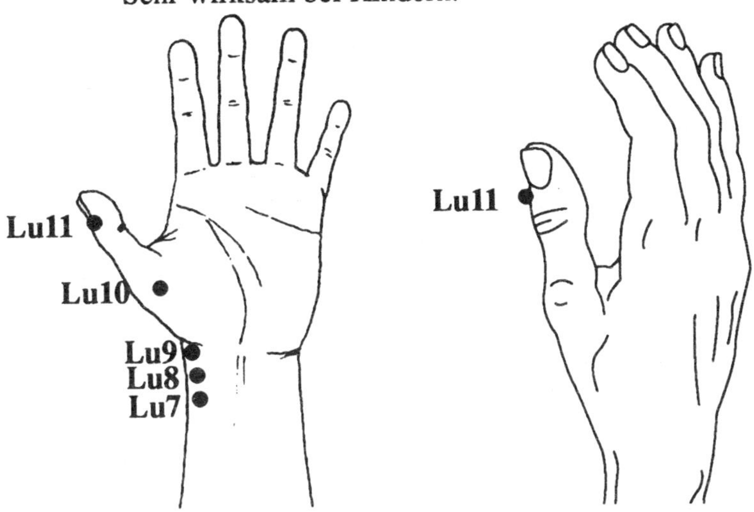

HM des Dickdarms

Polarität:	Yang.
Partnermeridian:	HM der Lunge.
Element:	Metall.
Jahreszeit:	Herbst.
Farbe:	Weiß.
Lage:	Westen.
Organische Substanz:	Haut.
Organische Funktion:	Aufnahme und Abgabe von festen Schlackenstoffen.
Psychische Energie:	Romantische Stimmung, Traurigkeit.
Energetischer Höhepunkt:	Zwischen 5.00 und 7.00 Uhr morgens.

Physiologie des Dickdarms

Die Substanzen, die während des Verdauungsvorganges nicht aufgenommen werden, wandern in den Dickdarm, der nur 1,5 Meter lang ist, dessen Durchmesser jedoch dreimal so groß ist wie der des Dünndarms. Die Rolle des Dickdarms besteht nicht nur in der Darmentleerung; es laufen auch wichtige Vorgänge ab, wie etwa die Produktion bestimmter Vitamine, besonders die Bildung von Vitamin K und Vitamin B. Ein Teil des Wassers und der Mineralien, die in den Ausscheidungsstoffen dieses Verdauungsvorganges enthalten sind, wird im Dickdarm wieder aufgenommen. Die unverdauten Nährstoffe werden ausgeschieden. Dies ist die letzte Phase der Verdauung.

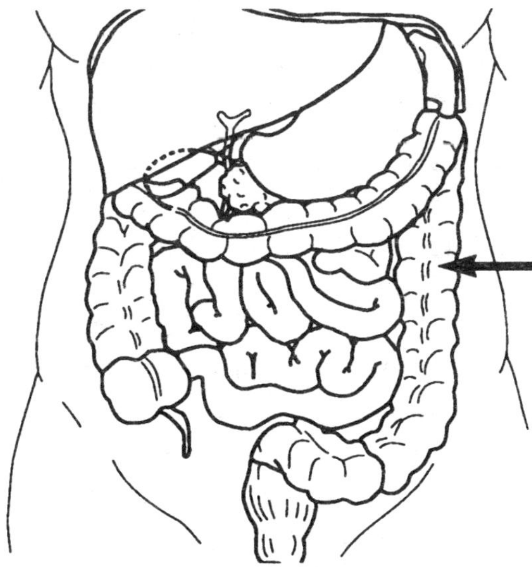

Energetische Physiologie des HM des Dickdarms

Wir haben erfahren, daß der HM des Dickdarms mit dem HM der Lunge gekoppelt, dem Element Metall zugeordnet ist und dem Herbst angehört, der Jahreszeit der Ernte (Aufnahme, Einbringung), der Einmachzeit (Organisation, Vorausplanung), der Düngung (Aufnahme des Ausgeschiedenen, d. h. Abgabe = Aufnahme). Der Herbst bedeutet Organisation, bei der die Menge der Aufnahme und Abgabe genau registriert wird. So, wie der Dickdarm bei der Verdauung Wasser, Mineralien und Vitamine aufnimmt und Schlackenstoffe ausscheidet, die als Dünger dienen können, um das organische Leben auf der Erde zu ermöglichen.

Menschen mit einem Energiemangel bezüglich des Dickdarms können Schwierigkeiten haben, mit ihrer Zeit richtig umzugehen und Ordnung in ihre Gedanken und in ihre Lebensweise überhaupt zu bringen.

Menschen mit einem Energieüberschuß laufen dagegen Gefahr, einem Organisationswahn zu verfallen, außergewöhnlich kritisch zu sein und ihre Ideen anderen aufdrängen zu wollen.

Ein Energiemangel hinsichtlich des Dickdarms kann folglich ebenso eine atonische Verstopfung aufgrund von Trägheit der Darmmuskulatur hervorrufen, wie auch Durchfall, Schwierigkeiten, sich die Zeit richtig einzuteilen oder mit seiner Energie zu haushalten ...

Der Punkt Di11 eignet sich folglich sehr gut zur Stimulierung, da er im Herbst der Tonisierungspunkt des Dickdarms ist, denn er kann ebensogut bei atonischer Verstopfung wie auch bei leichtem Durchfall und Hautleiden, wie trockener Haut, Akne, Nesselsucht, und auch bei mangelndem Organisationstalent oder schlechter Verwaltung des eigenen Energiehaushaltes eingesetzt werden. Außer im Herbst setzen wir im Winter den Punkt Di1, im Frühling den Punkt Di2 und im Sommer den Punkt Di4 ein.

Verlauf des HM des Dickdarms

Der HM des Dickdarms beginnt am Nagelbett des Zeigefingers, auf der Seite des Daumens, steigt auf der Außenseite des Unterarmes über den Oberarm, die Schulter und den Hals nach oben und endet auf der Nase.

Schmerzen entlang des HM des Dickdarms

Es ist nicht verwunderlich, daß Schmerzen im Zeigefinger, im Handgelenk, am Ellbogen (Tennisarm), in der Schulter, im Hals, in den Zähnen oder auch eine verstopfte Nase in Verbindung mit einer Störung im Dickdarm auftreten können und daß sie anhand mehrerer Punkte entlang des HM des Dickdarms behandelt werden können.

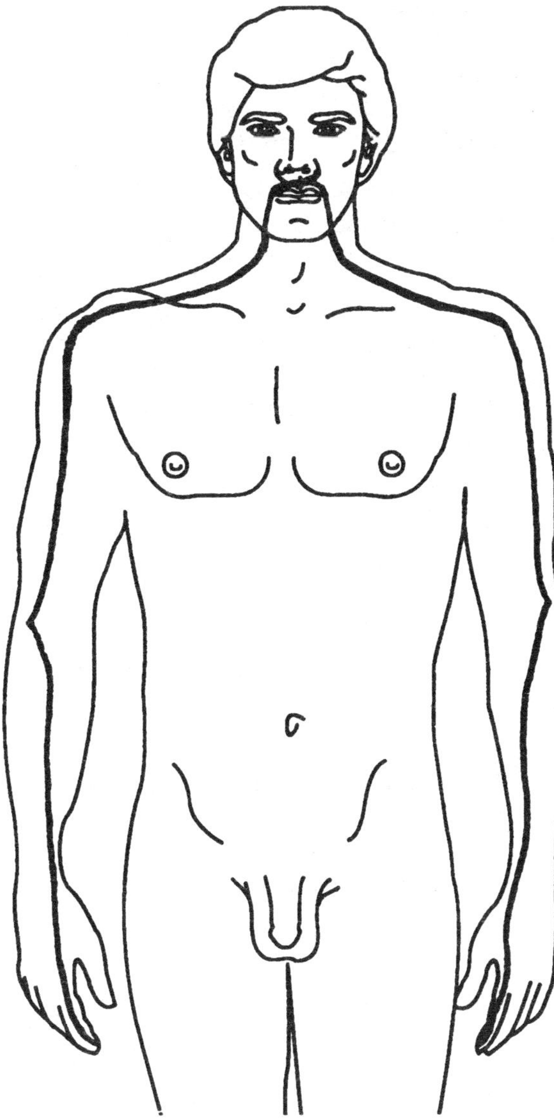

Der Verlauf des HM des Dickdarms

Was tun bei Schmerzen entlang des HM des Dickdarms

Tonisieren des Ting-Punktes auf beiden Seiten:	Di1 +
Tonisieren des Tonisierungspunktes auf der schmerzhaften Seite:	Di11 +
Sedieren der Punkte, die den Schmerz begrenzen:	-
Tonisieren des Berührungspunktes auf beiden Seiten:	G13 +

Beschwerden bei Energieüberschuß auf dem HM des Dickdarms

Verstopfung mit Krämpfen, harte und dunkle Stühle, heftiger Durchfall mit Entzündung, Kolitis.

So sedieren Sie den HM des Dickdarms bei Energieüberschuß

Im Frühling:	Di5 -	Im Herbst:	Di2 -
Im Sommer:	Di11 -	Im Winter:	Di3 -
Im Spätsommer:	Di1 -		

Beschwerden bei Energiemangel auf dem HM des Dickdarms

Atonische Verstopfung, Trägheit des Dickdarms, chronischer Durchfall.

So tonisieren Sie den HM des Dickdarms bei Energiemangel

Im Frühling:	Di2 +	Im Herbst:	Di11 +
Im Sommer:	Di3 +	Im Winter:	Di1 +
Im Spätsommer:	Di5 +		

Die wichtigsten Punkte des HM des Dickdarms

Di1: *Ting-Punkt*
Am Nagelbett des Zeigefingers, auf der Seite des Daumens.
Dieser Punkt wirkt auf den Meridian des Dickdarms im Winter tonisierend und im Spätsommer sedierend.
Zu allen Jahreszeiten kann er in folgenden Fällen wirksam eingesetzt werden:
Halsschmerzen (+).
Neuralgische Zahnschmerzen (+).
Akne (+).

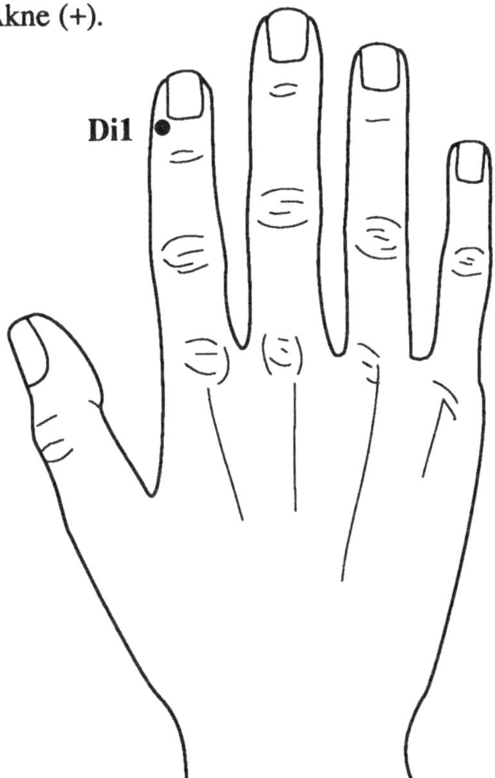

Di2: Unmittelbar vor dem Zeigefingergrundgelenk, an der Innenkante des Zeigefingers.
Dieser Punkt wirkt auf den Meridian des Dickdarms zu seiner Jahreszeit, im Herbst, sedierend und im Frühling tonisierend.
Zu allen Jahreszeiten kann er in folgendem Fall wirksam eingesetzt werden:
Schmerzen im Zeigefinger (-).

Di3: Unmittelbar hinter dem Zeigefingergrundgelenk, an der Innenkante.
Dieser Punkt wirkt auf den Meridian des Dickdarms im Frühling sedierend und im Sommer tonisierend.
Zu allen Jahreszeiten kann er in folgenden Fällen wirksam eingesetzt werden:
Gluckern im Darm (+).
Blähungen (+).

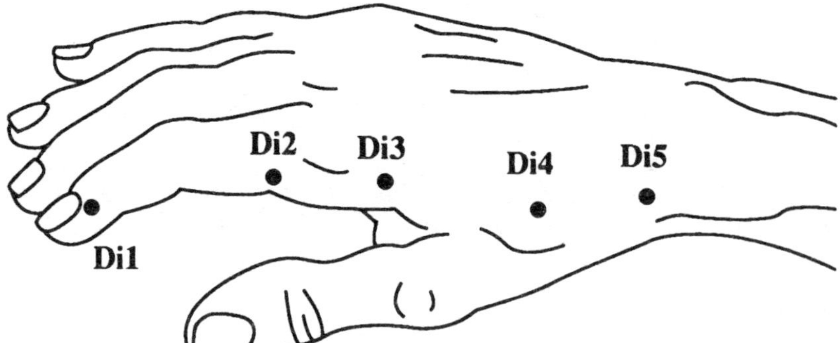

Di4: *Quellpunkt*
Im Winkel, den die beiden ersten Mittelhandknochen bilden, und zwar vor und an der Basis des zweiten Mittelhandknochens.
Atonische Verstopfung (+).
Leichter Durchfall (+).
Ohnmacht (+).
Verstopfung mit Krämpfen: kleine Stühle, trocken, abgeschnürt (-).
Entzündlicher Durchfall mit Kolitis (-).
Kopfschmerzen (-).
Vorsicht: Während der gesamten Schwangerschaft verboten.

Di5: In der Vertiefung des Daumensattelgelenks.
Dieser Punkt wirkt auf den Meridian des Dickdarms im Frühling sedierend.
Zu allen Jahreszeiten kann er in folgenden Fällen wirksam eingesetzt werden:
Schmerzen im Daumen (-).
Trockene Haut (-).

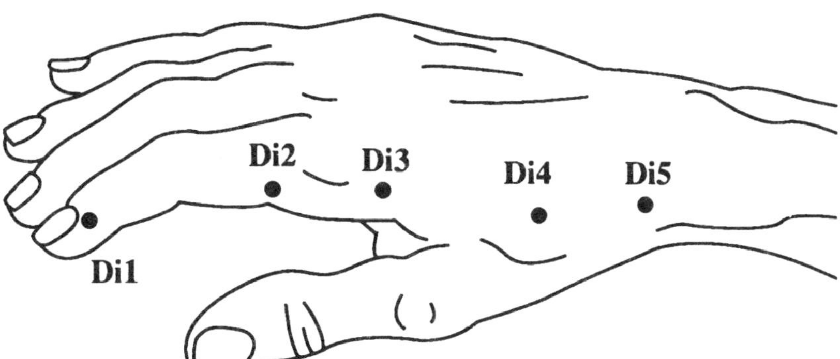

Di11: Am äußersten Punkt der Beugefalte des Ellbogens.
Dieser Punkt wirkt auf den Meridian des Dickdarms zu seiner Jahreszeit, im Herbst, tonisierend und im Sommer sedierend.
Zu allen Jahreszeiten kann er in folgenden Fällen wirksam eingesetzt werden:
Atonische Verstopfung (+).
Trockene Haut (+).
Ekzem (+).
Akne (+).

Di20: In einer Vertiefung unmittelbar unter dem Nasenflügel.
Um die Lippenmuskulatur zu stimulieren (+).
Um eine Verstopfung der Nase zu beheben (-).

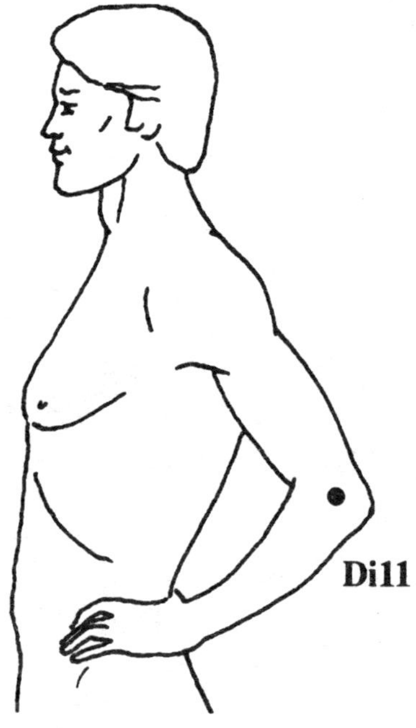

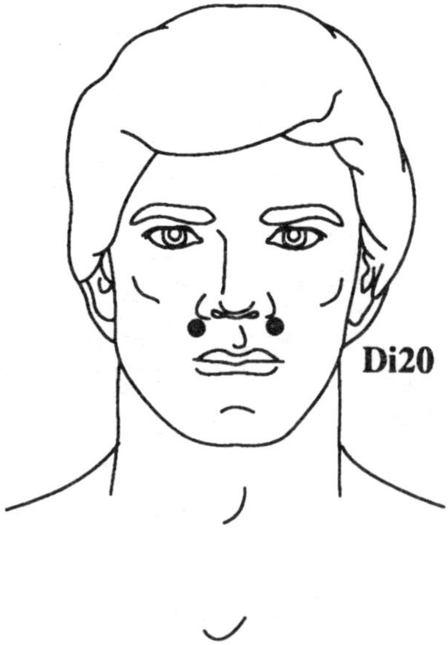

HM des Magens

Polarität:	Yang.
Partnermeridian:	HM der Milz.
Element:	Erde.
Jahreszeit:	Spätsommer.
Farbe:	Gelb.
Lage:	Zentrum.
Organische Substanz:	Lymphe.
Organische Funktion:	Nahrungszufuhr und Verdauung.
Psychische Energie:	Gleichgewicht, Stabilität, Verdauung von Nahrung und Sorgen, "sich am Tisch wohlfühlen".
Energetischer Höhepunkt:	Zwischen 7.00 und 9.00 Uhr morgens.

Physiologie des Magens

Die Rolle der Verdauung besteht darin, die Makro-Nährstoffe, die die Erde uns reichlich zuteil werden läßt, in Mikro-Nährstoffe zu spalten, die für die Ernährung unserer Zellen erforderlich sind.

Es gibt in der Tat zwei Verdauungsabschnitte. Der erste steht in Beziehung zum HM des Magens und besteht darin, aufgrund des Anblicks und des Geruchs ein wünschenswertes Nahrungsmittel auszuwählen, das sodann gekaut, eingespeichelt, hinuntergeschluckt und in den Magen befördert wird, wo der Speisebrei mit Salzsäure und Pepsin versetzt wird, zwei Substanzen, die von den Magenzellen unter Kontrolle des Hormons Gastrin produziert werden, das wiederum die Produktionsmenge der Magensäfte nach Bedarf reguliert.

Der Magen ist mit glatter Muskulatur ausgekleidet, die es diesem Hohlorgan ermöglicht, den Speisebrei umzuwälzen, um ihn mit Magensäften zu durchsetzen und diesen Speisebrei dann in den Dünndarm zu pressen, wo der erste Verdauungsabschnitt endet.

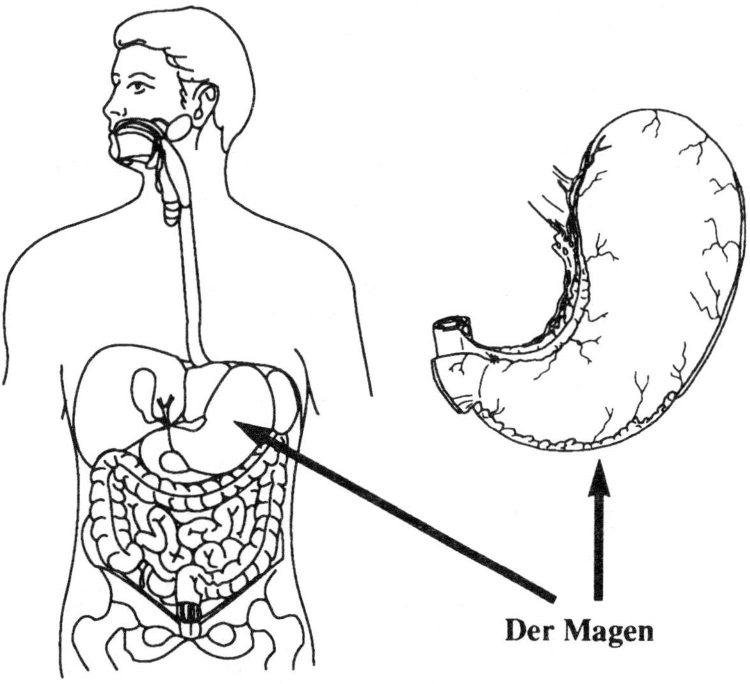

Energetische Physiologie des HM des Magens

Wir haben also erfahren, daß der erste Verdauungsabschnitt dem HM des Magens entspricht. Sehen Sie sich auf Seite 75 dessen Verlauf genau an. Sie werden feststellen, daß er unterhalb der Augen beginnt, beide Seiten der Nasenflügel hinab entlangläuft, dann zu den Speicheldrüsen gelangt. Dieser Meridian folgt in der Tat exakt dem Beginn des Verdauungsprozesses, nämlich insofern, als man sich ansieht, was man ißt, und sich den

Geruch in die Nase steigen läßt, das Essen einspeichelt, es kaut und dann hinunterschluckt. Folglich wirkt der siebte Punkt des Meridians auf den großen Kaumuskel, der für das Zerkauen zuständig ist. Wenn man diesen Punkt sediert, kann man einen Krampf in diesem Bereich beheben (eine Erscheinung bei Yang-Überschuß), während man, wenn man ihn tonisiert, dem Gesicht neue Spannkraft verleihen kann. Im Bereich des Halses finden wir die Punkte Ma9 und Ma10, die auf den Hals und den Schluckvorgang wirken. Und es ist kein Zufall, daß sich ein Punkt des HM des Magens auf der Brustwarze befindet, die es dem Neugeborenen ermöglicht, seinen Magen mit Nahrung zu versorgen, indem es ab dem Tag der Geburt die Saug-Pump-Reflex-Akupressur anwendet (Ma17).

Die Bahn des HM des Magens verläuft weiter durch den Bauch hindurch, die Oberschenkel und die Außenseite der Beine entlang, dann mitten durch den Fußrist zwischen den beiden Sehnen hindurch, wo sich das gesamte Gleichgewicht unseres Körpers befindet. Man sollte also nicht vergessen, daß der Magen unter anderem auch die Aufgabe hat, die Gleichgewichtsenergie zu liefern, im wörtlichen wie im übertragenen Sinne (siehe Lehre von den fünf Elementen). Es versteht sich von selbst, daß dieser Punkt beim Laufen aktiviert wird, daß ein Spaziergang nach einer Mahlzeit eine gute Verdauung bewirkt, daß ein Spaziergang den Appetit anregt und daß solch ein Spaziergang uns dabei helfen kann, unser inneres Gleichgewicht wiederzufinden.

Wir finden somit auf diesem Meridian Punkte bezüglich der physiologischen Aktivität, die auf den ersten Verdauungsabschnitt einwirken, auf die Zähne, die Kaumuskeln, die Magenmuskeln, doch auch auf das körperliche und seelische

Gleichgewicht. Daher ist es wichtig, über ein ausgewogenes energetisches Gleichgewicht auf dem HM des Magens zu verfügen, so daß man sowohl das, was man an Nahrung zu sich nimmt, als auch das, was man mitgeteilt bekommt, gut verdauen kann.

Verlauf des HM des Magens

Der Magenmeridian beginnt unter dem Auge und endet am Nagelbett der zweiten Zehe, auf der Seite der dritten Zehe.

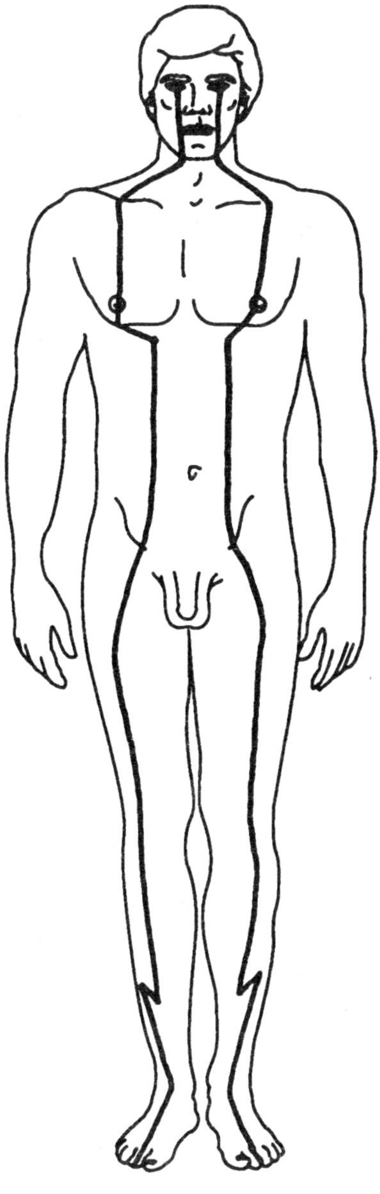

Schmerzen entlang des HM des Magens

Es ist nicht verwunderlich, daß eine Gesichtsneuralgie in Beziehung zum HM des Magens steht, ebenso wie einige bestimmte Arten von Zahnschmerzen, Halsschmerzen, Schmerzen in der Brust, im Bauch, an der Außenseite des Oberschenkels und des Knies, entlang der Außenseite des Schienbeins, des Fußrists und in der zweiten und dritten Zehe, was die häufig zu beobachtenden Verformungen dieser Zehen bei Patienten mit Magenleiden erklärt.

Was tun bei Schmerzen entlang des HM des Magens

Tonisieren Sie den Ting-Punkt auf beiden Seiten:	Ma45 +
Tonisieren Sie den Tonisierungspunkt auf der schmerzhaften Seite:	Ma41 +
Sedieren Sie die Punkte, die den Schmerz begrenzen:	-
Tonisieren Sie den Berührungspunkt auf beiden Seiten:	Ma2 +

Beschwerden bei Energieüberschuß auf dem HM des Magens

Sodbrennen und Krämpfe im Magen, hastiges Essen, Säure im Magen, Gastritis, ungeduldiger Typ mit Neigung, alles zu überstürzt zu tun.

So sedieren Sie den HM des Magens bei Energieüberschuß

Im Frühling:	Ma41 -	Im Herbst:	Ma44 -
Im Sommer:	Ma36 -	Im Winter:	Ma43 -
Im Spätsommer:	Ma45 -		

Beschwerden bei Energiemangel auf dem HM des Magens

Träge Verdauung, Trägheit des Magens, Neigung, sich zu viele Sorgen zu machen, Appetitlosigkeit, Kopfschmerzen über den Augenbrauen.

So tonisieren Sie den HM des Magens bei Energiemangel

Im Frühling:	Ma44 +	Im Herbst:	Ma36 +
Im Sommer:	Ma43 +	Im Winter:	Ma45 +
Im Spätsommer:	Ma41 +		

Die wichtigsten Punkte des HM des Magens

Ma1: In einer Vertiefung unterhalb der Augenmitte.
Augenzwinkern (-).
Verschleierter Blick (-)

Ma2: In einer Vertiefung, unmittelbar unter Ma1.
Schwellung der Augenlider (-).

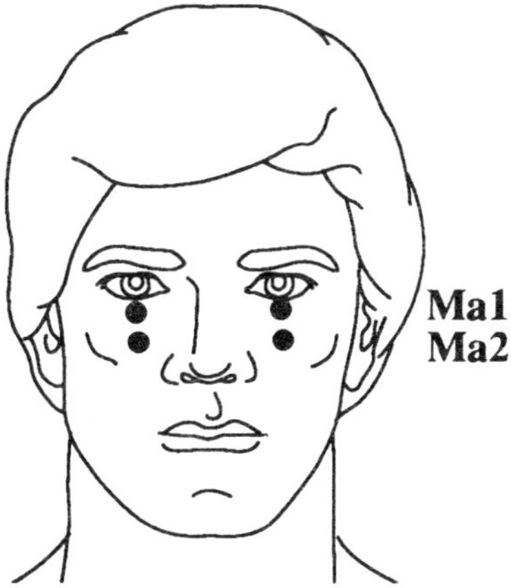

Ma3: In der Vertiefung 2 Fingerbreit neben den Nasenflügeln auf beiden Seiten.
Kiefervereiterung (-).
Gerötete Augen bei kurzsichtigen Patienten (-).
Störungen des Geruchssinns (+).

Ma7: Vor dem Ohr, in einer Vertiefung, die sich beim Öffnen des Mundes schließt.
Zur Straffung der Gesichtsmuskeln (+).
Zur Linderung einer Verspannung der Kaumuskeln (-).
Zur Behandlung von Akne (-).
Bei Speichelfluß (+).

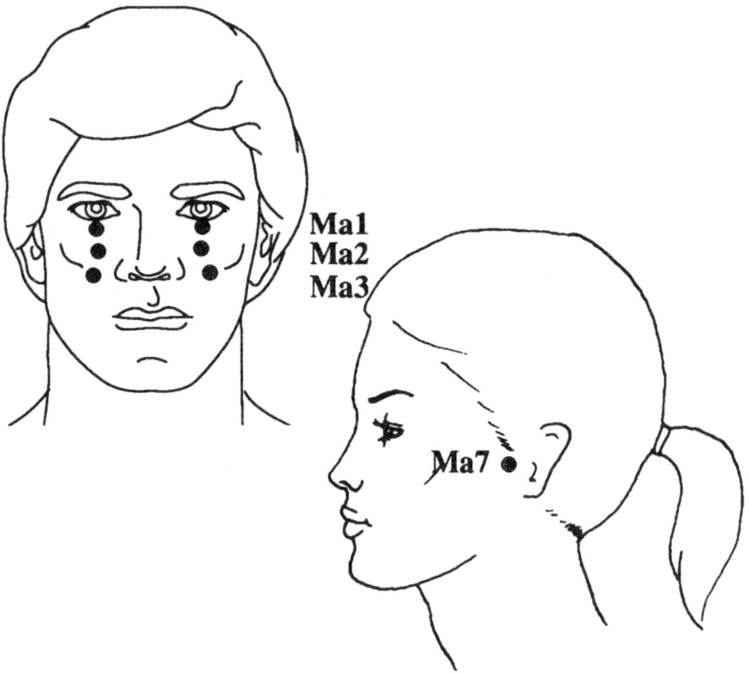

Ma25: *Mo-Punkt des Dickdarms*
3 Fingerbreit neben dem Nabel.
Blähungen (+).
Atonische Verstopfung (+).
Durchfall (+).
Verstopfung mit Krämpfen (-).
Kolitis (-).

Ma30: *Meisterpunkt des Stoffwechsels*
Energiespeicher.
Oberhalb des Schambeins, 3 Fingerbreit neben der Mittellinie.
Sterilität (+).
Impotenz (+).
Menstruationsstörungen (-).
Hodenschmerzen (-).
Erektionsschwäche (+).
Um die Geburt und die Abstoßung der Plazenta zu fördern (-).

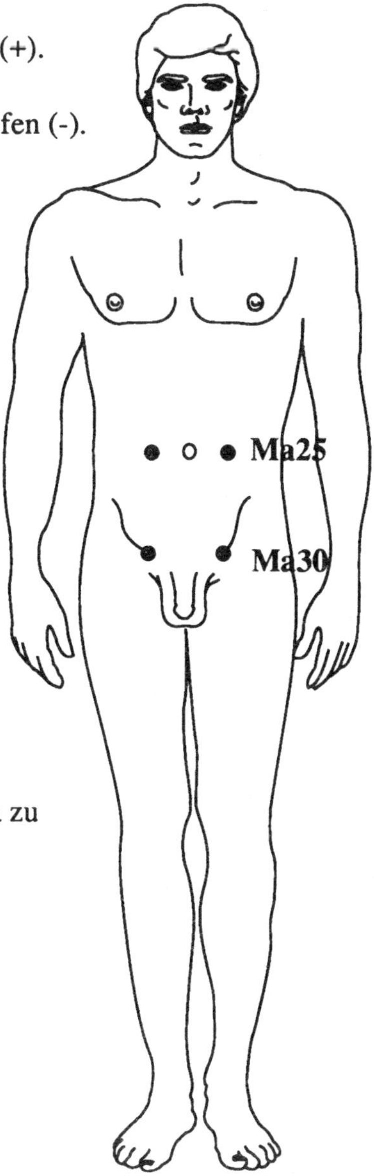

Ma32: *Meisterpunkt der Venen*
In der Mitte der Oberseite des Oberschenkels außen.
Schwere Beine (-).
Warzen (-).
Zur Anregung der Zirkulation in den Beinen und zu deren Erwärmung (-).
Ameisenkribbeln in den Beinen (-).

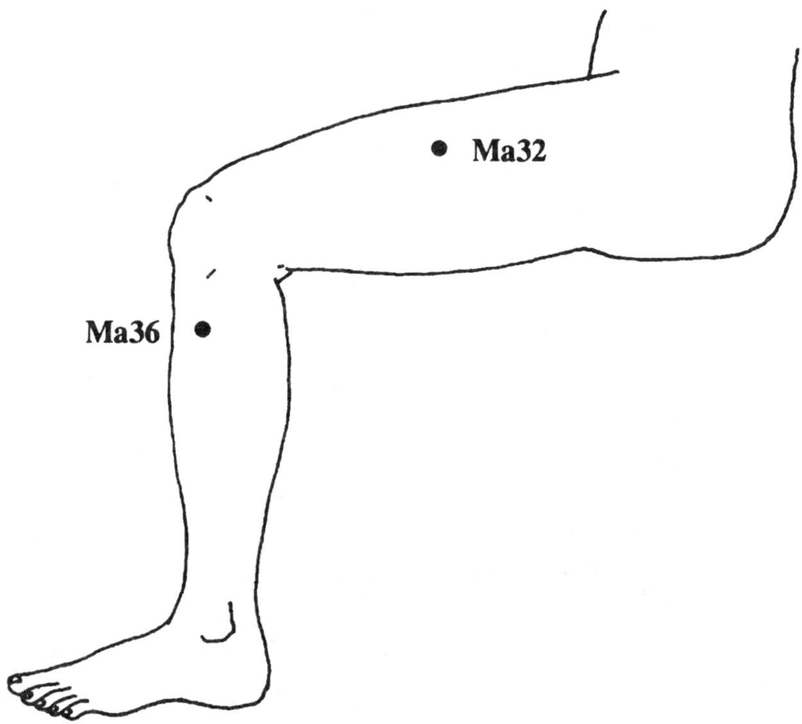

Ma36: 4 Fingerbreit unterhalb des Knies, zwischen dem vorderen Schienbeinmuskel und dem großen Streckmuskel.
WICHTIGSTER ALLER PUNKTE
Wirkt auf den HM des Magens im Herbst tonisierend und im Winter sedierend.
Zu allen Jahreszeiten kann er in folgenden Fällen wirksam eingesetzt werden:
Zur Tonisierung des gesamten Organismus und zur Steigerung des arteriellen Blutdrucks (+) morgens, außer im Sommer.
Zur Anregung der Verdauung (+).
Tonus (+), vorzugsweise morgens.

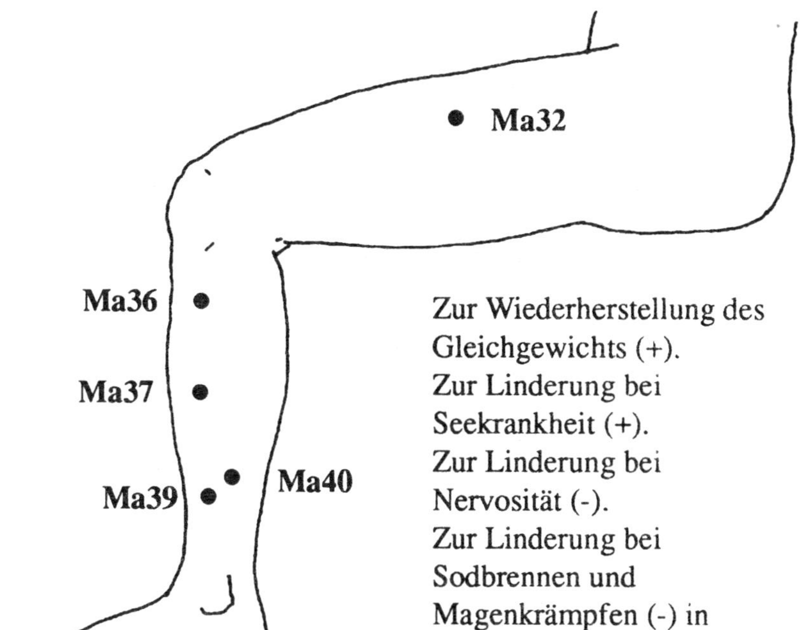

Zur Wiederherstellung des Gleichgewichts (+).
Zur Linderung bei Seekrankheit (+).
Zur Linderung bei Nervosität (-).
Zur Linderung bei Sodbrennen und Magenkrämpfen (-) in Verbindung mit Ma45 (-) und KG12 (-).

Ma37: Etwas oberhalb der Mitte des Beines, 4 Fingerbreit unter Ma36.
Durchfall (+).

Ma39: 7 Fingerbreit über dem äußeren Fußknöchel.
Trockene Haut (+).
Trockenes Haar (+).
Trockene Lippen (+).
Hühneraugen (+).
Warzen an der Fußsohle (+).
Schmerzen in den Knien beim Hinuntersteigen von Treppen (-).
Phantomglied, wenn es sich um Schmerzen an einem amputierten Stumpf handelt (+) auf der gegenüberliegenden Seite.

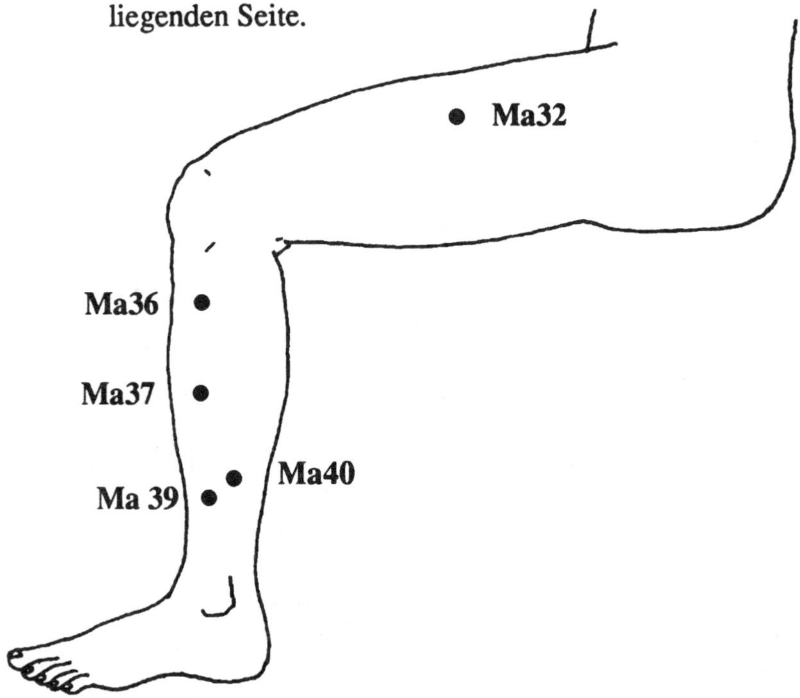

Ma40: *Lo-Punkt*
Nahezu in der Mitte des Beines, 2 Fingerbreit neben dem Schienbeinkamm, etwas oberhalb von Ma39 und weiter außen, zwischen den Muskeln, vor dem Wadenbein.
Übersteigerte Erregung (-)
Schwindelgefühl (+).
Gesichtsneuralgie (+) auf der gegenüberliegenden Seite.
Blutandrang in Gesicht und Nase (+).
Stechende Schmerzen in der Brust (+).
Vorsicht: Nach dem sechsten Schwangerschaftsmonat verboten.

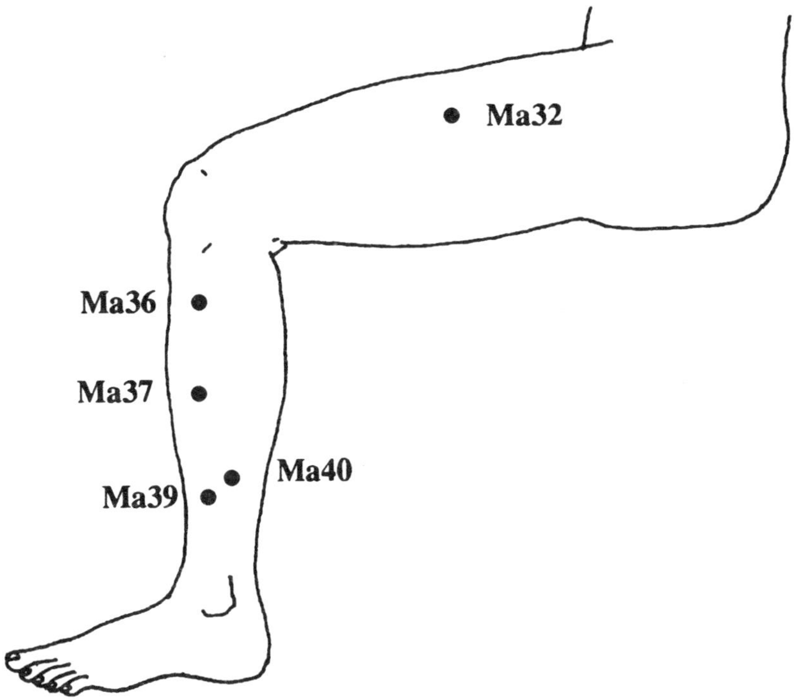

Ma 41: *Tonisierungspunkt, außer im Frühling*
Mitten auf dem Fußrist in der Vertiefung zwischen den Sehnen. Wird während des Laufens stimuliert. Fördert die Verdauung und regt den Appetit an; daher bekommen wir nach einem Spaziergang einen "Bärenhunger".
Dieser Punkt wirkt auf den Magenmeridian zu seiner Jahreszeit, im Spätsommer, tonisierend und im Frühling sedierend.

Hinweis: Der tonisierende Effekt des Punktes Ma41 wird besonders in den Übergängen zwischen den Jahreszeiten deutlich, am meisten im Spätsommer, d. h. zwischen dem 15. August und dem 5. September, sowie während der feuchten Jahreszeiten.
Zu allen Jahreszeiten kann er in folgenden Fällen wirksam eingesetzt werden:
Zur Förderung des Gleichgewichts (+).
Appetitlosigkeit (+).
Augenmigräne (+).

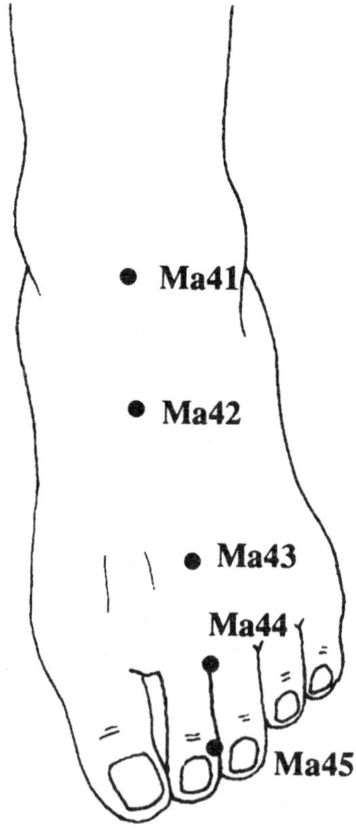

Ma42: *Quellpunkt*
Auf dem Fußrücken, 3 Fingerbreit vor dem Punkt Ma41.
Übermäßiges Frieren (+).
Zahnbeschwerden (+).

Ma43: Auf dem Fuß, zwischen dem zweiten und dritten Mittelfußknochen.
Dieser Punkt wirkt auf den Meridian des Magens im Sommer tonisierend und im Winter sedierend.
Zu allen Jahreszeiten kann er in folgenden Fällen wirksam eingesetzt werden:
Schmerzen im Fuß (-).
Frösteln (-).
Malaria (-).
Nachtschweiß (-).

Ma44: Zwischen der zweiten und dritten Zehe.
Spezifischer Punkt bei Alpträumen.
Dieser Punkt wirkt auf den Meridian des Magens im Frühling tonisierend und im Herbst sedierend.
Zu allen Jahreszeiten kann er in folgenden Fällen wirksam eingesetzt werden:
Alpträume (-).
Stottern (-) in Verbindung mit den Punkten MH6 (-) und H5 (+).

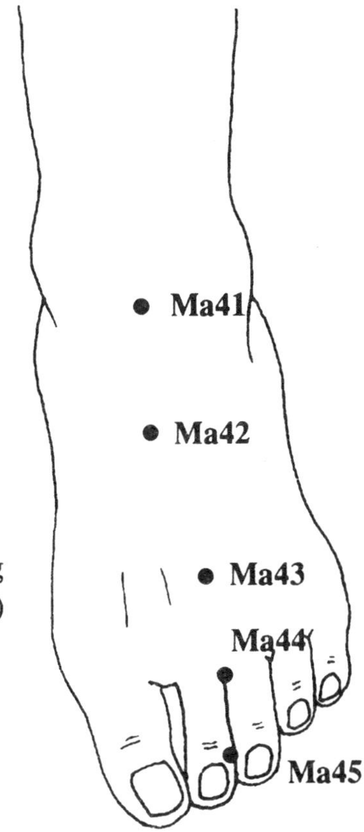

Ma45: *Ting-Punkt*
Sedierungspunkt
Am Nagelbett der zweiten Zehe, auf der Seite zur dritten Zehe.
Dieser Punkt wirkt zu seiner Jahreszeit, im Spätsommer, sedierend und im Winter tonisierend.

Hinweis: Die sedierende Wirkung des Punktes Ma45 wird besonders in den Übergängen zwischen den Jahreszeiten deutlich, am meisten im Spätsommer, d. h. zwischen dem 15. August und dem 5. September, sowie während der feuchten Jahreszeiten.
Zu allen Jahreszeiten kann er in folgenden Fällen wirksam eingesetzt werden:
Um ungezügelten Hunger zu stillen (-) in Verbindung mit dem Punkt Ma36 (-).
Zur Linderung von Sodbrennen (-) in Verbindung mit Ma36 (-).
Vorsicht: Im sechsten Schwangerschaftsmonat verboten.

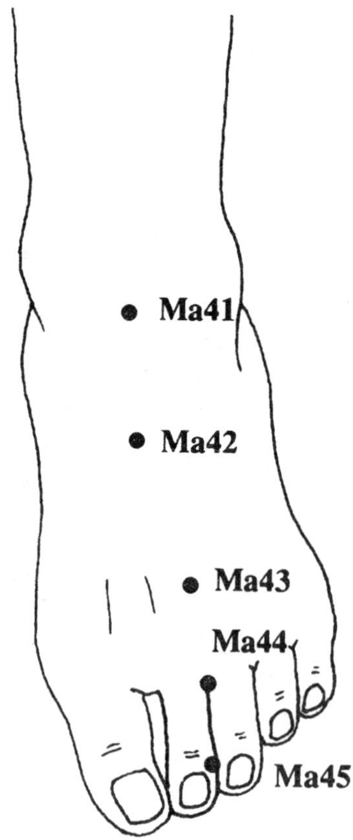

HM der Milz

Polarität:	Yin.
Partnermeridian:	HM des Magens.
Element:	Erde.
Jahreszeit:	Spätsommer.
Farbe:	Gelb.
Lage:	Zentrum.
Organische Substanz:	Lymphe.
Organische Funktion:	Nahrungszufuhr und Verdauung.
Psychische Energie:	Konzentration, Verdauung von Nahrung und Sorgen, Denken in Zusammenhängen.
Energetischer Höhepunkt:	Zwischen 9.00 und 11.00 Uhr morgens.

Physiologie der Milz und der Pankreas (Bauchspeicheldrüse)

Dieser Meridian hat Beziehung zur Energie der Milz und der Pankreas. Der Meridian auf der rechten Körperseite steht mehr in Verbindung mit der Pankreas, der Meridian auf der linken Seite mehr mit der Milz.

Was ist die Milz?
Es ist ein blutgefülltes Organ, das Teil des lymphatischen Systems ist. Die Milz bildet bei Bedarf Blut (weiße Blutkörperchen). Sie speichert und verteilt das Blut unter bestimmten Umständen. Sie reinigt das Blut von abgestorbenen oder krankhaften roten Blutkörperchen und von Schlackenstoffen. Diese Drüse spielt in bezug auf das Blut eine wichtige Rolle. Daher finden wir auf diesem Meridian einen Meisterpunkt des Blutes, den Punkt MP6, der auf die Wundheilung, den Blutkreislauf und grundsätzlich auf die

Regelblutungen wirkt, die durch ihn harmonisiert werden können. Andererseits bildet die Milz Antikörper, um gefährliche Stoffe in der Lymphe und im Blut zu neutralisieren.

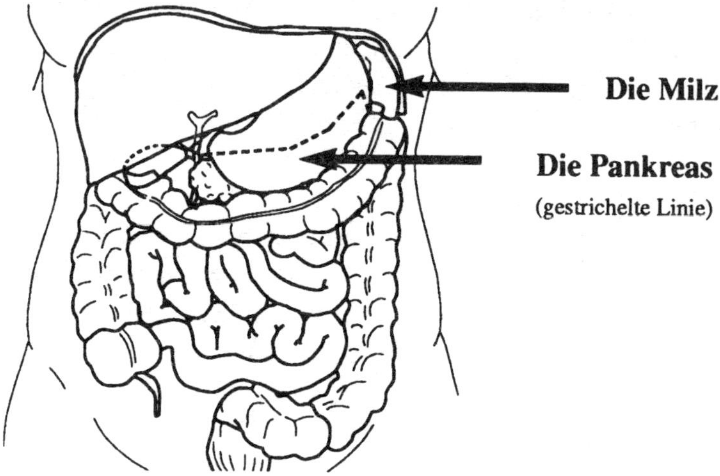

Was ist die Pankreas?

Es handelt sich um eine dicke Drüse von länglicher Form, die ungefähr 15 cm lang ist. Wie die Milz, so befindet auch sie sich mitten im Körper, neben dem Magen. Sie ist eine endokrine Drüse, die Insulin und Glukagon produziert, um den Gehalt an Glukose im Blut zu regulieren und diese in der Leber zu speichern, wodurch der Zuckergehalt im Blut gesenkt wird. Glukagon regt im Bedarfsfall die Wiederbereitstellung von Glukose ans Blut an. Doch die Pankreas hat auch die Rolle einer exokrinen Drüse, d. h. eine Funktion unabhängig vom Blut, indem sie tief in den Verdauungsablauf im Bereich des Darms eingreift. Die Pankreas kann ca. 1,5 bis 2,5 Liter Pankreassekret täglich in den Dünndarm abgeben und vollendet so den im Magen begonnenen Verdauungsabschnitt. Der Meridian der Milz spielt somit auch eine Rolle bei der Verdauung.

Energetische Physiologie des HM der Milz

Wir haben erfahren, daß die Milz Teil des lymphatischen Systems ist, daß sie im Element Erde mit dem HM des Magens gekoppelt ist und im Zentrum sitzt, wodurch eine beschleunigte Beweglichkeit nach Norden, Süden, Osten und Westen gefördert wird. Folglich ist es nicht verwunderlich zu erfahren, daß jemand mit einem Energiemangel in bezug auf die Milz Lymphatiker ist, daß er "die Milz nicht mit Füßen tritt" = "sich kein Bein ausreißt" und daß er viele Gelegenheiten verpaßt. Ganz offensichtlich handelt es sich bei Versagern um Menschen, die an einem Energiemangel in bezug auf die Milz leiden. Diejenigen dagegen, die einen Energieüberschuß aufweisen, laufen Gefahr, gerne zuviel des Guten zu tun, stets beschäftigt und ständig in Bewegung zu sein.

Daraus ergibt sich die Notwendigkeit der Wohlausgeglichenheit, wodurch man zu guter Konzentration sowie Verfügbarkeit über schnelle und wirkungsvolle Reflexe und zur Fähigkeit, in Zusammenhängen zu denken, befähigt wird.

Verlauf des HM der Milz

Der HM der Milz beginnt am inneren Nagelbett der großen Zehe und endet seitlich am Brustkorb, im sechsten Zwischenrippenraum, d. h. in der Mitte.

Schmerzen entlang des HM der Milz

Schmerzen in der großen Zehe, im Fußballen, an der Innenseite des Beines, an der Vorderkante des Schienbeins, im Knie, an der Innenseite des Oberschenkels, in der Leiste, im Bauch und in der Brust.

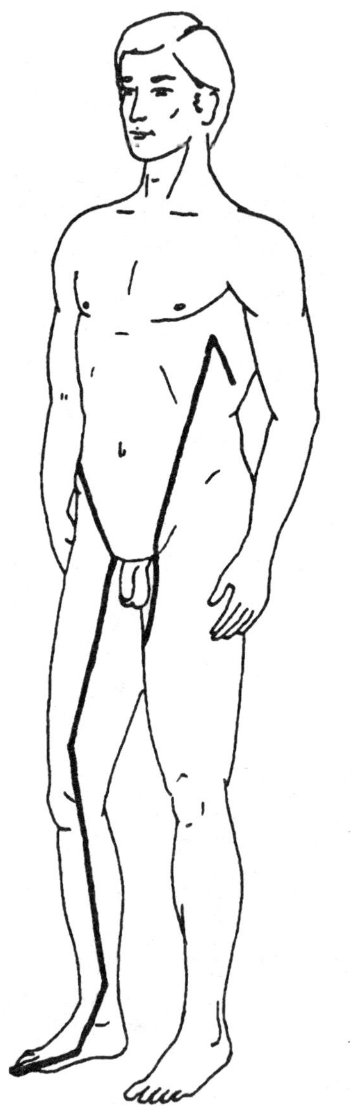

Der Verlauf des HM der Milz

Was tun bei Schmerzen entlang des HM der Milz

Tonisieren des Ting-Punktes auf beiden Seiten:	MP1 +
Tonisieren des Tonisierungspunktes auf der schmerzhaften Seite:	MP2 +
Sedieren der Punkte, die den Schmerz begrenzen:	-
Tonisieren des Berührungspunktes:	KG3 +

Beschwerden bei Energieüberschuß auf dem HM der Milz

Hitzewallungen, zu schwache Regelblutungen, Neigung zu Zwangsvorstellungen.

So sedieren Sie den HM der Milz bei Energieüberschuß

Im Frühling:	MP2 -	Im Herbst:	MP9 -
Im Sommer:	MP3 -	Im Winter:	MP1 -
Im Spätsommer:	MP5 -		

Beschwerden bei Energiemangel auf dem HM der Milz

Morgendliche Schwäche, Konzentrationsschwierigkeiten, verminderter Blutzuckergehalt, starke oder langandauernde Regelblutungen, lymphatische Konstitution.

So tonisieren Sie den HM der Milz bei Energiemangel

Im Frühling:	MP9 +	Im Herbst:	MP3 +
Im Sommer:	MP1 +	Im Winter:	MP5 +
Im Spätsommer:	MP2 +		

Die wichtigsten Punkte des HM der Milz

MP1: *Ting-Punkt*

Am inneren Nagelbett der goßen Zehe.
Dieser Punkt wirkt auf den Meridian der Milz im Winter sedierend und im Sommer tonisierend.
Zu allen Jahreszeiten kann er in folgenden Fällen wirksam eingesetzt werden:
Zur Anregung des Lymphe-Flusses (+).
Zur Förderung der Regelmäßigkeit der Menstruation (+).
Zur Bekämpfung von Hämorrhoiden (+) in Verbindung mit den Punkten B57, LG1 und B28 (-).

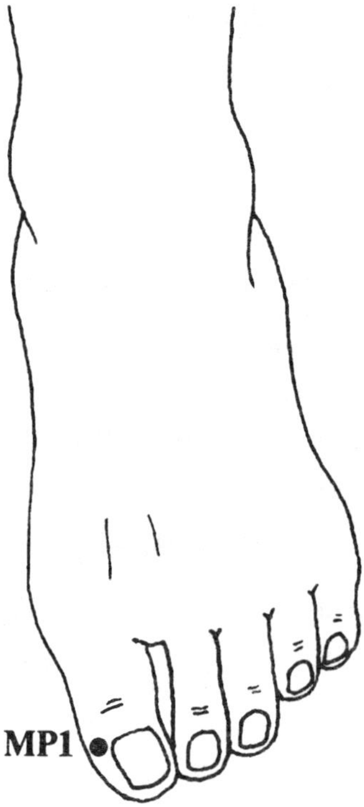

MP2: An der Fußinnenkante, unmittelbar vor dem Gelenkhöcker der großen Zehe.
Dieser Punkt wirkt auf den Meridian der Milz zu seiner Jahreszeit, im Spätsommer, tonisierend und im Frühling sedierend.

Hinweis: Die tonisierende Wirkung des Punktes MP2 wird besonders in den Übergängen zwischen den Jahreszeiten deutlich, am meisten im Spätsommer, d. h. zwischen dem 15. August und dem 5. September, sowie während der feuchten Jahreszeiten.
Zu allen Jahreszeiten kann er in folgenden Fällen wirksam eingesetzt werden:
Zur Förderung der Konzentrationsfähigkeit und zur Unterstützung der Jugendlichen bei der Bewältigung ihrer Mathematikaufgaben (+) außer im Frühling.
Zur Förderung des Wachstums (+).
Zur Bekämpfung von morgendlicher Müdigkeit (+).
Abszesse (+).
Vorsicht: Im ersten Schwangerschaftsmonat vermeiden.

MP3: *Quellpunkt*
Hinter dem Grundgelenk der großen Zehe.
Dieser Punkt wirkt auf den Meridian der Milz im Herbst tonisierend und im Sommer sedierend.
Zu allen Jahreszeiten kann er in folgenden Fällen wirksam eingesetzt werden:
Schmerzen in der großen Zehe (-).
Muskelkrämpfe (-).
Gelenkschmerzen, die durch Feuchtigkeit verursacht wurden (-).

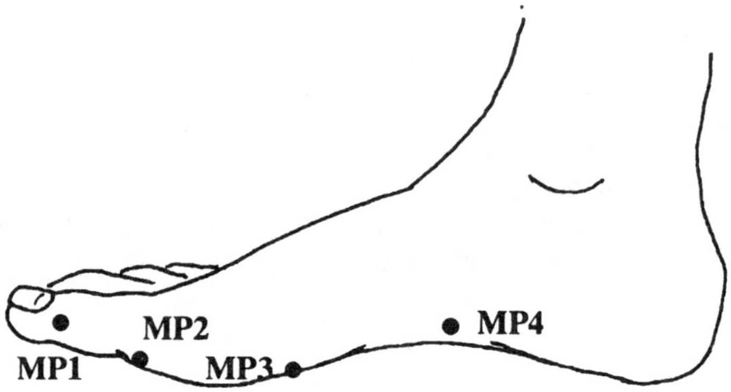

MP4: *Schlüsselpunkt des Sondermeridians Tchrong Mo* (speziell bei hormonellen Störungen, besonders der Eierstöcke und der Schilddrüse).

In der Mitte der Fußinnenkante, am Übergang zwischen der Haut des Fußrückens und der Haut der Fußsohle.

Ausbleiben der Menstruation (-).

Zu schwache Regelblutungen (-).

Durchfall (+).

Luftansammlung im Magen mit Schläfrigkeit nach den Mahlzeiten (-).

Hodenschmerzen (-).

Herzklopfen (-) in Verbindung mit dem Punkt MH6 (-).

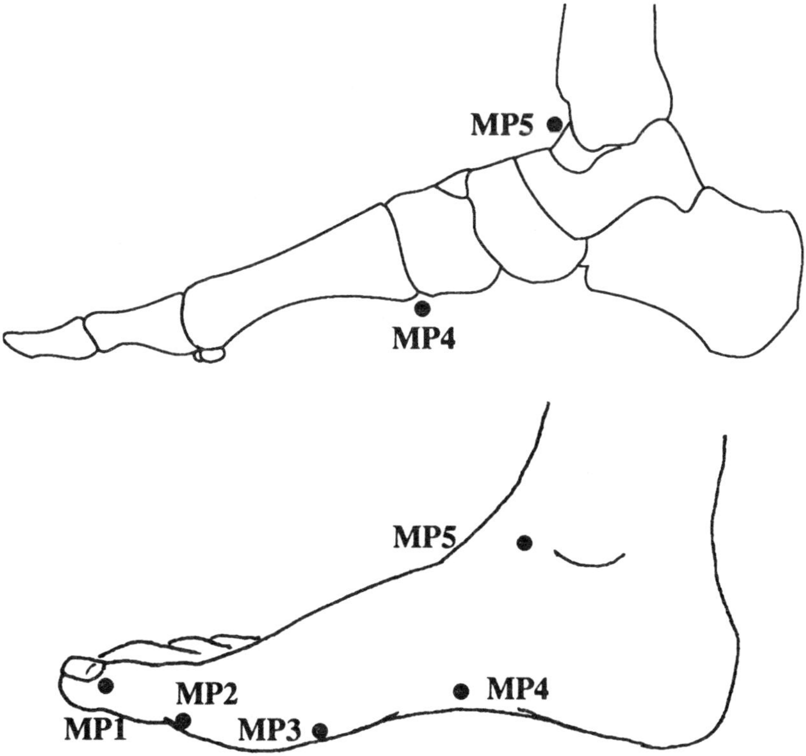

MP5: *Meisterpunkt der Venen*
Vor dem inneren Fußknöchel, auf dem Fußrist, in der Sehne des vorderen Schienbeinmuskels, in der Vertiefung, die sich bildet, wenn man den Fuß nach innen neigt.
Dieser Punkt wirkt auf den Meridian der Milz zu seiner Jahreszeit, im Spätsommer, sedierend und im Winter tonisierend.

Hinweis: Die sedierende Wirkung dieses Punktes MP5 wird besonders in den Übergängen zwischen den Jahreszeiten deutlich, am meisten im Spätsommer, d. h. zwischen dem 15. August und dem 5. September, sowie während der feuchten Jahreszeiten.

Zu allen Jahreszeiten kann er in folgenden Fällen wirksam eingessetzt werden:

Schwere Beine (-).

Warzen (-).

Träger Blutkreislauf (-).

Hämorrhoiden (-).

Gelenkschmerzen ohne Schwellung (-).

(Mit Schwellung: den Punkt 3E5 behandeln).

Schmerzen in der großen Zehe (-).

Wahnvorstellungen (-).

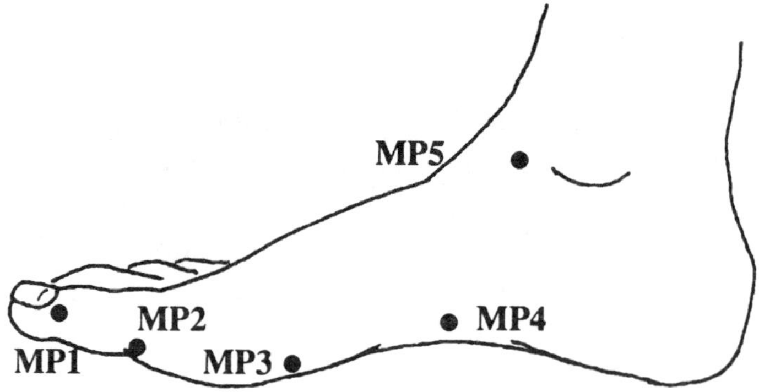

MP6: *Meisterpunkt des Blutes*
Auf der Innenseite des Beines, 4 Fingerbreit über dem inneren Fußknöchel, in einer Vertiefung hinter dem Schienbein.
Zur Steigerung der allgemeinen und
sexuellen Spannkraft (+).
Zur Förderung der Wundheilung (+).
Zur Linderung zu starker Regelblutungen (+).
Zur Förderung zu schwacher Regelblutungen (-).
Zur Linderung bei schweren Beinen (-).
Zur Förderung des Blutkreislaufs (-).

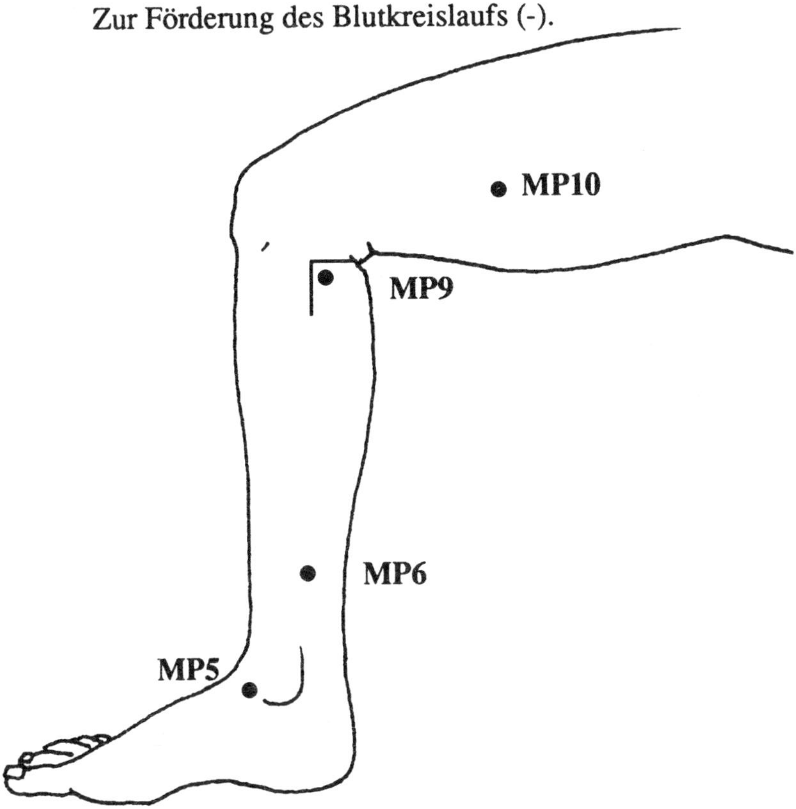

MP9: *Meisterpunkt der glatten Muskulatur und der Genitalien*

Unter dem Knie auf der Innenseite, an der Abwinkelstelle der Knochen von Schienbein und Knie.

Dieser Punkt wirkt auf den Meridian der Milz im Frühling tonisierend und im Herbst sedierend.

Zu allen Jahreszeiten kann er in folgenden Fällen wirksam eingesetzt werden:

Zur Linderung bei Krämpfen (-).

Zur Linderung von Bauchschmerzen, besonders der Gebärmutter (-).

Vorsicht: Nicht nach dem 5. Schwangerschaftsmonat stimulieren.

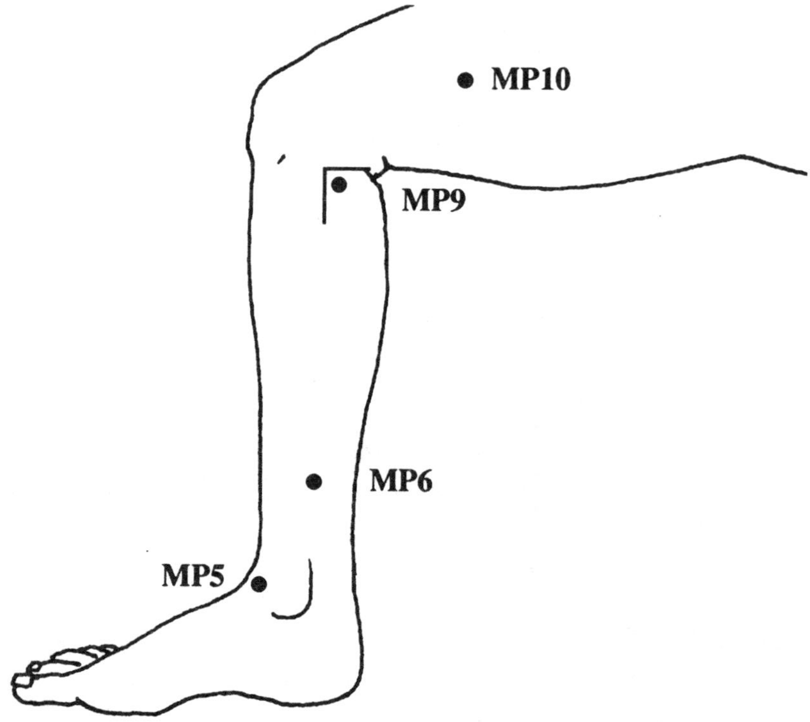

MP10: *Meisterpunkt des Blutes*

Auf der Oberseite des Oberschenkels, etwas zur Innenseite hin, 4 Fingerbreit über dem Knie in einer Vertiefung.

In Verbindung mit dem Punkt MP6 ist er bei Regelstörungen und prämenstruellem Syndrom wirksam.

Zu starke Regelblutungen mit Blutklumpen (+).

Fehlen der Menstruation oder schwache Regelblutungen (-).

Zum Senken der Körpertemperatur bei Fieber (-).

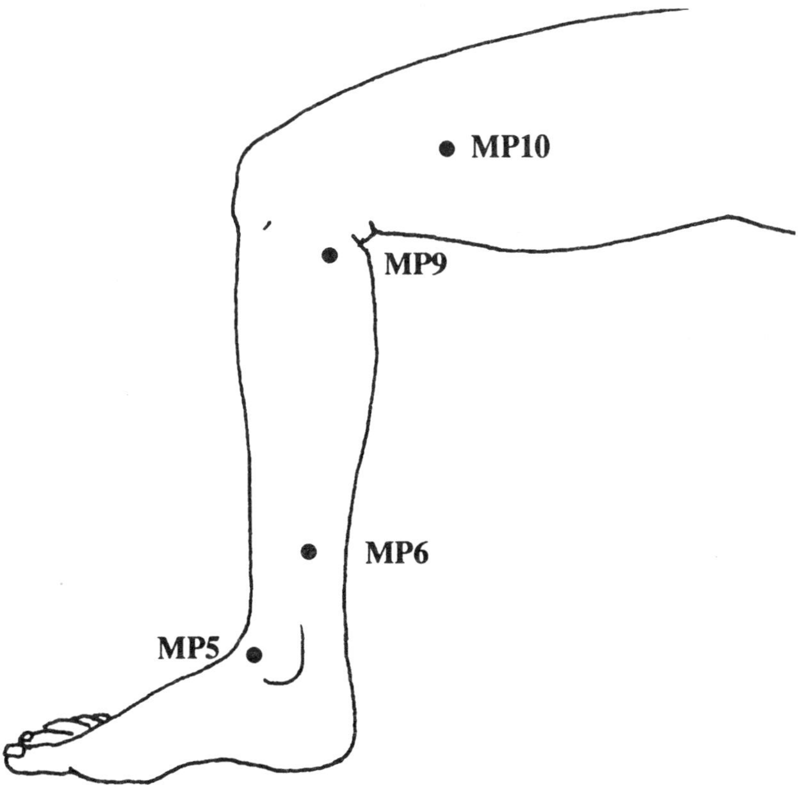

MP21: *Endpunkt des Meridians*, der zum HM des Herzens überleitet
Seitlich am Brustkorb, im sechsten Rippenzwischenraum, d. h. in der Mitte.
Sedieren, wenn er schmerzt (-).
Atemnot (-). Dies verschafft Druckerleichterung und Verbesserung der Blutzirkulation.
Schmerzen am Herzen (-).

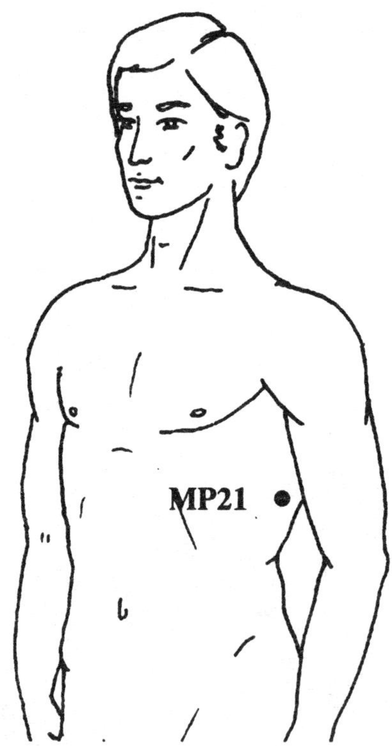

HM des Herzens

Polarität: Yin.
Partnermeridian: HM des Dünndarms.
Element: Feuer.
Jahreszeit: Sommer.
Farbe: Rot.
Lage: Süden.
Organische Substanz: Arterien.
Organische Funktion: Blutkreislauf.
Psychische Energie: Liebe, Freude, Großzügigkeit, Nervenschwäche.
Energetischer Höhepunkt: Zwischen 11.00 und 13.00 Uhr.

Physiologie des Herzens

Das Herz pumpt das Blut in das Blutgefäßsystem, d. h. in das Arteriennetz. Die grundlegende Rolle des arteriellen Blutkreislaufs besteht im Transport von Sauerstoff aus der Lunge sowie von Mikro-Nährstoffen aus dem Dünndarm.

Erinnern wir uns daran, daß die Hauptaufgabe der Dünndarmzellen die Assimilation ist, also das Passierenlassen der Mikro-Nährstoffe durch seine Wand, damit diese in den arteriellen Blutkreislauf aufgenommen werden können, der diese Nährstoffe zu allen Zellen transportiert und sie dazu wiederum durch seine Wände passieren läßt, und zwar die ganze Länge der Blutgefäße entlang, die sich immer weiter verzweigen, um schließlich einen äußerst lebhaften Mikro-Blutkreislauf zu bilden. Man sollte sich immer vor Augen halten, daß, wenn dieser im Bereich des Gehirns ausfallen würde, eine Schädigung mit schweren Folgen eintreten würde, wie z. B. eine halbseitige Lähmung.

Das Herz-Lungen-System

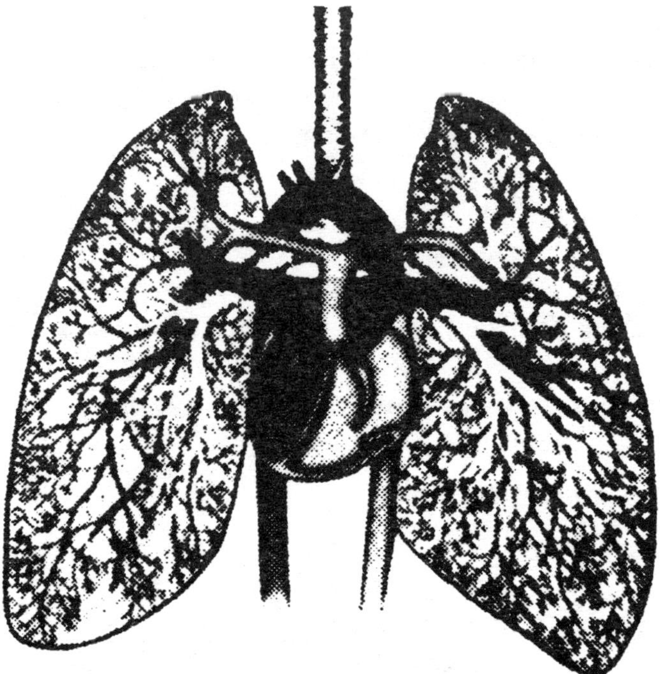

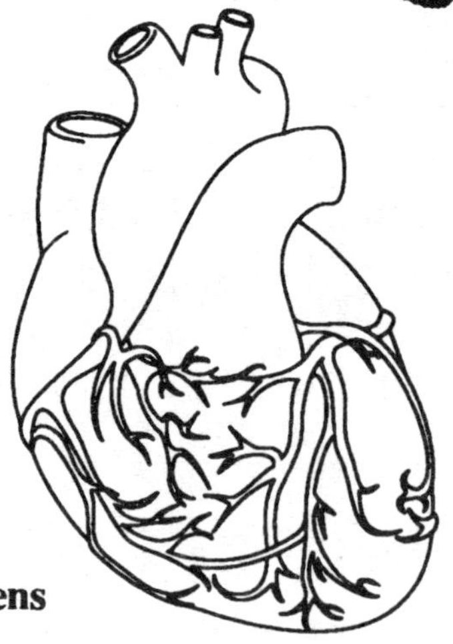

Vorderansicht des Herzens

Energetische Physiologie des HM des Herzens

Dieser Meridian bezieht sich nicht nur auf die Herz-Lungenfunktionen, sondern ist zugleich auch Synonym für Liebe und Großzügigkcit. Einmal mehr können wir dank dieser großartigen Lehre den Sinn und die Verbindung zwischen volkstümlicher Ausdrucksweise und der energetischen Physiologie des Organs, das besprochen wird, verstehen.

In den jahrtausendealten chinesischen Schriften verkörperte das Herz, das laut der Lehre von den 5 Elementen im Bereich des Feuers sitzt, den Herrscher. So wurde zur damaligen Zeit der Herrscher als Vertretung Gottes auf Erden betrachtet, als derjenige, der die Macht hat, Leben zu schenken oder zu nehmen. Das Herz bringt oder nimmt ebenso das Leben. Leben oder Tod können anhand des Abhörens des Herzschlages festgestellt werden. Was gibt es wunderbareres als das Leben? Wir müssen es verehren, mit Hochachtung betrachten. Liebe zum Leben bedeutet auch Liebe zur Schöpfung und den Geschöpfen. Sie bedeutet die wahre Lebensfreude, das Lachen, das Wort ...

Infolgedessen ist verständlich, daß man auf diesem Meridian Punkte findet, um Patienten mit Depressionen zu ermutigen: Der Punkt H3 wird als Punkt der Lebensfreude bezeichnet, der Punkt H7 kann sowohl geistige Erregung besänftigen als auch in gleicher Weise arteriellen Bluthochdruck senken. Der Punkt H8 wird Punkt der Großzügigkeit genannt und befindet sich in der Vertiefung der Handfläche ("das Herz auf der Hand haben"). Und der Punkt H9 am kleinen Finger bewirkt, daß wir unsere Sprache wiederfinden, wenn es uns diese infolge eines psychisch-emotionalen Schocks verschlagen hat.

Verlauf des HM des Herzens

Der HM des Herzens beginnt unter der Achsel und endet im Nagelbett des kleinen Fingers, auf der Seite des Ringfingers.

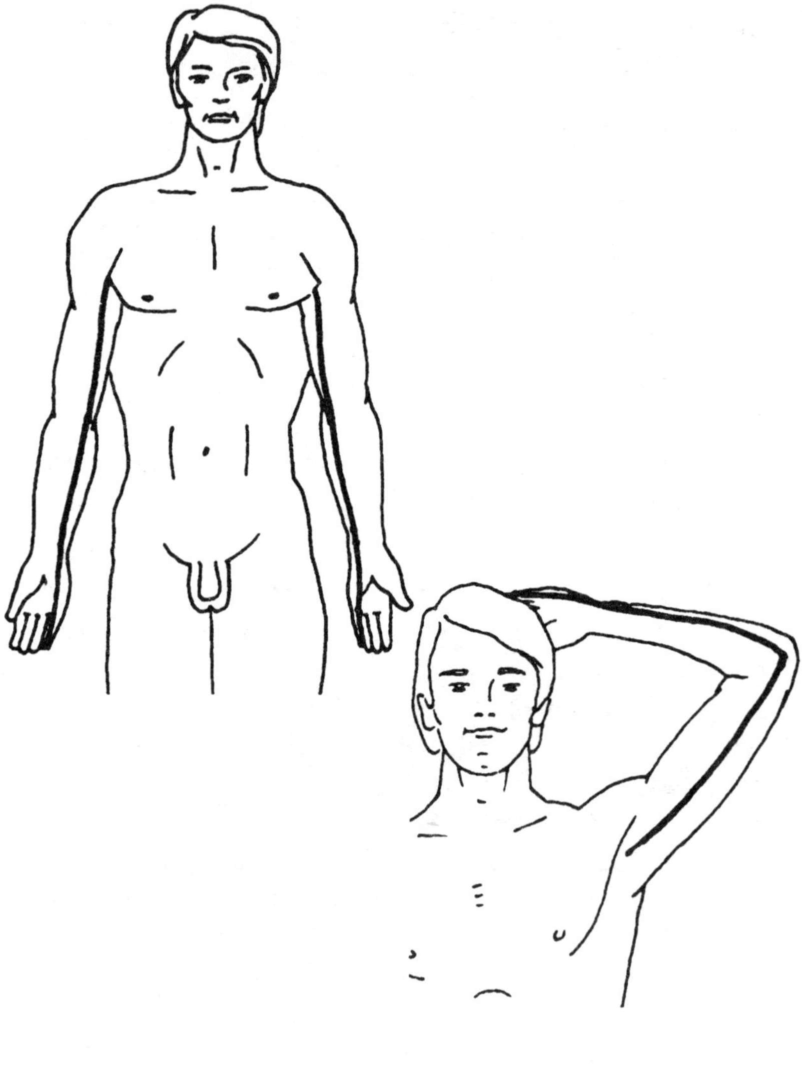

Schmerzen entlang des HM des Herzens

Schmerz oder Schwellung in der Achselhöhle, auf der Oberseite des Oberarmes innen, im Ellbogen (Gelenkrolle des Oberarms), auf der Vorderseite des Unterarmes innen, an der Ellbogenseite des Handgelenks, in der Handinnenfläche (Kleinfingerballen) und im kleinen Finger.

Was tun bei Schmerzen entlang des HM des Herzens

Tonisieren des Ting-Punktes auf beiden Seiten:	H9 +
Tonisieren des Quellpunktes auf der schmerzhaften Seite	H7 +
	außer im Sommer
Sedieren der Punkte, die den Schmerz begrenzen:	-
Tonisieren des Berührungspunktes auf beiden Seiten:	G22 +

Beschwerden bei Energieüberschuß auf dem HM des Herzens

Bluthochdruck (besonders des diastolischen Blutdrucks), gerötetes Gesicht mit Blutandrang, Zustand entspricht "himmelhochjauchzend - zu Tode betrübt".

So sedieren Sie den HM des Herzens

Im Frühling:	H8 -	Im Herbst:	H3 -
Im Sommer:	H7 -	Im Winter:	H9 -
Im Spätsommer:	H4 -		

Beschwerden bei Energiemangel auf dem HM des Herzens

Niedriger Blutdruck, Blässe, Depression, Kurzatmigkeit bei der geringsten Anstrengung.

So tonisieren Sie den HM des Herzens

Im Frühling:	H3 +	Im Herbst:	H7 +
Im Sommer:	H9 +	Im Winter:	H4 +
Im Spätsommer:	H8 +		

Die wichtigsten Punkte des HM des Herzens

H3: *Punkt der Lebensfreude*
Auf der inneren Beugefalte des Ellbogens, im Bereich des Gelenks der beiden Armknochen.
Dieser Punkt wirkt auf den Meridian des Herzens im Frühling tonisierend und im Herbst sedierend.
Zu allen Jahreszeiten kann er in folgenden Fällen wirksam eingesetzt werden:
Depression nach psychisch-emotionalem Schock (-).
Nervenschwäche (-).

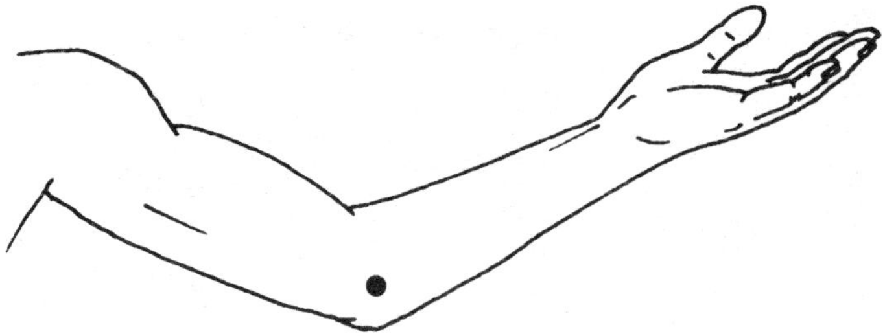

H3

H4: An der Innenkante des Handgelenks, in der Ellbogenfurche, unmittelbar vor dem kleinen Knochen (Griffelfortsatz).
Dieser Punkt wirkt auf den Meridian des Herzens im Winter tonisierend und im Spätsommer sedierend.
Zu allen Jahreszeiten kann er in folgenden Fällen wirksam eingesetzt werden:
Zur Förderung des arteriellen Blutkreislaufs (+).
Zur Erwärmung des Körpers (+).
Bei Sprachverlust infolge eines psychisch-emotionalen Schockerlebnisses (+).

H5: *Lo-Punkt*
An der Innenkante des Handgelenks, in der Ellbogenfurche, gegenüber vom kleinen Knochen (Griffelfortsatz).
Schmerzen in der Herzgegend (+).
Herzklopfen (+).
Niedriger Blutdruck (+).
Lampenfieber +).
Angstzustände (+).
Schüchternheit (+).
Ängstlichkeit (+).

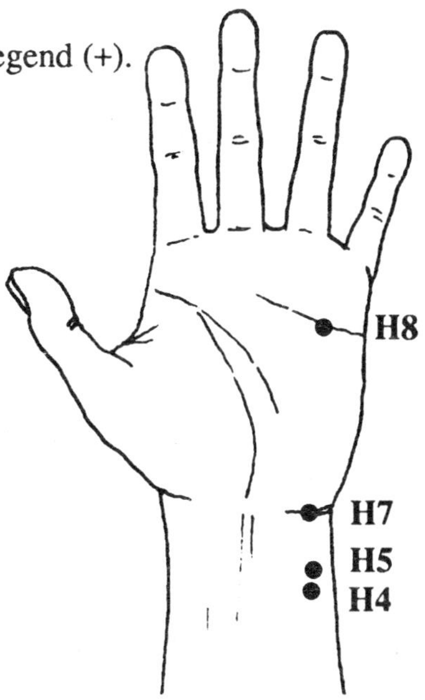

H7: *Quellpunkt*

Auf der Handgelenksfalte neben dem Erbsenbein (kleiner Knochen).

Dieser Punkt wirkt auf den Meridian des Herzens zu seiner Jahreszeit, im Sommer, sedierend und im Herbst tonisierend.

Zu allen Jahreszeiten kann er in folgenden Fällen wirksam eingesetzt werden:

Bluthochdruck, besonders diastolisch (-).
Herzjagen (-).
Hysterie (-).
Nervosität (-).
Blutandrang im Gesicht (-).
Schlaflosigkeit aufgrund von Nervosität (-).

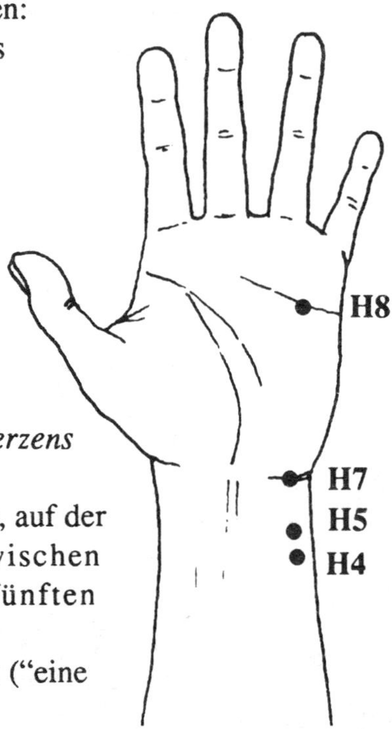

H8: *Jahreszeitenpunkt des Herzens im Sommer*

Auf der Handinnenfläche, auf der Linie des Herzens, zwischen dem vierten und fünften Mittelhandknochen.

Fördert die Freigebigkeit ("eine offene Hand haben").

Dieser Punkt wirkt auf den Meridian des Herzens im Spätsommer tonisierend und im Frühling sedierend.

Nervenschwäche (+) im Sommer.
Abgespanntheit (+) im Sommer.
Bluthochdruck (-) im Frühling.

H9: *Ting-Punkt*

Am Nagelbett des kleinen Fingers, auf der Seite des Ringfingers.

Dieser Punkt wirkt auf den Meridian des Herzens zu seiner Jahreszeit, im Sommer, tonisierend und im Winter sedierend.

Zu allen Jahreszeiten kann er in folgenden Fällen wirksam eingesetzt werden:

Zur Stimulierung des Herzens (+).

Zur Erhöhung des Blutdrucks (+).

Zur Bekämpfung von depressiven Zuständen (+).

Zur Linderung von Schmerzen bei Mandelentzündung (+)

Zur Wiederbelebung einer bewußtlosen Person (+).

Zur Wiedererlangung der Sprache im Falle von seelischer Verzweiflung (-).

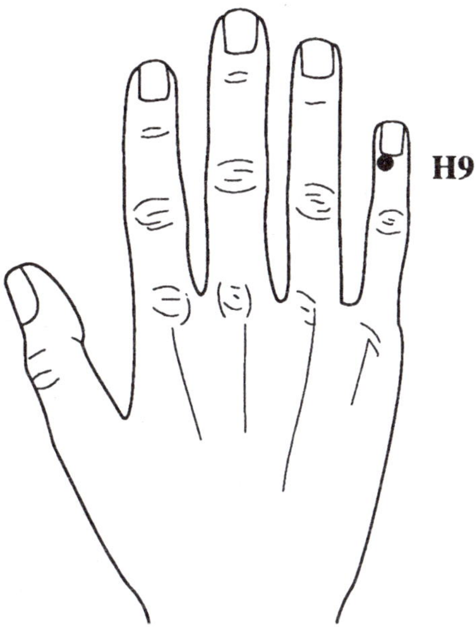

+S 162

HM des Dünndarms

Polarität:	Yang.
Partnermeridian:	HM des Herzens.
Element:	Feuer.
Jahreszeit:	Sommer.
Farbe:	Rot.
Lage:	Süden.
Organische Substanz:	Arterien.
Organische Funktion:	Verdauung, Assimilation.
Psychische Energie:	Kraft, Müdigkeit, geistige Höchstleistung, Nervenschwäche.
Energetischer Höhepunkt:	Zwischen 13.00 und 15.00 Uhr.

Physiologie des Dünndarms

Der zweite Verdauungsabschnitt findet im Dünndarm statt und entspricht dem HM des Dünndarms. Der Dünndarm ist ein langer Schlauch von etwa 6,4 Metern Länge, in dem der Verdauungsvorgang langsam abläuft und dessen Endziel es ist, die zu kleinen Molekülen zerlegten Nährstoffe durch die Wand der Darmzotten passieren zu lassen. Diesen Vorgang bezeichnet man als Assimilation.

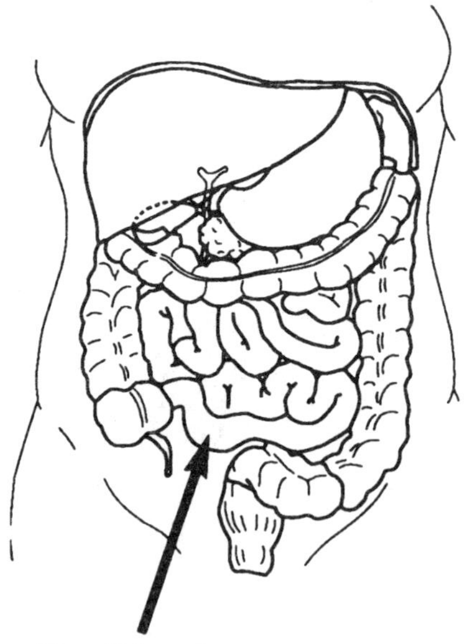

Der Dünndarm

Energetische Physiologie des HM des Dünndarms

Es ist kein Zufall, daß in den alten Schriften davon die Rede ist, daß der Dünndarm die Aufgabe hat, Reines von Unreinem zu trennen. Denn wir sollten nicht vergessen, daß die Zellen des Dünndarms intelligent genug sein müssen, um durch seine Wand die für unsere Zellen lebensnotwendigen Nährstoffe passieren zu lassen und den schädlichen und unerwünschten Substanzen den Übertritt zu verwehren. Man kann also sagen, daß der Herrscher des Herzens mit der Intelligenz des Dünndarms in Verbindung steht und daß der Punkt Dü3, der auf den HM des Dünndarms tonisierend wirkt, nicht von ungefähr den Schlüsselpunkt des Lenkergefäßes bildet, das sich durch das gesamte zentrale Nervensystem zieht, d. h. über die ganze Wirbelsäule und durch den Kopf.

Verlauf des HM des Dünndarms

Der HM des Dünndarms beginnt am Nagelbett des kleinen Fingers, folgt der Handkante auf der Seite der Elle, den Unterarm und Oberarm hinauf, dann am Schulterblatt und am Hals vorbei, um in einer Vertiefung am Tragus des Ohres zu enden.

Schmerzen entlang des HM des Dünndarms

Kleiner Finger, Handkante auf der Ellenseite der Hand und des Handgelenks (die Elle ist der Knochen des Unterarmes, der sich auf der Seite des kleinen Fingers befindet, während die Speiche sich auf der Seite des Daumens befindet), Oberarm, Schulter, Nacken, Wange, Ohr.

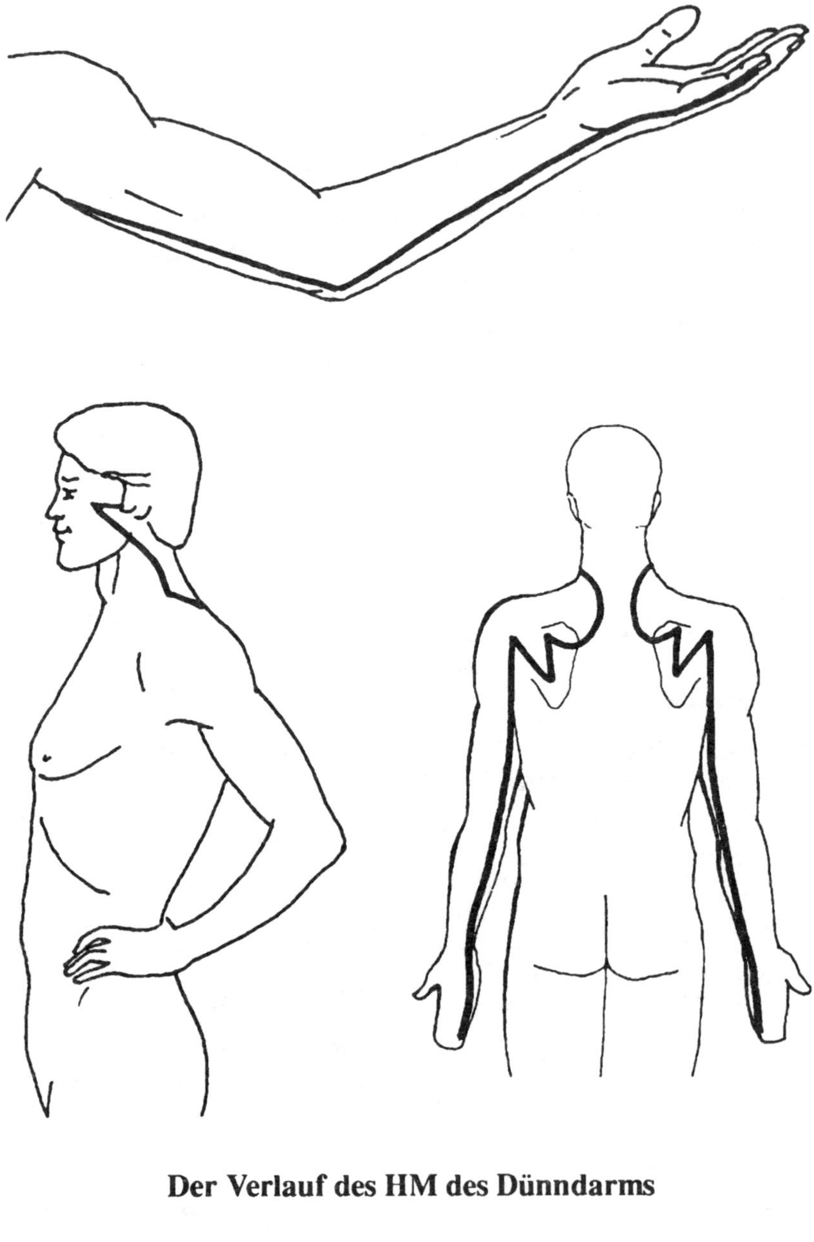

Der Verlauf des HM des Dünndarms

Was tun bei Schmerzen entlang des HM des Dünndarms

Tonisieren des Ting-Punktes auf beiden Seiten:	Dü1 +
Tonisieren des Tonisierungspunktes auf der schmerzhaften Seite:	Dü4 +
Im Sommer durch den Punkt Dü3 ersetzen	
Sedieren der Punkte, die den Schmerz begrenzen:	-
Tonisieren des Berührungspunktes auf beiden Seiten:	G13 +

Beschwerden bei Energieüberschuß auf dem HM des Dünndarms

Durchfall, Lachkrampf, Überspanntheit.

So sedieren Sie den HM des Dünndarms

Im Frühling:	Dü4 -	Im Herbst:	Dü2 -
Im Sommer:	Dü8 -	Im Winter:	Dü3 -
Im Spätsommer:	Dü1 -		

Beschwerden bei Energiemangel auf dem HM des Dünndarms

Schlechte Erholung nach Überanstrengung, fettige und glänzende Stühle, ungenügende Assimilation.

So tonisieren Sie den HM des Dünndarms

Im Frühling:	Dü2 +	Im Herbst:	Dü8 +
Im Sommer:	Dü3 +	Im Winter:	Dü1 +
Im Spätsommer:	Dü5 +		

Die wichtigsten Punkte des HM des Dünndarms

Dü1: *Ting-Punkt*
Am Nagelbett des kleinen Fingers, auf der Ellenseite der Hand.
Dieser Punkt wirkt auf den Meridian des Dünndarms im Winter tonisierend und im Spätsommer sedierend.
Zu allen Jahreszeiten kann er in folgenden Fällen wirksam eingesetzt werden:
Bei Tonisierung (+) wirkt er auf Absonderungen mindernd, bei Sedierung (-) fördernd (Schweiß, Menstruation, Milchbildung, Seborrhoe).
Übermäßige Schweißabsonderung (+).
Hitzewallungen (-).

Dü2: An der Ellenseite der Hand, unmittelbar vor dem Grundgelenk des kleinen Fingers.
Dieser Punkt wirkt auf den Meridian des Dünndarms im Frühling tonisierend und im Herbst sedierend.
Zu allen Jahreszeiten kann er in folgenden Fällen wirksam eingesetzt werden:
Nasenbluten (-).
Halsschmerzen (-).
Rauschen im Ohr (-).
Steifer Hals (-).

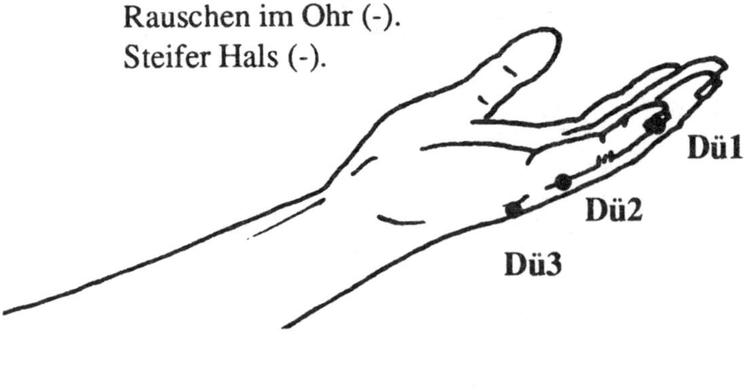

Dü3: *Schlüsselpunkt des SM Lenkergefäß*, das der Wirbelsäule entlang verläuft.
Unmittelbar hinter dem Grundgelenk des kleinen Fingers, gegenüber der Beugefalte der Hand.
Dieser Punkt wirkt auf den Meridian des Dünndarms zu seiner Jahreszeit, im Sommer, tonisierend und im Winter sedierend.
Zu allen Jahreszeiten kann er in folgenden Fällen wirksam eingesetzt werden:
Rückenschmerzen entlang der Wirbelsäule (-).
Steifer Hals (-).
Nackensteifheit (-).
Zur Erholung nach Überanstrengung (+).
Zur Behandlung von Augen- und Ohrenleiden (+) in Verbindung mit 3E5 (-) und G41(-).

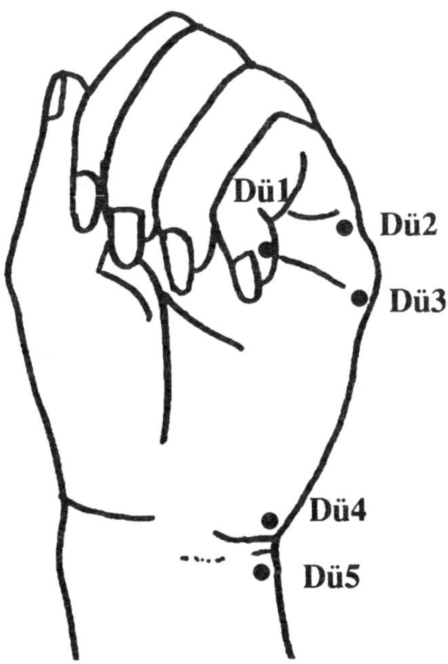

Dü4: *Quellpunkt*
Auf der Ellenseite der Hand, in einer kleinen Vertiefung unmittelbar vor dem Handgelenk.
Sehr nützlich als Ersatz für den Punkt Dü3 im Winter und Frühling.
Zur Bekämpfung von Erschöpfungszuständen und bei mangelnder Dynamik (+).
Steifheit oder Arthritis der Finger und des Handgelenks (-).
Kopfschmerzen (-).
Ohrensausen.

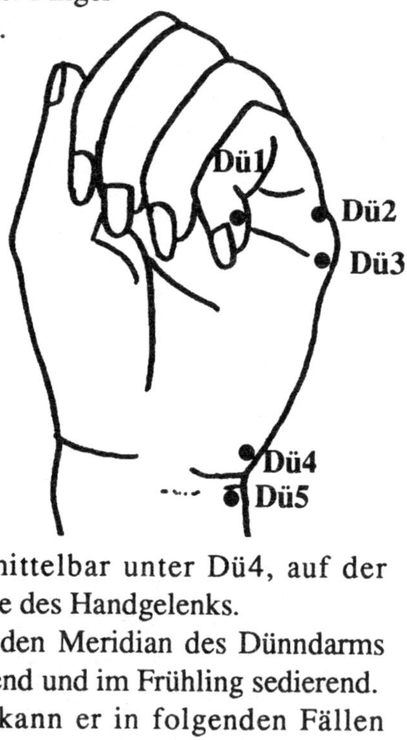

Dü5: In der Vertiefung unmittelbar unter Dü4, auf der gegenüberliegenden Seite des Handgelenks.
Dieser Punkt wirkt auf den Meridian des Dünndarms im Spätsommer tonisierend und im Frühling sedierend.
Zu allen Jahreszeiten kann er in folgenden Fällen wirksam eingesetzt werden:
Zur Stimulierung des arteriellen Blutkreislaufs (+).
Zur Förderung der Gewichtszunahme bei untergewichtigen Patienten (+).
Ohrensausen (-).

Dü8: Hinter dem Ellbogen auf der Innenseite, d. h. in der Furche der Gelenkrolle des Oberarms und des Hakenfortsatzes der Elle.
Dieser Punkt wirkt auf den Meridian des Dünndarms zu seiner Jahreszeit, im Sommer, sedierend und im Herbst tonisierend.
Schmerzen in der Schulter, im Schulterblatt, im Oberarm, gegebenenfalls mit Ausstrahlung bis in den kleinen Finger.

Dü18: Im Gesicht unter dem Wangenbein.
Zur Anregung der Wangenmuskeln (+).

Dü19: In einer Vertiefung am Tragus des Ohres.
Wirkt günstig auf Gehörleiden.
Plötzliche Taubheit (+).
Ohrensausen (-).
Ohrenentzündung (-).

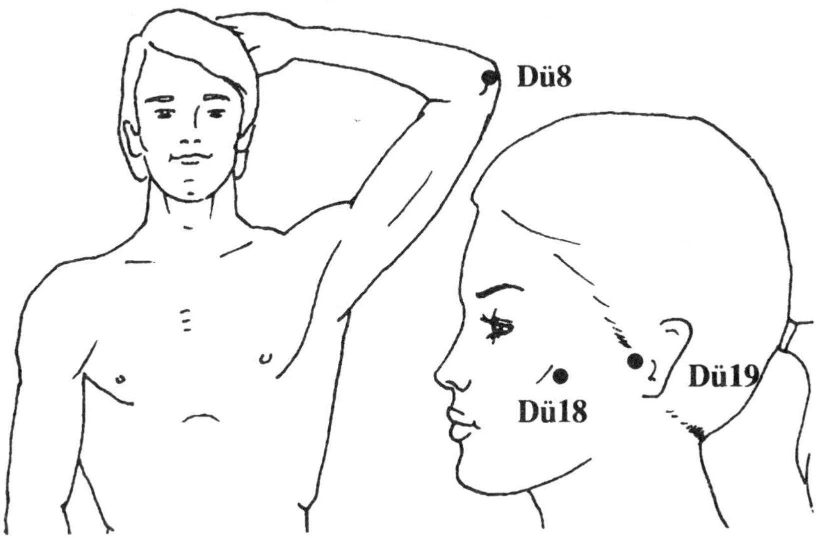

HM der Blase

Polarität:	Yang.
Partnermeridian:	HM der Nieren.
Element:	Wasser.
Jahreszeit:	Winter.
Farbe:	Schwarz.
Lage:	Norden.
Organische Substanz:	Knochen und Zähne.
Organische Funktion:	Ausscheidung, Reinigung.
Psychische Energie:	Mut, Charakterstärke, Autorität.
Energetischer Höhepunkt:	Zwischen 15.00 und 17.00 Uhr.

Physiologie der Blase

Die Blase ist ein Sammelbecken in Form eines Trichters. Zahlreiche Muskelschichten bilden ihre Wand und bieten ihr so die Möglichkeit, sich auszudehnen, um den Urin, der aus den Nieren kommt, aufzunehmen und sich dann während des Harnlassens zusammenzuziehen.

Die Blase kann mehr als einen halben Liter Urin fassen. Der Urin wird durch die beiden Harnleiter aus den Nieren zur Blase transportiert, wobei Klappen, die nur in eine Richtung durchgängig sind, den Rückfluß in die Nieren verhindern. Am untersten Teil entspringt die Harnröhre, die bei einem erwachsenen Mann ca. 20 cm lang ist. Bei der Frau ist diese wesentlich kürzer, weshalb sich bei ihr viel häufiger eine Blaseninkontinenz einstellt.

Beim Mann sitzt an der Basis der Blase die Prostatadrüse, die den ersten Abschnitt der Harnröhre umgibt.

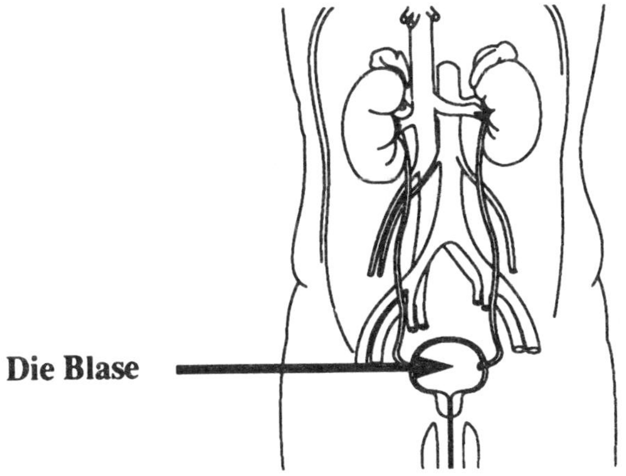

Energetische Physiologie der Blase

Dies ist der längste Meridian unseres Organismus. Er ist auch am stärksten Yang und daher auch der gefragteste Meridian, da er in Verbindung zu den häufigsten Leiden steht, wie Rückenschmerzen, Kopfschmerzen, Nervosität, Wadenkrämpfe, Hämorrhoiden, Pilzerkrankungen, Parasitenbefall, Nasenleiden, Beschwerden der Tränendrüsen und im Genitalbereich. Zusammen mit seinem Partnermeridian, dem HM der Nieren, und den Nebennieren erzeugt er die Energie des Mutes.
Wir wissen, daß unter den von den Nebennieren produzierten Hormonen das Adrenalin unsere Kraft und unseren Mut angesichts von Gefahren fördern kann. Bei Energiemangel in diesem Bereich fehlt dem betroffenen Menschen der Mut und er wird Schwierigkeiten haben, Entscheidungen zu fällen, während jemand, der über einen Energieüberschuß verfügt, dazu neigt, vorschnelle Entscheidungen zu treffen, unnötige Risiken auf sich zu nehmen, niemals mutlos ist und seine Autorität spüren lassen kann, vielleicht sogar zu sehr!

Verlauf des HM der Blase

Der HM der Blase beginnt am inneren Augenwinkel, steigt einen Fingerbreit von der Mittellinie entfernt auf beiden Seiten den Schädel hinauf und den Nacken und Hals hinab zum Rücken, am Gesäß und an den Oberschenkeln vorbei das Bein entlang auf die Außenseite des Fußes und endet am Nagelbett der kleinen Zehe auf der Außenseite.

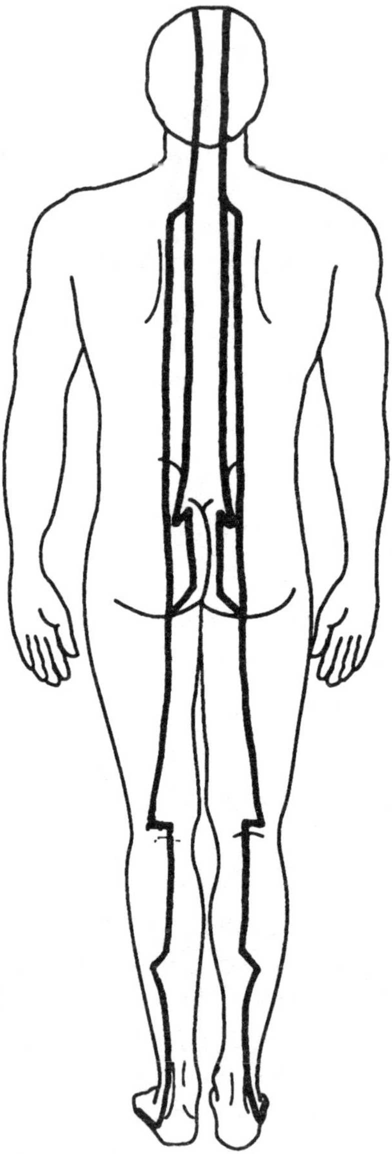

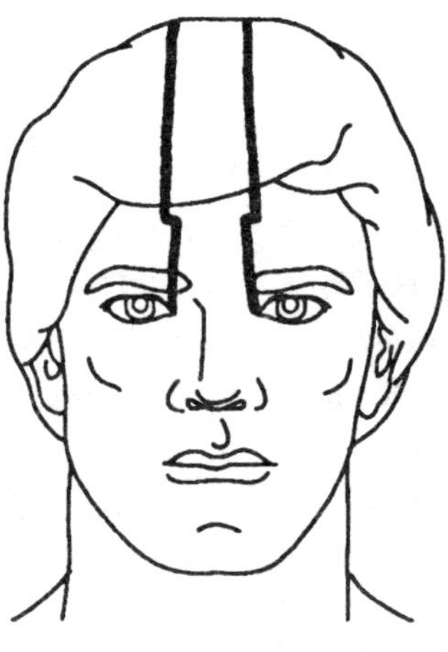

Schmerzen entlang des HM der Blase

Kribbeln oder Schmerzen am inneren Augenwinkel, Kopfschmerzen, Rückenbeschwerden, Nackenarthrose, Rückenschmerzen, Lenden- und Ischiasschmerz, Wadenkrämpfe, Krämpfe an der Außenkante des Fußes, in der Achillessehne, in der Ferse und in der fünften Zehe.

Was tun bei Schmerzen entlang des HM der Blase

Tonisieren des Ting-Punktes auf beiden Seiten:	B67 +
Tonisieren des Quellpunktes auf der schmerzhaften Seite.	B64 +
Sedieren der Punkte, die den Schmerz begrenzen:	-
Tonisieren des Berührungspunktes auf beiden Seiten:	Ma2 +

Beschwerden bei Energieüberschuß auf dem HM der Blase

Blasenkatarrh, Entzündung der Blase, Harnröhrenentzündung, Entzündung der Prostata.

So sedieren Sie den HM der Blase bei Energieüberschuß

Im Frühling:	B60 -	Im Herbst:	B66 -
Im Sommer:	B54 -	Im Winter:	B65 -
Im Spätsommer:	B67 -		

Beschwerden bei Energiemangel auf dem HM der Blase

Harnlassen mehr als sechsmal am Tag, Schüchternheit, Harninkontinenz, Parasitenbefall.

So tonisieren Sie den HM der Blase bei Energiemangel

Im Frühling:	B66 +	Im Herbst:	B54 +
Im Sommer:	B65 +	Im Winter:	B67 +
Im Spätsommer:	B60 +		

Die wichtigsten Punkte des HM der Blase

B1: Am inneren Augenwinkel.
Augenleiden (-).
Bindehautentzündung (-).
Verstopfte Nase (-) in Verbindung mit B63 (-), B10 (-) und Dü3 (-).
Stirnkopfschmerz beim Nach-vorn-Beugen (-).

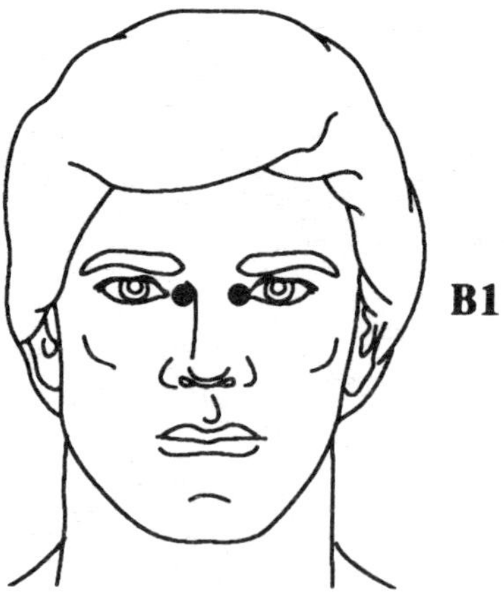

B10: Im Nacken unter den Hinterhauptshöckern.
Wirkt auf das parasympathische Nervensystem.
Schwitzen der Handflächen (-).
Vermehrter Speichelfluß (-).
Schwindel (-).
Nackenschmerz (-).
Verstopfte Nase nachts (-).
Introvertiertheit (-).
Bettnässen (-).

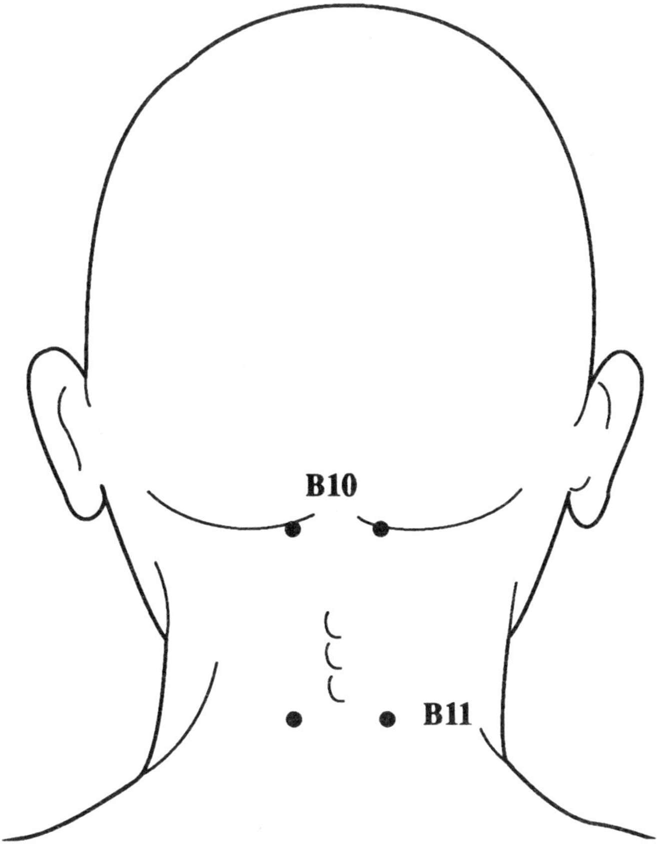

Hinweis: Alle nachfolgend aufgeführten Punkte, d. h. B11 bis B26, befinden sich 2 Fingerbreit neben der Wirbelsäule auf beiden Seiten, in der Muskelfurche. Sie sind allgemein empfindlich, was ihr Auffinden erleichtert.

B11: *Meisterpunkt der Knochen*
Im Bereich des ersten Rückenwirbels. Ist bei der Wiederherstellung des Gleichgewichts der beiden SM Konzeptionsgefäß und Lenkergefäß behilflich.

B12: *Meisterpunkt der Nase*
Im Bereich des zweiten und dritten Rückenwirbels.
Niesen (-).
Heuschnupfen (-).
Nasenbluten (-).
Stirnhöhlenvereiterung (-).

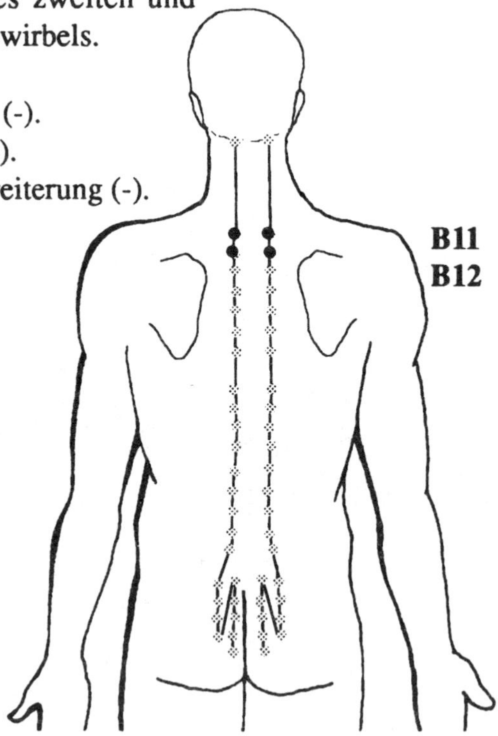

B13: *Iu-Punkt der Lungen*
Im Bereich des dritten und vierten Rückenwirbels.
Zur Vorbeugung gegen Grippe (+) bei den ersten Anzeichen von Erkältung.
Bronchitis (-).
Trockener Husten (+).
Stirnhöhlenvereiterung (+).

B14: *Iu-Punkt des Meister des Herzens*
Im Bereich des vierten und fünften Rückenwirbels.
Bluthochdruck (-).
Schmerzen in der Herzgegend (-).

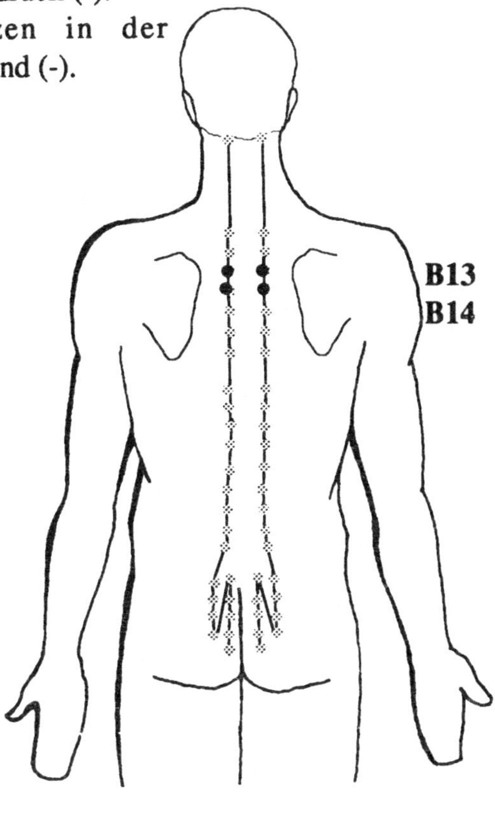

B15: *Iu-Punkt des Herzens*
Im Bereich des fünften und sechsten Rückenwirbels.
Nervöse Herzbeschwerden (-).
Lampenfieber (+).
Ängstlichkeit (+).
Furcht (+).
Herzklopfen (-).
Menschen, die dazu neigen, zuviel zu reden (-).

B16: *Iu-Punkt des Lenkergefäßes*
Im Bereich des sechsten und siebten Rückenwirbels.
Lähmungen (+).
Müdigkeit (+).
Durchfall (-).
Blähungen (-).

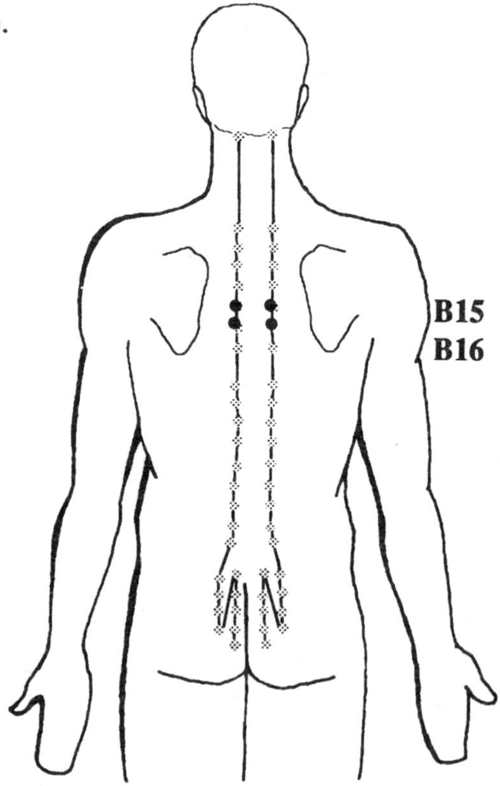

B17: *Iu-Punkt der Zwerchfellmuskulatur und des Blutes*
Im Bereich des siebten und achten Rückenwirbels.
Blutungen (+) in Verbindung mit Lu9 (-).
Schluckauf (-).

Hinweis: Zwischen den Punkten B17 und B18 ist ein größerer Zwischenraum. Im Grunde ist dieser an der Stelle, wo der Riemen des Büstenhalters sitzt, was als ungefährer Anhaltspunkt dienen kann. Die Spitze des Schulterblatts kann ebenfalls als ungefährer Anhaltspunkt dienen, da der Punkt B17 etwas oberhalb einer waagrechten Verbindungslinie liegt, die an diesen Spitzen entlang verläuft, während sich der Punkt B18 zwei Fingerbreit unter dieser waagrechten Linie befindet, im Bereich des Zwischenraums zwischen dem neunten und zehnten Rückenwirbel.

B18: *Iu-Punkt der Leber*
Im Bereich des neunten und zehnten Rückenwirbels.
Wirkt direkt auf die Leber, die Augen und die Muskeln.
Zur Förderung des Wachstums bei Kindern (+).

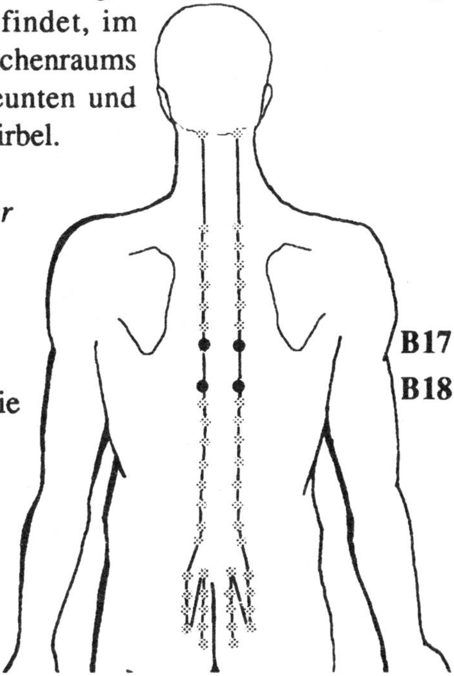

B19: *Iu-Punkt der Gallenblase*
Im Bereich des zehnten und elften Rückenwirbels.
Wirkt direkt auf die Gallenblase, bei Migräne, bei Übelkeit, trockenem Mund mit bitterem Geschmack und bei Reizbarkeit.

B20: *Iu-Punkt der Milz und der Pankreas*
Über den Rippen, im Bereich des elften und zwölften Rückenwirbels.
Wirkt bei schmerzhaft geblähtem Bauch und bei Durchfall.
Vorsicht: Nicht bei insulinabhängiger Diabetes anwenden, denn eine zu intensive Stimulierung dieses Punktes könnte ein Koma auslösen.

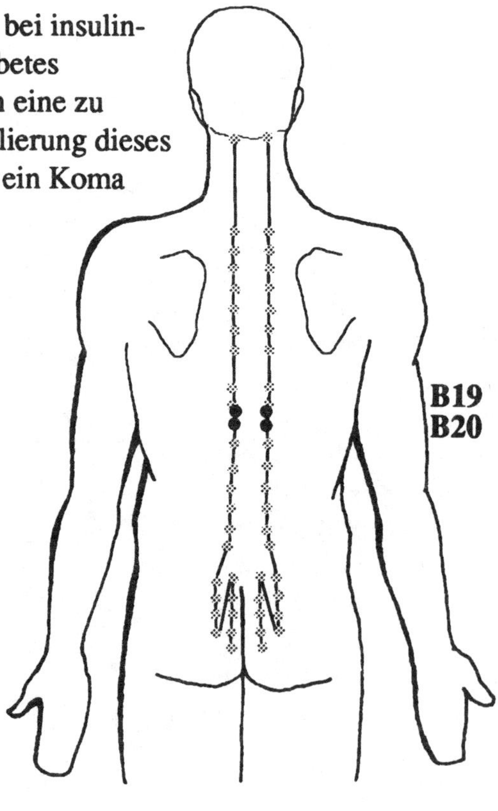

B21: *Iu-Punkt des Magens*
Unter der zwölften Rippe.
Trägheit des Magens (+).
Langsame Verdauung (+).
Krämpfe oder Brennen im Magen (-).

B22: *Iu-Punkt des Dreifacherwärmers*
Im Bereich des ersten und zweiten Lendenwirbels.
Zur Anregung der Verdauung (+).
Schlaflosigkeit in Verbindung mit Empfindungsstörungen in den unteren Gliedmaßen (-).
Bettnässen (+) in Verbindung mit dem Punkt B23 (+).

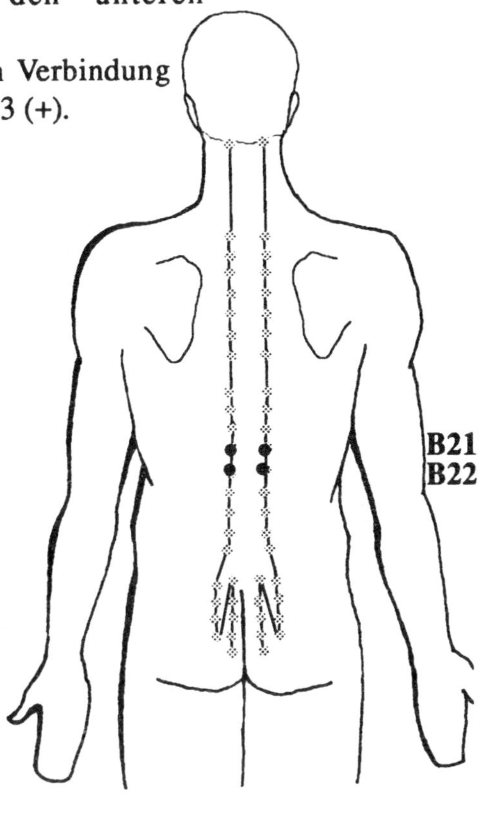

B23: *Iu-Punkt der Nieren*
Im Bereich des zweiten und dritten Lendenwirbels.
Sehr wichtig, denn er regt die Abwehrkräfte des Organismus an und macht mutig.
Vermehrte Harnausscheidung (+).
Nächtliche Harnausscheidung (+).
Morgendlicher Durchfall (+).
Sexuelle Schwäche (+).
Mutlosigkeit (+).

B24: *Iu-Punkt der Energie*
Im Bereich des dritten und vierten Lendenwirbels.
Zur Steigerung der allgemeinen und sexuellen Spannkraft (+).

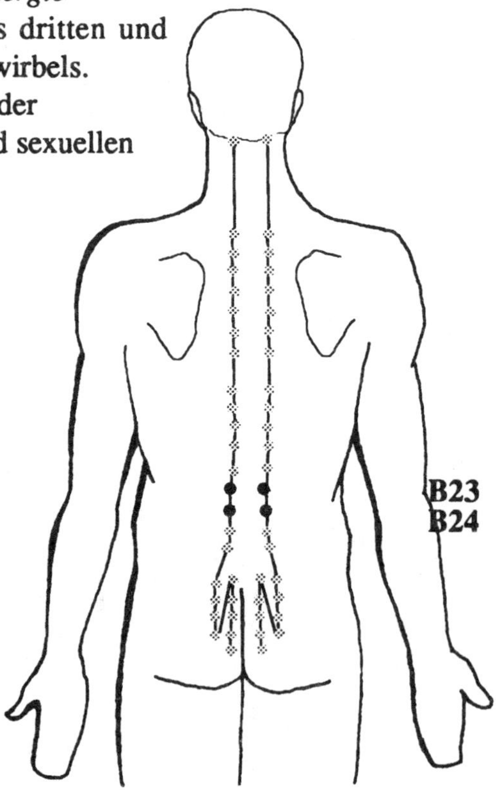

B25: *Iu-Punkt des Dickdarms*
Im Bereich des vierten und fünften Lendenwirbels.
Leichter Durchfall (+).
Atonische Verstopfung (+).
Kolitis (-).
Verstopfung mit Krämpfen (-).
Durchfall mit Entzündung (-).

B26: *Iu-Punkt des Konzeptionsgefäßes*
Im Bereich des Sakroiliakalgelenks.
Wirkt bei schmerzhaften
Regelblutungen und bei
Durchfall.

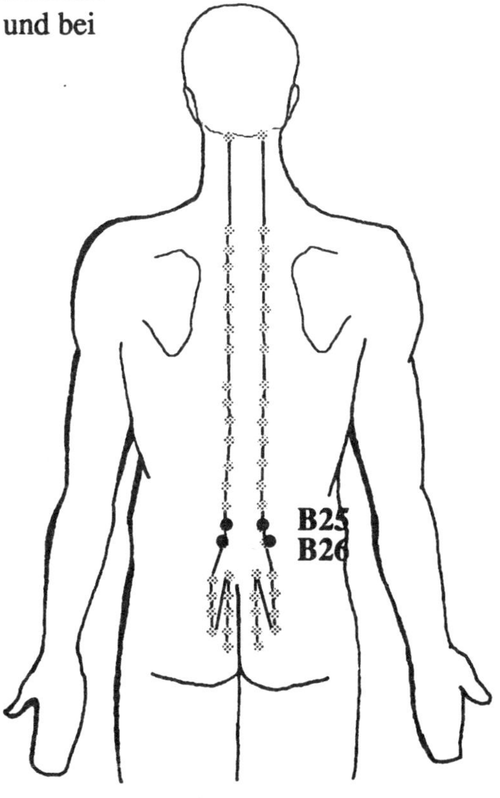

B27: *Iu-Punkt des Dünndarms*
2 Fingerbreit neben der ersten Sakralvertiefung.
Wirkt bei Durchfall, Entzündung des Dünndarms und Kolitis.
Harninkontinenz (+) in Verbindung mit B28 (+).

B28: *Iu-Punkt der Blase*
2 Fingerbreit neben der zweiten Sakralvertiefung.
Vermehrtes Harnlassen (+).
Blasenentzündung (-).
Entzündung der Geschlechtsorgane (-).
Hämorrhoiden (-).
Wasserretention (-).
Häufiges Harnlassen, jedoch in geringen Mengen (-).

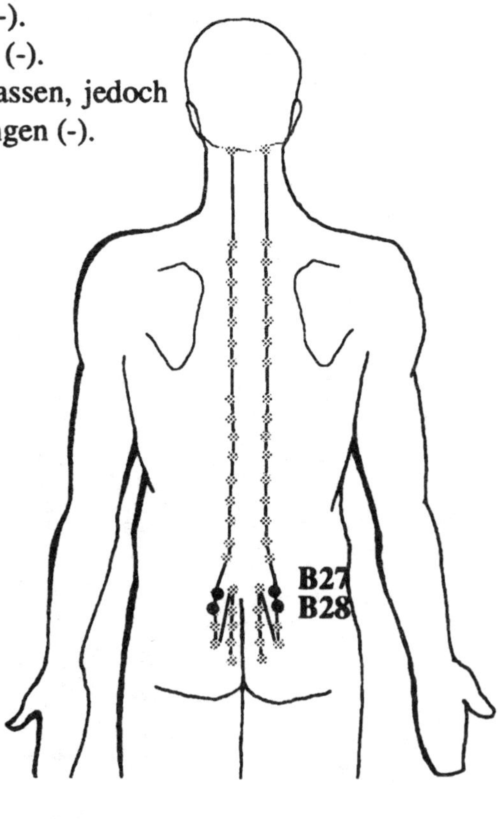

B31: In der ersten Sakralvertiefung.
Gynäkologische Krankheiten (-).
Hitzewallungen (-).
Hämorrhoiden (-).
Hexenschuß (-).
Ischias (-).
Lindert den Schmerz der Kontraktionen während der Geburt (-).

B32: In der zweiten Sakralvertiefung.
Optimiert die Wirkung von B31.

B38: Am Schulterblatt, im Bereich des vierten Zwischenraums der Rippen.
Erhöht die Anzahl der roten Blutkörperchen (+).
Verleiht neue Spannkraft (-).
Bekämpft Appetitlosigkeit, Nervenschwäche, chronische Bronchitis und Schwindelanfälle (+).

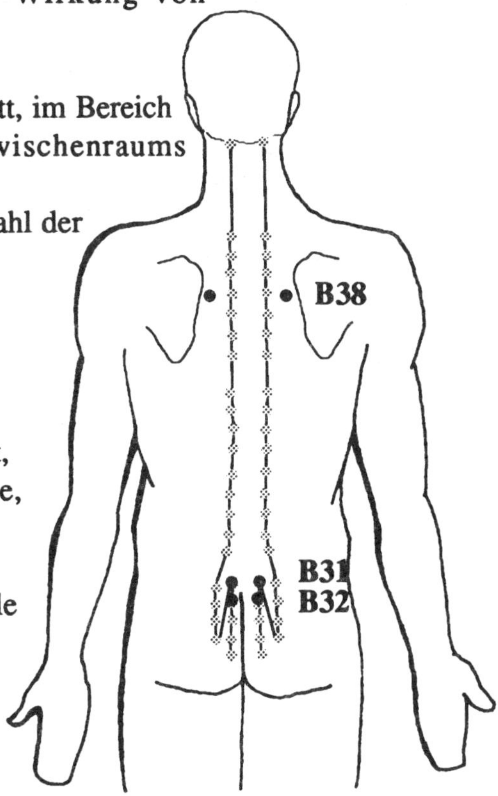

B54: In der Mitte der Kniekehle.
Dieser Punkt wirkt auf den Meridian der Blase im Sommer sedierend und im Herbst tonisierend.
Zu allen Jahreszeiten kann er in folgenden Fällen wirksam eingesetzt werden:
Trockene Haut (+).
Trockenes Haar (+).
Ekzem (+) in Verbindung mit B13 (-) und B60 (-).
Rückenschmerzen (-).
Pilzerkrankungen und Candida albicans (-) in Verbindung mit B67 (+), MP5 (+) und MP3 (-).

B57: *Meisterpunkt der Hämorrhoiden*
Unter der Wade.
Hämorrhoiden (-).
Krämpfe (-).

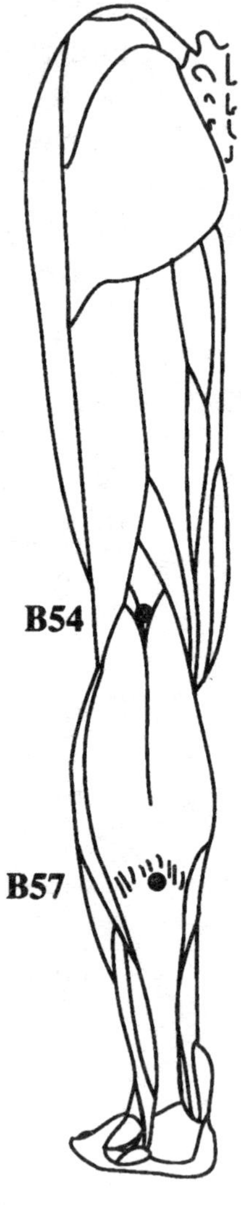

B58: *Lo-Punkt*
In einer kleinen Vertiefung, auf der Außenseite des Beines, hinter dem Wadenbein, 5 Fingerbreit über B60, der sich hinter dem äußeren Fußknöchel befindet.
Zur Stimulierung der Beinmuskulatur (+).
Ischias (-).
Muskelkrämpfe in den Beinen (-).

B60: *Schmerzlinderungspunkt*
Hinter dem äußeren Fußknöchel.
Dieser Punkt wirkt auf den Meridian der Blase im Spätsommer tonisierend und im Frühling sedierend.
Bei allen Schmerzen sedieren.
Der einzige Punkt, der während der Regelblutung sediert werden darf (-).

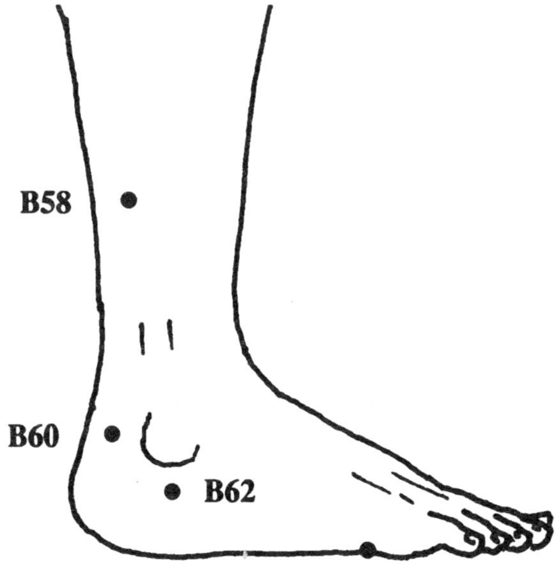

B62: *Großer Schlüsselpunkt bei Yang-Überschuß allgemein*
Unter dem äußeren Fußknöchel.
Vertikal verlaufender Schmerz im Rücken (-).
Schlaflosigkeit (-).
Akne (-).
Nervosität (-).
Furcht vor der Nacht (+).

B64: *Quellpunkt*
In der Mitte der Außenkante des Fußes, vor dem Gelenkhöcker des fünften Mittelfußknochens.
Harninkontinenz (+).
Blasenentzündung (-).
Harnröhrenentzündung (-).
Prostataentzündung (-).

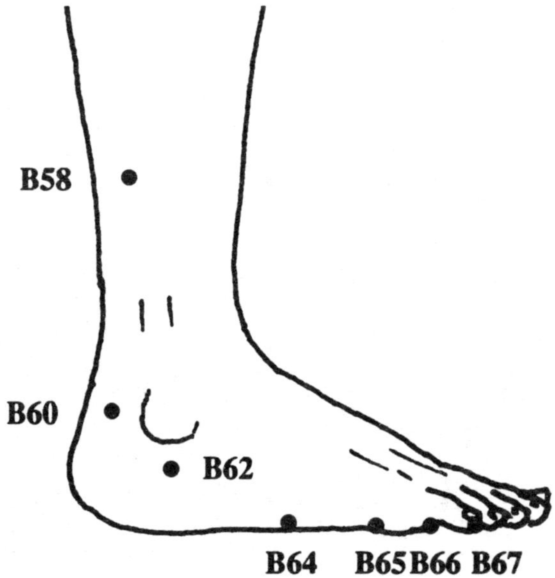

B65: Auf der Innenkante des Fußes, unmittelbar vor dem Grundgelenk der kleinen Zehe.
Dieser Punkt wirkt auf den Meridian der Blase zu seiner Jahreszeit, im Winter, sedierend und im Sommer tonisierend.
Zu allen Jahreszeiten kann er in folgenden Fällen wirksam eingesetzt werden:
Blasenentzündung (-).
Entzündung der Harnwege (-).
Akne am Rücken (-).

B66: Unmittelbar hinter dem Grundgelenk der kleinen Zehe.
Dieser Punkt wirkt auf den Meridian der Blase im Frühling tonisierend und im Herbst sedierend.
Zu allen Jahreszeiten kann er in folgenden Fällen wirksam eingesetzt werden:
Verstopfte Nase (-).
Schwindelanfälle (-).
Augenflimmern (-).

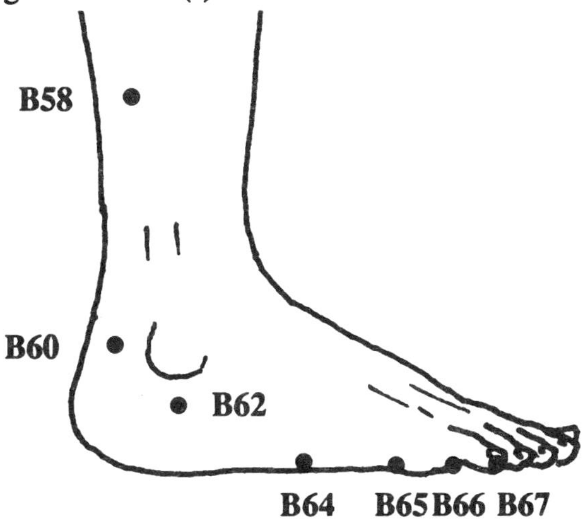

B67: *Ting-Punkt*
Am äußeren Nagelbett der kleinen Zehe.
Dieser Punkt wirkt auf den Meridian der Blase zu seiner Jahreszeit, im Winter, tonisierend und im Spätsommer sedierend.
Zu allen Jahreszeiten kann er in folgenden Fällen wirksam eingesetzt werden:
Bringt den Fötus in die richtige Lage (+).
Harninkontinenz (+).
Verstopfte Nase (+).
Stirnhöhlenvereiterung (+).
Fußpilz oder Sportlerfuß (+).
Darmparasiten (+) bei Vollmond und Neumond.
Rückenschmerzen (+).

HM der Nieren

Polarität:	Yin.
Partnermeridian:	HM der Blase.
Element:	Wasser.
Jahreszeit:	Winter.
Farbe:	Schwarz.
Lage:	Norden.
Organische Substanz:	Knochen, Zähne, Ohren.
Organische Funktion:	Filtern, Ausscheidung.
Psychische Energie:	Mut, Entschlossenheit.
Energetischer Höhepunkt:	Zwischen 17.00 und 19.00 Uhr.

Physiologie der Nieren

Die Nieren sind der Flüssigkeitsfilter des Blutes. Die Nieren können als Einheit einer Vielzahl von selektiven Filtern angesehen werden, deren Aufgabe es ist, die unerwünschten Stoffe passieren zu lassen: Harnstoff, Säuren und Schlackenstoffe aus dem Blut, sowie die Ausscheidung unserer Mineralien zu verhindern. Man schätzt, daß die Nieren täglich 2000 Liter Blut filtern. Nur 1,5 l Urin werden täglich ausgeschieden. Diese Filterfunktion verhindert die Ansammlung von gesundheitsschädigenden Schlackenstoffen. Sie sind auch bei der Regulierung des Blutdrucks beteiligt, indem sie die Wassermenge im Körper regulieren. Sie bilden Hormone, die eine Rolle bei der Bildung der roten Blutkörperchen im Knochenmark spielen. Außerdem wirken sie aktivierend auf das Vitamin D.

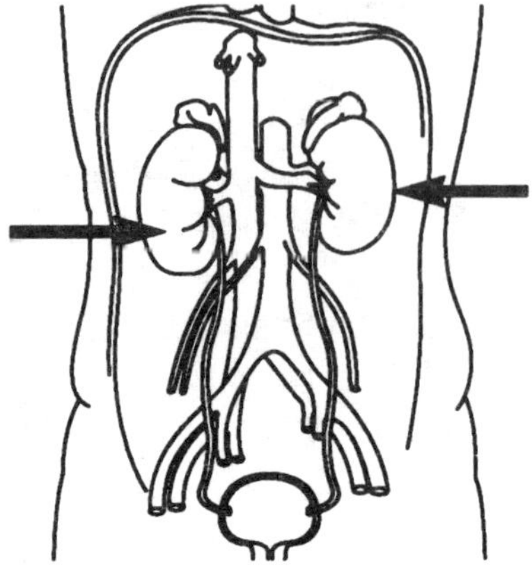

Energetische Physiologie des HM der Nieren

Vergessen wir nicht, daß sich die Nebennieren oberhalb der Nieren befinden und daß sie Adrenalin und Nebennierenrindenhormone absondern. Adrenalin ist das Hormon des Mutes, und die Nebennierenrindenhormone sind die Hormone, die dem Körper helfen, eine Abwehr aufzubauen und eine große Anzahl von Krankheiten zu vermeiden, wie etwa rheumatische Beschwerden. Die Mineralkortikoide regulieren den Gehalt an Natrium und Kalium und dadurch auch die Speicherung von Wasser, bzw. die Harnausscheidung. Man muß auch die Bildung von Sexualhormonen durch die Nebennieren erwähnen (Androgene und Östrogene), die den männlichen oder weiblichen Charakter einer Person verstärken können. In den alten Schriften wurde den Nieren stets eine bedeutende Rolle bei der Sexualität und der Männlichkeit zugeschrieben.

Der HM der Nieren gehört, wie auch der HM der Blase, zum Element Wasser, das in Beziehung zu den Knochen, den Zähnen, den Ohren und den Mineralien steht (man findet die höchste Konzentration an Mineralsalzen im Meer).

Ein Energiemangel auf dem Nierenmeridian fördert Kalkmangel, Arthrose und rheumatische Beschwerden. Der Patient ist unentschlossen und hat wenig Mut; Angst und Kälte lösen bei ihm das Bedürnis aus, Harn zu lassen, während ein Patient mit Energieüberschuß sehr mutig ist, oft unnötigerweise große Risiken auf sich nimmt und zu autoritärem Verhalten neigt.

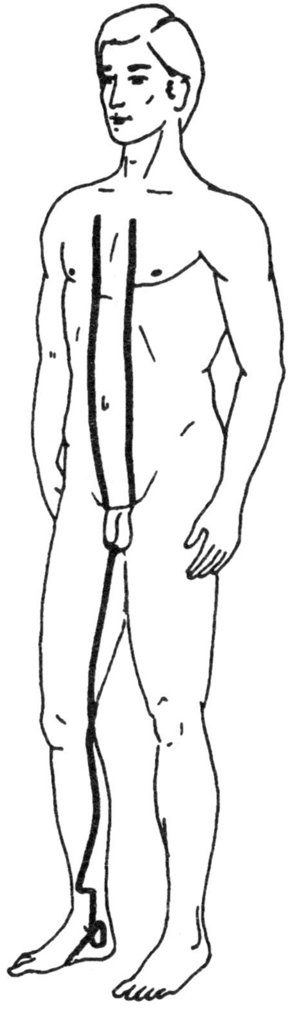

Verlauf des HM der Nieren

Der HM der Nieren beginnt an der Fußsohle, steigt hinter dem inneren Fußknöchel hoch, das Bein und den Oberschenkel hinauf (Innenseite) in die Leiste und weiter über den Bauch und die Brust beidseitig einen Fingerbreit neben der Mittellinie entlang und endet auf beiden Seiten des Brustbeines unter dem Schlüsselbein.

Schmerzen entlang des HM der Nieren

Schmerzen an der Fußsohle, in der Ferse, im inneren Fußknöchel, auf der Innenseite des Beines und des Oberschenkels, in der Leiste, im Bauch und in der Brust, entlang dem Meridian.

Was tun bei Schmerzen entlang des HM der Nieren

Tonisieren des Ting-Punktes auf beiden Seiten:	N1 +
Tonisieren des Tonisierungspunktes auf der schmerzhaften Seite:	N7 +
Sedieren der Punkte, die den Schmerz begrenzen:	-
Tonisieren des Berührungspunktes:	KG3 +

Beschwerden bei Energieüberschuß auf dem HM der Nieren

Harnlassen weniger als viermal am Tag, dunkler Harn, Neigung, unnötig hohe Risiken einzugehen, autoritäres Verhalten, Nierenentzündung, Harnsteine, Entzündung der Nieren.

So sedieren Sie den HM der Nieren bei Energieüberschuß

Im Frühling:	N2 -	Im Herbst:	N10 -
Im Sommer:	N3 -	Im Winter:	N1 -
Im Spätsommer:	N7 -		

Beschwerden bei Energiemangel auf dem HM der Nieren

Harnausscheidung öfter als 6mal am Tag, morgendliche Durchfälle, Kältegefühl bis in die Knochen, Unentschlossenheit, unbegründete Befürchtungen.

So tonisieren Sie den HM der Nieren bei Energiemangel

Im Frühling:	N10 +	Im Herbst:	N3 +
Im Sommer:	N1 +	Im Winter:	N7 +
Im Spätsommer:	N2 +		

Die wichtigsten Punkte des HM der Nieren

N1: *Ting-Punkt*
Punkt der Wiederbelebung
Auf der Fußsohle, zwischen den beiden Muskelpartien. Dieser Punkt wirkt auf den Meridian der Nieren zu seiner Jahreszeit, im Winter, sedierend und im Sommer tonisierend.

Zu allen Jahreszeiten kann er in folgenden Fällen wirksam eingesetzt werden:

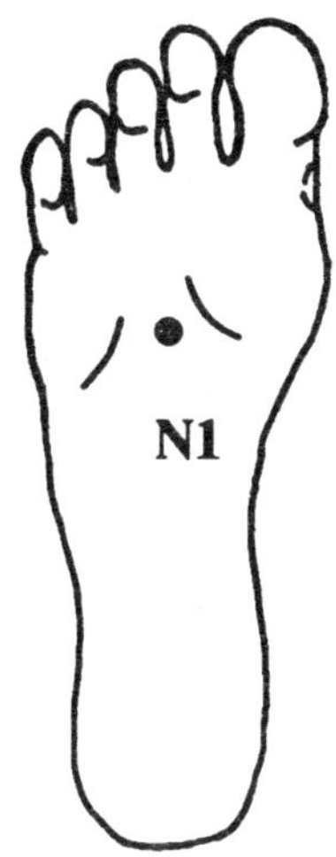

Ohnmacht (+).
Harnverhalten (-).
Ansammlung von Schlackenstoffen im Blut (-).
Ausscheidung von Eiweiß im Urin (-).
Krämpfe (-).
Epilepsie (-).
Arterieller Bluthochdruck (-).

N2: 2 Fingerbreit unter dem inneren Fußknöchel, unter dem Höcker des Kahnbeines (hervorspringender Knochen).
Dieser Punkt wirkt auf den Meridian der Nieren im Spätsommer tonisierend und im Frühling sedierend.
Zu allen Jahreszeiten kann er in folgenden Fällen wirksam eingesetzt werden:
Arterieller Bluthochdruck (-).
Ödeme (-).
Schwellung des Unterleibs (-).

N3: *Quellpunkt*
Unmittelbar unter dem inneren Fußknöchel.
Dieser Punkt wirkt auf den Meridian der Nieren zu seiner Jahreszeit, im Winter, sedierend und im Herbst tonisierend.
Zu allen Jahreszeiten kann er in folgenden Fällen wirksam eingesetzt werden:
Rheumatische Beschwerden (+).
Untergewicht (+).
Ängstlichkeit (+).

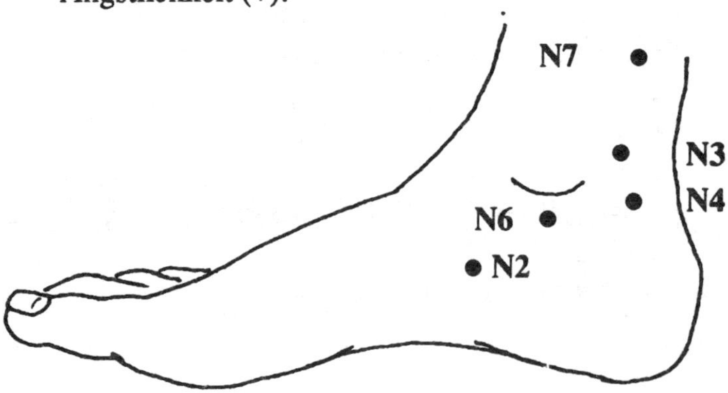

N4: *Lo-Punkt*
2 Fingerbreit unter N3, etwas nach hinten versetzt, auf der Oberkante des Fersenbeines, vor der Achillessehne.
Wirksamer Punkt bei bestimmten Lendenschmerzen.
Frösteln (+)
Furcht vor Luftzug (+).
Unentschlossenheit (+).
Angst, Schüchternheit (+).
Nierenentzündung infolge von Kolitis (-).

N6: *Schlüsselpunkt des SM Yin Keo*
Unter dem inneren Fußknöchel.
Schlaflosigkeit (+) in Verbindung mit B62 (-).
Schläfrigkeit (-).
Prämenstruelles Syndrom (-).
Schmerzende Brüste vor der Menstruation (-).
Blasenentzündung (-).
Harnröhrenentzündung (-).
Hodenentzündung (-).
Nächtliche Epilepsieanfälle (-).
Krämpfe (-).

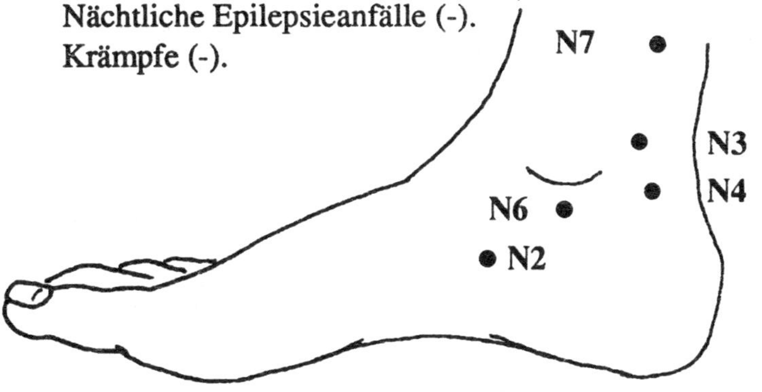

N7: 2 Fingerbreit über dem inneren Fußknöchel, vor der Achillessehne.
Dieser Punkt wirkt auf den Meridian der Nieren zu seiner Jahreszeit, im Winter, tonisierend und im Sommer sedierend.
Zu allen Jahreszeiten kann er in folgenden Fällen wirksam eingesetzt werden:
Zur Förderung der Ausscheidung von Schlackenstoffen im Harn und zur Minderung der Urinmenge, die dadurch dunkler wird (+).
Zur Bekämpfung von rheumatischen Beschwerden (+).
Zur Anregung der Abwehrkräfte des Organismus (+).
Zur Anregung der Nebennieren (+).
Übermäßige Harnausscheidung, besonders nachts (+).
Furchtsamkeit (+).
Unentschlossenheit (+).
Ständige Unzufriedenheit (+).
Gehörschwund (-).
Neigung zu Arthrose und Zahnkaries (+).
Kalte Füße (+) in Verbindung mit Ma32 (-).

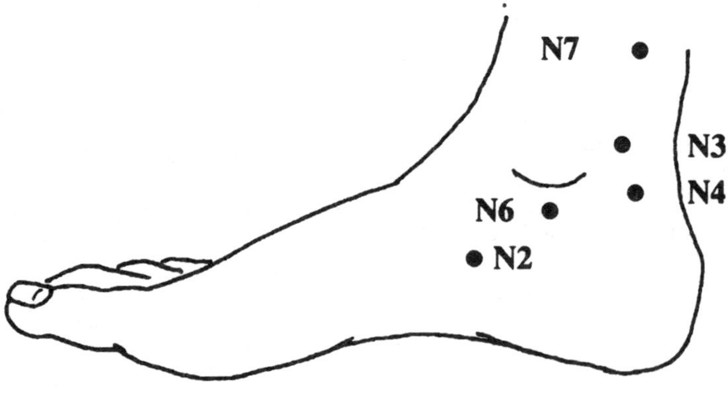

N10: An der Beugefalte des Knies.
Dieser Punkt wirkt auf den Meridian der Nieren im Frühling tonisierend und im Herbst sedierend.
Zum Abbau von Zellulitis am Knie (-) im Winter.
Zu allen Jahreszeiten kann er in folgenden Fällen wirksam eingesetzt werden:
Schmerzen im Knie (-).
Schmerzen im kleinen Becken (-).

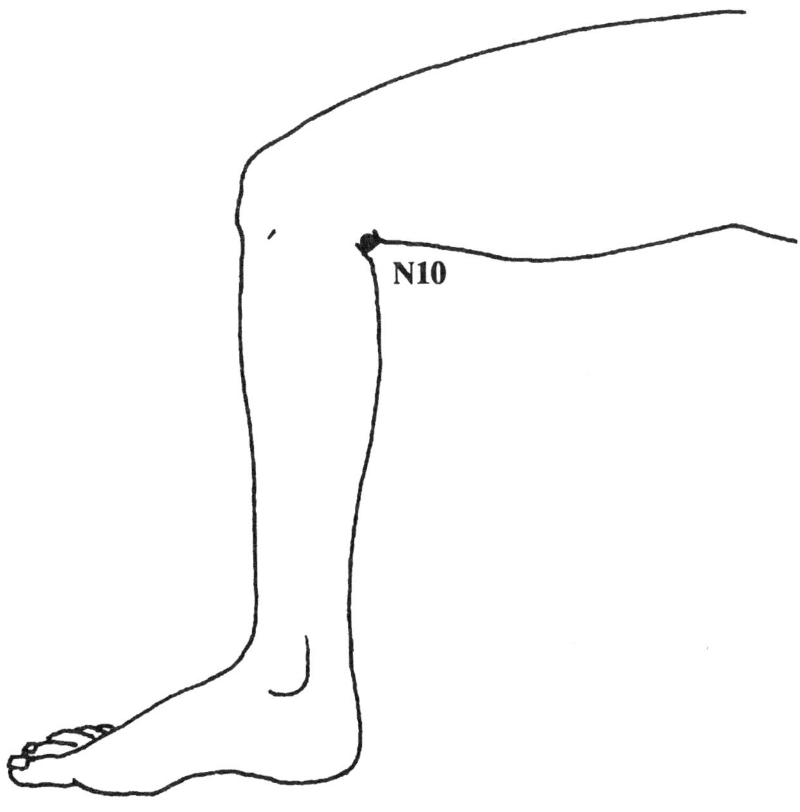

HM Meister des Herzens

Polarität:	Yin.
Partnermeridian:	HM Dreifacherwärmer.
Element:	Feuer.
Jahreszeit:	Sommer.
Farbe:	Rosa.
Lage:	Süden.
Organische Substanz:	Herzbeutel.
Organische Funktion:	Gefäßverengung.
Psychische Energie:	Sentimentalität, erhöhte Gemütserregbarkeit, Sexualität, innere Unruhe.
Energetischer Höhepunkt:	Zwischen 19.00 und 21.00 Uhr.

Energetische Physiologie des HM Meister des Herzens

Der Meridian Meister des Herzens hat einerseits eine Beziehung zum Nervensystem des Herzens und andererseits gleichzeitig zu den Blutgefäßen. Er spielt folglich eine Rolle bei der Gefäßmotorik. Der Meister des Herzens steht auch in Beziehung zur Sexualität. Auf körperlicher Ebene entspricht er dem Herzbeutel, d. h. der Hülle des Herzens, und auf psychischer Ebene der Schutzhülle gegen emotionale Einflüsse. Auf diesen Meridian wirken wir ein, um Schmerzen in der Herzgegend, Krämpfe sowie durch Ärger bedingtes Herzklopfen zu beseitigen.

Wir finden Punkte, um Krämpfe im Bereich des Solarplexus, des Magens und des Herzens infolge von Ärger zu lindern (MH6), um den arteriellen Blutdruck zu senken (MH7 und MH9), um die Sexualität anzuregen (MH8), sowie gegen Erröten aus emotionalem Anlaß (MH6 und MH7).

Verlauf des HM Meister des Herzens

Der HM Meister des Herzens beginnt auf der Brust im Bereich des Herzens, unmittelbar neben der Brustwarze, verläuft vor dem unteren Teil der Schulter entlang und dann in der Mitte der Innenseite des Oberarms hinab über den Unterarm, das Handgelenk und die Hand und endet am Nagelbett des Mittelfingers auf der Seite des Zeigefingers.

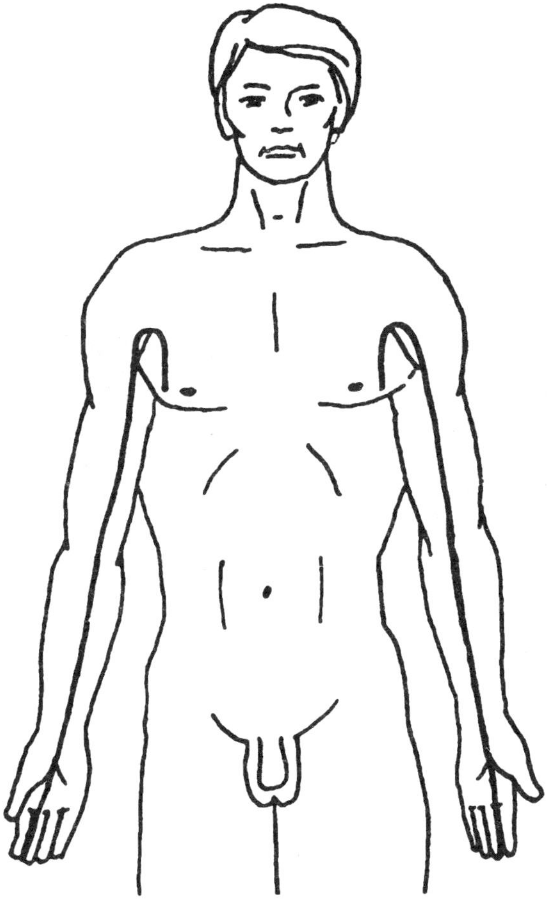

Schmerzen entlang des HM Meister des Herzens

Schmerzen oder Gefühllosigkeit im Mittelfinger, in der Handfläche, im Handgelenk an der Arminnenseite, in der mittleren Zone des Unter- und Oberarms, an der vorderen Basis der Schulter und im Brustkorb auf der Seite der Brust.

Was tun bei Schmerzen entlang des HM Meister des Herzens

Tonisieren des Ting-Punktes auf beiden Seiten: MH9 +
Tonisieren des Quellpunktes auf der schmerzhaften Seite: MH7 +
außer im Sommer
Sedieren der Punkte, die den Schmerz begrenzen: -
Tonisieren des Berührungspunktes auf beiden Seiten: G22 +

Beschwerden bei Energieüberschuß auf dem HM Meister des Herzens

Bluthochdruck (besonders systolisch), Herzjagen, Schreibkrampf, Nymphomanie.

So sedieren Sie den HM Meister des Herzens bei Energieüberschuß

Im Frühling:	MH8 -	Im Herbst:	MH3 -
Im Sommer:	MH7 -	Im Winter:	MH9 -
Im Spätsommer:	MH5 -		

Beschwerden bei Energiemangel auf dem HM Meister des Herzens

Niedriger Blutdruck, Schwindelanfälle, Depressionen, Pessimismus.

So tonisieren Sie den HM Meister des Herzens bei Energiemangel

Im Frühling:	MH3 +	Im Herbst:	MH7 +
Im Sommer:	MH9 +	Im Winter:	MH5 +
Im Spätsommer:	MH8 +		

Die wichtigsten Punkte des HM Meister des Herzens

MH3: In der Ellbogenbeuge, neben der Innenkante der Bizeps-Sehne.
Dieser Punkt wirkt auf den Meridian Meister des Herzens im Frühling tonisierend und im Herbst sedierend.
Zu allen Jahreszeiten kann er in folgenden Fällen wirksam eingesetzt werden:
Pessimismus (-).
Fieber infolge einer Erkältung (-).
Masern (-).

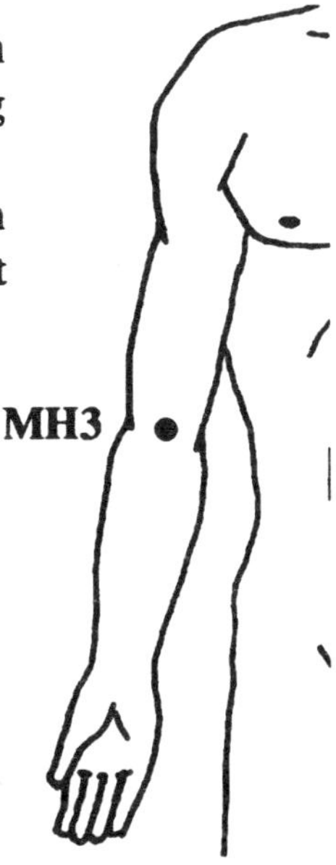

MH5: 3 Fingerbreit unter der Beugefalte des Ellbogens auf der Innenseite.
Dieser Punkt wirkt auf den Meridian Meister des Herzens im Winter tonisierend und im Spätsommer sedierend.
Zu allen Jahreszeiten kann er in folgenden Fällen wirksam eingesetzt werden:
Erhöhte Gemütserregbarkeit (-).
Vermehrter Speichelfluß (-).
Schwellung der Achsel (-).
Krämpfe beim Kind (-).

MH6: *Lo-Punkt*
Schlüsselpunkt des Sondermeridians Yin Oe
3 Fingerbreit über der Beugefalte des Handgelenks, zwischen den beiden Sehnen.
Zur Linderung von Krämpfen der verschiedenen Organe (-).
Nervös bedingte Schmerzen (-).
Erhöhte Gemütserregbarkeit (-).
Präkardialschmerzen (-).
Ängstlichkeit (-).
Schlaflosigkeit bei introvertierten Personen (-).
Arterienentzündung (-).
Schluckauf (-).

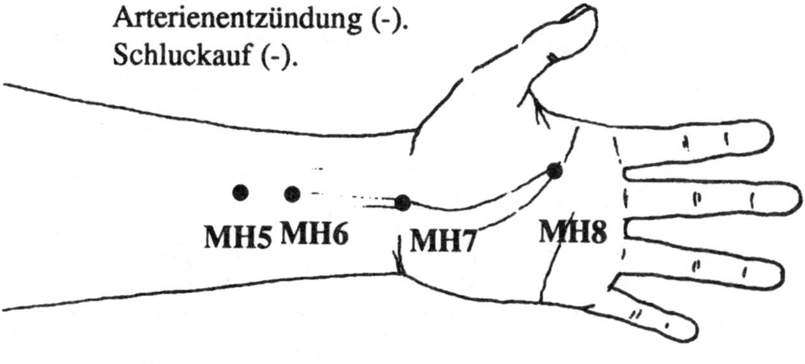

MH7: *Quellpunkt*
In der Mitte der Handgelenksfalte auf der Innenseite.
Dieser Punkt wirkt auf den Meridian Meister des Herzens zu seiner Jahreszeit, im Sommer, sedierend und im Herbst tonisierend.
Zu allen Jahreszeiten kann er in folgenden Fällen wirksam eingesetzt werden.
Zur Senkung des arteriellen Blutdrucks, besonders des systolischen (-).
Krämpfe in der Hand (-).
Schmerzen in den Fingern und im Unterarm (-).
Herzklopfen (-).
Erregung (-).
Nervös bedingte innere Unruhe (-).

MH8: *Jahreszeitenpunkt des HM Meister des Herzens im Sommer*
Mitten auf der Handfläche, auf der Querfalte der Linie des Herzens.
Dieser Punkt wirkt auf den Meridian Meister des Herzens im Frühling sedierend und im Spätsommer tonisierend.
Zu allen Jahreszeiten kann er in folgenden Fällen wirksam eingesetzt werden:
Sexuelle Schwäche (+).
Freudlosigkeit (+).
Arterieller Bluthochdruck (-).
Migräne mit Übelkeit (-) in Verbindung mit G40 (-) und Le3 (-).

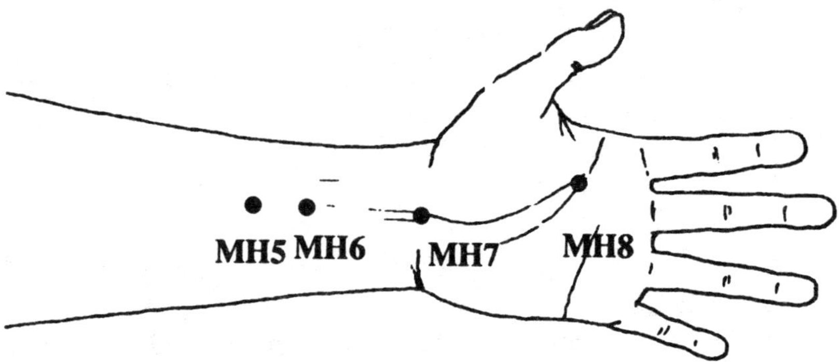
MH5
MH6
MH7
MH8

MH9: *Ting-Punkt*

Am Nagelbett des Mittelfingers, auf der Seite des Zeigefingers.

Dieser Punkt wirkt auf den HM Meister des Herzens zu seiner Jahreszeit, im Sommer, tonisierend und im Winter sedierend.

Zu allen Jahreszeiten, außer im Winter, kann er in folgenden Fällen wirksam eingesetzt werden:

Niedriger arterieller Blutdruck (+).

Nervenschwäche (+).

Kinder, die nachts weinen (+).

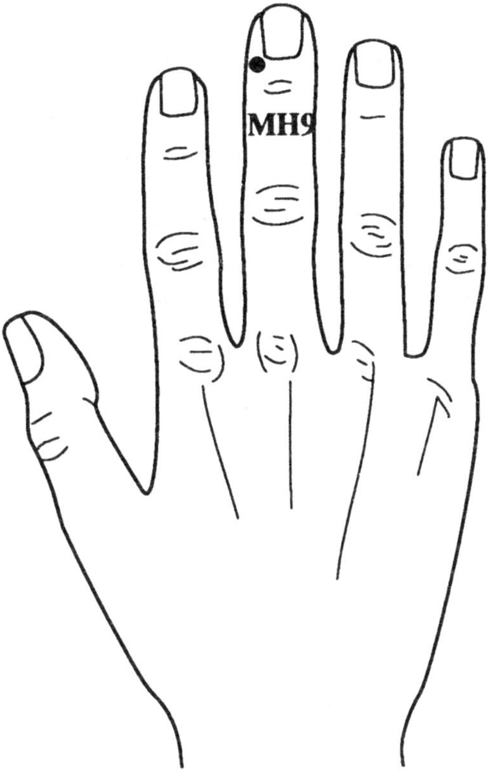

HM Dreifacherwärmer

Polarität:	Yang.
Partnermeridian:	HM Meister des Herzens.
Element:	Feuer.
Jahreszeit:	Sommer.
Farbe:	Rot.
Lage:	Süden.
Organische Substanz:	Keine, da es sich um eine Funktion handelt.
Organische Funktion:	Temperaturregulierung.
Psychische Energie:	Erregung, Dynamik, Extrovertiertheit.
Energetischer Höhepunkt:	Zwischen 21.00 und 23.00 Uhr.

Energetische Physiologie des HM Dreifacherwärmer

Dieser Meridian findet keine Entsprechung in einem Organ, sondern in einer besonderen Funktion: die Energie, die sich aus der Aktivität unserer Organe ergibt, zu speichern und diese dann entsprechend der verschiedenen Bedürfnisse auf drei Ebenen zu verteilen:

Die obere Ebene entspricht dem Kopf und dem Herz-Lungen-System.

Die mittlere Ebene befindet sich unter dem Zwerchfell und entspricht dem Verdauungssystem.

Die untere Ebene entspricht der Ausscheidung und der Befruchtung. (Es ist kein Zufall, daß am Ende der Neubeginn naheliegt, anders ausgedrückt, das ewige Werden.)

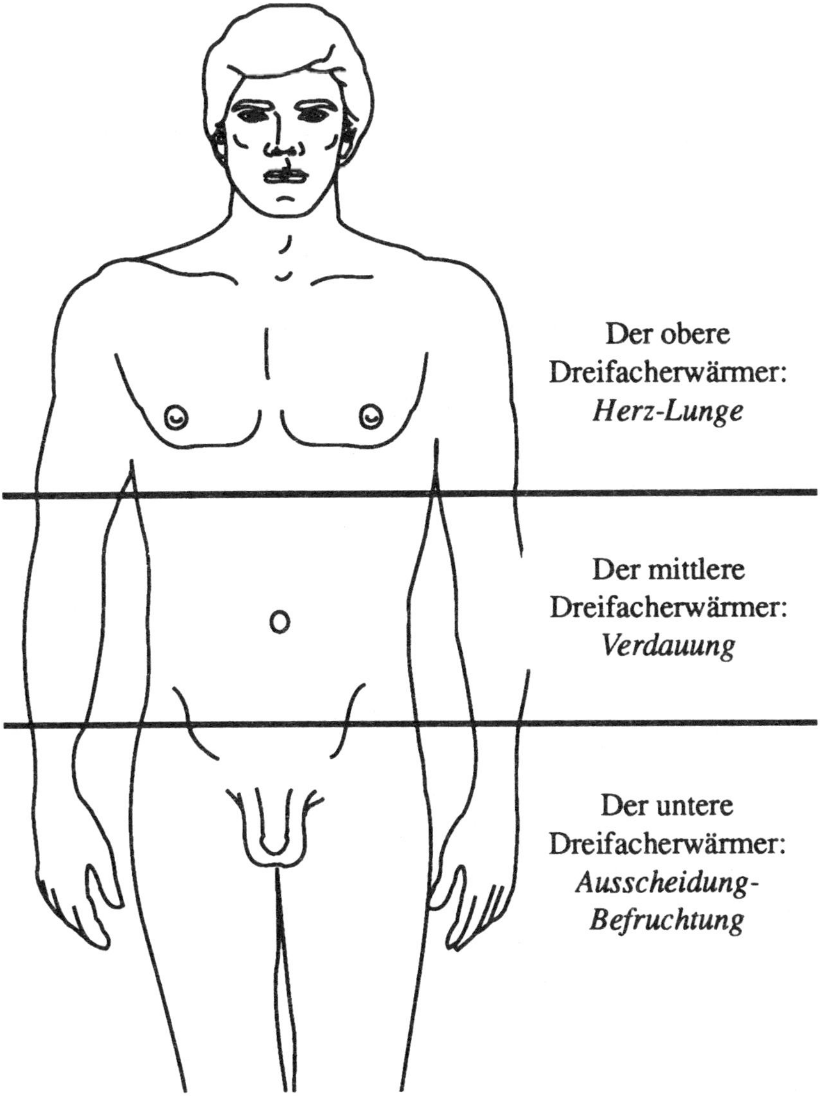

Die 3 Ebenen des HM Dreifacherwärmer

Der Dreifacherwärmer ist ein Meridian mit starker Yang-Energie. Er befindet sich im Element Feuer, das Hitze und Dynamik verkörpert. Personen, die an einem Energiemangel im Bereich des Dreifacherwärmers leiden, frösteln leicht, und es fehlt ihnen an Dynamik.

Dies ist ganz anders bei Personen mit einem Energieüberschuß im Bereich des Dreifacherwärmers, die "Funken sprühen", immer bereit sind, tüchtig zu feiern, gerne essen und trinken, lachen und ohne Unterlaß reden, und all dies auf die Gefahr hin, Raubbau mit ihrer Gesundheit zu betreiben. Sie sind oft vom Temperament her Sanguiniker. Sie haben eine gesunde Gesichtsfarbe und neigen zu arteriellem Bluthochdruck.

Zwischen dem Energieüberschuß mit zuviel Gefühlsäußerung und dem Energiemangel mit Blässe, Frösteln, Introvertiertheit und Mangel an menschlicher Wärme ist Raum für das Gleichgewicht. Eine in bezug auf diesen Meridian im Gleichgewicht befindliche Person ist in hinreichendem Maße dynamisch, um die Freuden des Lebens mit der Intelligenz zu genießen, die zweckmäßig ist, um nicht den gefährlichen Vergnügungen zu verfallen. Daher ist es wichtig, diesen Meridian ins Gleichgewicht zu bringen, um unser Herz und unsere Gefäße zu schützen, d. h. unser Leben zu hüten, indem wir vermeiden, es unbedacht zu verbrennen, aber gleichzeitig diese Flamme, die Herz und Geist erwärmt, ausreichend zu nähren.

Wir finden auf diesem Meridian einen Tonisierungspunkt und einen Quellpunkt, die Wärme und Dynamik verleihen, sowie einen Sedierungspunkt, um übermäßig erregte Personen zu beruhigen.

Verlauf des HM Dreifacherwärmer

Der HM Dreifacherwärmer beginnt am Nagelbett des Ringfingers, auf der Seite des kleinen Fingers, steigt den Handrücken empor über das Handgelenk, den Unterarm, den Oberarm, die obere Schulter über die Spitze des Trapezmuskels hinweg über den Hals, umrundet das Ohr und endet am äußeren Winkel des Augenbrauenendes.

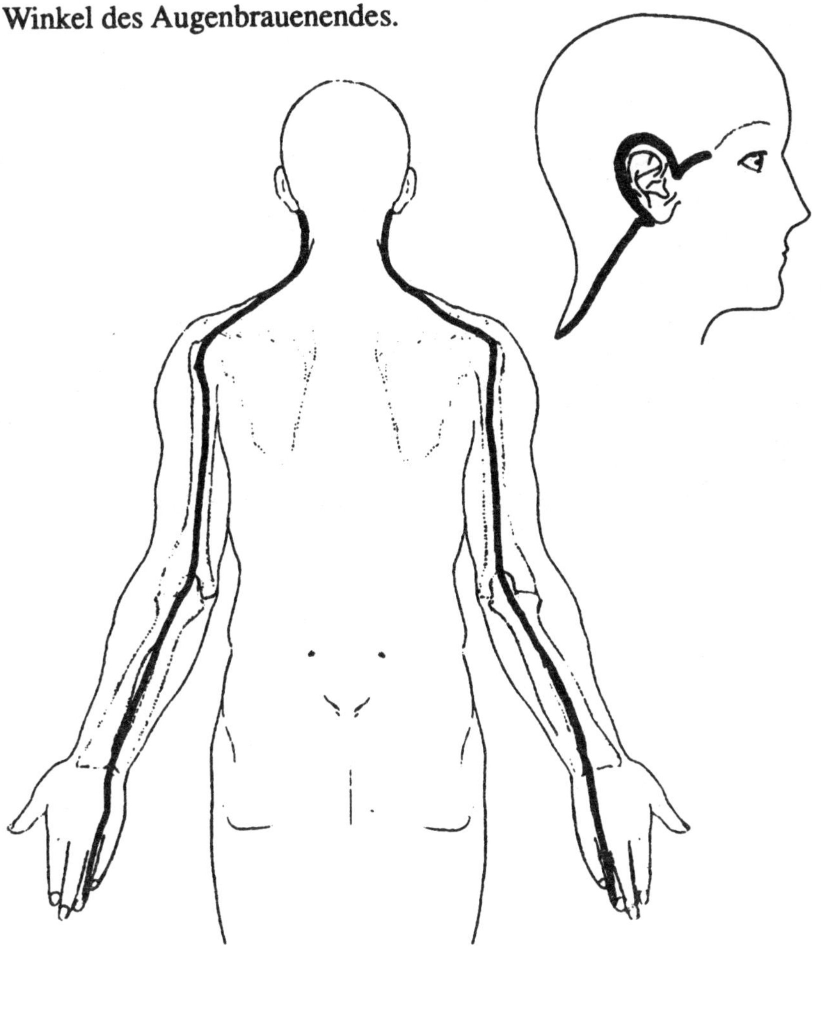

Schmerzen entlang des HM Dreifacherwärmer

Schmerzen oder Gefühllosigkeit im Ringfinger, auf dem Handrücken und im Handgelenk, in der mittleren Zone des Unterarmes auf der Oberseite, im Ellbogen, im Oberarm und in der Schulter, in der Spitze der Schulter (Trapez), seitlich am Hals, um das Ohr herum und am äußeren Winkel der Augenbrauen.

Was tun bei Schmerzen entlang des HM Dreifacherwärmer

Tonisieren des Ting-Punktes auf beiden Seiten:	3E1 +
Tonisieren des Tonisierungspunktes auf der schmerzhaften Seite:	3E4 +
Sedieren der Punkte, die den Schmerz begrenzen:	-
Tonisieren des Berührungspunktes auf beiden Seiten:	G13 +

Beschwerden bei Energieüberschuß auf dem HM Dreifacherwärmer

Thermophobie, rotes Gesicht, Erregung, Neigung, “Raubbau mit der Gesundheit zu betreiben”.

So sedieren Sie den HM Dreifacherwärmer bei Energieüberschuß

Im Frühling:	3E6 -	Im Herbst:	3E2 -
Im Sommer:	3E10 -	Im Winter:	3E3 -
Im Spätsommer:	3E1 -		

Beschwerden bei Energiemangel auf dem HM Dreifacherwärmer

Frösteln, Mangel an Dynamik, blasses Gesicht.

So tonisieren Sie den HM Dreifacherwärmer bei Energiemangel

Im Frühling:	3E2 +	Im Herbst:	3E10 +
Im Sommer:	3E3 +	Im Winter:	3E1 +
Im Spätsommer:	3E6 +		

Die wichtigsten Punkte des HM Dreifacherwärmer

3E1: *Ting-Punkt*
Am Nagelbett des Ringfingers, auf der Seite des kleinen Fingers.
Dieser Punkt wirkt auf den Meridian Dreifacherwärmer im Spätsommer sedierend und im Winter tonisierend.
Zu allen Jahreszeiten kann er in folgenden Fällen eingesetzt werden:
Trockener Mund (-).
Schmerzen entlang der Bahn des Meridians (+).

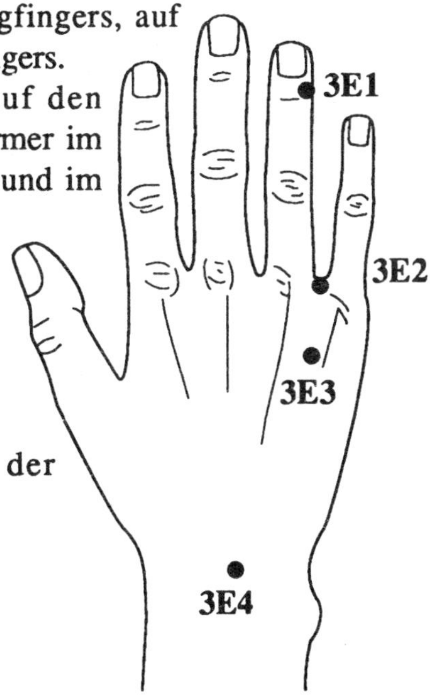

3E2: Zwischen dem Ringfinger und dem kleinen Finger, unmittelbar vor dem Gelenk.
Wirkt auf den HM Dreifacherwärmer im Frühling tonisierend und im Herbst sedierend.
Zu allen Jahreszeiten kann er in folgenden Fällen wirksam eingesetzt werden:
Rauschen im Ohr oder plötzliche Taubheit (-).
Kopfschmerzen wegen schlechter Witterung (-).
Schmerzen und Steifheit im Nacken (-).

3E3: Zwischen dem vierten und fünften Mittelhandknochen, unmittelbar hinter dem Gelenk.
Dieser Punkt wirkt auf den Meridian Dreifacherwärmer zu seiner Jahreszeit, im Sommer, tonisierend und im Spätsommer sedierend.
Zu allen Jahreszeiten kann er in folgenden Fällen wirksam eingesetzt werden:
Zur Anregung der Temperaturregulierung (+).
Bei Traurigkeit, Mutlosigkeit, depressiven Zuständen, Abgespanntheit (+).

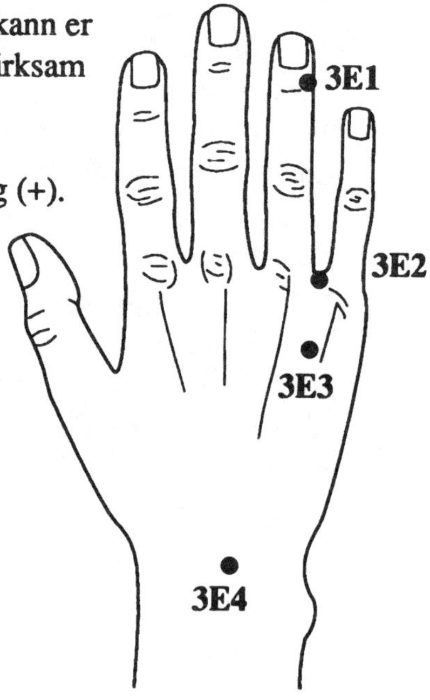

3E4: *Quellpunkt*
Auf der Handgelenksfalte auf der Handoberseite.
Schmerzen im Handgelenk (-).
Frösteln (+).
Zur Stärkung (+).
Zur Beruhigung von erregten Personen (-).
Zur Anregung der Streckmuskeln der Hand (+).

3E5: *Schlüsselpunkt des Sondermeridians Yang Oe*
Lo-Punkt des HM Dreifacherwärmer
2 Fingerbreit über der Beugefalte des Handgelenks, auf der Oberseite, zwischen den beiden Knochen des Unterarmes.
Gelenkschmerzen aufgrund von Wetterumschwung (-).
Kopfschmerzen infolge von Sonneneinstrahlung (-).
Beschwerden im Ohr: plötzliche Taubheit, Ohrenentzündung, Ohrensausen (-).
Verspannung der Trapezmuskeln (-).

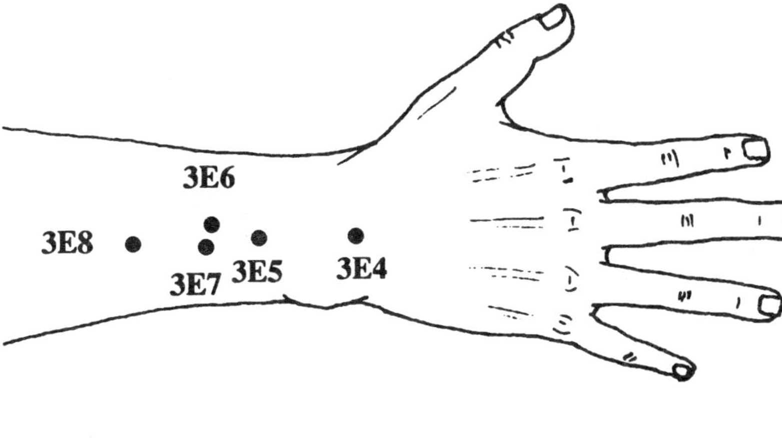

3E6: 3 Fingerbreit über der Beugefalte des Handgelenks, auf der Oberseite, zwischen den beiden Knochen des Unterarmes.
Dieser Punkt wirkt auf den Meridian Dreifacherwärmer im Spätsommer tonisierend und im Frühling sedierend.
Zu allen Jahreszeiten kann er in folgenden Fällen wirksam eingesetzt werden:
Verstopfung (-).
Schmerzen in der Schulter (-).
Akne (-).

3E8: *Lo-Punkt der drei Yang-Meridiane der oberen Gliedmaßen*
Akupunkturpunkt der Schmerzlosigkeit
5 Fingerbreit über der Beugefalte des Handgelenks, zwischen den beiden Knochen des Unterarms.
Schmerzen in der Schulter (-).
Steifer Hals (-).
Schmerzen auf der Oberseite des Unter- und Oberarms (-).
Dyshidrosis der Innenhand (-).

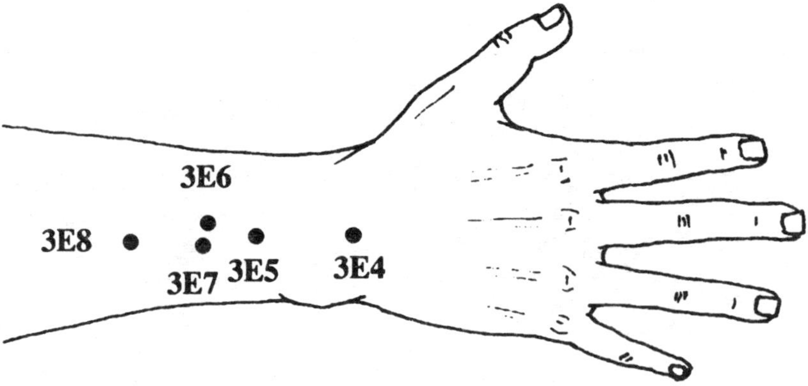

3E10: Über dem Hakenfortsatz der Elle, d. h. in der Vertiefung hinter dem Ellbogen.
Dieser Punkt wirkt auf den Meridian Dreifacherwärmer zu seiner Jahreszeit, im Sommer, sedierend und im Herbst tonisierend.
Zu allen Jahreszeiten, außer im Herbst, kann er in folgenden Fällen wirksam eingesetzt werden:
Nervosität (-).
Innere Anspannung (-).
Erregtheit (-).
Einschlafschwierigkeiten (-).
Übermäßige Extravertiertheit (-).
Arterieller Bluthochdruck (-) in Verbindung mit H7 (-), MH7 (-) und MP6 (-).
Steifer Hals (-).

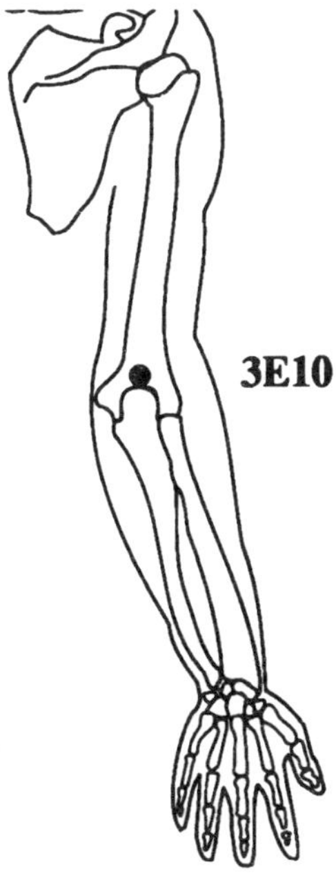

3E17
3E18
3E19
3E20: Alle in den kleinen Vertiefungen, die den hinteren Teil des Ohres umgeben.
Rauschen im Ohr (-) in Verbindung mit 3E5 (-).
Ohrenentzündung (-) in Verbindung mit 3E5 (-).

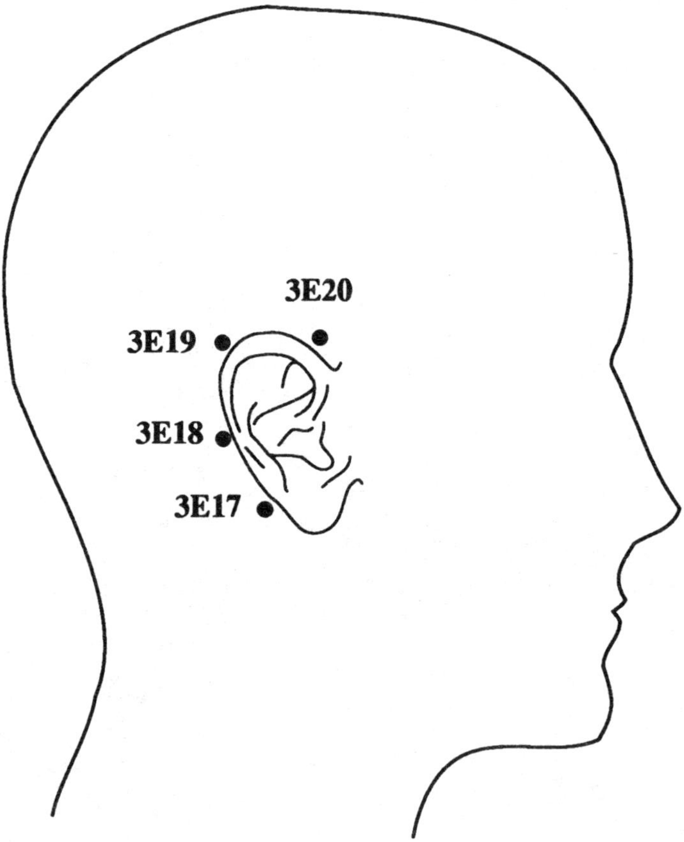

HM der Gallenblase

Polarität:	Yang.
Partnermeridian:	HM der Leber.
Element:	Holz.
Jahreszeit:	Frühling.
Farbe:	Grün.
Lage:	Osten.
Organische Substanz:	Muskeln, Augen.
Organische Funktion:	Verdauung.
Psychische Energie:	Kampf, Aggressivität, Verteidigung, Verwirklichung.
Energetischer Höhepunkt:	Zwischen 23.00 und 1.00.

Physiologie der Gallenblase

Die Gallenblase ist ein Hohlorgan, das die Galle aus der Leber aufnimmt (etwa einen Liter pro Tag). Sie entleert ihre Gallenflüssigkeit in den ersten Abschnitt des Dünndarms, den Zwölffingerdarm. Die Gallenflüssigkeit neutralisiert die Säure des Speisebreis, der aus dem Magen kommt, und ermöglicht so eine Verdauung im alkalischen Milieu. Außerdem spielt sie eine unentbehrliche Rolle bei der Verdauung der Fette. Die Gallenflüssigkeit enhält keine verdauungsfördernden Enzyme, sondern versetzt die Enzyme der Bauchspeicheldrüse in die Lage, die Verdauung der Stärke, die im Mund beginnt, fortzusetzen. Die Gallenflüssigkeit setzt sich aus Bilirubin (das ihr ihre Färbung verleiht), Lezithin, Cholesterin und Gallensalzen zusammen. Die Ansammlung von Substanzen kann zu Steinbildung führen. Es gibt davon drei Variationen: die Cholesterinsteine, die einen Durchmesser von 1 cm erreichen können, die Gallensteine, die viel kleiner und zahlreicher sind, und die am häufigsten vorkommenden gemischten Steine von mittlerer Größe.

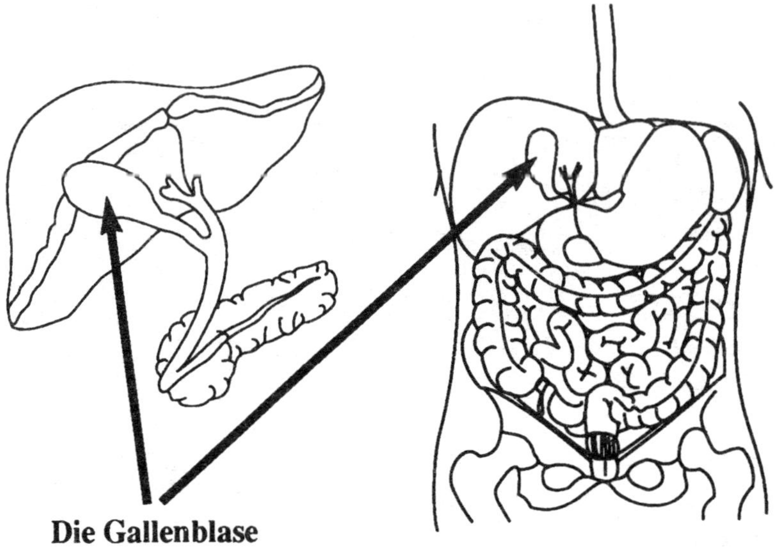

Die Gallenblase

Energetische Physiologie der Gallenblase

Aus energetischer Sicht bilden die Meridiane der Leber und der Gallenblase die Energie für den Kampf. Vergessen wir nicht, daß das Leben ein beständiger Kampf gegen schlechte Gewohnheiten, Vorurteile, Faulheit, Mikroben, Bakterien, Viren, Pilze, negative meteorologische Energien (zuviel Wind, Hitze, Kälte, Trockenheit, Feuchtigkeit), doch auch und vor allem gegen alle psychischen Leiden, Ärger, Streß ist. Sagt man nicht "sich aufregen, daß einem die Galle hochkommt", wenn man seine Probleme nicht lösen kann? Folglich ist es nicht verwunderlich, wenn wir auf dem Gallenblasenmeridian Punkte zur Besänftigung von Wut (G40), zur Beruhigung bei Nervosität (G20) sowie einen Meisterpunkt der Muskeln (G34) und einen Punkt zur Steigerung des Kampfgeistes finden (G43).

Verlauf des HM der Gallenblase

Der HM der Gallenblase beginnt am äußeren Augenwinkel, zieht sich über die ganze Seite des Schädels, den Hals und den Rumpf entlang, die Außenseite der Hüfte, den Oberschenkel und das Bein hinab und endet am Nagelbett der vierten Zehe, auf der Seite zur fünften hin.

Schmerzen entlang des HM der Gallenblase

Empfindungsstörungen, Deformierungen oder Schmerzen in der vierten Zehe, im Fuß, im Fußknöchel (Schwellung von der Größe eines Taubeneies vor und unterhalb des äußeren Fußknöchels), auf der Außenseite des Beines, entlang des Wadenbeins, wo sich ein brennendes Gefühl (Überschuß an Yang) einstellen kann oder auch Ameisenlaufen (Überschuß an Yin), an der Außenseite des Oberschenkels, entlang dem Oberschenkelknochen und der Hüfte (Coxarthrose, Fettpolster am Oberschenkel und Gesäß), Schmerzen in den seitlichen Rippen, in der Schulter (Schmerzen im Bereich der BH-Träger), Schmerzen seitlich am Hals, Migräne in der Schläfe, an der Außenkante des Auges, im Hinterkopf.

Was tun bei Schmerzen entlang des HM der Gallenblase

Tonisieren des Ting-Punktes auf beiden Seiten:	G44 +
Tonisieren des Tonisierungspunktes auf der schmerzhaften Seite:	G40 +
Sedieren der Punkte, die den Schmerz begrenzen:	-
Tonisieren des Berührungspunktes auf beiden Seiten:	Ma2 +

Beschwerden bei Energieüberschuß auf dem HM der Gallenblase

Rachsucht, Migräne, Übelkeit, bitterer Geschmack im Mund beim Erwachen, Neigung zu häufigem Seufzen, ewige Unzufriedenheit.

So sedieren Sie den HM der Gallenblase bei Energieüberschuß

Im Frühling:	G38 -	Im Herbst:	G43 -
Im Sommer:	G34 -	Im Winter:	G41 -
Im Spätsommer:	G44 -		

Beschwerden bei Energiemangel auf dem HM der Gallenblase

Schlaflosigkeit aufgrund von Sorgen, Schmerzen in der vierten Zehe, Mangel an Kampfbereitschaft, Neigung, alles auf später zu verschieben.

So tonisieren Sie den HM der Gallenblase

Im Frühling:	G43 +	Im Herbst:	G34 +
Im Sommer:	G41 +	Im Winter:	G44 +
Im Spätsommer:	G38 +		

Die wichtigsten Punkte des HM der Gallenblase

G13: *Berührungspunkt*
Unmittelbar am Haaransatz auf einer Linie, die vom äußeren Augenwinkel ausgeht.
Dieser Punkt vervollständigt die Schmerzbehandlung auf den Meridianen des Dreifacherwärmers, des Dünndarms und des Dickdarms.

G20: Im Nacken, unter den Hinterhauptshöckern.
Punkt, der in Beziehung zum sympatischen Nervensystem steht.
Hitzewallungen mit Schweißausbrüchen (+).
Zu schwache Regelblutungen (+).
Kopfschmerzen (-).
Hitzewallungen ohne Schweißausbrüche (-).
Steifer Hals (-).
Nervosität (-).

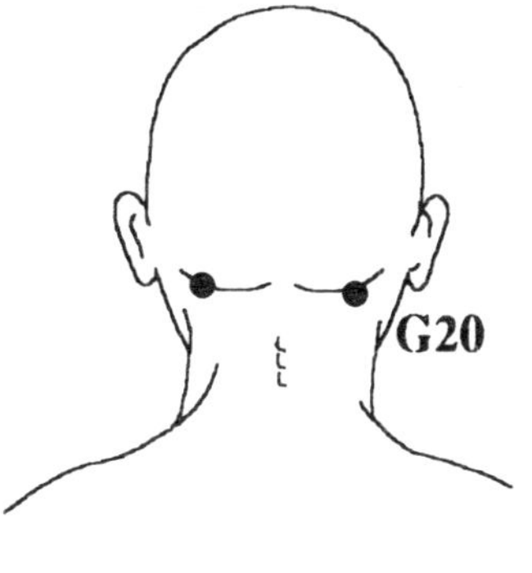

G21: *Punkt der Prellungen*
Punkt der Wiederbelebung
An der Halsbasis, in der Vertiefung vor dem Trapezmuskel, hinter dem Schlüsselbein.
Zyste oder Abszeß am Busen (-).
Nackensteifheit (-).

G22: *Berührungspunkt der Meridiane des Herzens, Meister des Herzens und der Lunge.*
Auf der Seite des Brustkorbes, im vierten Zwischenrippenraum, unterhalb der Achselhöhle auf einer Linie, die von der oberen Hälfte der Brust ausgeht.

G24 : *Mo-Punkt der Gallenblase*
Im letzten Rippenzwischenraum, unter der Brustwarze.
Steuert die Tätigkeit der Gebärmutter und wirkt erleichternd bei der Geburt.
Trägheit der Gallenblase (+).
Erbrechen (-).
Migräne (-).

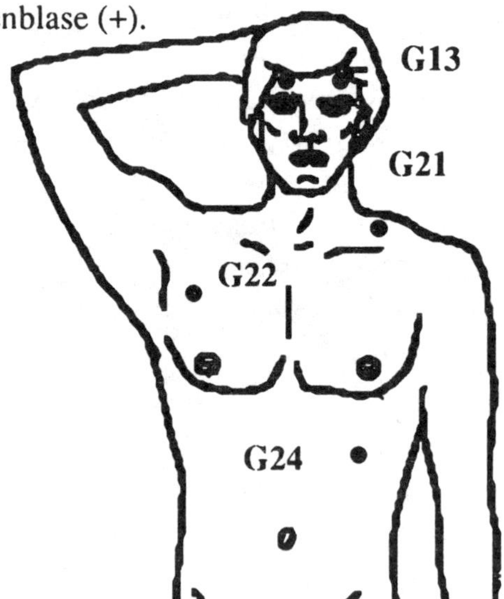

G25: *Mo-Punkt der Nieren*
Am äußeren Rand der zwölften Rippe, die eine freiendende “falsche” Rippe ist, deren Spitze sich seitlich an der Basis des Brustkorbs befindet.
Überreichlicher Harnfluß (+).
Schmerzen in der Nierengegend (-) in Verbindung mit N4 (-) und B60 (-).
Morgendlicher Durchfall (+).
Kältegefühl bis in die Knochen (+).
Mineralienmangel (+).

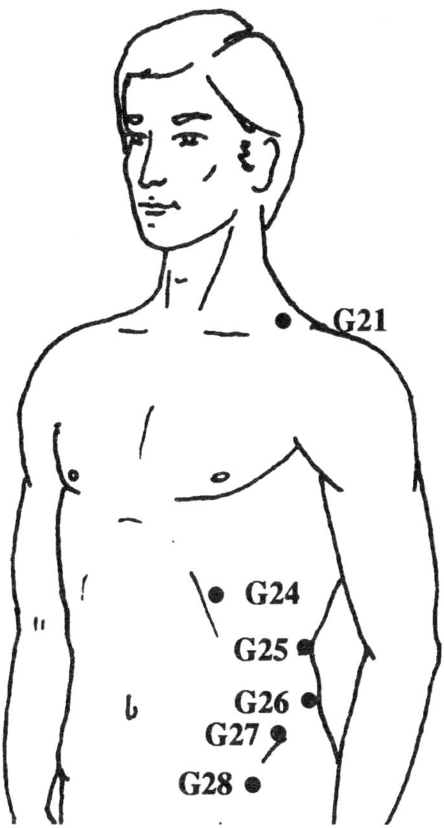

G30: Hinter dem großen Trochanter, dem großen Höckerknochen, den man im Gesäß spürt, besonders bei Drehbewegungen der unteren Gliedmaßen.
Schmerzen in der Hüfte (-).
Migräne (-).
Juckreiz (-) in Verbindung mit Le5 (+).
Hautausschläge mit Fieber (-).
Fettpolster am Oberschenkel und Gesäß (-).

G30

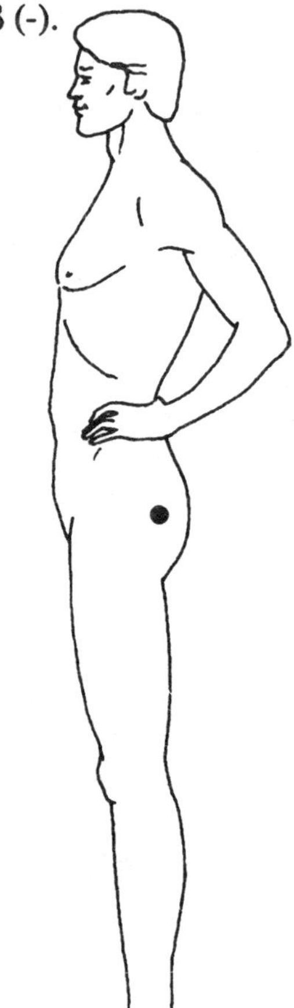

G34: *Meisterpunkt der quergestreiften Muskulatur*
Unter dem Knie an der Außenseite, unter dem Kopf des Wadenbeins, dem kleinen Höckerknochen, den man unmittelbar unterhalb des Knies, etwas nach hinten versetzt, spürt.
Dieser Punkt wirkt auf den HM der Gallenblase im Herbst tonisierend und im Sommer sedierend.
Zu allen Jahreszeiten kann er in folgenden Fällen wirksam eingesetzt werden:
Muskelschwäche (+).
Krämpfe (-).
Muskelverspannung (-).
Zur Auslösung der Geburt (-).

G35: *Punkt der Prellungen*
In mittlerer Beinhöhe, vor oder hinter dem Wadenbein, je nach Autor. Zur Intensivierung der Wirkung am besten beide Zonen stimulieren.
Schmerzen im Steißbein (-).
Kalte Füße (+).
Schmerzen an der Außenseite des Beines (-).

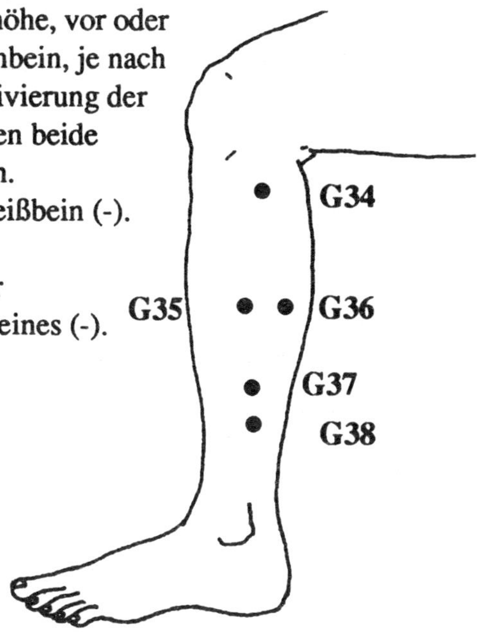

G36: *Punkt für die Behandlung giftiger Insektenstiche*
Punkt für Infektionswunden, die nicht heilen
In mittlerer Höhe des Beines, vor oder hinter dem Wadenbein, je nach Autor. Zur Intensivierung der Wirkung am besten beide Zonen stimulieren.
Giftige Insektenstiche (-).
Infektionswunden, die nicht heilen (-).
Kehlkopfentzündung (-).
Skoliose (-).

G37: *Lo-Punkt*
Großer Augenpunkt
Auf der Außenseite des Beines, 5 Fingerbreit über dem äußeren Fußknöchel, vor dem Wadenbein.
Augenleiden (-).
Übelkeit (-).
Herzklopfen (-).
Juckreiz (-).
Eingeschlafene Füße (-).

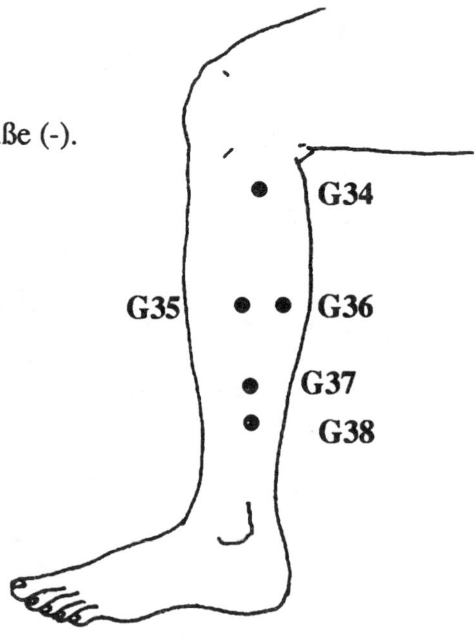

G38: 4 Fingerbreit über dem äußeren Fußknöchel, in einer kleinen Vertiefung auf der Vorderseite des Wadenbeinknochens.
Dieser Punkt wirkt auf den Meridian der Gallenblase zu seiner Jahreszeit, im Frühling, sedierend und im Spätsommer tonisierend.
Zu allen Jahreszeiten kann er in folgenden Fällen wirksam eingesetzt werden:
Migräne (-).
Übelkeit (-).
Trockener Mund mit bitterem Geschmack beim Erwachen (-).
Dunkle Ringe unter den Augen (-).
Reizbarkeit und Empfindsamkeit (-).
Vorsicht: Meiden Sie diesen Punkt bei Steinleiden, denn er stimuliert die Kontraktion der Gallenblase und fördert so den Abgang von Gallensteinen mit der Gefahr, daß diese den Ableitungsweg aus der Leber verschließen.

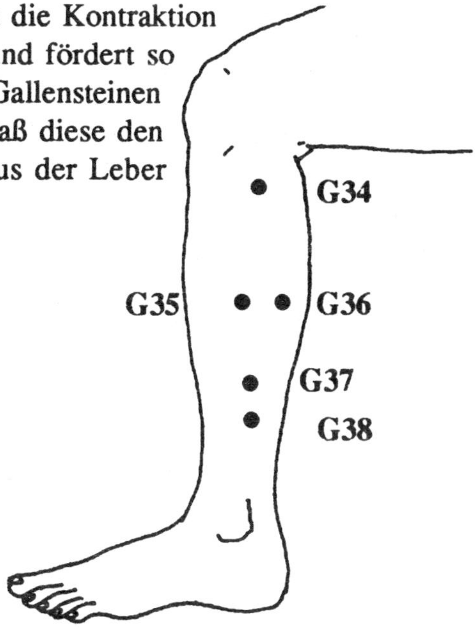

G39: *Meisterpunkt bei Arterienentzündung*
2 Fingerbreit über dem äußeren Fußknöchel, auf dem Wadenbein.
Arterienentzündung (+).
Zur Unterstützung der Wundheilung (+).
Entzündung der Atemwege (-).
Trockenheit von Hals und Nase (-).
Zur Vermehrung der Leukozyten (+).
Zur Förderung von Fieber bei einer Infektion und um die Genesung zu beschleunigen (+).
Um Abszesse zur Reifung zu bringen (+).

G40: *Quellpunkt*
Auf dem Fußrist, in einer Vertiefung vor dem äußeren Fußknöchel.
Migräne (-).
Gefühllosigkeit (-).
Wadenkrämpfe (-).
Schmerzen in der Achsel (-).
Mangel an Kampfbereitschaft (+).

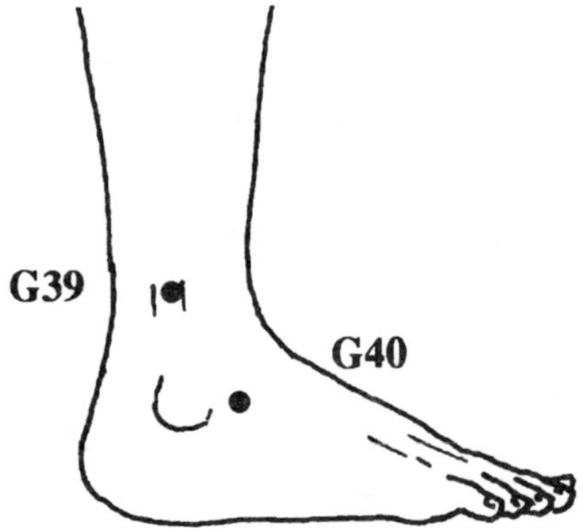

G41: *Schlüsselpunkt des Sondermeridians Tae Mo*
An der Spitze des Winkels, den die beiden letzten Mittelfußknochen bilden.
Dieser Punkt wirkt auf den Meridian der Gallenblase im Sommer tonisierend und im Winter sedierend.
Zu allen Jahreszeiten kann er in folgenden Fällen wirksam eingesetzt werden:
Horizontal verlaufende Lendenschmerzen (-).
Schmerzen in der Hüfte (-).
Zittern (-) in Verbindung mit MH3 (-).
Schmerzen in der Schulter (-).
Sehstörungen (-).
Milchbildungsschwierigkeiten (-).
Brustentzündung (-) in Verbindung mit G21 (-).
Rheumatische Beschwerden im Fuß, in der Ferse, im Knöchel, in den Zehen (-).
Ohrgeräusche (-)

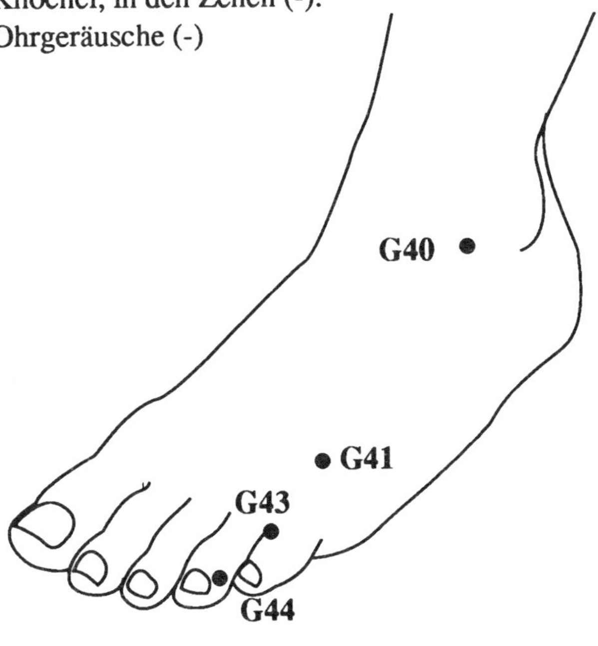

G43: Im letzten Zehenzwischenraum.
Dieser Punkt wirkt auf den Meridian der Gallenblase zu seiner Jahreszeit, im Frühling, tonisierend und im Herbst sedierend.
Zu allen Jahreszeiten kann er in folgenden Fällen wirksam eingesetzt werden:
Mangel an Wagemut und Kampfbereitschaft (+).
Schwindelanfälle (+).
Sehstörung (+).

G44: *Ting-Punkt*
Am äußeren Nagelbett der vierten Zehe.
Dieser Punkt wirkt auf den Meridian der Gallenblase im Winter tonisierend und im Spätsommer sedierend.
Zu allen Jahreszeiten kann er in folgenden Fällen wirksam eingesetzt werden:
Migräne (-).
Schmerzen im Augapfel (-).
Halsschmerzen (+).

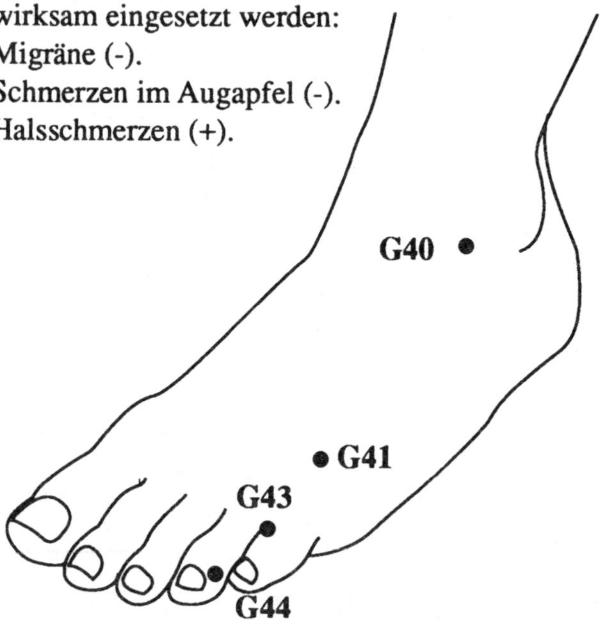

HM der Leber

Polarität:	Yin.
Partnermeridian:	HM der Gallenblase.
Element:	Holz.
Jahreszeit:	Frühling.
Farbe:	Blau.
Lage:	Osten.
Organische Substanz:	Muskeln, Augen.
Organische Funktion:	Entgiftung.
Psychische Energie:	Kampf, Wut, Ängstlichkeit.
Energetischer Höhepunkt:	Zwischen 1.00 und 3.00 morgens.

Physiologie der Leber

Die Leber ist die Drüse unseres Körpers, die die größte Menge an Blut enthält. Sie kann 1,5 Liter von den 5 Litern, die in unserem Körper verteilt sind, aufnehmen. Die Leber produziert den größten Teil der Proteine des Blutplasmas, ebenso wie das Fibrinogen und das Prothrombin, die bei Blutungen für die Blutgerinnung sorgen.

In der Tat übernimmt die Leber zwei wichtige Aufgaben. Einmal bildet sie neue Moleküle und verwaltet die Grundsubstanzen unserer verschiedenen Stoffwechselvorgänge, und zum zweiten entgiftet sie den Organismus, indem sie die Gift- und Schlackenstoffe, die nicht über die Nieren, die Haut und die Lungen ausgeschieden werden, neutralisiert.

Man kann also sagen, daß die Leber eine bedeutende Rolle in bezug auf das Blut spielt, nämlich durch seine Anreicherung mit Grundsubstanzen, die seine Reinheit und Fließfähigkeit unterstützen, und eben dadurch auch in bezug auf die Qualität unseres arteriellen Blutdrucks. Anders ausgedrückt, "Holz nährt Feuer": wenn man Arthrose und Herz-Lungenleiden vermeiden will, ist es wichtig, die ungestörte Funktion unserer Leber zu fördern.

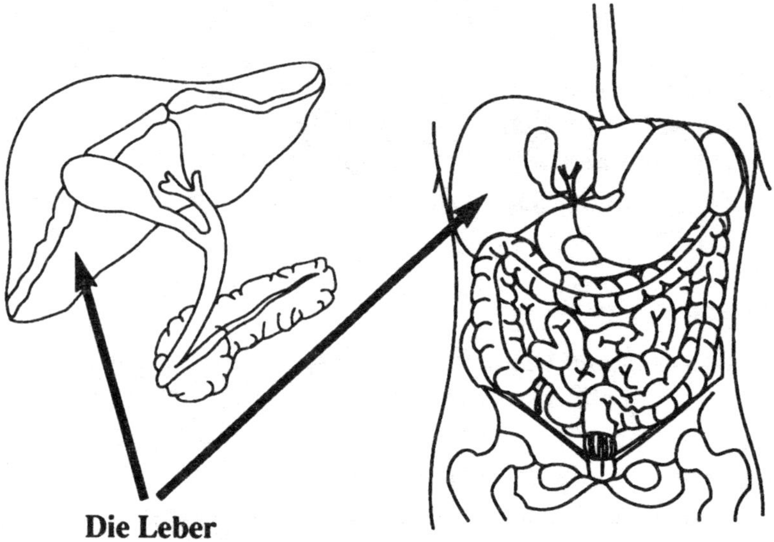

Die Leber

Energetische Physiologie des HM der Leber

Gemäß der Lehre von den 5 Elementen hat der Meridian der Leber seinen Platz im Element Holz, das dem Frühling entspricht, wo in der Natur die Farben grün und blau vorherrschend sind. Es handelt sich bei diesen um beruhigende Farben. Folglich liegen die besten Entspannungspunkte auf dem Meridian der Leber (Le3) und der Gallenblase (G40). Ebenso wie die Wälder die Atmosphäre der Erde reinigen, reinigt die Leber unseren Organismus. Das Leben ist ein beständiger

Kampf gegen alles, was unsere Existenz vergiften will (Giftstoffe, Mikroben, Streß ...). Daher können die Punkte Le8 und Le14 uns dabei helfen, sowohl kampfeslustiger zu werden als auch den "holzigen Geschmack im Mund" bei einem Kater zu lindern.

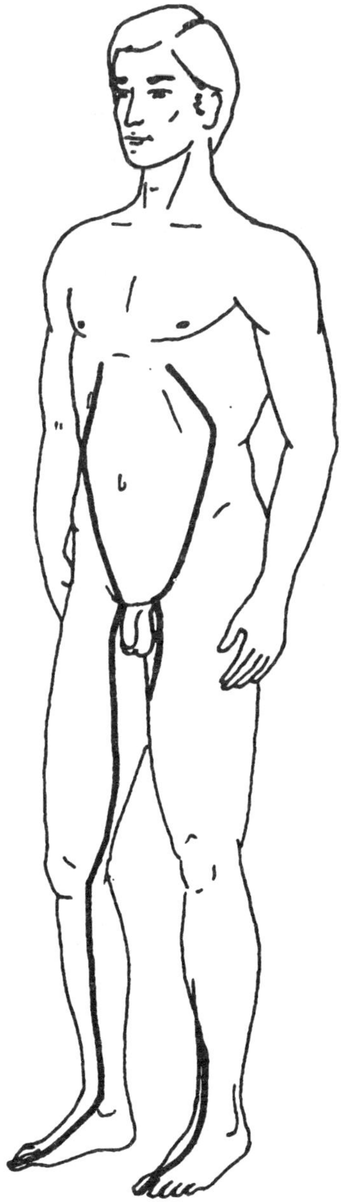

Verlauf des HM der Leber

Der Meridian der Leber beginnt am äußeren Nagelbett der großen Zehe, steigt innen das Bein und den Oberschenkel hinauf, an der Leiste vorbei über den Bauch und endet auf dem Brustkorb, unterhalb der Brust.

Schmerzen entlang des HM der Leber

Eingewachsener Nagel der großen Zehe, Schmerzen in der großen Zehe, im Fußrist, an der Innenseite von Bein, Knie und Oberschenkel und seitlich entlang der Vorderseite des Rumpfes, von der Basis bis unter die Brust.

Was tun bei Schmerzen entlang des HM der Leber

Tonisieren des Ting-Punktes auf beiden Seiten:	Le1 +
Tonisieren des Tonisierungspunktes auf der schmerzhaften Seite:	Le8 +
	Im Herbst durch den Punkt Le3 ersetzen
Sedieren der Punkte, die den Schmerz begrenzen:	-
Tonisieren des Berührungspunktes:	KG3 +

Beschwerden bei Energieüberschuß auf dem HM der Leber

Gelbliche Gesichtsfarbe, Neigung zu Wutausbrüchen, Aggressivität, Leberkolik, übermäßige Erektion, schlechtes Sehvermögen in der Dämmerung.

So sedieren Sie den HM der Leber bei Energieüberschuß

Im Frühling:	Le2 -	Im Herbst:	Le8 -
Im Sommer:	Le3 -	Im Winter:	Le1 -
Im Spätsommer:	Le4 -		

Beschwerden bei Energiemangel auf dem HM der Leber

Ängstlichkeit, Neigung, sich Sorgen zu machen, gelbe und graue Stühle, Neigung, leicht blaue Flecke zu entwickeln (Ekchymosen), verzögerte Blutgerinnung, Schwierigkeiten bei der Erektion und vorzeitiger Samenerguß, Allergie, Schwinden der Sehkraft.

So tonisieren Sie den HM der Leber bei Energiemangel

Im Frühling:	Le8 +	Im Herbst:	Le3 +
Im Sommer:	Le1 +	Im Winter:	Le4 +
Im Spätsommer:	Le2 +		

Die wichtigsten Punkte des HM der Leber

Le1: *Ting-Punkt*
Jahreszeitenpunkt der Leber im Frühling
Am äußeren Nagelbett der großen Zehe.
Dieser Punkt wirkt auf den Meridian der Leber im Sommer tonisierend und im Winter sedierend.
Zu allen Jahreszeiten kann er in folgenden Fällen wirksam eingesetzt werden:
Zur Förderung der Leberfunktion im Frühling.
Wenn man den Frühling und die Farbe blau liebt (+).
Wenn man den Frühling und die Farbe blau nicht liebt (-).
Schmerzen im Bereich des Nabels (+).
Harninkontinenz (+).

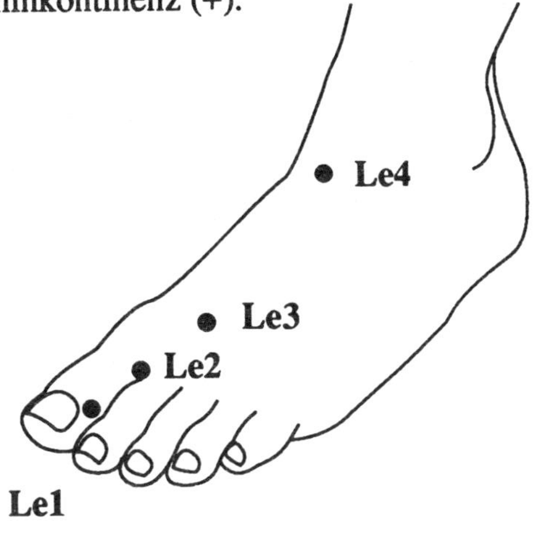

Le2: Im ersten Zehenzwischenraum.
Dieser Punkt wirkt auf den Meridian der Leber zu seiner Jahreszeit, im Frühling, sedierend und im Spätsommer tonisierend.
Zu allen Jahreszeiten kann er in folgenden Fällen wirksam eingesetzt werden:
Wutanfälle (-).
Selbstmordneigung (-).
Krämpfe (-).
Leberkoliken (-).
Schmerzen am Penis (-).
Hitzewallungen (-) in Verbindung mit Dü1 (+).

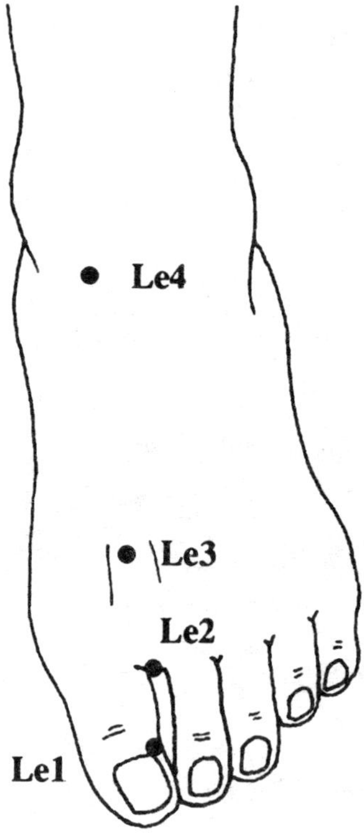

Le3: *Quellpunkt*
Entspannungspunkt
An der Spitze des Winkels, den die beiden ersten Mittelfußknochen in gespreiztem Zustand bilden.
Dieser Punkt wirkt auf den Meridian der Leber im Herbst tonisierend und im Sommer sedierend.
Zu allen Jahreszeiten kann er in folgenden Fällen wirksam eingesetzt werden:
Helle, pastenartige, farblose Stühle (+).
Dunkle Stühle (-).
Zur Förderung der Entspannung (-).
Schmerzen in der Leiste (-) in Verbindung mit MP6 (-).
Schmerzen im Fuß und in der großen Zehe (-).
Schlaflosigkeit (-).
Übelriechender Schweiß (-).

Le4: Vor dem Fußrist, auf der gleichen Linie wie Le1, Le2 und Le3, zwischen den beiden Sehnen.
Dieser Punkt wirkt auf den Meridian der Leber im Winter tonisierend und im Spätsommer sedierend.
Zu allen Jahreszeiten kann er in folgenden Fällen wirksam eingesetzt werden:
Kälteschauer (+).
Schmerzen im Unterleib (+).
Ausfluß von Sperma (+).

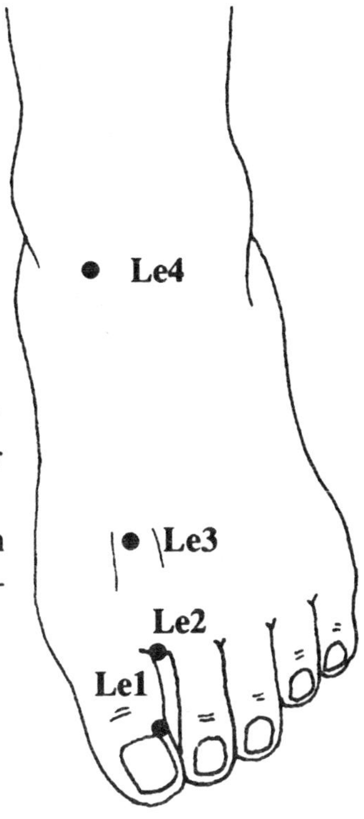

L5: *Lo-Punkt*
Meisterpunkt bei Juckreiz
In einer kleinen Vertiefung auf der Innenseite des Schienbeins, 5 Fingerbreit über dem inneren Fußknöchel.
Juckreiz (+) in Verbindung mit G30 (-).
Schmerzen oder Brennen am Phantomglied (+) auf der gegenüberliegenden Seite.

Le8: Auf der inneren Beugefalte des Knies, am Gelenk.
Dieser Punkt wirkt auf den Meridian der Leber zu seiner Jahreszeit, im Frühling, tonisierend und im Herbst sedierend.
Zu allen Jahreszeiten kann er in folgenden Fällen wirksam eingesetzt werden:
Heuschnupfen(+).
Allergie (+).
Mangelnde Erektionen (+).
Vorzeitiger Samenerguß (+).
Juckreiz in der Schamgegend (+).
Bei Neigung zur Bildung von blauen Flecken (+).
Zur Anregung des Kampfgeistes (+).

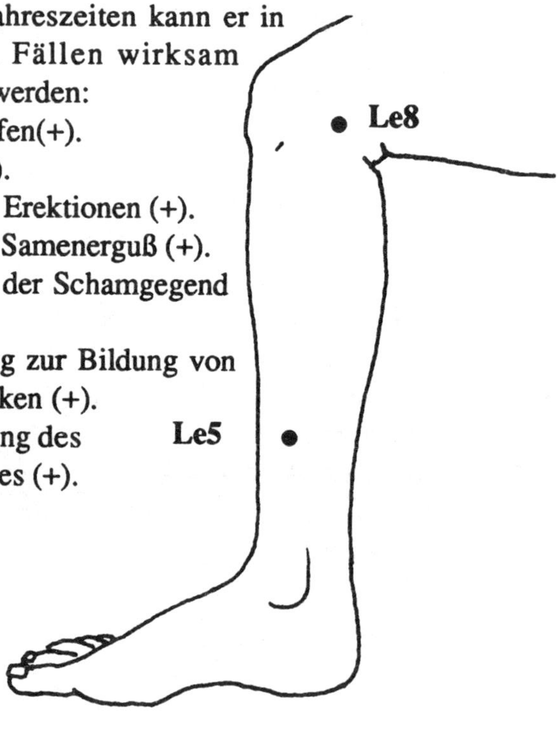

Le13: *Mo-Punkt der Milz und der Pankreas*
Am äußeren Ende der elften Rippe.
Hinweis: Stimulieren Sie diesen Punkt nach der Tonisierung von KG6.
Zur Förderung der Spannkraft (+).
Verlangen nach heißen Getränken (+).
Allgemeine Körperschwäche (+).
Melancholie (+).
Kältegefühl im ganzen Körper (+).
Parasitenbefall (+).

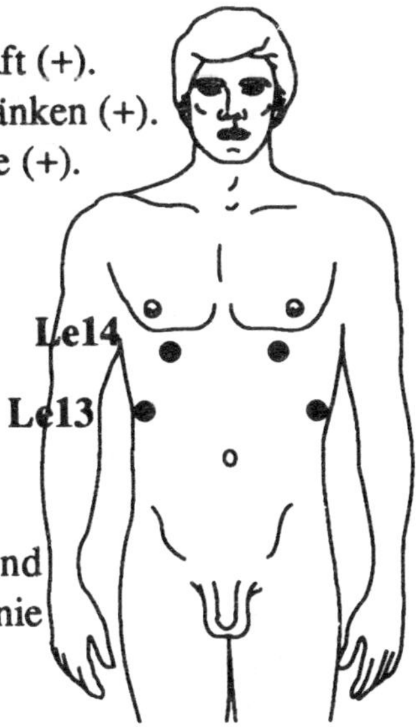

Le14: *Mo-Punkt der Leber*
Zwischen der sechsten und siebten Rippe, auf einer Linie mit der Brustwarze.
Leberträgheit (+).
Schläfrigkeit nach den Mahlzeiten (+).
Schwinden der Sehkraft (+).
Verdauungsprobleme (+).
Übelkeit (-).
"Kater" (-) in Verbindung mit Le3 (-) und G40 (-).
Hitzewallungen in den Wechseljahren (+).
Farblose, übelriechende Stühle (+).
Mangel an Kampfbereitschaft (+).

Tonisierungspunkte

HM	Lu	Di	Ma	MP	H	Dü	B	N	MH	3E	G	Le
Frühling	5	2	44	9	3	2	66	10	3	2	43	8
Sommer	11	3	43	1	9	3	65	1	9	3	41	1
Spätsommer	10	5	41	2	8	5	60	2	8	6	38	2
Herbst	9	11	36	3	7	8	54	3	7	10	34	3
Winter	8	1	45	5	4	1	67	7	5	1	44	4

Sedierungspunkte

HM	Lu	Di	Ma	MP	H	Dü	B	N	MH	3E	G	Le
Frühling	10	5	41	2	8	5	60	2	8	6	38	2
Sommer	9	11	36	3	7	8	54	3	7	10	34	3
Spätsommer	8	1	45	5	4	1	67	7	5	1	44	4
Herbst	5	2	44	9	3	2	66	10	3	2	43	8
Winter	11	3	43	1	9	3	65	1	9	3	41	1

Übersicht über die Tonisierungs- und Sedierungspunkte entsprechend den Jahreszeiten

Die Wiederherstellung des energetischen Gleichgewichts

Die Wiederherstellung des energetischen Gleichgewichts besteht in der Harmonisierung der Energie der Meridiane unter Einsatz der Steuerpunkte, d. h. der Tonisierungspunkte bei Energiemangel und der Sedierungspunkte bei Energieüberschuß. Der Quellpunkt kann ebenfalls eingesetzt werden, entweder als Ersatz eines dieser beiden Punkte oder als Ergänzung.

Gelegentlich finden wir ein Ungleichgewicht im Bereich eines oder mehrerer Meridianenpaare vor. Ist beispielsweise der HM der Gallenblase im Überschußzustand und der HM der Leber im Mangelzustand, werden wir den Lo-Punkt des HM der Gallenblase einsetzen, d. h. den Punkt G37, der die überschüssige Energie des HM der Gallenblase in den HM der Leber leitet.

Man trifft jedoch häufig mehrere Hauptmeridiane im Ungleichgewicht an; dann wenden wir die Technik der Sondermeridiane an, die uns Behandlungserfolge bei mehreren Leiden unter Einsatz einiger weniger Punkte ermöglicht, da wir nur den Schlüsselpunkt des SM mit seinem Partnerpunkt einsetzen, dann seinen Anfangspunkt behandeln und mit seinem Endpunkt abschließen.

Nehmen wir als Beispiel eine Person, die an Rückenschmerzen auf beiden Seiten der Wirbelsäule leidet, d. h. entlang des HM der Blase. Diese Person ist nervös und sehr extravertiert. Ihr Schlaf ist gestört und sie klagt über Harnprobleme ... Dieser Person wird die Wiederherstellung des Gleichgewichts durch den Sondermeridian Yang Keo sehr gut tun: Sedieren des Schlüsselpunktes B62, Sedieren seines Partnerpunktes Dü3 und schließlich Sedieren des Endpunktes B1 (siehe S. 198).

4. Sondermeridiane

Definition der Sondermeridiane

Neben den zwölf Hauptmeridianen verfügen wir über acht Sondermeridiane. Es handelt sich um ein System zum Schutz und zur Regulierung der Hauptmeridiane.

Stellen wir uns vor, daß die Hauptmeridiane Flüsse sind und wir bei starken Regenfällen die Schleusen öffnen, um Hochwasser und Überflutung zu vermeiden.

Nehmen wir im Augenblick einmal an, daß die Sondermeridiane Kanäle sind und der Schlüsselpunkt die Schleuse darstellt.

Nehmen wir als Beispiel einen Fall, bei dem ein Überschuß an Yang im Bereich mehrerer Hauptmeridiane mit Yang-Ausprägung besteht (Blase, Gallenblase, Dreifacherwärmer, Dickdarm, Dünndarm, Magen). All dies würde sich in Nervosität, Schlaflosigkeit, Krämpfen, Muskelverspannungen und besonders in Schmerzen im Rücken (da der Rücken stark Yang ist) äußern. Diese Symptome entsprechen dem Sondermeridian Yang Keo.

Es bleibt uns also nur übrig, die Schleuse zu öffnen, d. h. den Schlüsselpunkt des Sondermeridians Yang Keo, den Punkt B62, zu sedieren. Man wird ihn in Verbindung mit seinem Partnerpunkt Dü3 einsetzen und die Behandlung mit seinem Endpunkt B1 abschließen. Man beachte bei jedem Sondermeridian die entsprechenden Punkte.

Man wird dann schnell feststellen, daß man allein mit Hilfe dieser Punkte den Rückenschmerz, die Nervosität und die Schlaflosigkeit beseitigt hat.

Dann wird man auch verstehen, warum die Sondermeridiane als "Wundergefäße" bezeichnet worden sind. Sie werden auch außergewöhnliche Meridiane genannt.

Diese Sondermeridiane sind also von großer Bedeutung. Sie müssen zu Beginn einer Behandlung in Betracht gezogen werden, wenn es erforderlich ist, sich das Terrain zu ebnen. Dann kann man mit einem Rezept mit den spezifischen Punkten fortfahren, falls erforderlich.

Vorgehensweise bei der Behandlung mit Hilfe der Sondermeridiane

Sedieren des Schlüsselpunktes;
Sedieren des Partnerpunktes;
Tonisieren des Anfangspunktes;
Sedieren des Endpunktes des Sondermeridians.

Bei der Wahl des richtigen Sondermeridians leiten uns die Symptome oder die Energiebilanz.

Es ist zu beachten, daß der Patient eines oder mehrere der bei den Krankheitsanzeichen beschriebenen Symptome aufweisen kann. Man setzt also den Sondermeridian ebensogut bei der Behandlung eines oder auch mehrerer Symptome ein.

Die auf die Sondermeridiane hinweisenden Anzeichen

Yang Keo	Yang-Überschuß. Steifheit, Verspannung der Wirbelsäule. Nervosität, Schlaflosigkeit, Wahnvorstellungen. Nervöse Anspannung. Übertriebene Extravertiertheit. Krämpfe, Muskelverspannungen, steifer Hals. Nervenschmerzen, Migräne, Ischias. Akne, Furunkulose.
Yin Keo	Yin-Überschuß. Schläfrigkeit. Frigidität. Prämenstruelles Syndrom. Bettnässen. Gefühllosigkeit, Ödeme. Prostatabeschwerden, Blasenentzündung, Harnröhrenentzündung.
Yang Oe	Das Yang fordert Unterstützung. Schmerzen im Trapezmuskel. Fieber, Kälteschauer. Allergische Reaktion. Nervenschmerzen, rheumatische Schmerzen. Plötzlich auftretendes Ohrensausen. Plötzliche Taubheit, Ohrenentzündung.

Yin Oe	Das Yin fordert Hilfe. Präkardialschmerzen. Verkrampfung des Solarplexus, Ängstlichkeit, Befürchtungen. Übertriebene Gemütserregbarkeit. Psychopathie. Arterienentzündung. Krämpfe. Yin-Schlaflosigkeit. Gestörte Sexualität.
Tae Mo	Blockade zwischen Ober- und Unterkörper. Störungen des venösen Blutkreislaufs (venös-lymphatische Stauung). Blähungen. Lendenschmerzen in der Gürtelzone. Schmerzen an der Außenseite des Knies und des Beines. Leber-Gallen-Störungen. Zittern.
Tchrong Mo	Stoffwechselstörungen (Fettleibigkeit, Zellulitis). Hormonstörungen (Schilddrüsenunter- und -überfunktion). Verdauungsstörungen (Luftansammlung im Magen oder Grimmdarm). Gynäkologische Beschwerden (Eierstöcke, Gebärmutter, Prostata ...). Menstruationsstörungen. Lendenschmerzen.

	Störungen von MP-Le-N. Schmerzen auf der Innenseite des Knies. Schmerzen in der Leiste.
Konzeption	Überlastung der Yin-Meridiane. Atemstörungen. Sterilität. Zur Erleichterung der Geburt. Schmerzen am Nabel oder im Brustbein.
Lenker	Allgemeiner Yang-Überschuß. Nackensteifheit, steife Wirbelsäule. Nervenschmerzen im Nacken und Oberarm. Schmerzen entlang der Wirbelsäule. Nervenschmerzen zwischen den Rippen. Gürtelrose. Arthrose im Nacken. Schmerzen entlang des Lenkergefäßes. Allgemeine Müdigkeit.

SM Yang Keo

Polarität:	Yang.
Beschreibung:	Dieses Gefäß ermöglicht eine Harmonisierung der Yang-Meridiane (Blase, Gallenblase, Dreifacherwärmer, Dickdarm, Dünndarm, Magen).
Krankheitsanzeichen:	Rückenschmerzen (besonders auf dem HM der Blase, d. h. entlang der Wirbelsäule). Yang-Schlaflosigkeit. Äußere Nervosität. Akne am Rücken. Krämpfe. Ischias.
Behandlung:	Sedieren Sie die Punkte B62, Dü3 und B1.

Schlüsselpunkt:	B62
Partnerpunkt:	Dü3
Anfangspunkt:	B62
Endpunkt:	B1

Lage der Punkte

B62: In einer kleinen Vertiefung 1 Fingerbreit unter dem äußeren Fußknöchel.

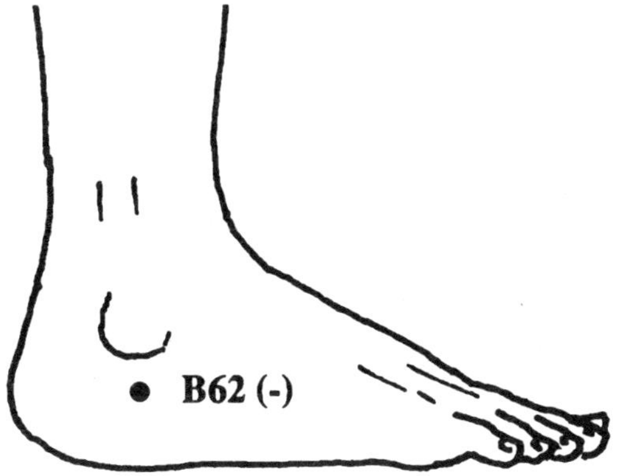

Dü3: An der inneren Handkante, in einer kleinen Vertiefung am Knochen-Widerlager des Grundgelenks des kleinen Fingers, d. h. am Ende der Beugefalte, die sich bei geballter Faust ergibt.

B1: Am inneren Augenwinkel.

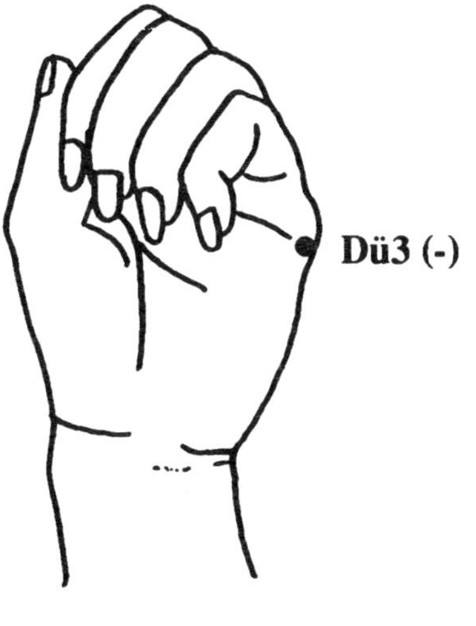

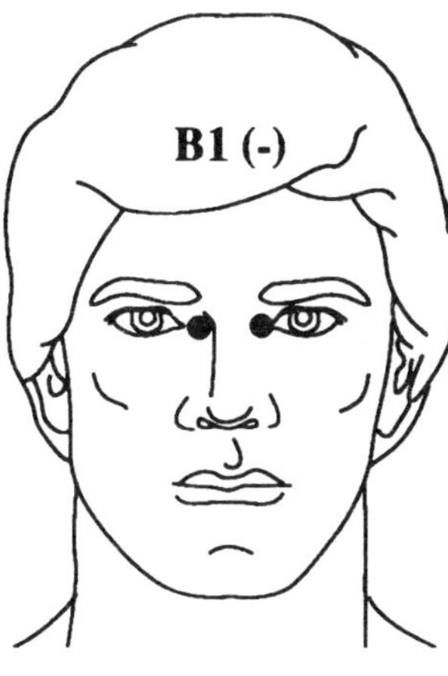

Beschwerden, die in Beziehung zum SM Yang Keo stehen

Rückenschmerzen auf beiden Seiten der Wirbelsäule (d. h. auf dem HM der Blase)

Nach der Behandlung der Punkte des SM Yang Keo, d. h. der Punkte B62 -, Dü3 - und B1 - können Sie, falls erforderlich, noch folgende Punkte stimulieren:

B54 -, B60 - und B67 -. Enden Sie mit der Sedierung der schmerzhaften Punkte im Rücken nach Bedarf.

B54: In der Mitte der Kniekehle.

B60: Hinter dem äußeren Fußknöchel.

B67: Am äußeren Nagelbett der kleinen Zehe.

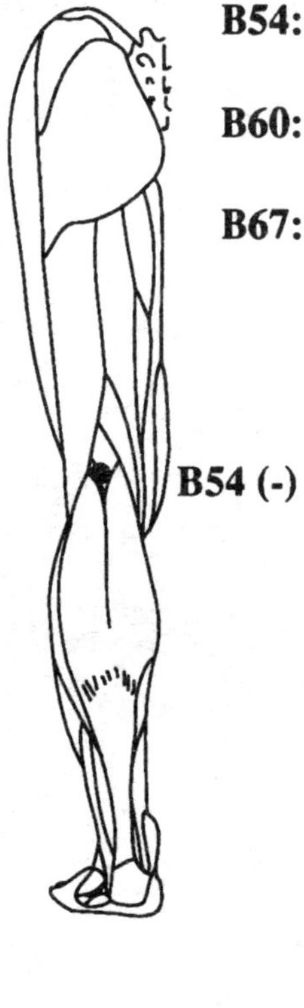

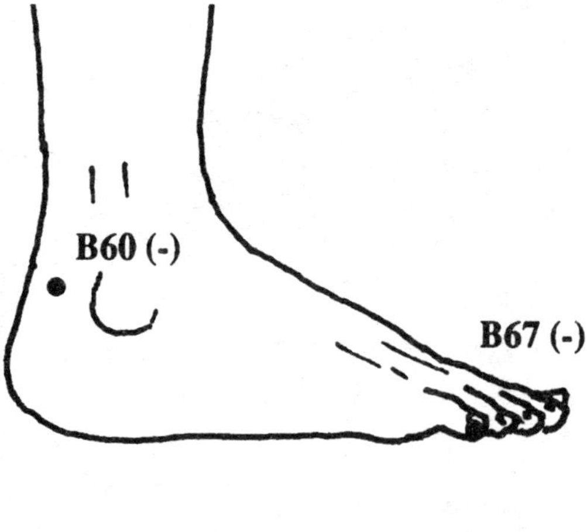

Beschwerden, die in Beziehung zum SM Yang Keo stehen

Schlaflosigkeit bei nervösen Menschen

Nach der Behandlung der Punkte des SM Yang Keo, d. h. der Punkte B62 -, Dü3 - und B1 - können Sie, falls erforderlich, noch folgende Punkte stimulieren:

Lu9 + (wenn der Patient blaß ist) oder Lu9 - (wenn er eine rosige Gesichtsfarbe hat), Le3 -, Le14 -, G40 - und 3E10 -.

Lu9: In der Speichenfurche, auf der Handgelenksfalte, d. h. vor dem Griffelfortsatz der Speiche.

Le3: An der Spitze des Winkels, den die beiden ersten Mittelfußknochen in gespreiztem Zustand bilden.

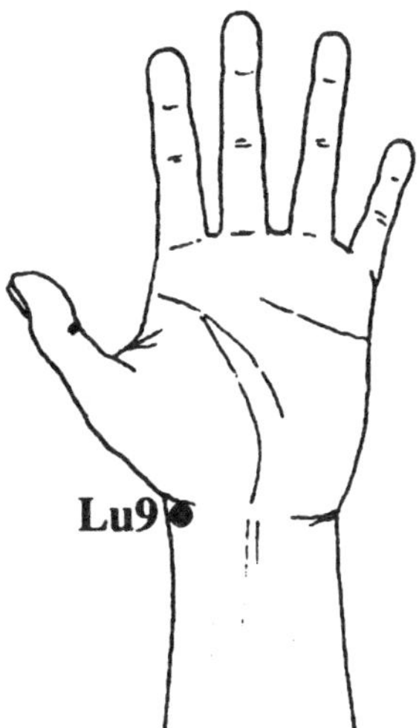

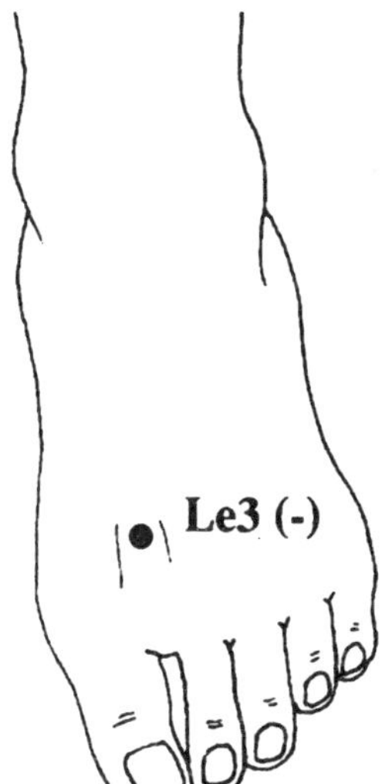

Le14: Zwischen der sechsten und siebten Rippe, in einer Linie mit der Brustwarze.

G40: Auf dem Fußrist, in einer Vertiefung vor dem äußeren Fußknöchel.

3E10: Über der Spitze des Hakenfortsatzes, d. h. hinter dem Ellbogen, in der Vertiefung.

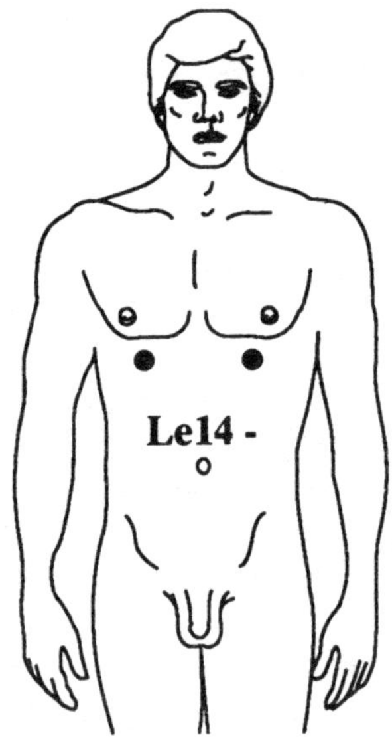

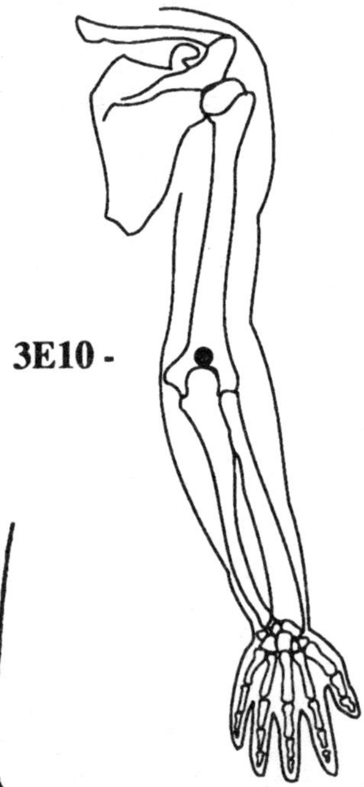

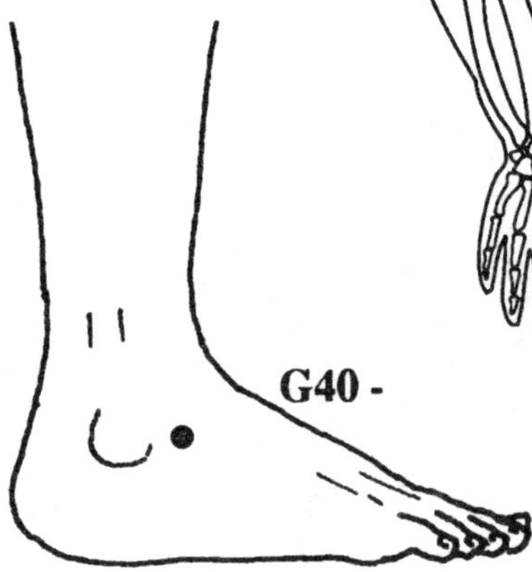

Beschwerden, die in Beziehung zum SM Yang Keo stehen

Nervosität - Erregung

Nach der Behandlung der Punkte des SM Yang Keo, d. h. der Punkte B62 -, Dü3 - und B1 - können Sie, falls erforderlich, noch folgende Punkte stimulieren:

Ma36 -, Di4 - und Le3 -.

Ma36: 4 Fingerbreit unter dem Knie, zwischen dem vorderen Schienbeinmuskel und dem großen Streckmuskel.

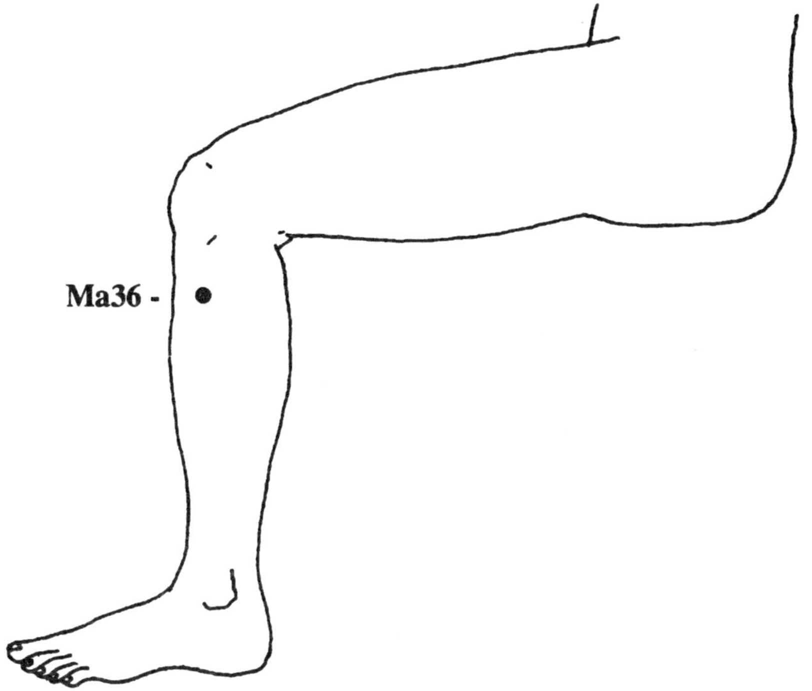

Di4: Im Winkel, den die beiden ersten Mittelhandknochen bilden, und zwar vor und an der Basis des zweiten Mittelhandknochens.

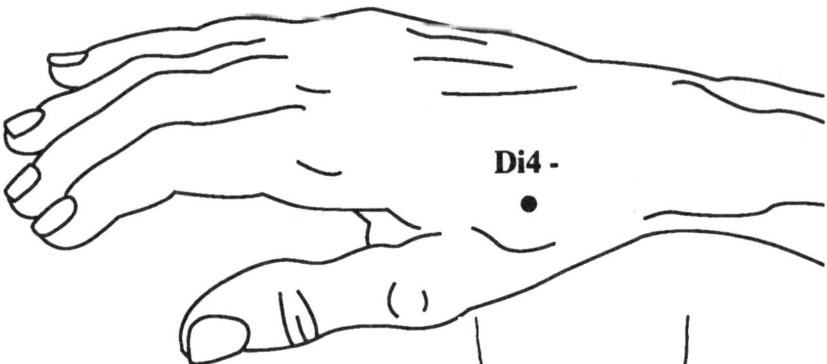

Le3: An der Spitze des Winkels, den die beiden ersten Mittelfußknochen in gespreiztem Zustand bilden.

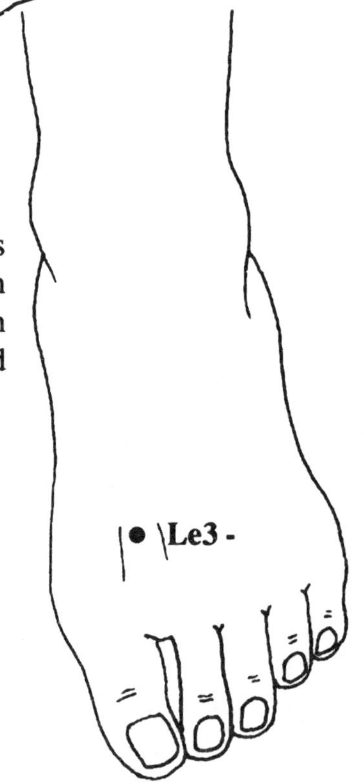

SM Yin Keo

Polarität: Yin.

Beschreibung: Dieses Gefäß ist besonders angezeigt, wenn Störungen im Bereich des Yin vorliegen.

Krankheitsanzeichen: Schläfrigkeit.
Prämenstruelles Syndrom.
Schmerzhafte Brüste vor der Regel.
Beschwerden im Urogenitalbereich (Gebärmutter-, Nieren-, Eierstock-, Blasenentzündung, Harnverhalten, Prostata-, Harnröhrenentzündung, Weißfluß).

Behandlung: Sedieren Sie die Punkte N6, Lu7 und B1.

Schlüsselpunkt:	N6
Partnerpunkt:	Lu7
Anfangspunkt:	N6
Endpunkt:	B1

Lage der Punkte

N6: 1 Fingerbreit unter dem inneren Fußknöchel.

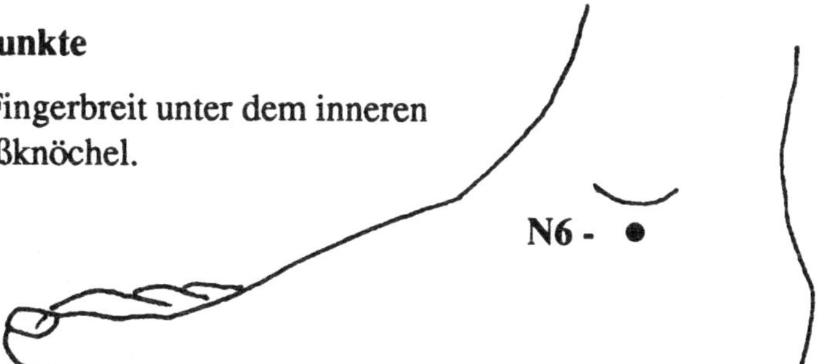

Lu7: Auf dem Unterarm, 3 Fingerbreit über der Beugefalte des Handgelenks, in der Speichenfurche, wo man den Schlag der Arterie spürt.

B1: Am inneren Augenwinkel.

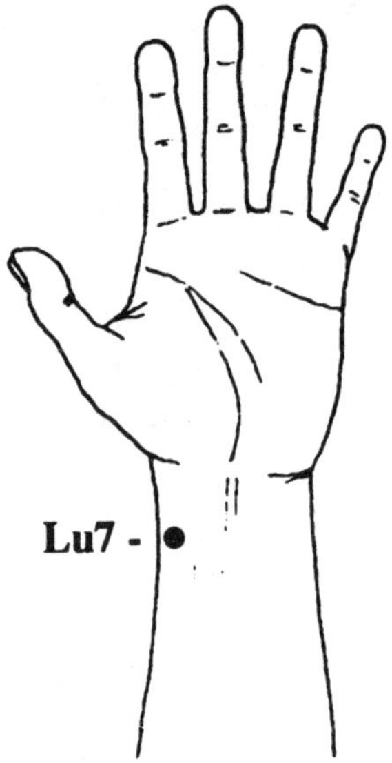

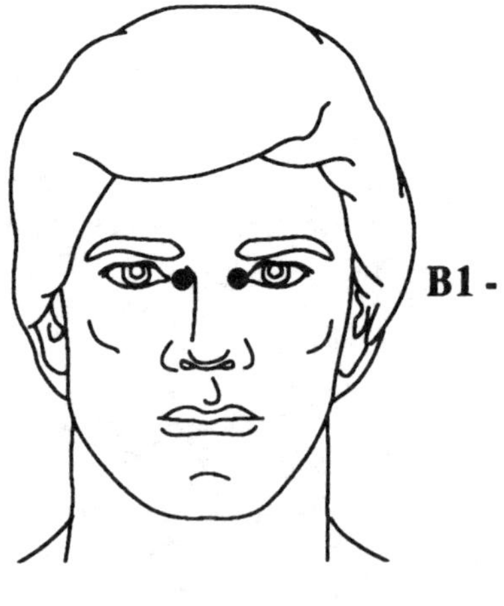

Beschwerden, die in Beziehung zum SM Yin Keo stehen

Blasenentzündung - Harnröhrenentzündung

Nach der Behandlung der Punkte des SM Yin Keo, d. h. der Punkte N6 -, Lu7 - und B1 - können Sie, falls erforderlich, noch die folgenden Punkte stimulieren:

KG2 -, KG3 -, KG4 -, B27 -, B28 -, B65 -, B64 - und B60 -.

Empfohlenes ätherisches Öl: Sandelholz von Mysor (zum Einreiben auf dem Unterleib).

KG2: Auf der Mittellinie des Unterleibs, über dem Schambeinknochen.

KG3: Auf der Mittellinie des Unterleibs, 1 Fingerbreit über dem Schambein.

KG4: 1 Daumenbreit über KG3.

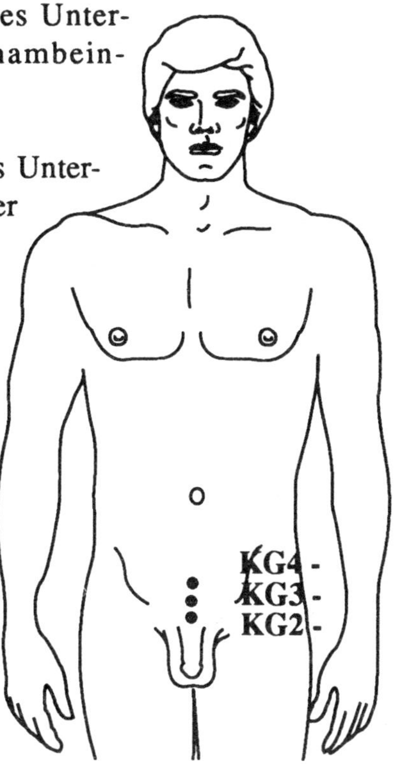

B27: 2 Fingerbreit neben der ersten Sakralvertiefung.

B28: 2 Fingerbreit neben der zweiten Sakralvertiefung.

B65: An der Fußaußenkante, unmittelbar vor dem Grundgelenk der kleinen Zehe.

B64: An der Fußaußenkante, vor dem Gelenkhöcker des fünften Mittelfußknochens.

B60: Hinter dem äußeren Fußknöchel.

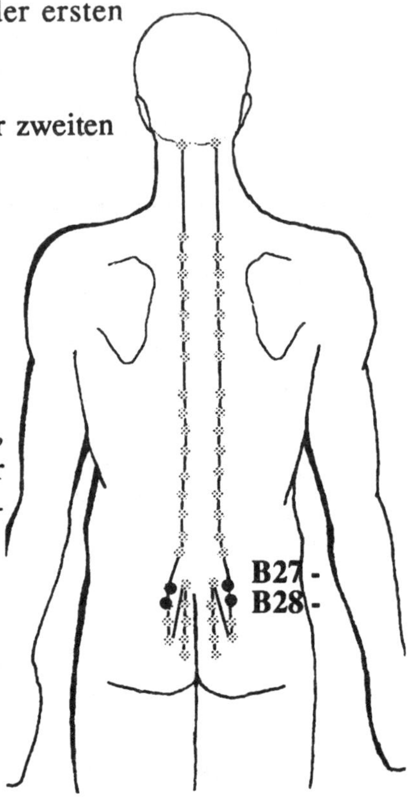

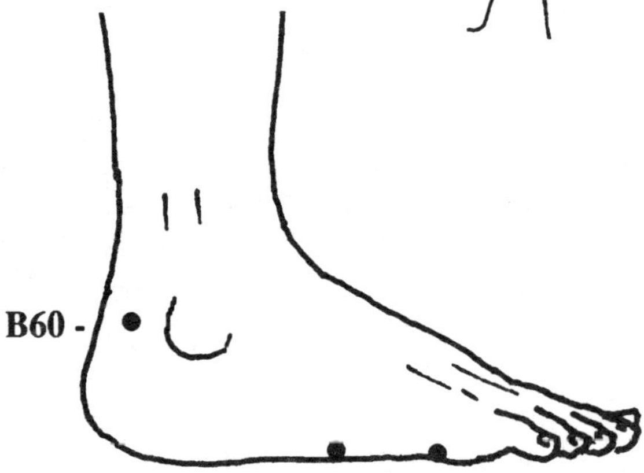

Beschwerden, die in Beziehung zum SM Yin Keo stehen

Prostataentzündung

Nach der Behandlung der Punkte des SM Yin Keo, d. h. der Punkte N6 -, Lu7 - und B1 - können Sie, falls erforderlich, noch die folgenden Punkte stimulieren:

B54 -, KG2 -, KG3 -, KG4 -, B67 +, B64 + und B28 +.

B54: In der Mitte der Kniekehle.

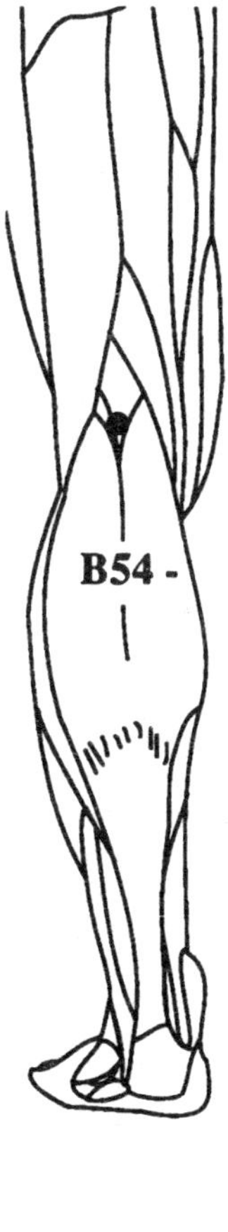

KG2: Auf der Mittellinie des Unterleibs, über dem Schambeinknochen.

KG3: Auf der Mittellinie des Unterleibs, 1 Fingerbreit über dem Schambein.

KG4: 1 Daumenbreit über KG3.

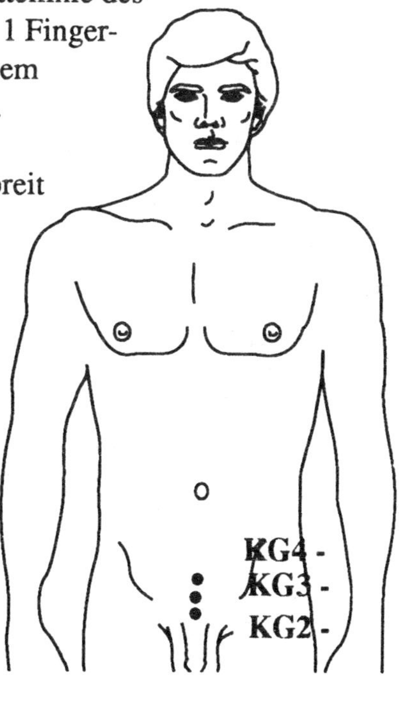

B67: Am äußeren Nagelbett der kleinen Zehe.

B64: An der Fußaußenkante, vor dem Gelenkhöcker des fünften Mittelfußknochens.

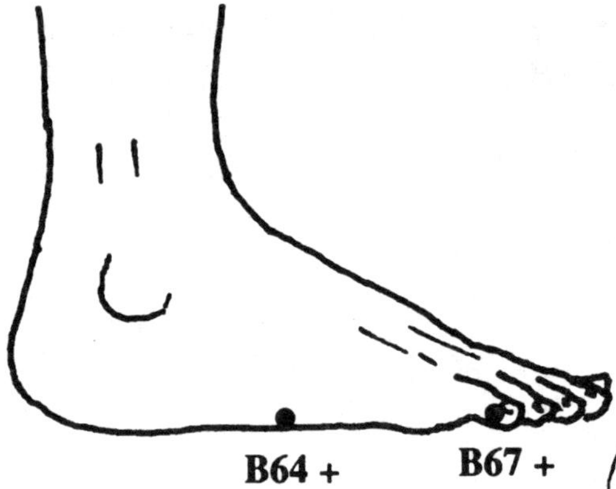

B28: 2 Fingerbreit neben der zweiten Sakralvertiefung.

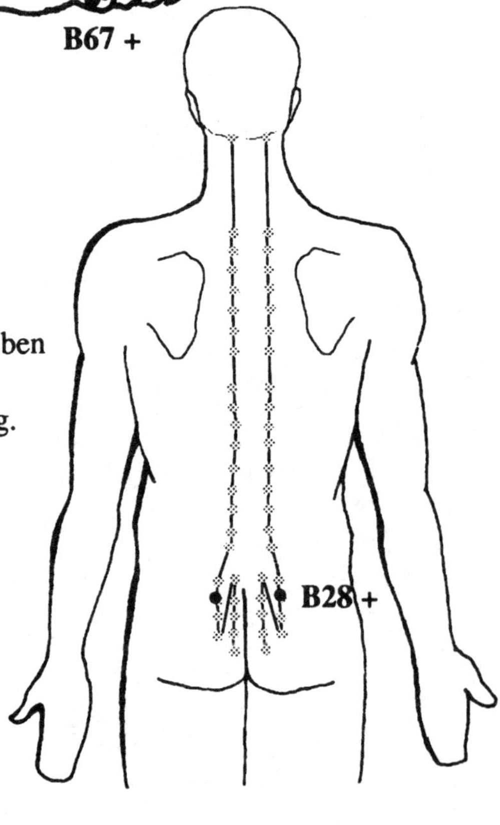

Beschwerden, die in Beziehung zum SM Yin Keo stehen

Prämenstruelles Syndrom

Nach der Behandlung der Punkte des SM Yin Keo, d. h. der Punkte N6 -, Lu7 - und B1 - können Sie, falls erforderlich, noch folgende Punkte stimulieren:

B60 -, KG3 -, MP6 - und MP10 -.

B60: Hinter dem äußeren Fußknöchel.

KG3: Auf der Mittellinie des Unterleibs, 1 Finger-breit über dem Schambein.

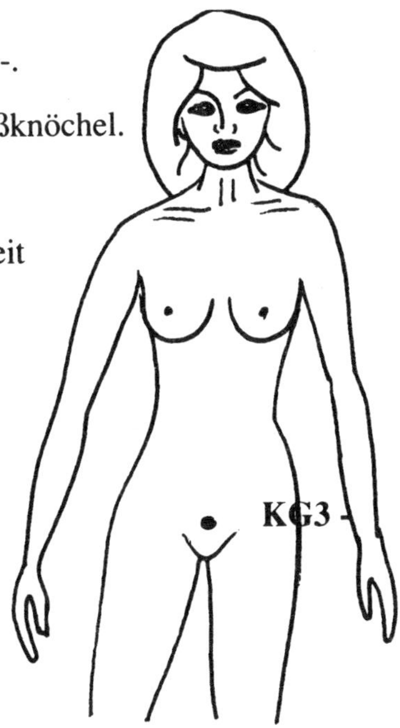

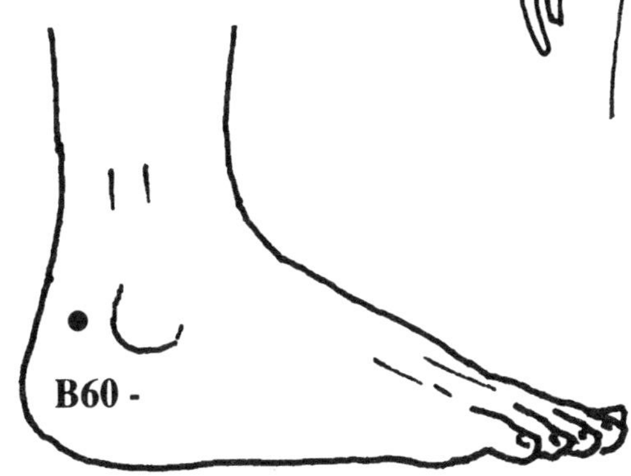

MP6: Auf der Innenseite des Beines, 4 Fingerbreit über dem inneren Fußknöchel, in einer Vertiefung hinter dem Schienbein.

MP10: Auf der Oberseite des Oberschenkels, etwas mehr auf der Innenseite, 4 Fingerbreit über dem Knie, in einer Vertiefung.

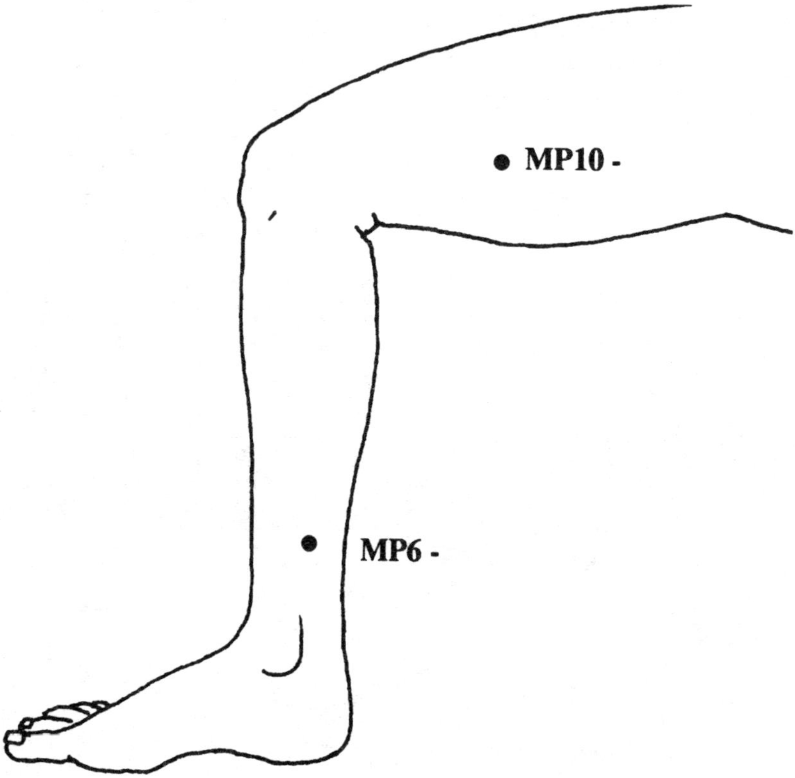

Beschwerden, die in Beziehung zum SM Yin Keo stehen

Schläfrigkeit

Nach der Behandlung der Punkte des SM Yin Keo, d. h. der Punkte N6 -, Lu7 - und B1 - können Sie, falls erforderlich, noch folgende Punkte stimulieren:

B62 +, Di4 +, Ma36 + und KG12 +.

B62: Unter dem äußeren Fußknöchel.

Di4: Im Winkel, den die beiden ersten Mittelhandknochen bilden, und zwar vor und an der Basis des zweiten Mittelhandknochens.

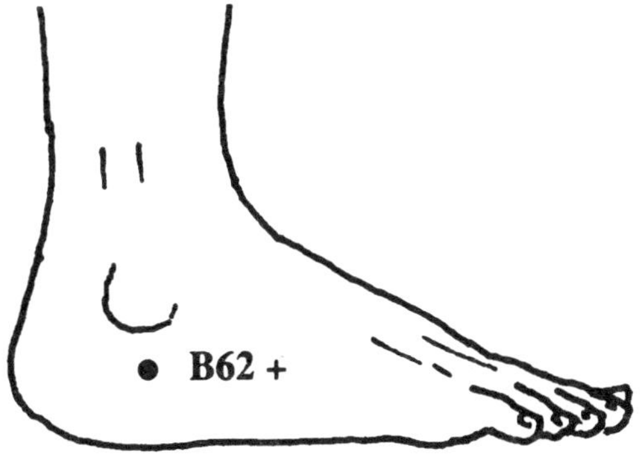

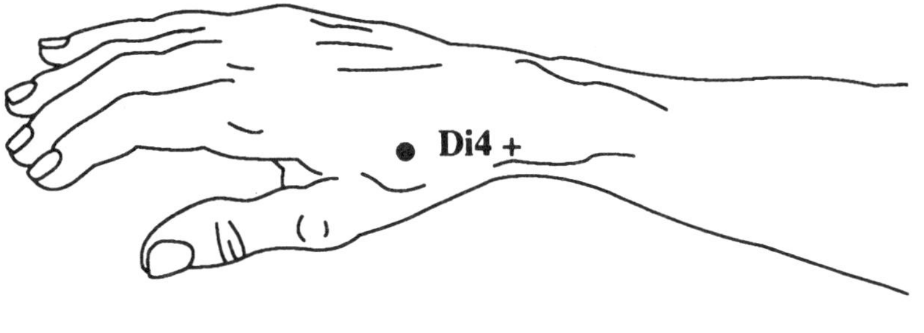

Ma36: 4 Fingerbreit unter dem Knie, zwischen dem vorderen Schienbeinmuskel und dem großen Streckmuskel.

KG12: In der Mitte zwischen Nabel und Schwertspitze des Brustbeins.

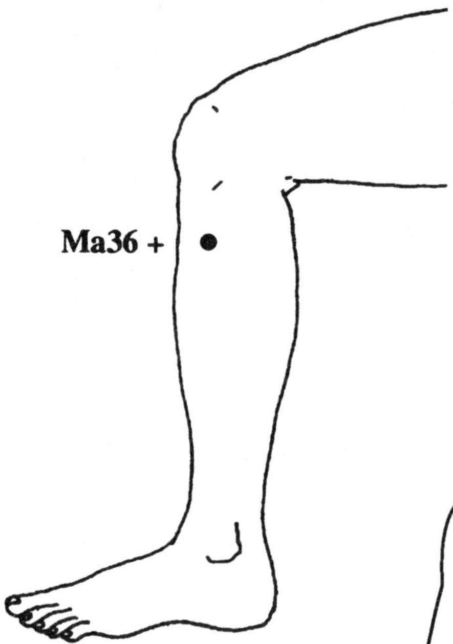

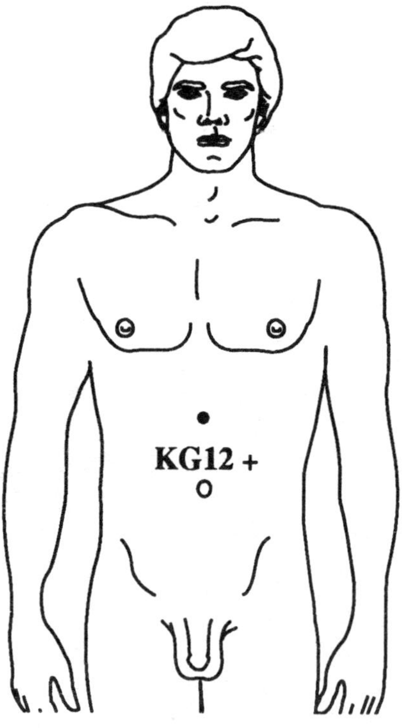

SM Yang Oe

Polarität:	Yang.
Beschreibung:	Das Yang fordert Unterstützung. Das Yang entspricht dem Äußeren und dem, was uns in die Lage versetzt, mit dem Äußeren in Verbindung zu stehen (die Gelenke, die Ohren und die Haut).
Krankheitsanzeichen:	Gelenkschmerzen, besonders im Handgelenk (infolge von Wetterumschwung). Ohrenenzündung. Plötzlich auftretendes Ohrensausen. Plötzliche Taubheit. Hautkrankheiten. Hautallergien. Steifheit im Nacken und in den Trapezmuskeln.
Behandlung:	Sedieren Sie die Punkte 3E5 und G41; Tonisieren Sie den Punkt B63; Sedieren Sie den Punkt LG14.
Schlüsselpunkt:	3E5
Partnerpunkt:	G41
Anfangspunkt:	B63
Endpunkt:	LG14

Lage der Punkte

3E5: Auf der Oberseite des Unterarms, 2 Fingerbreit über der Beugefalte des Handgelenks.

G41: An der Spitze des Winkels, den die beiden letzten Mittelfußknochen in gespreiztem Zustand bilden.

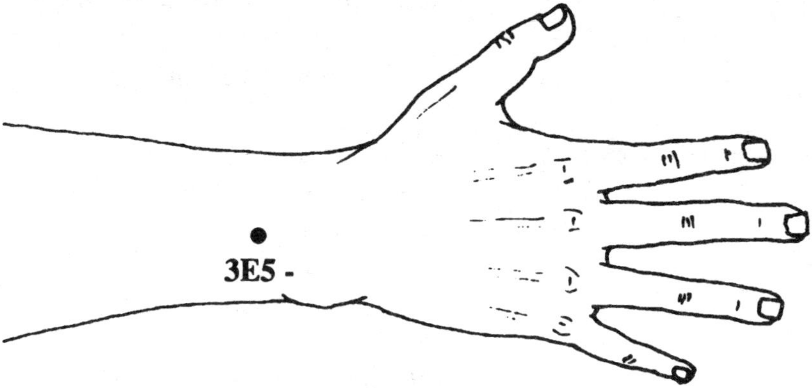

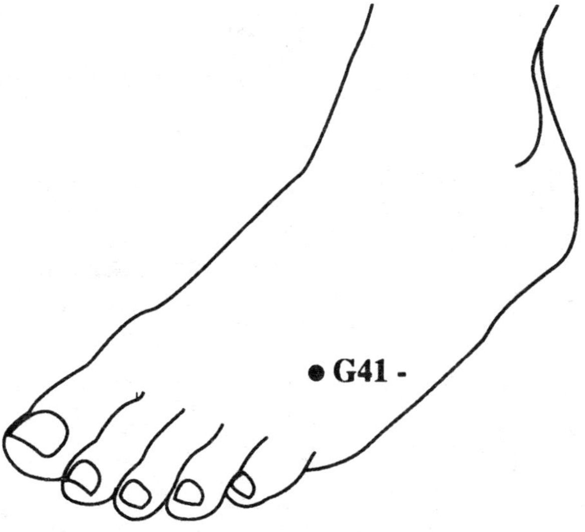

B63: 3 Fingerbreit vor und unter dem äußeren Fußknöchel, in einer Vertiefung.

LG14: Am Rücken, zwischen dem letzten Halswirbel und dem ersten Rückenwirbel.

Hinweis: Zur Unterscheidung von Hals- und Rückenwirbeln genügt es, den Kopf zur Seite zu drehen; die Halswirbel sind beweglich, im Gegensatz zu den Rückenwirbeln, die von den Rippen gehalten werden. Der Punkt LG14 befindet sich also zwischen den Halswirbeln, die sich drehen, und den Rückenwirbeln, die sich fast nicht drehen. Außerdem findet sich an dieser Stelle oft der sogenannte "Bisonhöcker", der sich als hervorragender Orientierungspunkt erwiesen hat.

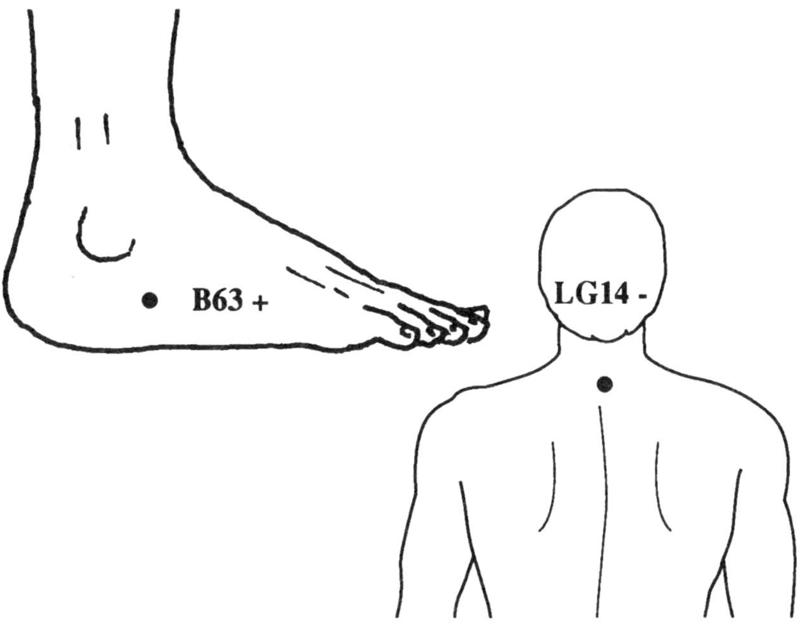

Beschwerden, die in Beziehung zum SM Yang Oe stehen

Ohrenentzündung

Nach der Behandlung der Punkte des SM Yang Oe, d. h. der Punkte 3E5 -, G41 -, B63 + und LG14 - können Sie, falls erforderlich, noch folgende Punkte stimulieren:

3E17 -, 3E18-, 3E19 - und 3E20 -.

Empfohlene ätherische Öle: Eukalyptus, Niaouli. *Synergie-7: RES.* Als Einreibung rund um das Ohr herum.

3E17
3E18
3E19
3E20: Alle in den kleinen Vertiefungen, die den hinteren Teil des Ohres umgeben.

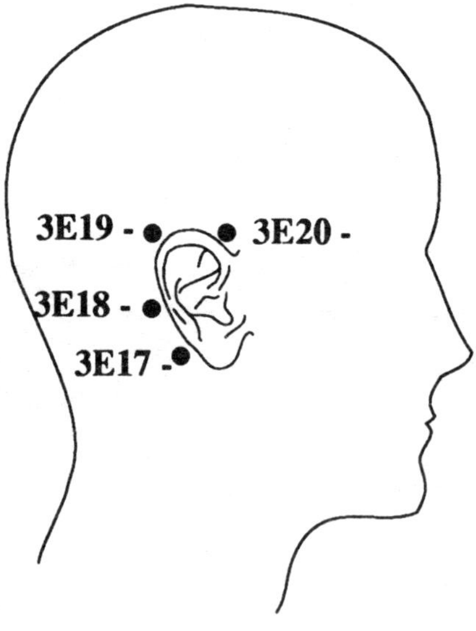

Beschwerden, die in Beziehung zum SM Yang Oe stehen

Ohrensausen

Nach der Behandlung der Punkte des SM Yang Oe, d. h. der Punkte 3E5 -, G41 -, B63 + und LG14 - können Sie, falls erforderlich, noch folgende Punkte stimulieren:

B62 -, MH7 - (bei Bluthochdruck), MH9 + (bei niedrigem Blutdruck), B15 -, B23 +, Dü17 -, Dü5 - und Dü6 -.

B62: Unter dem äußeren Fußknöchel.

MH7: In der Mitte der Handgelenksfalte auf der Handinnenseite.

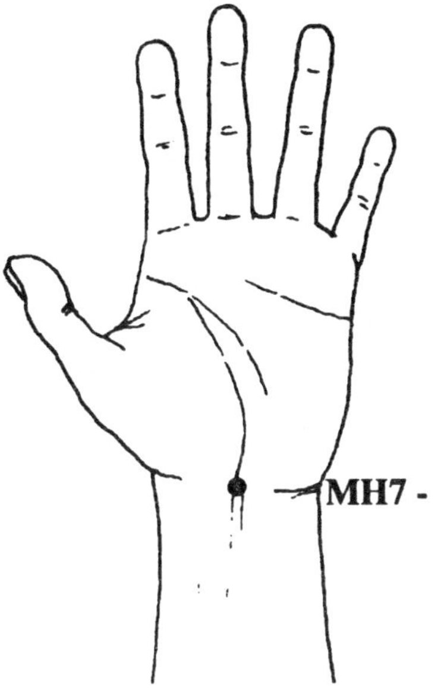

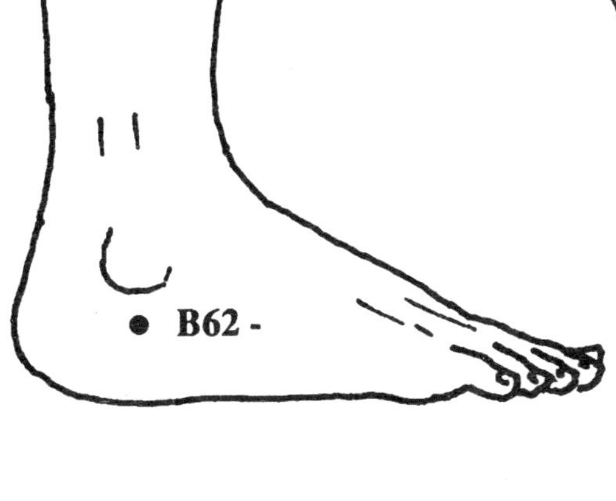

MH9: Am Nagelbett des Mittelfingers, auf der Seite des Zeigefingers.

B15: Im Bereich des fünften und sechsten Rückenwirbels.

B23: Im Bereich des zweiten und dritten Lendenwirbels.

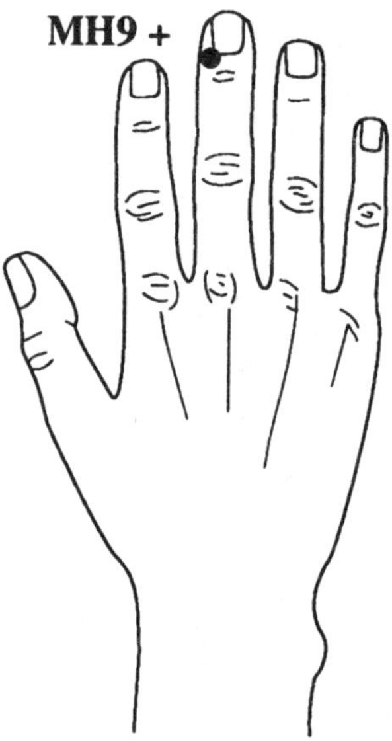

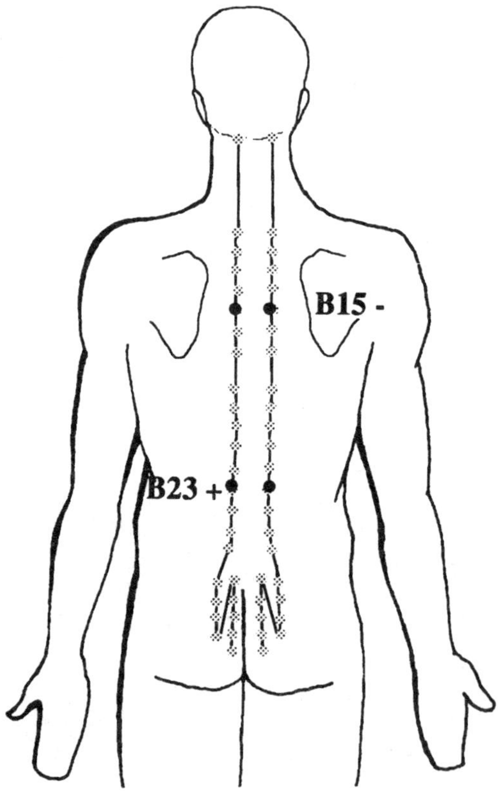

Dü17: Seitlich am Hals, hinter dem unteren Winkel des Kiefers vor dem Kopfwender.

Dü5: In der Vertiefung unmittelbar unter Dü4, auf der gegenüberliegenden Seite des Gelenks.

Dü6: Auf der Innenkante der Elle, an ihrem unteren Ende.

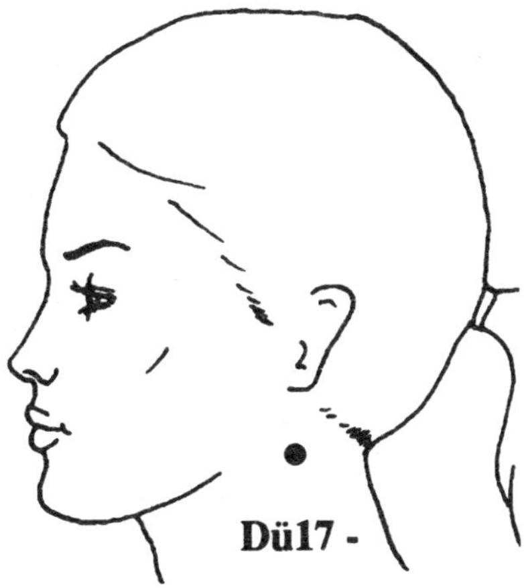

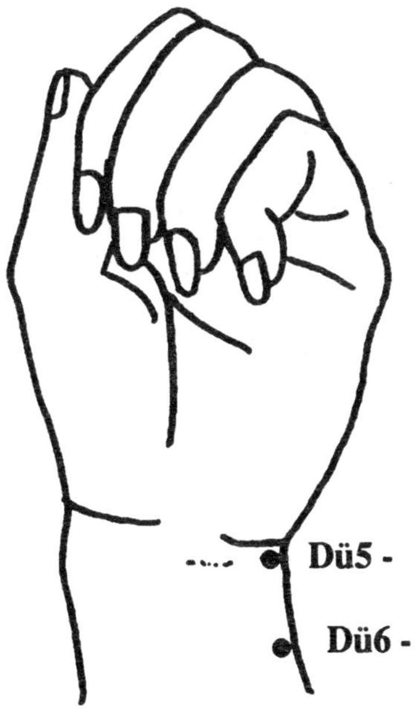

Beschwerden, die in Beziehung zum SM Yang Oe stehen

Schmerzen in der Schulter
über dem Trapezmuskel

Nach der Behandlung der Punkte des SM Yang Oe, d. h. der Punkte 3E5 -, G41 -, B63 + und LG14 - können Sie, falls erforderlich, noch folgende Punkte stimulieren:

Ma37 + auf der dem Schmerz gegenüberliegenden Seite und 3E1 + auf beiden Seiten; sedieren Sie anschließend alle schmerzhaften Punkte im Bereich der Schulter.

Ma37: Etwas oberhalb der Mitte des Beines, 4 Fingerbreit unter Ma36.

3E1: Am Nagelbett des Ringfingers, auf der Seite des kleinen Fingers.

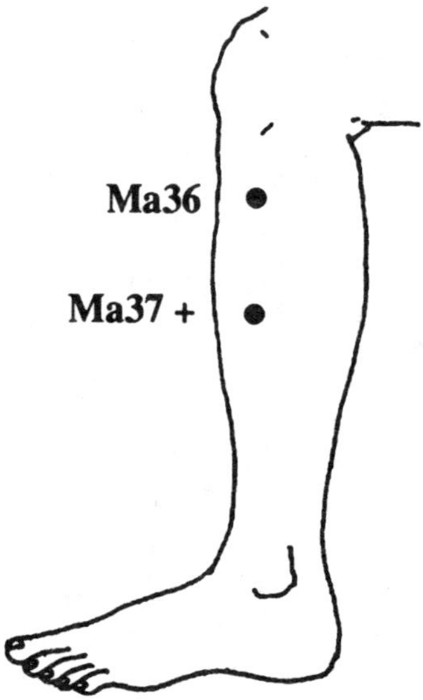

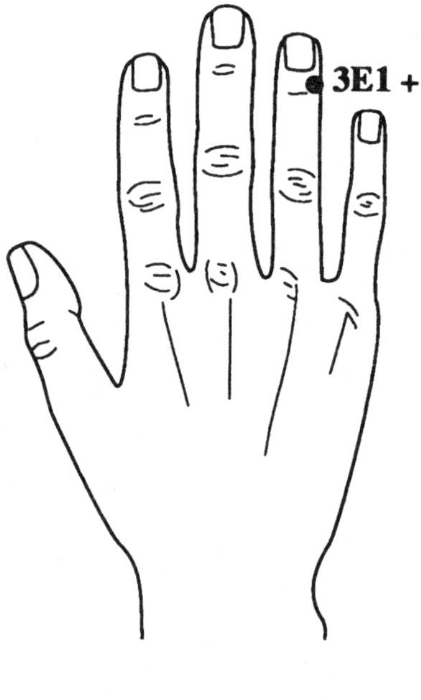

Beschwerden, die in Beziehung zum SM Yang Oe stehen

Arthrose im Nacken

Nach der Behandlung der Punkte des SM Yang Oe, d. h. der Punkte 3E5 -, G41 -, B63 + und LG14 - können Sie, falls erforderlich, noch folgende Punkte stimulieren:

LG16 -, B10 -, B11 -, B12 - und G20 -.
Oder das Lenkergefäß (Seite 296).

LG16: Auf der Mittellinie der Rückseite des Körpers, im Nacken, unmittelbar unter dem Hinterhaupt.

B10: Im Nacken, unter den Hinterhauptshöckern.

B11: Im Bereich des ersten Rückenwirbels.

B12: Im Bereich des zweiten und dritten Rückenwirbels.

G20: Im Nacken, unter den Hinterhauptshöckern.

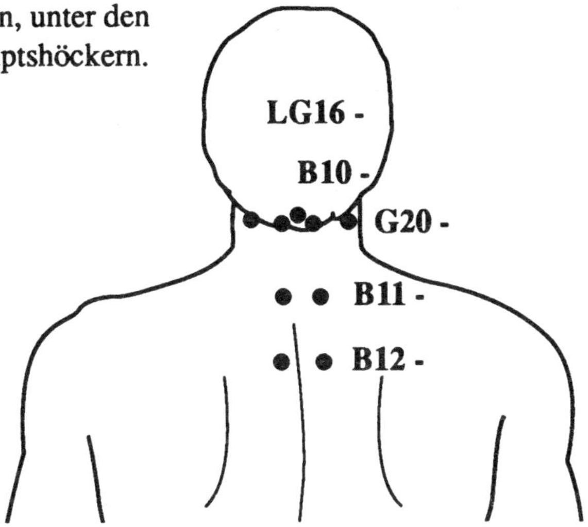

Beschwerden, die in Beziehung zum SM Yang Oe stehen

Schmerzen im Handgelenk auf der Oberseite

Nach der Behandlung der Punkte des SM Yang Oe, d. h. der Punkte 3E5 -, G41 -, B63 + und LG14 - können Sie, falls erforderlich, noch folgende Punkte stimulieren:

3E1 + und 3E4 -.

3E1: Am Nagelbett des Ringfingers, auf der Seite des kleinen Fingers.

3E4: Auf der Oberseite der Handgelenksfalte.

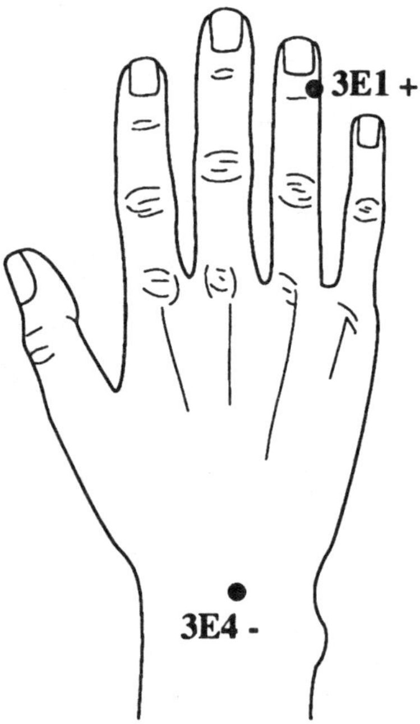

SM Yin Oe

Polarität:	Yin.
Beschreibung:	Das Yin fordert Hilfe. Das Yin entspricht dem Inneren, den Gefühlen, dem Herzen, der Sexualität und der Ruhe. Der Patient ist in Folge von Ärger in Erregung.
Krankheitsanzeichen:	Introvertiertheit. Nervös bedingte Schmerzen in der Herzgegend. Yin-Schlaflosigkeit. Verlust des Wörtergedächtnisses. Sexualstörungen. Krämpfe.
Behandlung:	Sedieren Sie die Punkte MH6 und MP4: Tonisieren Sie den Punkt N9; Sedieren Sie den Punkt KG23.

Schlüsselpunkt:	MH6
Partnerpunkt:	MP4
Anfangspunkt:	N9
Endpunkt:	KG23

Lage der Punkte

MH6: Auf der Innenseite des Unterarms, 3 Fingerbreit über der Handgelenksfalte, zwischen den beiden Sehnen.

MP4: An der Fußinnenkante auf halber Höhe, d. h. am Übergang zwischen der Haut des Fußrückens und der Haut der Fußsohle.

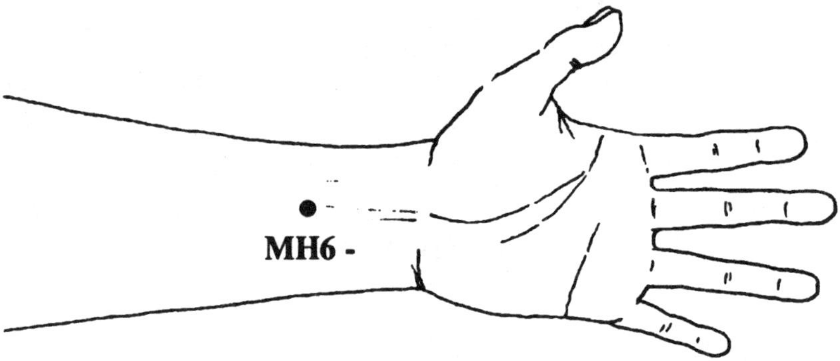

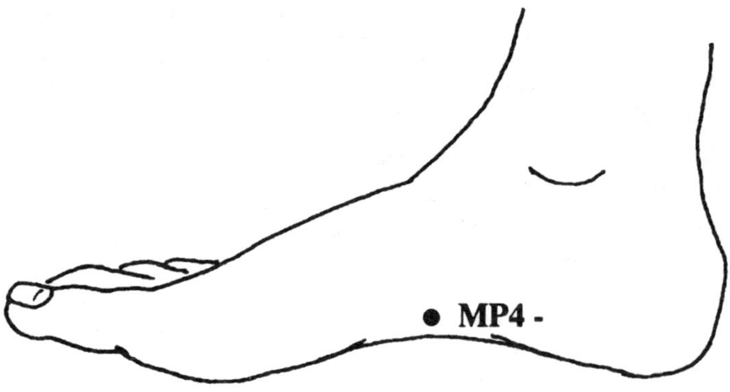

N9: Auf der Innenseite des Beines, 7 Fingerbreit über dem inneren Fußknöchel, unter der Muskelpartie der Wade, in einer Vertiefung etwas hinter dem Schienbein.

KG23: Genau auf der Mittellinie über dem Adamsapfel.

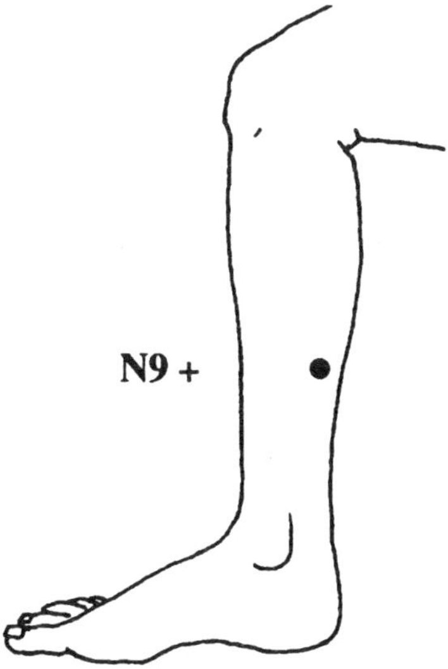

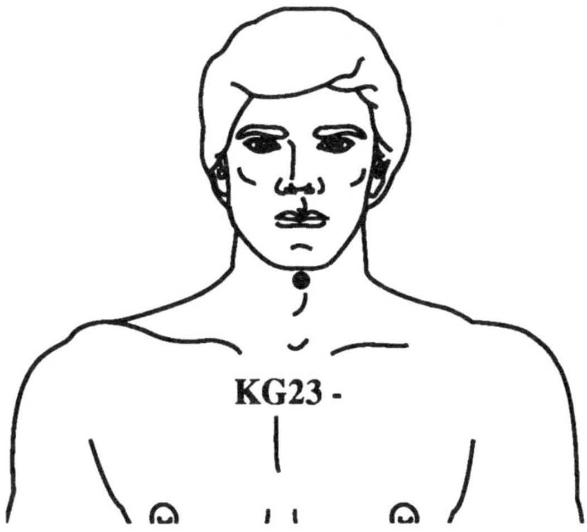

Beschwerden, die in Beziehung zum SM Yin Oe stehen

Schmerzen in der Herzgegend

Nach der Behandlung der Punkte des SM Yin Oe, d. h. der Punkte MH6 -, MP4 -, N9 + und KG23 - können Sie, falls erforderlich, noch folgende Punkte stimulieren:

MP21 -, MH9 +, MP1 +, N3 - und Le3 -.

Empfohlenes Heilkraut: Angelikawurz.

MP21: Seitlich am Brustkorb, im sechsten Rippenzwischenraum, d. h. in der Mitte.

MH9: Am Nagelbett des Mittelfingers, auf der Seite des Zeigefingers.

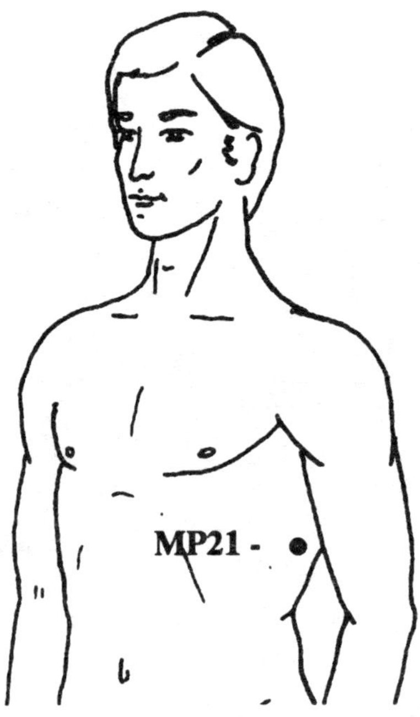

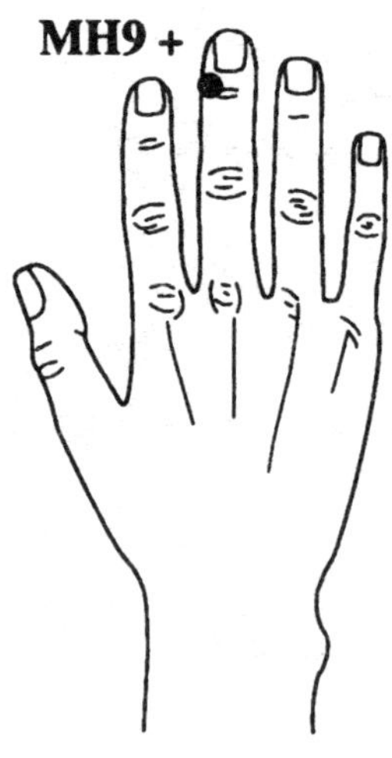

MP1: Am inneren Nagelbett der großen Zehe.

N3: Unmittelbar hinter dem inneren Fußknöchel.

Le3: An der Spitze des Winkels, den die beiden ersten Mittelfußknochen in gespreiztem Zustand bilden.

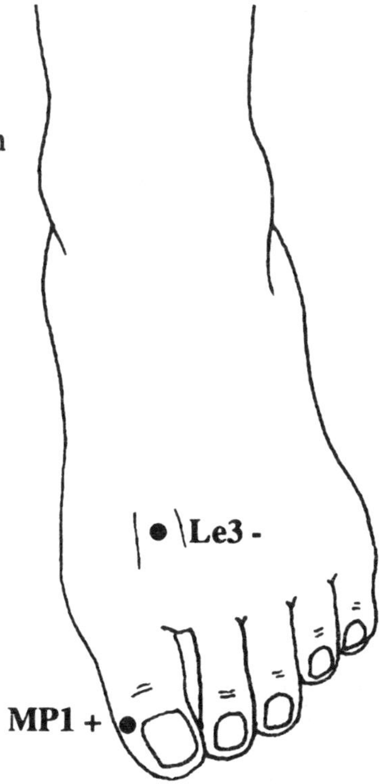

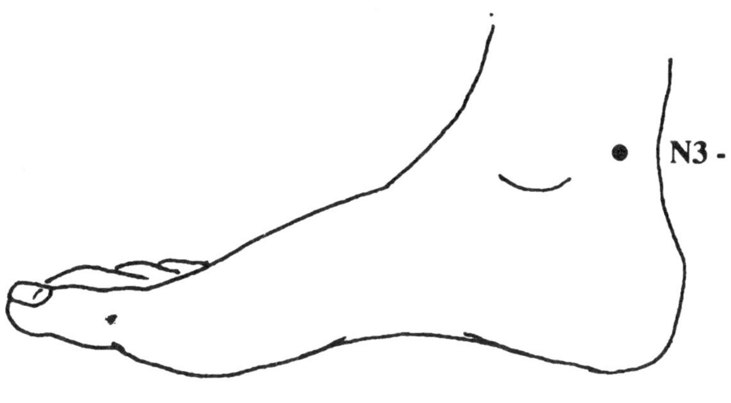

Beschwerden, die in Beziehung zum SM Yin Oe stehen

Gedächtnisschwäche

Nach der Behandlung der Punkte des SM Yin Oe, d. h. der Punkte MH6 -, MP4 -, N9 + und KG23 - können Sie, falls erforderlich, noch folgende Punkte stimulieren:

LG19 +, LG20 +, MP2 +, Ma41 +, H3 +, Dü3 + und MH9 +.

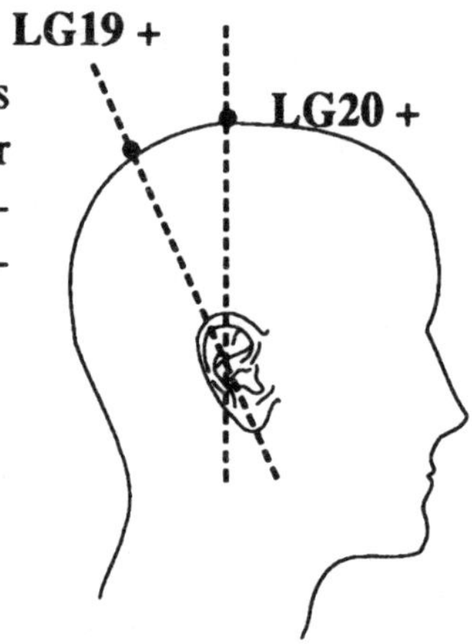

LG19: Am Scheitelpunkt des Schädels, im Bereich der Knochennaht des Scheitelbeins und des Hinterhauptbeins.

LG20: Am Scheitelpunkt des Schädels, auf einer gedachten Verbindungslinie zwischen den obersten Punkten beider Ohren.

MP2: An der Fußinnenkante, unmittelbar vor dem Gelenkhöcker der großen Zehe.

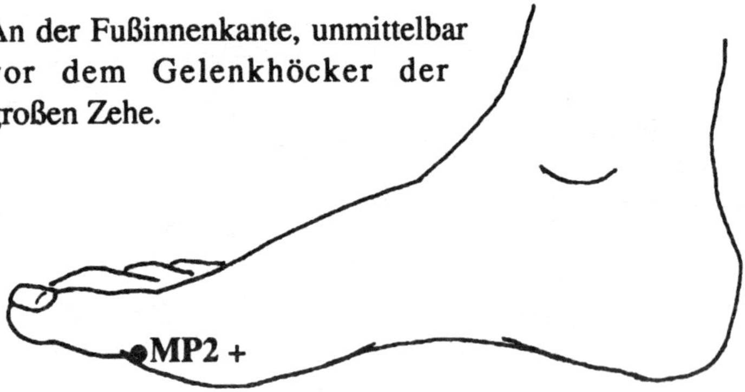

Ma41: Mitten auf dem Fußrist, in einer Vertiefung zwischen den Sehnen.

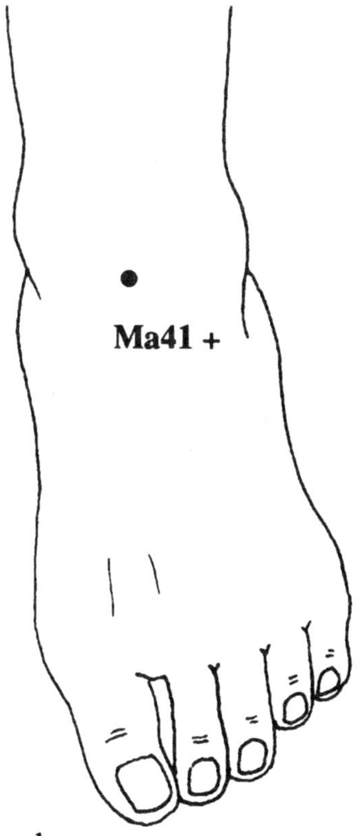

H3: Auf der inneren Beugefalte des Ellbogens, im Bereich des Gelenks der beiden Armknochen.

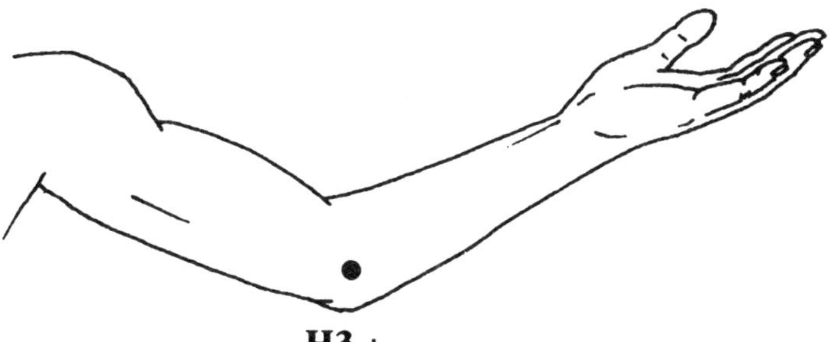

Dü3: Unmittelbar hinter dem Grundgelenk des kleinen Fingers.

MH9: Am Nagelbett des Mittelfingers, auf der Seite des Zeigefingers.

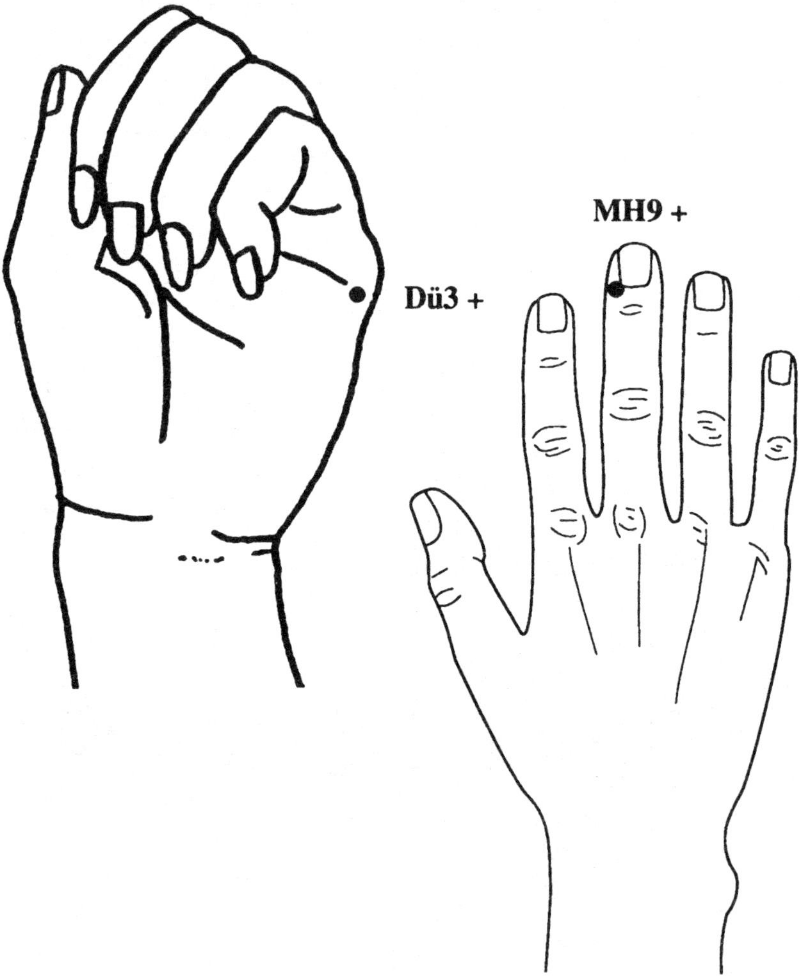

Beschwerden, die in Beziehung zum SM Yin Oe stehen

Sexualschwäche

Nach der Behandlung der Punkte des SM Yin Oe, d. h. der Punkte MH6 -, MP4 -, N9 + und KG23 - können Sie, falls erforderlich, noch folgende Punkte stimulieren:

KG5 +, KG6 +, MH8 +, N7 +, N10 +, B23 +, LG4 + und Le8 +.

Empfohlenes Heilkraut: Ginseng.

KG5: 1 Daumenbreit über KG4.

KG6: 2 Fingerbreit unter dem Nabel.

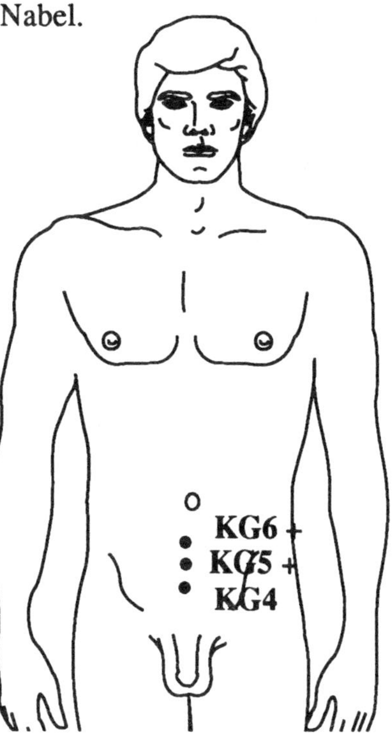

MH8: Mitten auf der Handfläche, auf der Querfalte auf der Linie des Herzens.

N7: 2 Fingerbreit über dem inneren Fußknöchel, vor der Achillessehne.

N10: An der Beugefalte des Knies.

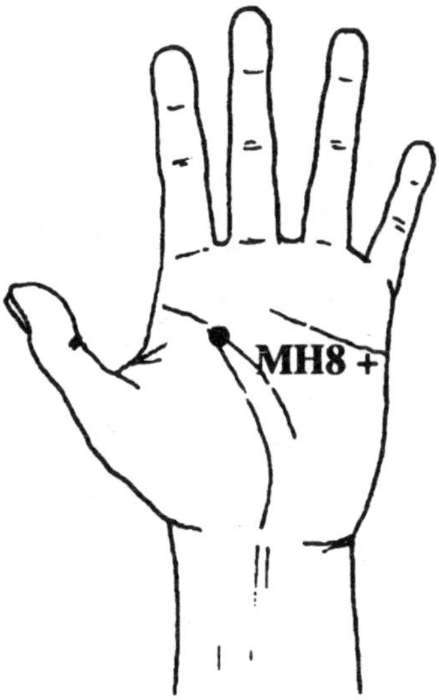

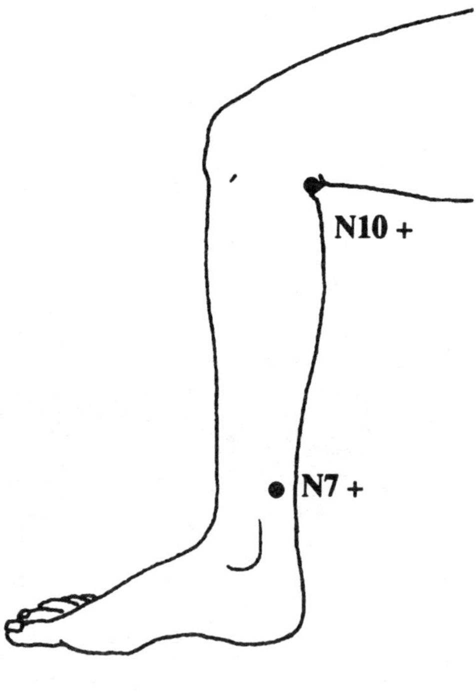

B23: Im Bereich des zweiten und dritten Lendenwirbels.

LG4: In der Vertiefung der Nieren, zwischen dem zweiten und dritten Lendenwirbel.

Le8: Auf der inneren Kniebeugefalte, am Gelenk.

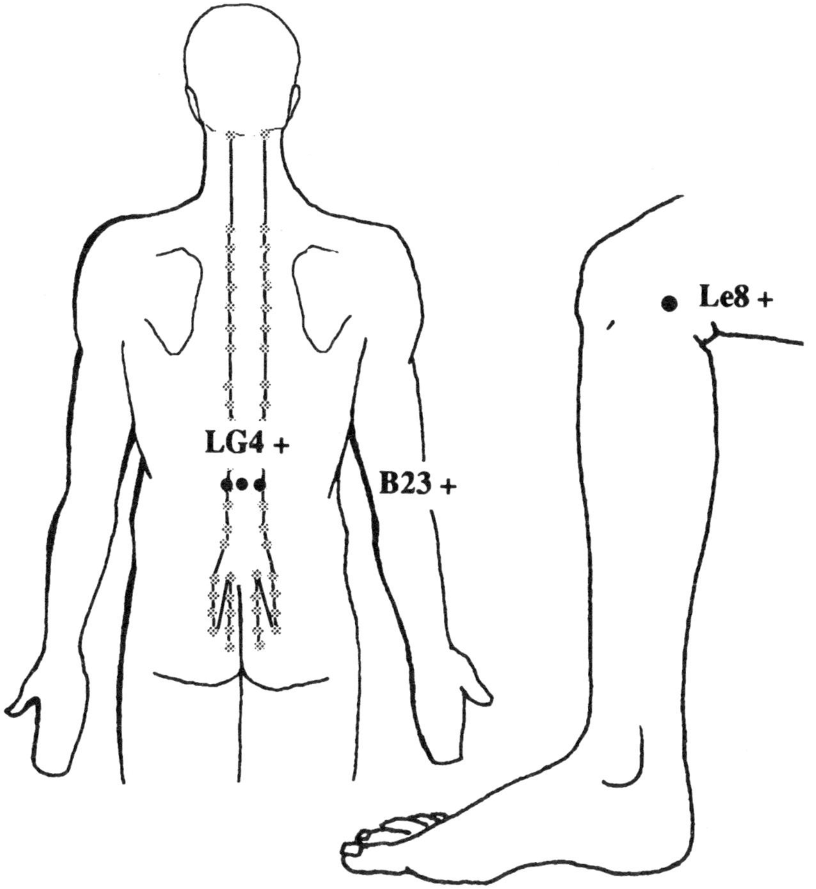

Beschwerden, die in Beziehung zum SM Yin Oe stehen

Gefäßverengung
Raynaud-Syndrom

Nach der Behandlung der Punkte des SM Yin Oe, d. h. der Punkte MH6 -, MP4 -, N9 + und KG23 - können Sie, falls erforderlich, noch folgende Punkte stimulieren:

H3 -, Ma32 -, Lu9 +, MH9 + und Le3 -.

Empfohlenes Heilkraut: Gingko-Biloba.

H3: Auf der inneren Beugefalte des Ellbogens, im Bereich des Gelenks der beiden Armknochen.

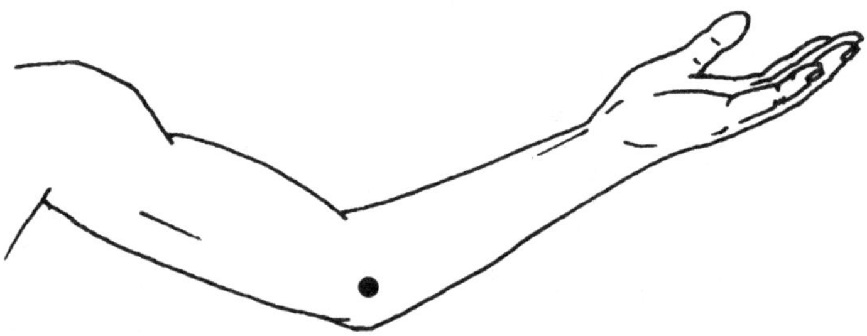

H3 -

Ma32: In der Mitte der Oberseite des Oberschenkels.

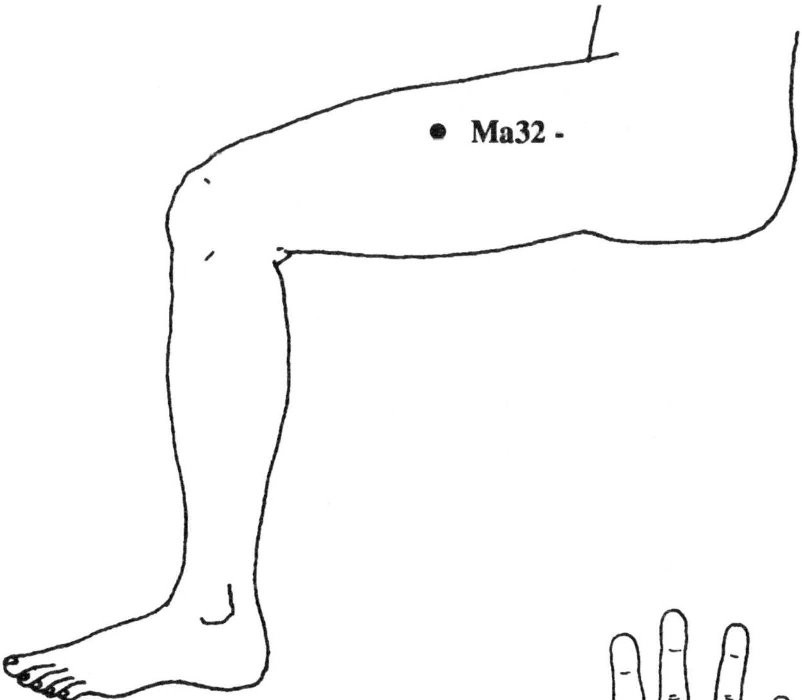

Lu9: In der Speichenfurche, auf der Handgelenksfalte, d. h. vor dem Griffelfortsatz der Speiche.

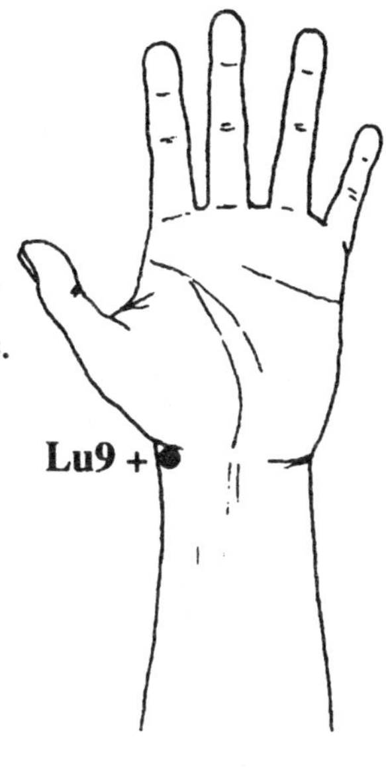

MH9: Am Nagelbett des Mittelfingers, auf der Seite des Zeigefingers.

Le3: An der Spitze des Winkels, den die beiden ersten Mittelfußknochen in gespreiztem Zustand bilden.

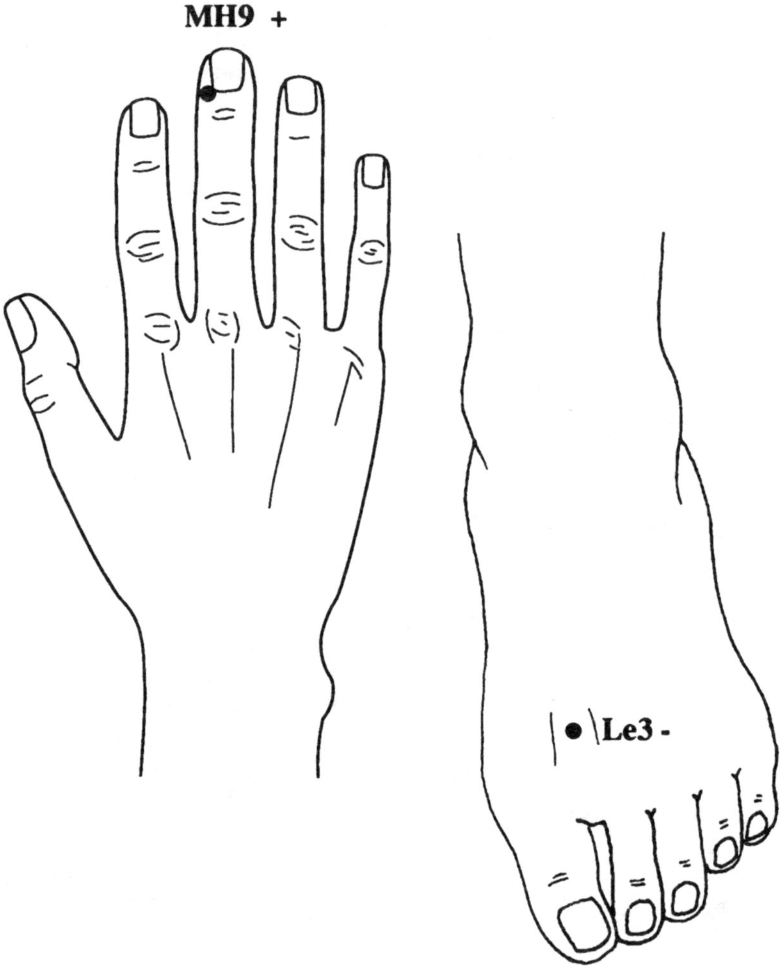

Beschwerden, die in Beziehung zum SM Yin Oe stehen

Krämpfe im Unterleib infolge von Ärger

Nach der Behandlung der Punkte des SM Yin Oe, d. h. der Punkte MH6 -, MP4 -, N9 + und KG23 - können Sie, falls erforderlich, noch folgende Punkte stimulieren:

MP9 -, Ma36 - und Le3 -.

MP9: Unter dem Knie auf der Innenseite, an der Abwinkelstelle der Knochen von Schienbein und Knie.

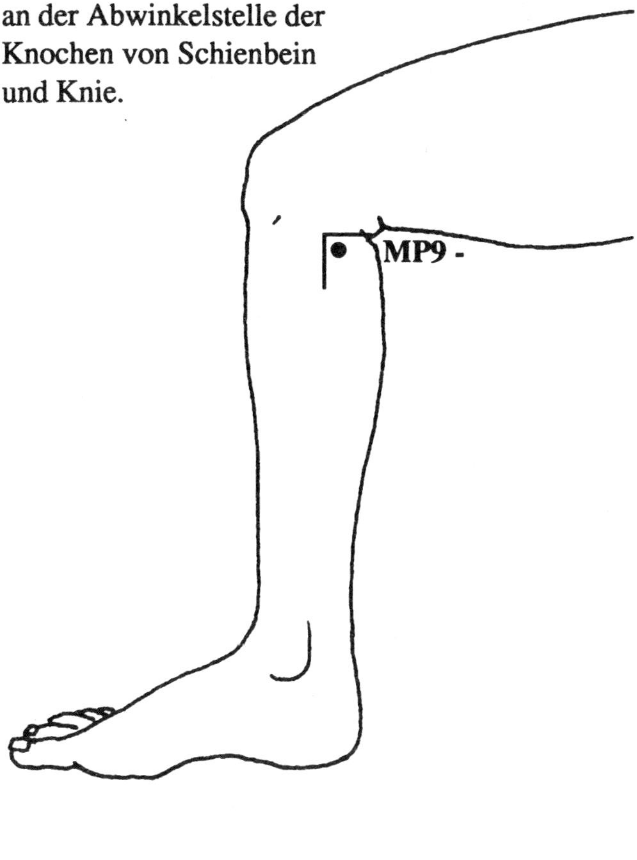

Ma36: 4 Fingerbreit unter dem Knie, zwischen dem vorderen Schienbeinmuskel und dem großen Streckmuskel.

Le3: An der Spitze des Winkels, den die beiden ersten Mittelfußknochen in gespreiztem Zustand bilden.

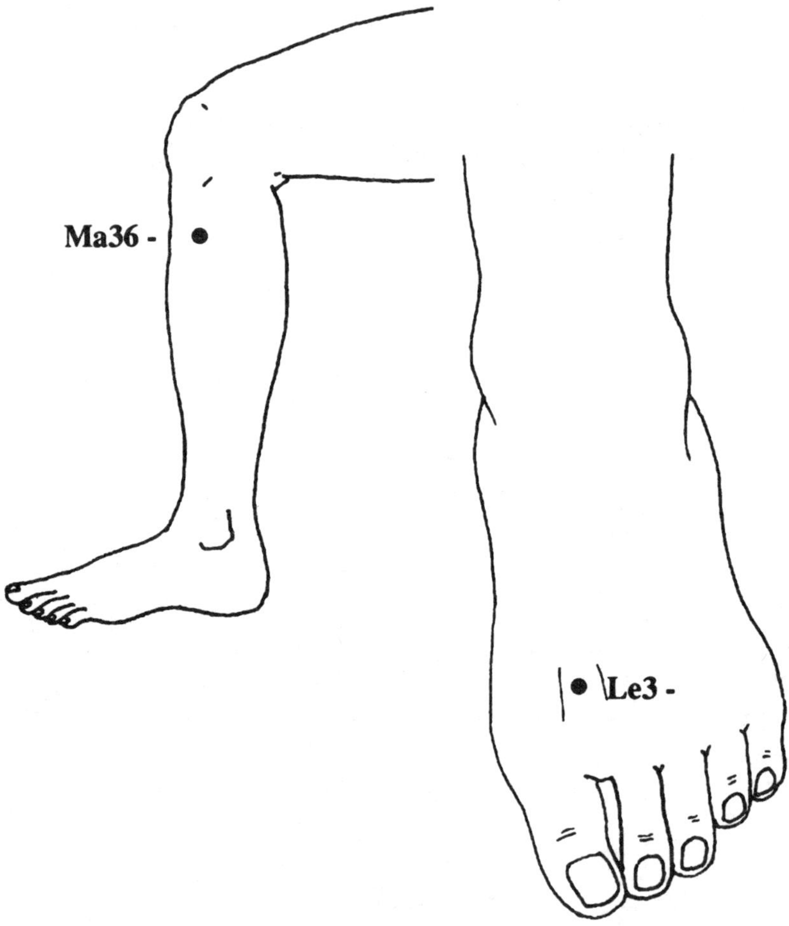

Beschwerden, die in Beziehung zum SM Yin Oe stehen

Yin-Schlaflosigkeit
bei introvertierten Patienten mit innerer Nervosität

Nach der Behandlung der Punkte des SM Yin Oe, d. h. der Punkte MH6 -, MP4 -, N9 + und KG23 - können Sie, falls erforderlich, noch folgende Punkte stimulieren:

Lu9 - (bei blasser Gesichtsfarbe) oder Lu9 + (bei frischer Gesichtsfarbe), Le3 -, Le 14 -, G40 - und MH7 -.

Lu9: In der Speichenfurche, auf der Handgelenksfalte, d. h. vor dem Griffelfortsatz der Speiche.

Le3: An der Spitze des Winkels, den die beiden ersten Mittelfußknochen in gespreiztem Zustand bilden.

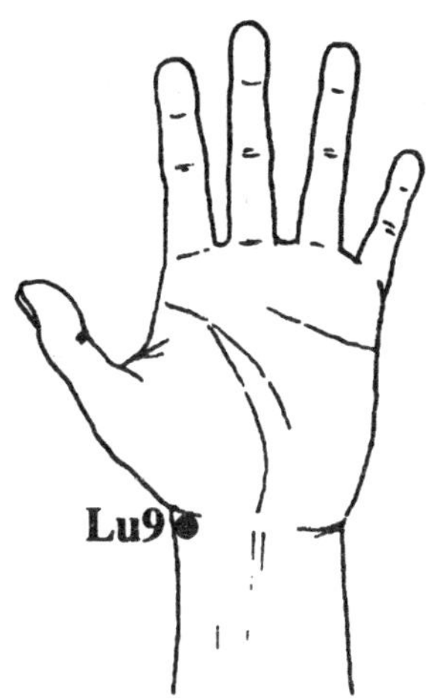

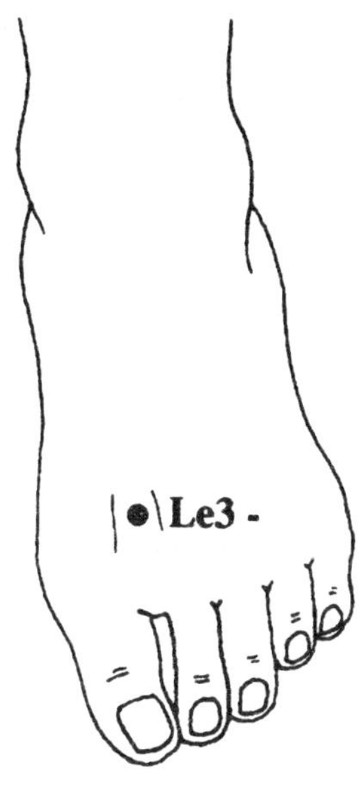

Le14: Zwischen der sechsten und siebten Rippe, auf einer Linie mit der Brustwarze.

G40: Auf dem Fußrist, in einer Vertiefung vor dem äußeren Fußknöchel.

MH7: In der Mitte der Beugefalte des Handgelenks auf der Innenseite.

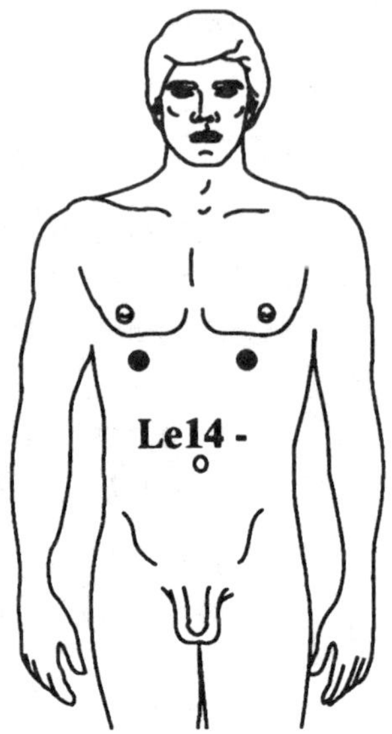

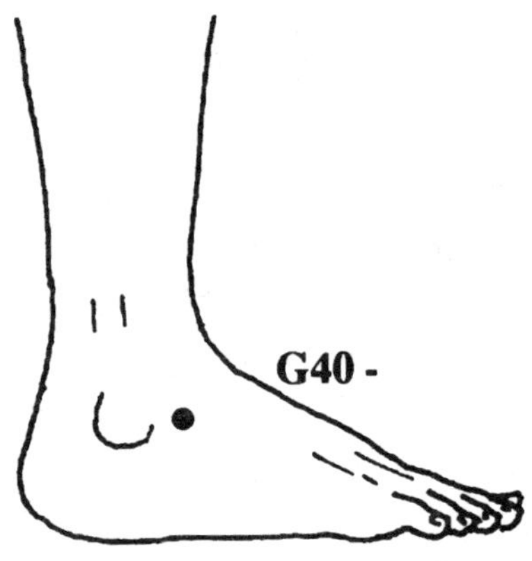

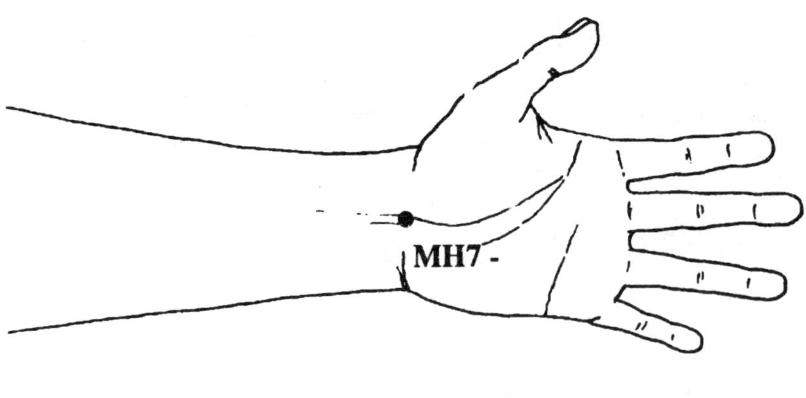

SM Tae Mo

Polarität: Yang.

Beschreibung: Dieser Sondermeridian ist der am meisten eingesetzte, denn er steht in Beziehung zur Gallenblase und zur Leber. Es ist ein Sondermeridian, der sich auf der Gürtellinie befindet. Eine Blockade dieses SM kann ein Ungleichgewicht zwischen Ober- und Unterkörper bewirken. Es resultiert daraus oft ein behinderter Blutkreislauf in den Beinen, wodurch Zellulitis, und insbesondere Fettpolster an Oberschenkel und Gesäß begünstigt werden. Dies kann zu Ameisenlaufen in den Beinen führen. Man beachte auch einige seltene Fälle von Lähmungserscheinungen in den Beinen infolge einer Blockade dieses Sondermeridians. Der Autor hat selbst sechs Fälle dieser Scheinlähmungen innerhalb weniger Minuten entblockiert, wobei es sich einmal um einen deutschen Schäferhund handelte.

Krankheitsanzeichen: Lendenschmerz im Bereich der Gürtellinie.
Schwere Beine.
Schmerzen in der Hüfte.
Schmerzen im Knie, an der Außenseite des Beines und in der Schulter.
Frauenleiden.

	Frauenleiden.
	Blähungen.
	Verstopfung.
	Ameisenlaufen in den Beinen.
Behandlung:	Sedieren Sie die Punkte G41 und 3E5; Tonisieren Sie den Punkt G26; Sedieren Sie die Punkte G27 und G28.

Schlüsselpunkt:	G41
Partnerpunkt:	3E5
Anfangspunkt:	G26
Übergangspunkt:	G27
Endpunkt:	G28

Lage der Punkte

G41: An der Spitze des Winkels, den die beiden ersten Mittelfußknochen in gespreiztem Zustand bilden.

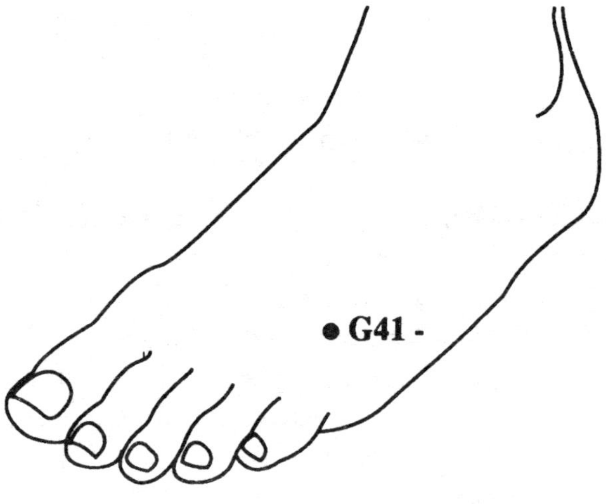

3E5: Auf der Oberseite des Unterarms, 2 Fingerbreit über der Beugefalte des Handgelenks.

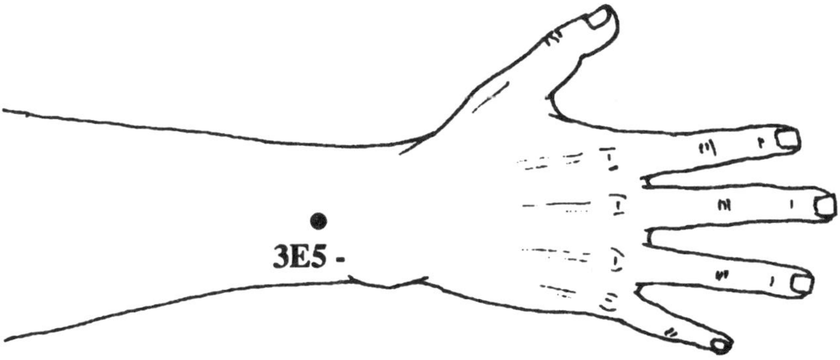

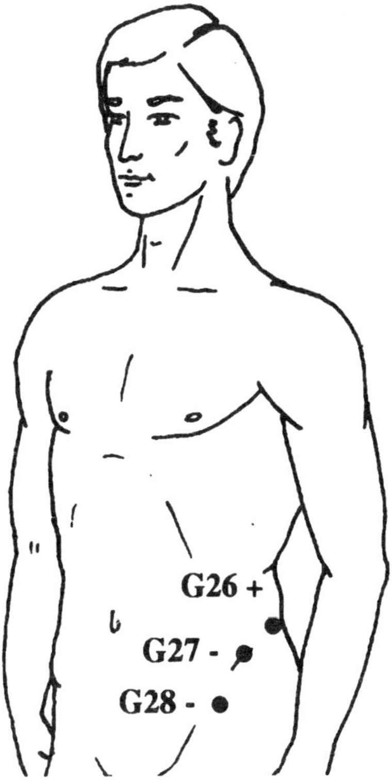

G26: An den Bauchseiten, in Nabelhöhe, zwischen der Basis der Rippen und dem Darmbeinkamm der Hüfte.

G27: Über dem Dorn des Darmbeines auf der Vorderseite oben (Hüftknochen).

G28: Unter dem Dorn des Darmbeines auf der Vorderseite oben (Hüftknochen).

Beschwerden, die in Beziehung zum SM Tae Mo stehen.

Lendenschmerzen im Bereich der Gürtellinie

Nach der Behandlung der Punkte des SM Tae Mo, d. h. der Punkte G41 -, 3E5 -, G26 +, G27 - und G28 - können Sie, falls erforderlich, noch folgende Punkte stimulieren:

B54 -, B60 - und B67 -.

B54: In der Mitte der Kniekehle.

B60: Hinter dem äußeren Fußknöchel.

B67: Am äußeren Nagelbett der kleinen Zehe.

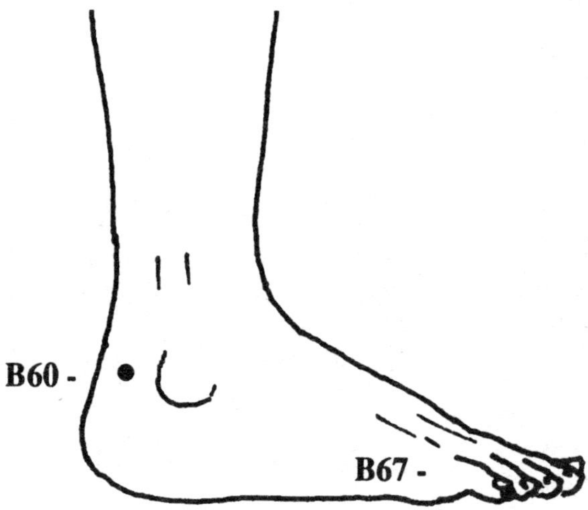

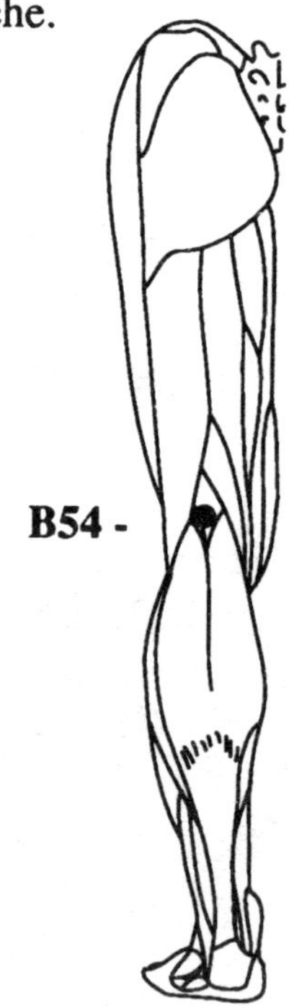

Beschwerden, die in Beziehung zum SM Tae Mo stehen

Schmerzen in der Hüfte

Nach der Behandlung der Punkte des SM Tae Mo, d. h. der Punkte G41 -, 3E5 -, G26 + und G28 - können Sie, falls erforderlich, noch folgende Punkte stimulieren:

Nicht schmerzhafte Seite: G44 +, G43 +, Le1 + und Le8 +
Schmerzhafte Seite: Le5 -, G30 -, G1 -
dann LG20 -.

G44: Am äußeren Nagelbett der vierten Zehe.

G43: Im letzten Zehenzwischenraum.

Le1: Am äußeren Nagelbett der großen Zehe.

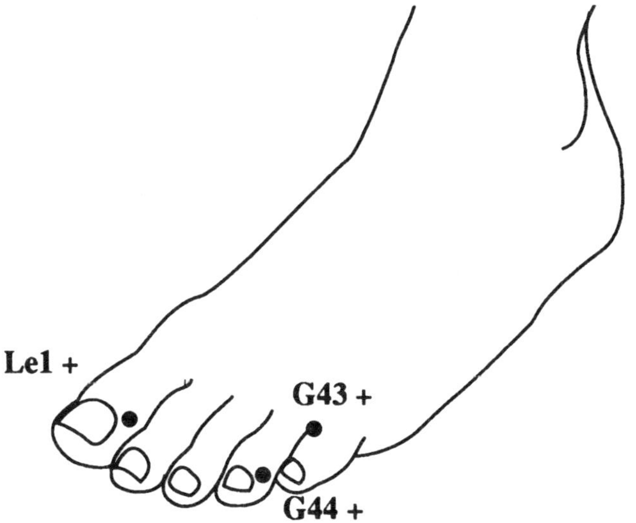

Le8: Auf der inneren Beugefalte des Knies, am Gelenk.

Le5: In einer kleinen Vertiefung auf der Innenseite des Schienbeins, 5 Fingerbreit über dem inneren Fußknöchel.

G30: Hinter dem großen Trochanter, also dem großen Höckerknochen, den man im Gesäß spürt, besonders bei Drehbewegungen der unteren Gliedmaßen.

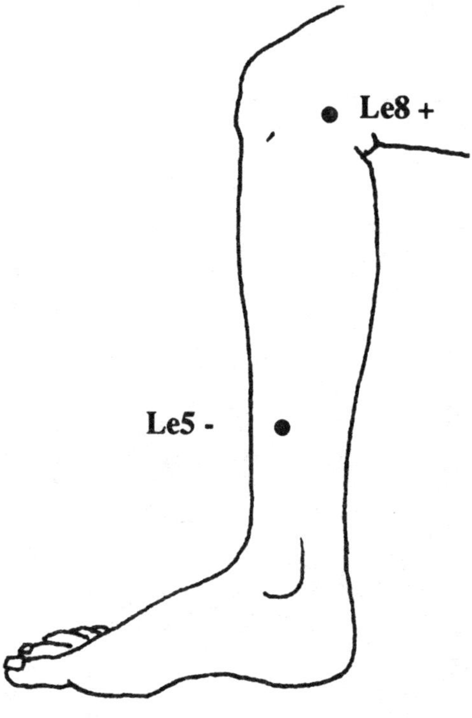

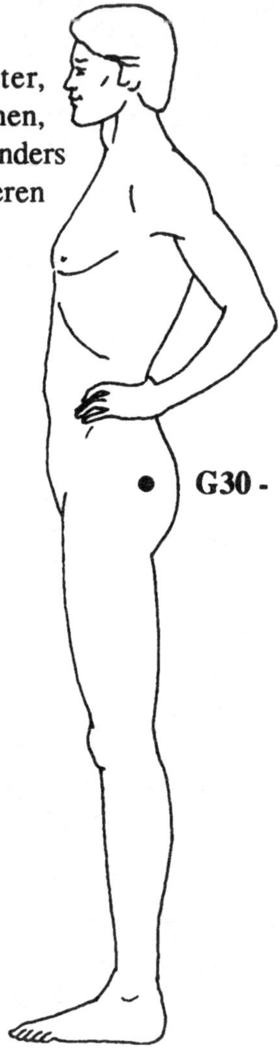

G1: Am äußeren Augenwinkel.

LG20: Auf dem Scheitelpunkt des Schädels, auf einer gedachten Verbindungslinie zwischen den obersten Punkten beider Ohren.

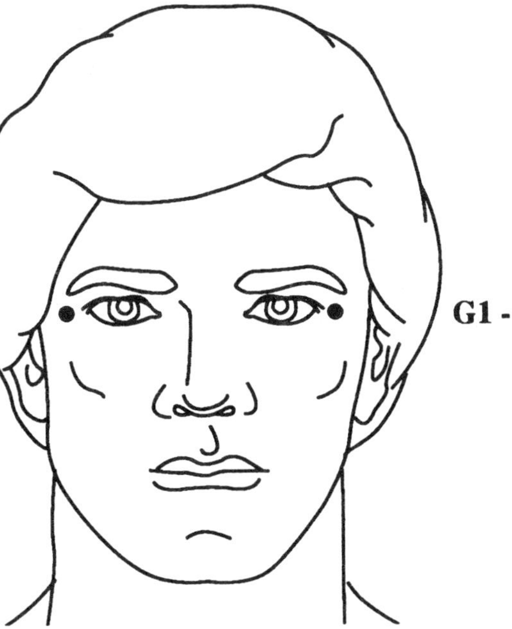

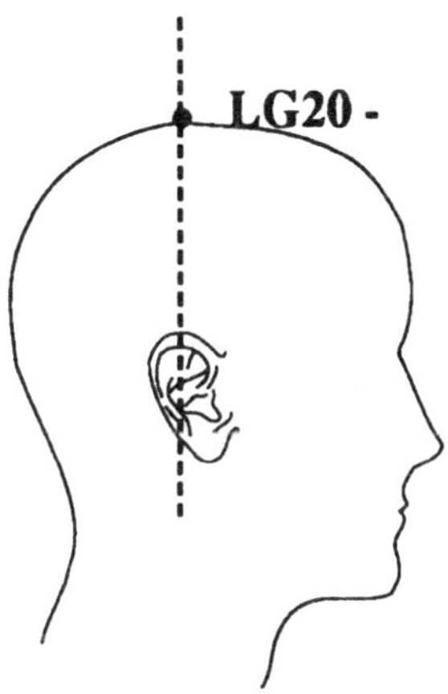

Beschwerden, die in Beziehung zum SM Tae Mo stehen

Schmerzen in beiden Hüften

Nach der Behandlung der Punkte des SM Tae Mo, d. h. der Punkte G41 -, 3E5 -, G26 +, G27 - und G28 - können Sie, falls erforderlich, noch folgende Punkte stimulieren:

G30 -, B54 -, B60 -, N8 -.

G30: Hinter dem großen Trochanter, also dem Höckerknochen, den man im Gesäß spürt, besonders bei Drehbewegungen der unteren Gliedmaßen.

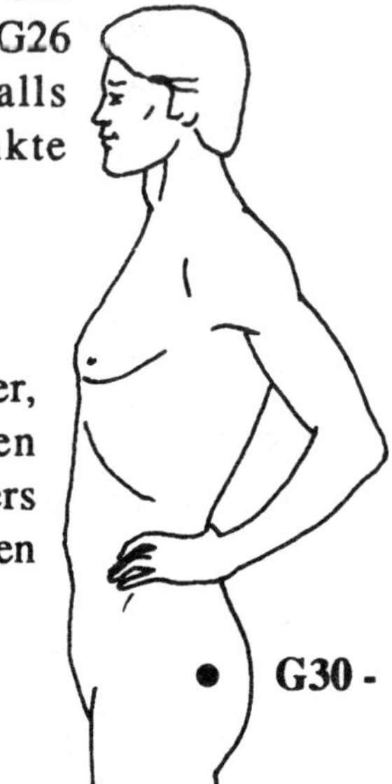

B54: In der Mitte der Kniekehle.

B60: Hinter dem äußeren Fußknöchel.

N8: Seitlich neben und vor N7, an der Kante des Schienbeins.

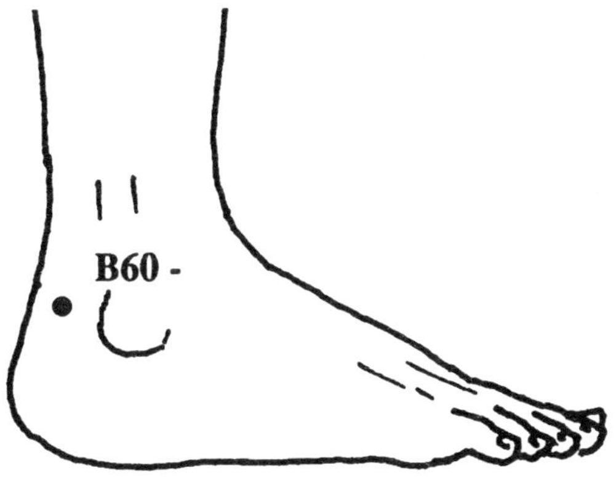

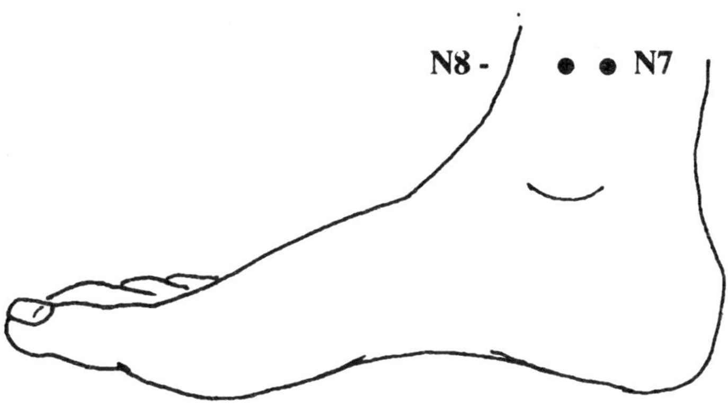

Beschwerden, die in Beziehung zum SM Tae Mo stehen

Schmerzen oder Schwellung auf der Außenseite der Knie

Nach der Behandlung der Punkte des SM Tae Mo, d. h. der Punkte G41 -, 3E5 -, G26 +, G27 - und G28 - können Sie, falls erforderlich, noch folgende Punkte stimulieren:

Ma45 +, MP1 +, Le1 +, G44 +, G34 +. Sedieren Sie anschließend alle schmerzhaften Punkte rund um die Knie.

Ma45: Am Nagelbett der zweiten Zehe, auf der Seite der dritten Zehe.

MP1: Am inneren Nagelbett der großen Zehe.

Le1: Am äußeren Nagelbett der großen Zehe.

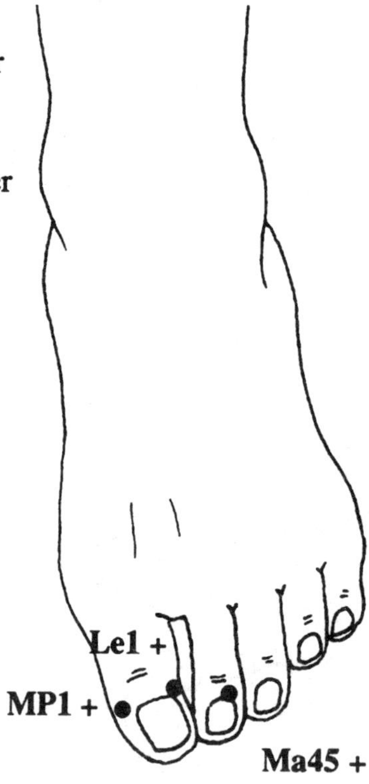

G44: Am äußeren Nagelbett der vierten Zehe.

G34: Auf der Außenseite unter dem Knie, unter dem Kopf des Wadenbeins, also dem kleinen Höckerknochen, den man unmittelbar unter dem Knie, etwas nach hinten versetzt, spürt.

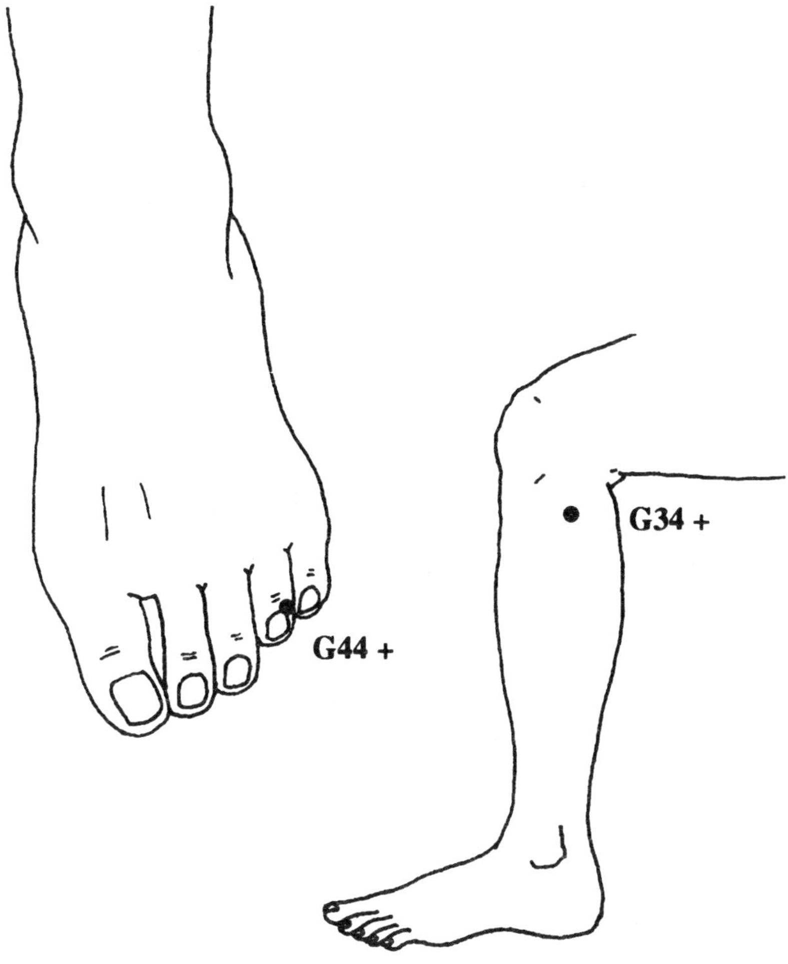

Beschwerden, die in Beziehung zum SM Tae Mo stehen

Ungenügende Durchblutung in den Beinen

Nach der Behandlung der Punkte des SM Tae Mo, d. h. der Punkte G41 -, 3E5 -, G26 +, G27 - und G28 - können Sie, falls erforderlich, noch folgende Punkte stimulieren:

Ma32 -, Ma36 -, MP5 -, MP6 -, MP10 -, Le1 +, Le2 - und Le3 -.

Ma32: In der Mitte der Oberseite des Oberschenkels.

Ma36: 4 Fingerbreit unter dem Knie, zwischen dem vorderen Schienbeinmuskel und dem großen Streckmuskel.

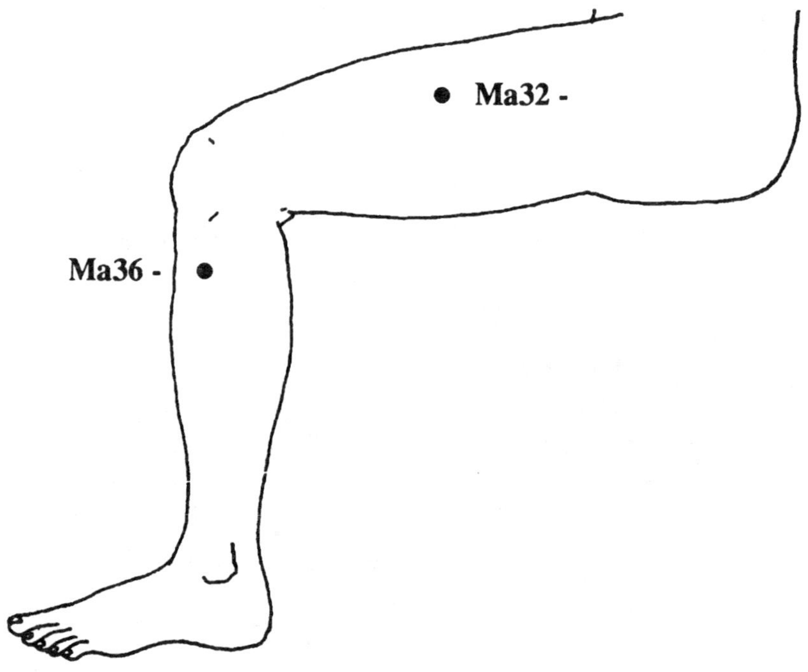

MP5: Vor dem inneren Fußknöchel, auf dem Fußrist, auf der Sehne des vorderen Schienbeinmuskels, in der Vertiefung, die sich bildet, wenn man den Fuß nach innen neigt.

MP6: Auf der Innenseite des Beines, 4 Fingerbreit über dem inneren Fußknöchel, in einer Vertiefung hinter dem Schienbein.

MP10: Auf der Oberseite des Oberschenkels, etwas nach innen versetzt, 4 Fingerbreit über dem Knie in einer Vertiefung.

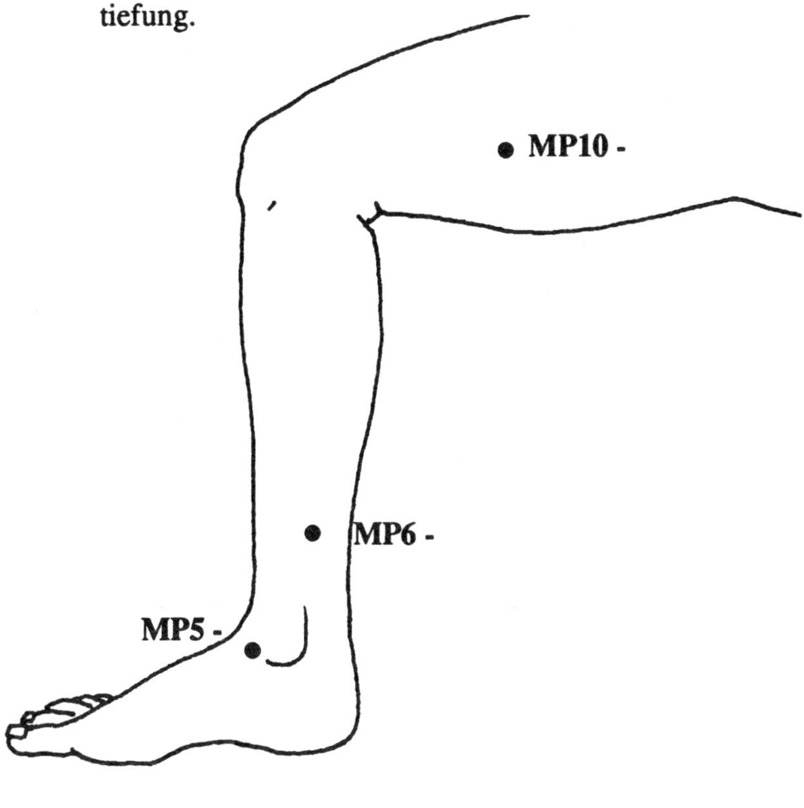

Le1: Am äußeren Nagelbett der großen Zehe.

Le2: Im ersten Zehenzwischenraum.

Le3: An der Spitze des Winkels, den die beiden ersten Mittelfußknochen in gespreiztem Zustand bilden.

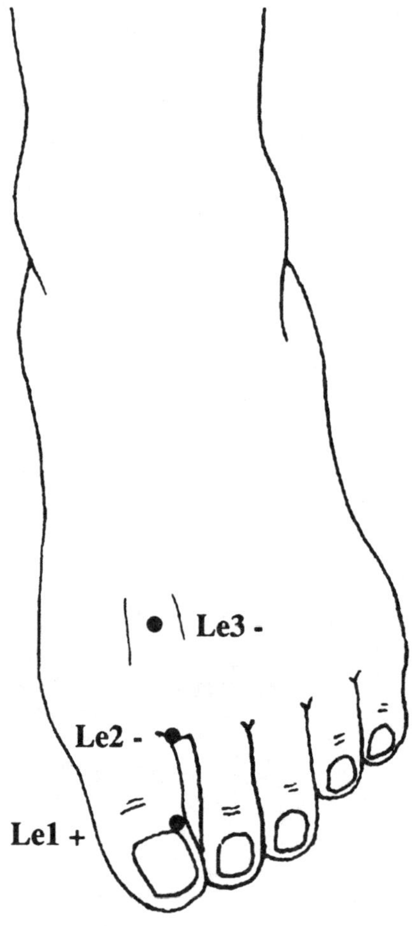

Beschwerden, die in Beziehung zum SM Tae Mo stehen

Blähungen

Nach der Behandlung der Punkte des SM Tae Mo, d. h. der Punkte G41 -, 3E5 -, G26 +, G27 - und G28 - können Sie, falls erforderlich, noch folgende Punkte stimulieren:

MP5 +, Di3 - und Ma36 +.

MP5: Vor dem inneren Fußknöchel, auf dem Fußrist, in der Sehne des vorderen Schienbeinmuskels, in der Vertiefung, die sich bildet, wenn man den Fuß nach innen neigt

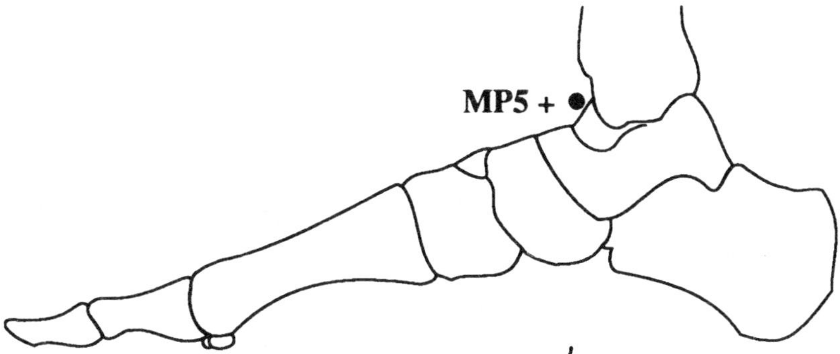

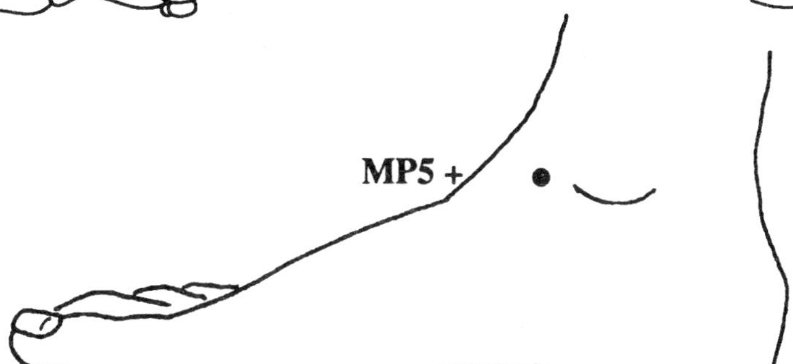

Di3: Unmittelbar hinter dem Grundgelenk des kleinen Fingers, auf der Innenkante.

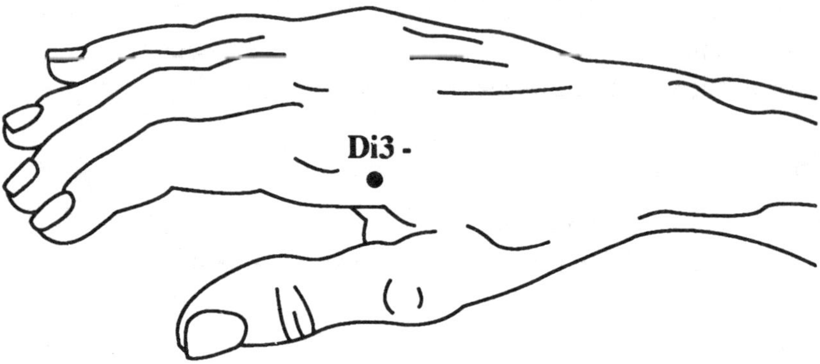

Ma36: 4 Fingerbreit unter dem Knie, zwischen dem vorderen Schienbeinmuskel und dem großen Streckmuskel.

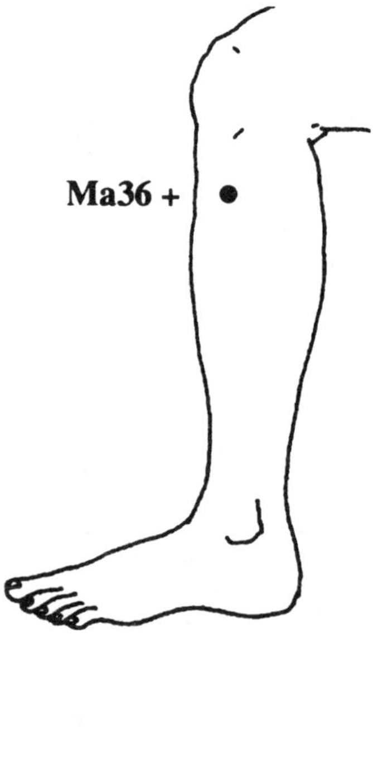

Beschwerden, die in Beziehung zum SM Tae Mo stehen

Verstopfung mit Krämpfen

Nach der Behandlung der Punkte des SM Tae Mo, d. h. der Punkte G41 -, 3E5 -, G26 +, G27 - und G28 - können Sie, falls erforderlich, noch folgende Punkte stimulieren:

Di4 -, Di2 - (außer im Frühling), Ma25 - und 3E6 -.

Di4: Im Winkel, den die beiden ersten Mittelhandknochen bilden, und zwar vor und an der Basis des zweiten Mittelhandknochens.

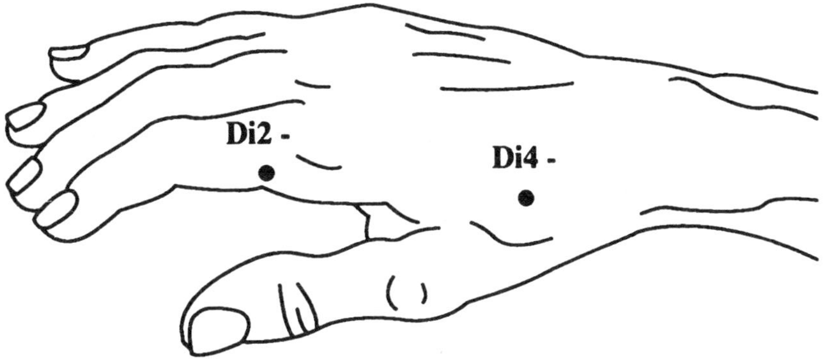

Di2: Unmittelbar vor dem Grundgelenk, auf der Innenkante des Zeigefingers.

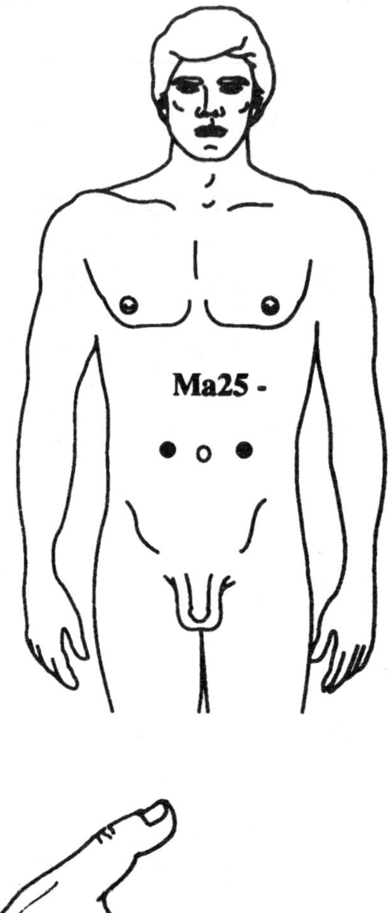

Ma25: 3 Fingerbreit neben dem Nabel.

3E6: 3 Fingerbreit über der Beugefalte des Handgelenks, auf der Oberseite, zwischen den beiden Knochen des Unterarms.

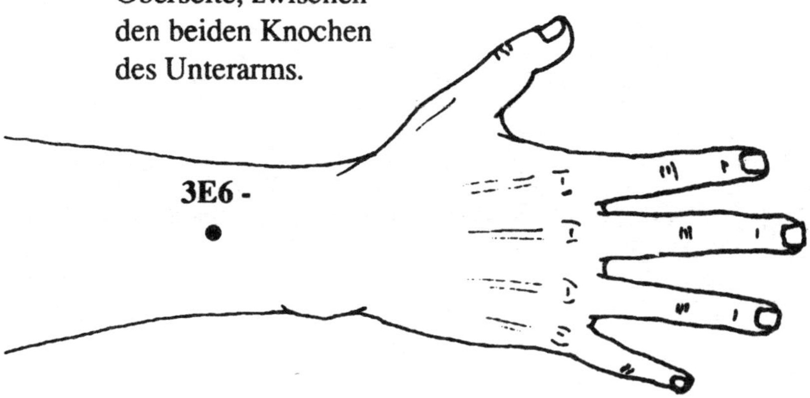

SM Tchrong Mo

Polarität: Yin.

Beschreibung: Sondermeridian, ebenfalls häufig eingesetzt. Mit seiner Hilfe kann man viele Frauenleiden vermeiden, wie etwa Regelstörungen, Zysten an den Eierstöcken oder Brüsten, sowie Fasergeschwülste. Er ist auch beim Ausgleich hormoneller Störungen und insbesondere bei Schiddrüsenfunktionsstörungen hilfreich. Er steht in Beziehung zu den HM MP, Le und N.

Krankheitsanzeichen:

Ausbleiben der Menstruation.
Übelkeit mit Herzschmerzen.
Schilddrüsenunterfunktion.
Schilddrüsenüberfunktion.
Luftansammlung im Magen oder Grimmdarm.
Blähungen.
Blutandrang im kleinen Becken.
Verstopfung oder Durchfall.
Schmerzen in der Leiste (kann Leistenbruch und die Absenkung von Organen verhindern).
Schmerzen an der Innenseite der Knie und in der großen Zehe.
Verdauungsstörungen.

Bettnässen.
Sterilität.
Frauenleiden.
Operative Entfernung der Gebärmutter.

Behandlung: Sedieren Sie die Punkte MP4 und MH6;
Tonisieren Sie den Punkt N11;
Sedieren Sie den Punkt N21.

Schlüsselpunkt:	MP4
Partnerpunkt:	MH6
Anfangspunkt:	N11
Endpunkt:	N21

Lage der Punkte

MP4: Auf der Fußinnenkante, am Übergang zwischen der Haut des Fußrückens und der Haut der Fußsohle.

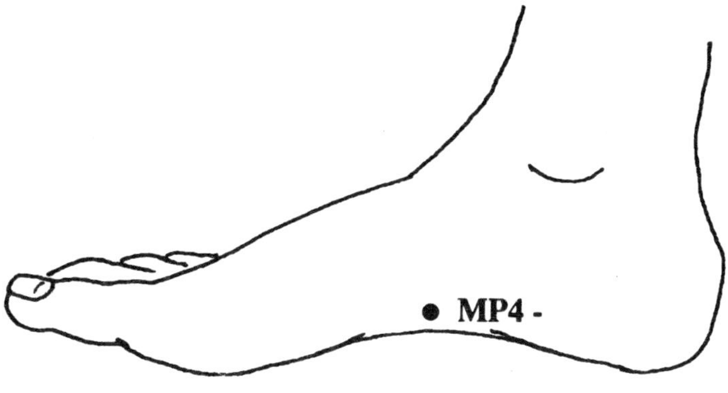

MH6: Auf der Oberseite des Unterarms, 3 Fingerbreit über der Handgelenksfalte, zwischen den beiden Sehnen.

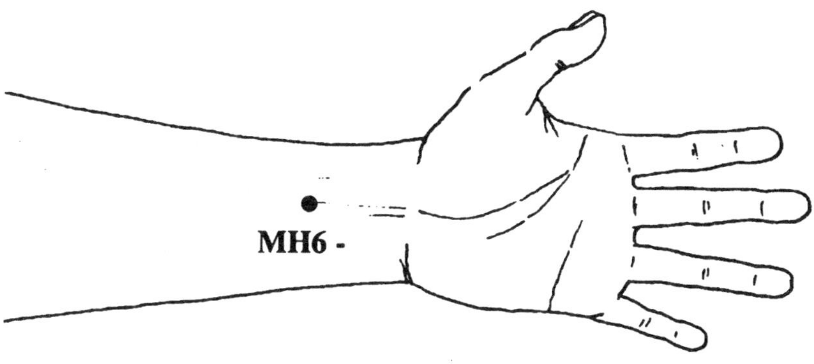

N11: Unmittelbar über dem Schambein, auf beiden Seiten der Mittellinie, wobei die beiden Punkte 3 Fingerbreit voneinander entfernt liegen.

N21: Unter den Rippen, wobei die beiden Punkte 3 Fingerbreit voneinander entfernt liegen.

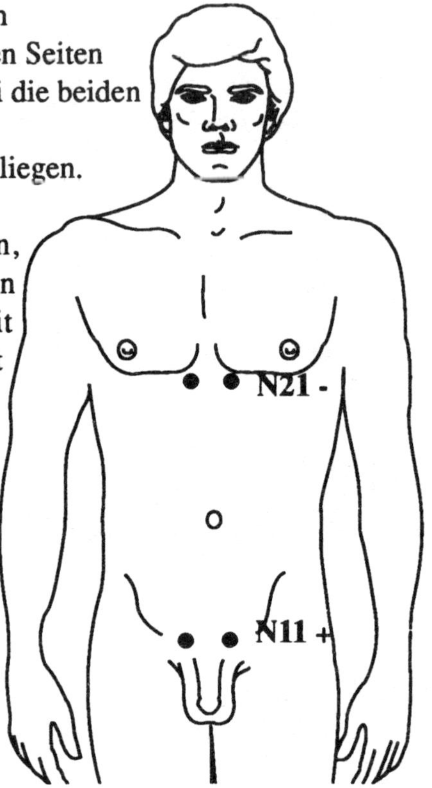

Beschwerden, die in Beziehung zum SM Tchrong Mo stehen

Zu späte oder zu schwache Regelblutungen

Nach der Behandlung der Punkte des SM Tchrong Mo, d. h. der Punkte MP4 -, MH6 -, N11 + und N21 - können Sie, falls erforderlich, noch folgende Punkte stimulieren:

MP6 -, MP10 -, Di4 +, Le1 +, Le8 +, Le14 + und B18 +.

MP6: Auf der Innenseite des Beines, 4 Fingerbreit über dem inneren Fußknöchel, in einer Vertiefung hinter dem Schienbein.

MP10: Auf der Oberseite des Oberschenkels, etwas zur Innenseite hin, 4 Fingerbreit über dem Knie in einer Vertiefung.

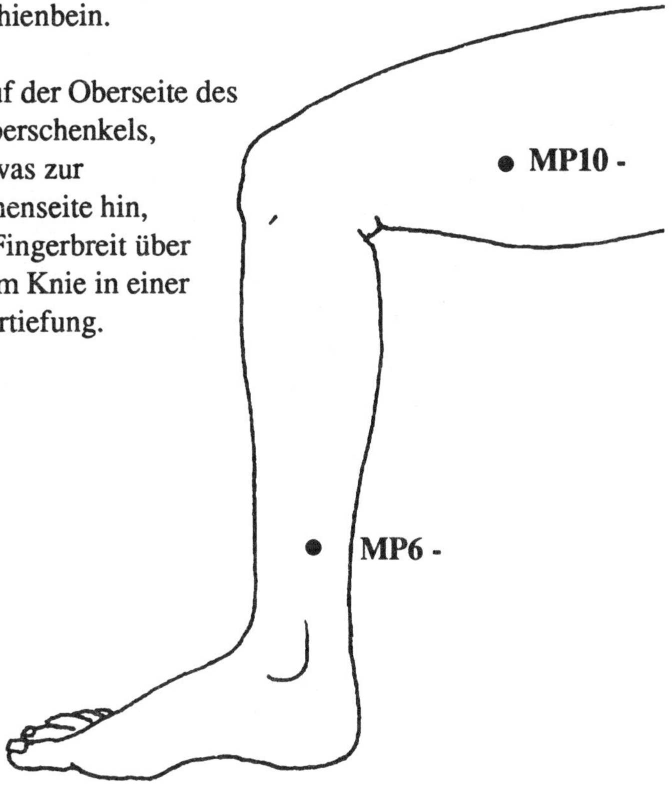

Di4: In dem Winkel, den die beiden ersten Mittelhandknochen bilden, und zwar vor und an der Basis des zweiten Mittelhandknochens.

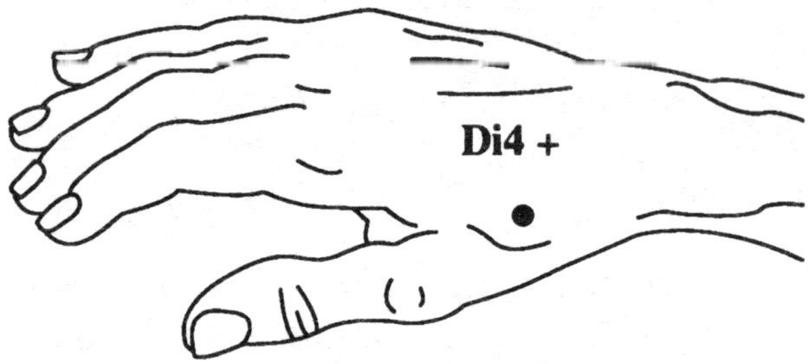

Le1: Am äußeren Nagelbett der großen Zehe.

Le8: Auf der inneren Kniebeugefalte, am Gelenk.

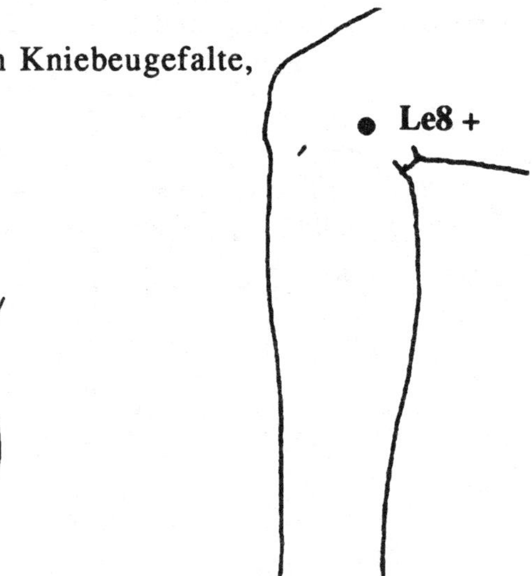

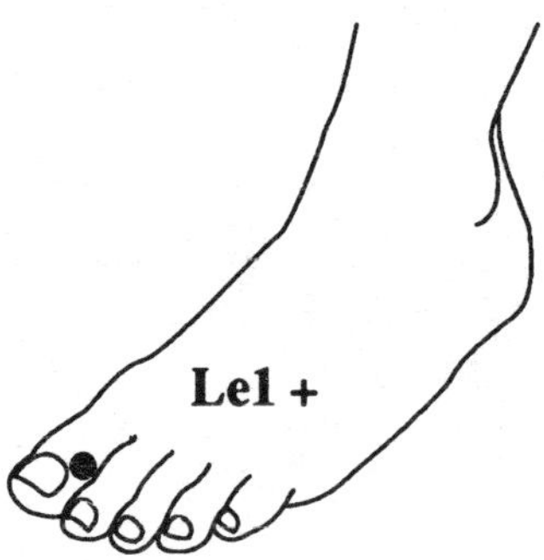

Le14: Zwischen der sechsten und siebten Rippe, auf einer Linie mit der Brustwarze.

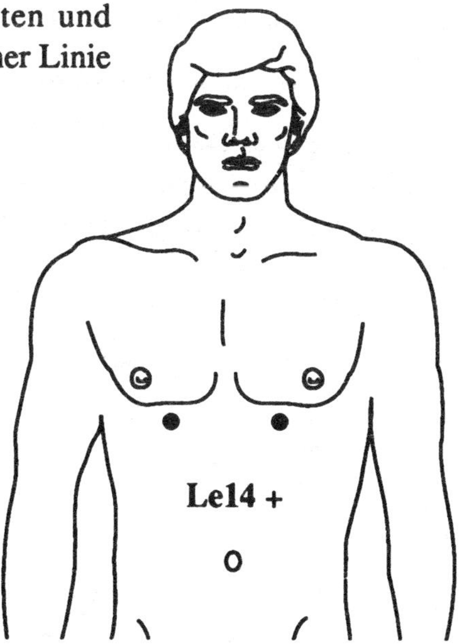

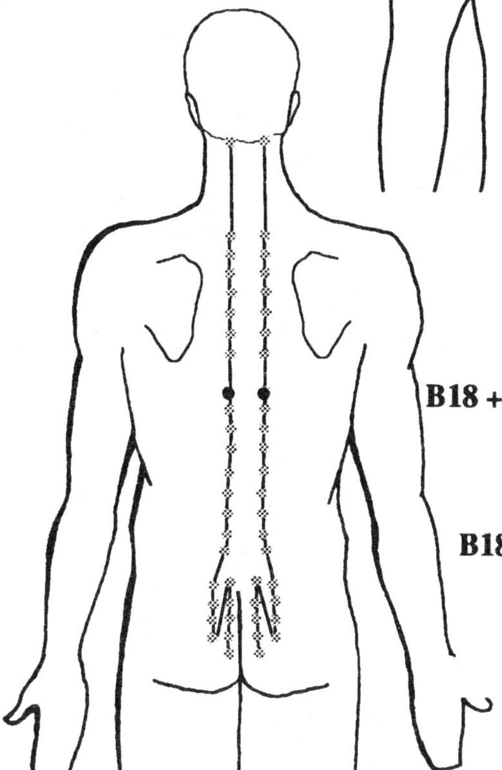

B18: Im Bereich des neunten und zehnten Rückenwirbels.

Beschwerden, die in Beziehung zum SM Tchrong Mo stehen

Zu starke Regelblutungen

Nach der Behandlung der Punkte des SM Tchrong Mo, d. h. der Punkte MP4 -, MH6 -, N11 + und N21 - können Sie, falls erforderlich, noch folgende Punkte stimulieren:

MP6 +, Di4 -, Le2 - und Le3 -.

MP6: Auf der Innenseite des Beines, 4 Fingerbreit über dem inneren Fußknöchel, in einer Vertiefung hinter dem Schienbein.

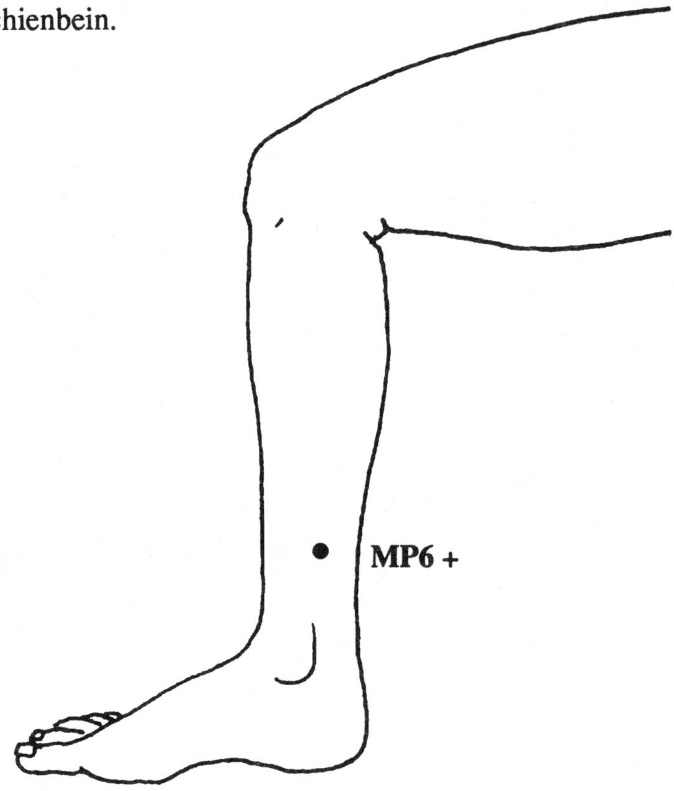

Di4: In dem Winkel, den die beiden ersten Mittelhandknochen bilden, und zwar vor und an der Basis des zweiten Mittelhandknochens.

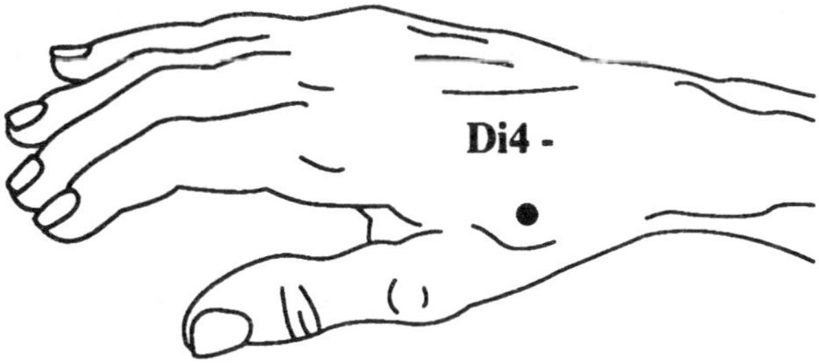

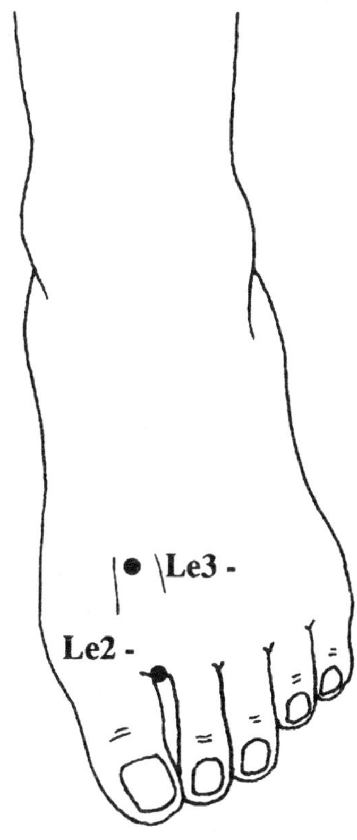

Le2: Im ersten Zehenzwischenraum.

Le3: An der Spitze des Winkels, den die beiden ersten Mittelfußknochen in gespreiztem Zustand bilden.

Beschwerden, die in Beziehung zum SM Tchrong Mo stehen

Schilddrüsenunterfunktion

Nach der Behandlung der Punkte des SM Tchrong Mo, d. h. der Punkte MP4 -, MH6 -, N11 + und N21 - können Sie, falls erforderlich, noch folgende Punkte stimulieren:

KG22 + und KG23 +.

Empfohlenes Spurenelement: Jod.

KG22: In der Vertiefung über dem Schwertgriff des Brustbeins.

KG23: Über dem Adamsapfel.

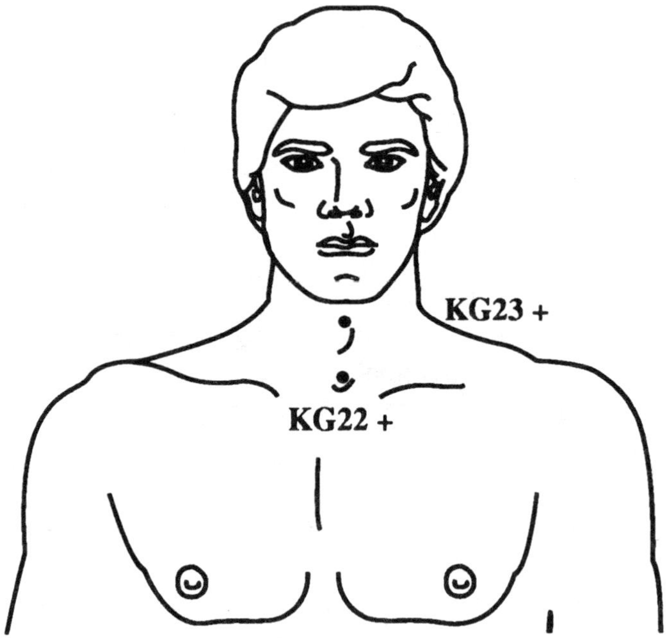

Beschwerden, die in Beziehung zum SM Tchrong Mo stehen

Schmerzen im Unterleib

Nach der Behandlung der Punkte des SM Tchrong Mo, d. h. der Punkte MP4 -, MH6 -, N11 + und N21 - können Sie, falls erforderlich, noch folgende Punkte stimulieren:

MP9 -, Le1 + , Le2 - und Le3 -.

MP9: Unter dem Knie auf der Innenseite, an der Abwinkelstelle der Knochen von Schienbein und Knie.

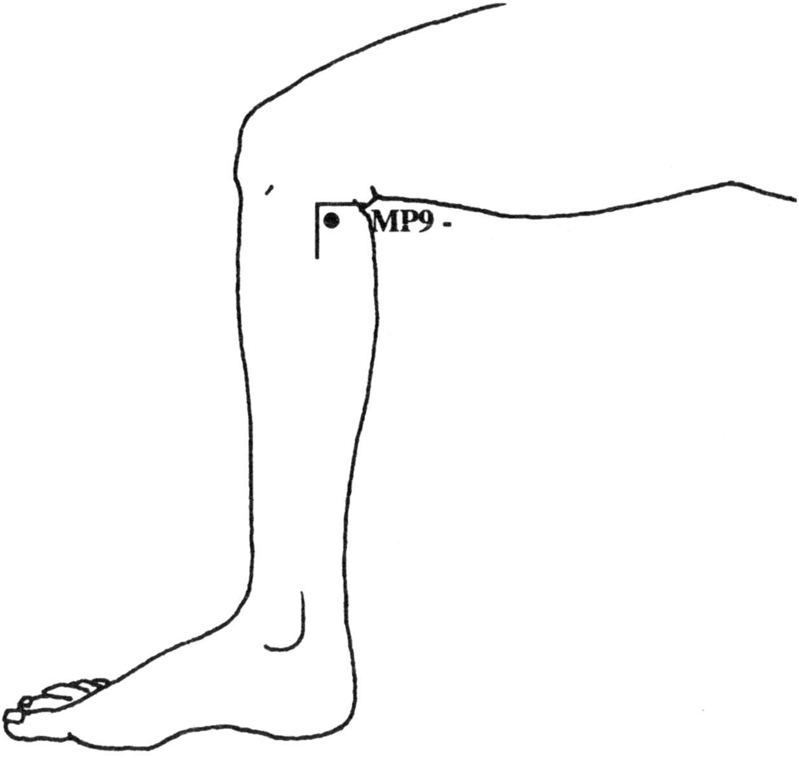

Le1: Am äußeren Nagelbett der großen Zehe.

Le2: Im ersten Zehenzwischenraum.

Le3: An der Spitze des Winkels, den die beiden ersten Mittelfußknochen in gespreiztem Zustand bilden.

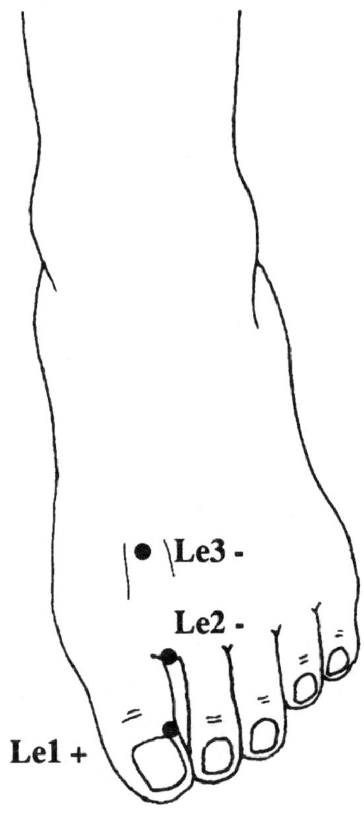

Beschwerden, die in Beziehung zum SM Tchrong Mo stehen

Durchfall

Nach der Behandlung der Punkte des SM Tchrong Mo, d. h. der Punkte MP4 -, MH6 -, N11 + und N21 - können Sie, falls erforderlich, noch folgende Punkte stimulieren:

Ma37 +, Di4 + und Ma25 +.

Ma37: Etwas über der Mitte des Beines, 4 Fingerbreit unter Ma36.

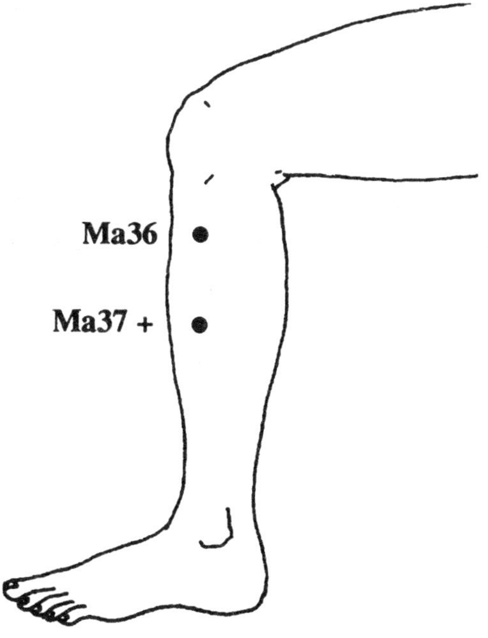

Di4: Im Winkel, den die beiden ersten Mittelhandknochen bilden, und zwar vor und an der Basis des zweiten Mittelhandknochens.

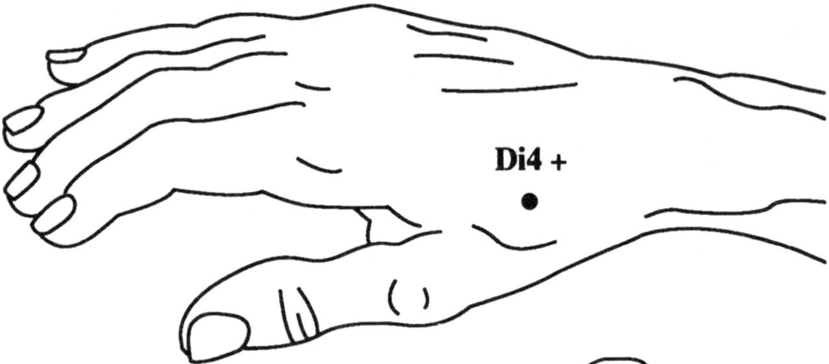

Ma25: 3 Fingerbreit neben dem Nabel.

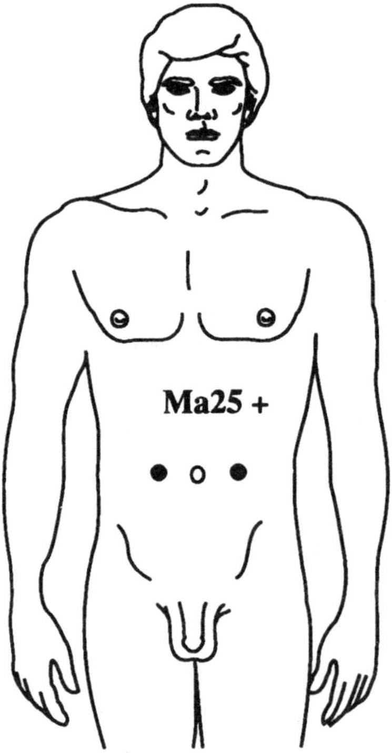

Beschwerden, die in Beziehung zum SM Tchrong Mo stehen

Schmerzen an der Innenseite des Knies

Nach der Behandlung der Punkte des SM Tchrong Mo, d. h. der Punkte MP4 -, MH6 -, N11 + und N21 - können Sie, falls erforderlich, noch folgende Punkte stimulieren:

MP1 +, MP2 +, Le1 +, Le2 +, N1 +, N3 + und Sedieren der schmerzhaften Punkte rund um die Knie herum.

MP1: Am inneren Nagelbett der großen Zehe.

MP2: An der Fußinnenkante, unmittelbar vor dem Gelenkhöcker der großen Zehe.

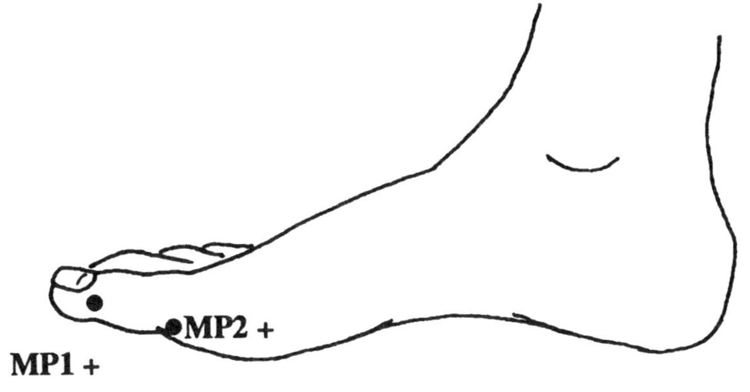

Le1: Am äußeren Nagelbett der großen Zehe.

Le2: Im ersten Zehenzwischenraum.

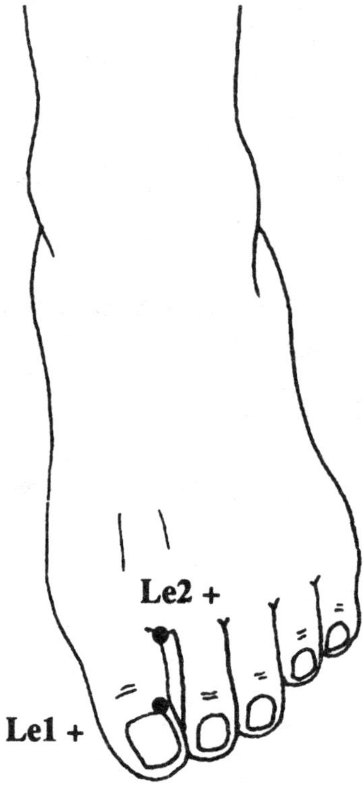

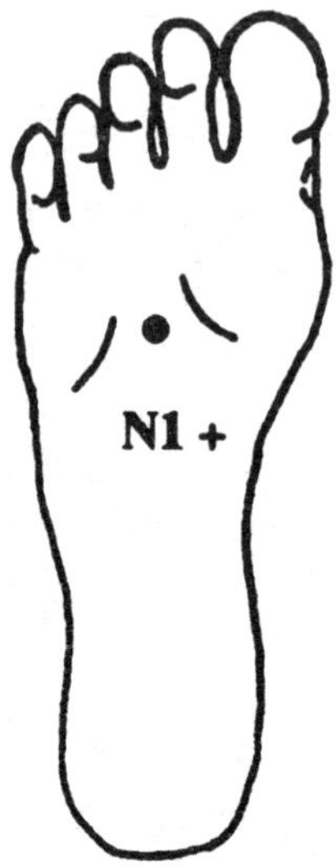

N1: Auf der Fußsohle, zwischen den beiden Muskelpartien.

N3: Unmittelbar hinter dem inneren Fußknöchel.

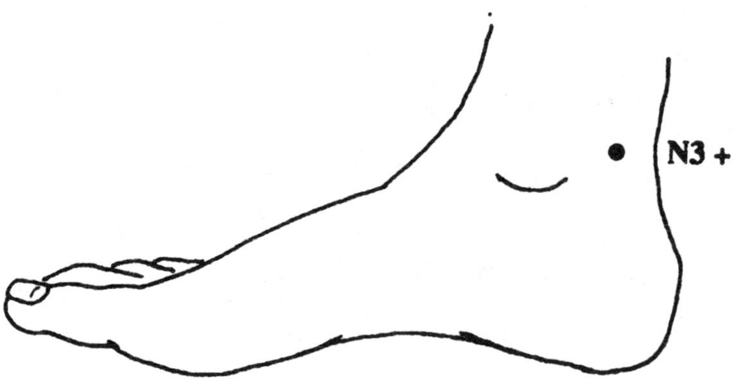

SM Konzeption

Polarität: Yin.

Beschreibung: Dies ist das Meer der Yin-Meridiane. Wie das Lenkergefäß ist das Konzeptionsgefäß nicht nur ein Sondermeridian mit seinem Schlüsselpunkt für die Öffnung, sondern er verfügt auch über eine ganze Reihe eigener Punkte auf seiner Bahn. Er liegt zentral, ist also nur einmal vorhanden.

Krankheitsanzeichen: Empfängnisstörungen (Sterilität).
Atembeschwerden (Husten, Asthma, Stirnhöhlenvereiterung, Kehlkopfentzündung, Heuschnupfen, Niesen).
Verbrennungen.
Sonnenbrand.
Allergie.

Behandlung: Sedieren Sie die Punkte Lu7, N6, KG1 und KG14.

Schlüsselpunkt: Lu7
Partnerpunkt: N6
Anfangspunkt: KG1
Endpunkt: KG24

Lage der Punkte:

Lu7: In einer Vertiefung, 3 Fingerbreit über der Beugefalte des Handgelenks, unmittelbar vor dem Griffelfortsatz der Speiche.

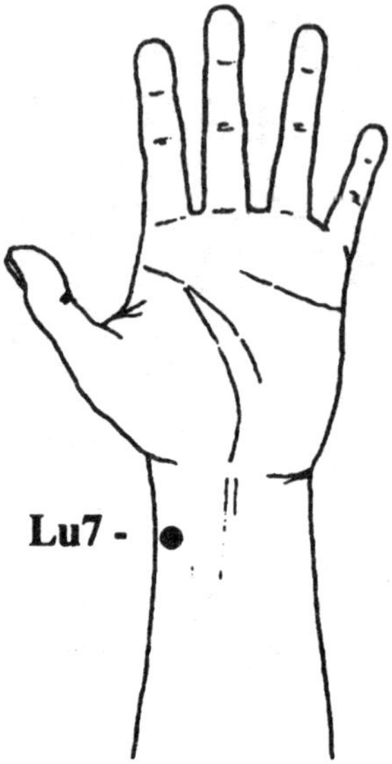

N6: In einer Vertiefung unmittelbar unter dem inneren Fußknöchel.

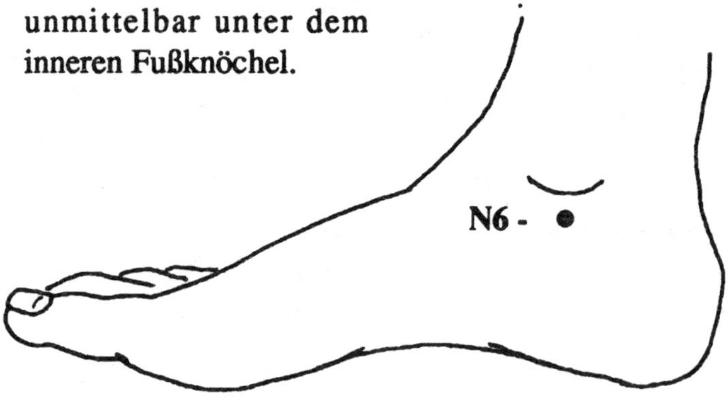

KG1: Auf dem Beckenboden, zwischen Genitalien und After.

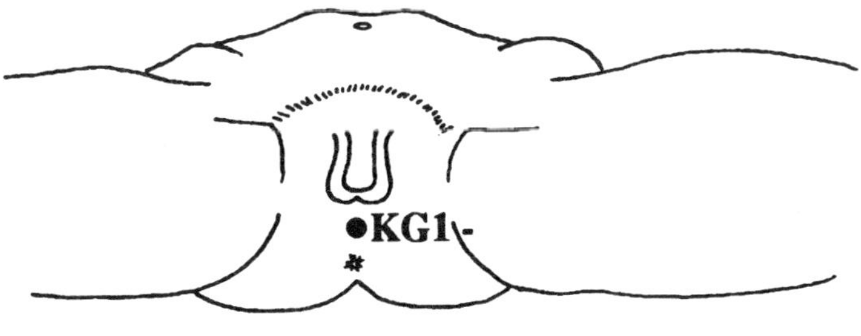

KG24: In einer Vertiefung zwischen der Kinnspitze und der Unterlippe.

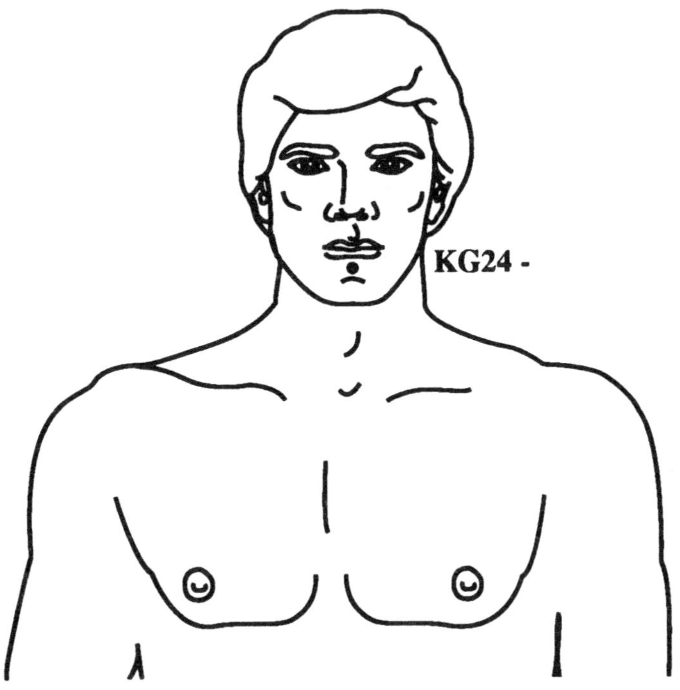

Beschwerden, die in Beziehung zum SM Konzeption stehen

Sterilität

Alle zwei Wochen abwechselnd je einmal den SM Konzeption und den Tchrong Mo behandeln, d. h. zweimal im Monat, wobei man zwischen der Behandlung des SM Konzeption und des Tchrong Mo eine Woche verstreichen läßt.

Spezielle Punkte, die man im Anschluß an die Behandlung des SM Konzeption, d. h. Lu7 -, N6 -, KG1 - und KG24 - (alle zwei Wochen einmal), einsetzen kann:

KG5 +, KG6 +, LG4 +, B23 +, N9 +, Ma30 + und KG2 + (alle zwei Wochen einmal).

KG5: 1 Daumenbreit über KG4.

KG6: 2 Fingerbreit unter dem Nabel.

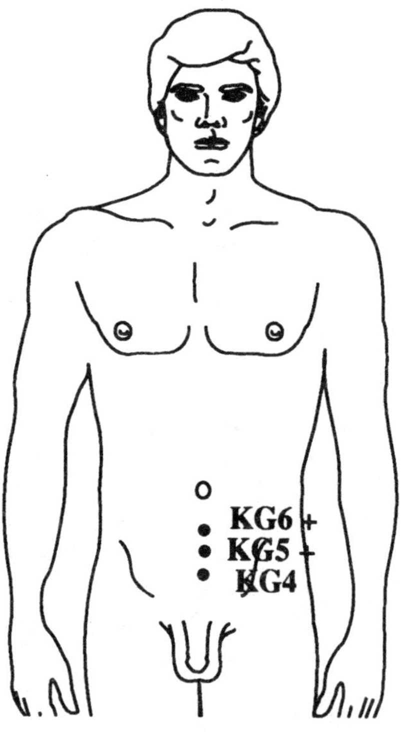

LG4: In der Vertiefung der Nieren, zwischen dem zweiten und dritten Lendenwirbel.

B23: Im Bereich des zweiten und dritten Lendenwirbels.

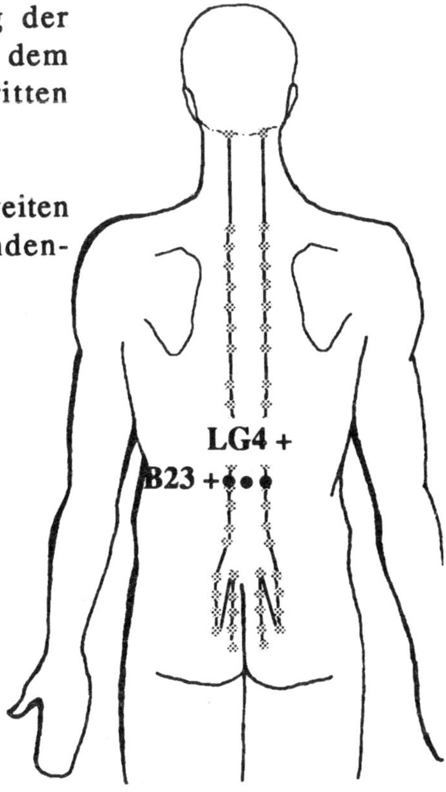

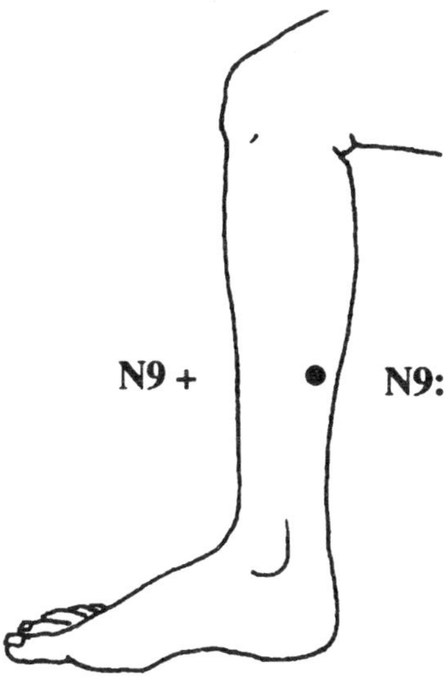

N9: Auf der Innenseite des Beines, 7 Fingerbreit über dem inneren Fußknöchel, unter der Muskelpartie der Wade, in einer Vertiefung 3 Fingerbreit hinter dem Schienbein.

Ma30: Über dem Schambein, 3 Fingerbreit neben der Mittellinie.

KG2: Über dem Schambeinknochen.

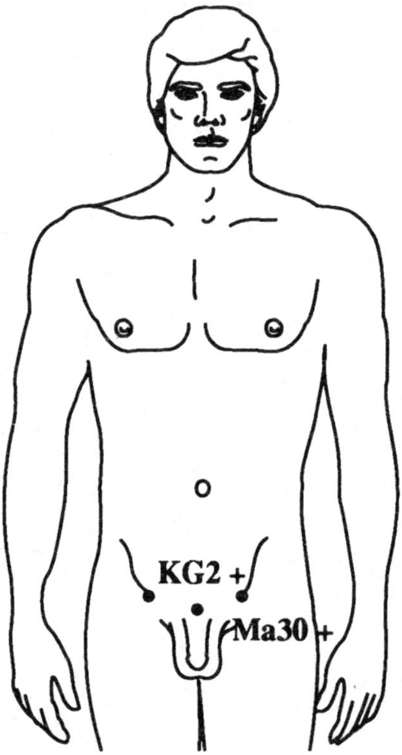

Beschwerden, die in Beziehung zum SM Konzeption stehen

Sterilität
(Fortsetzung)

Alle zwei Wochen abwechselnd je einmal den SM Konzeption und den Tchrong Mo behandeln, d. h. zweimal im Monat, wobei man zwischen der Behandlung des SM Konzeption und des Tchrong Mo eine Woche verstreichen läßt.

Spezielle Punkte, die man im Anschluß an die Behandlung des SM Tchrong Mo, d. h. MH6 -, MP4 -, N11 + und N21 - (alle zwei Wochen einmal, im Wechsel mit den speziellen Punkten von Seite 261), einsetzen kann:

MP6 +, Le1 +, Le8 +, Le14 +, B18 + und N9 +.

MP6: Auf der Innenseite des Beines, 4 Fingerbreit über dem inneren Fußknöchel, in einer Vertiefung hinter dem Schienbein.

Le1: Am äußeren Nagelbett der großen Zehe.

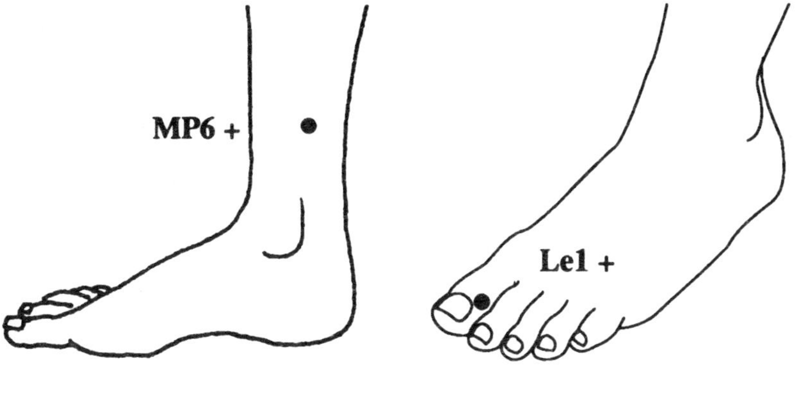

Le8: Auf der inneren Kniebeugefalte, am Gelenk.

Le14: Zwischen der sechsten und siebten Rippe, auf einer Linie mit der Brustwarze.

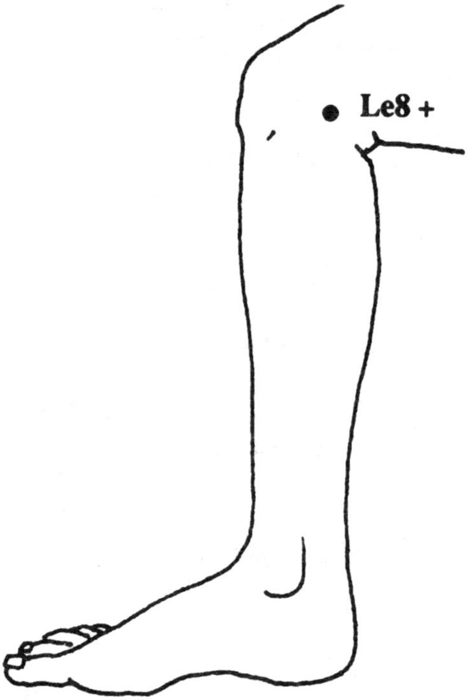

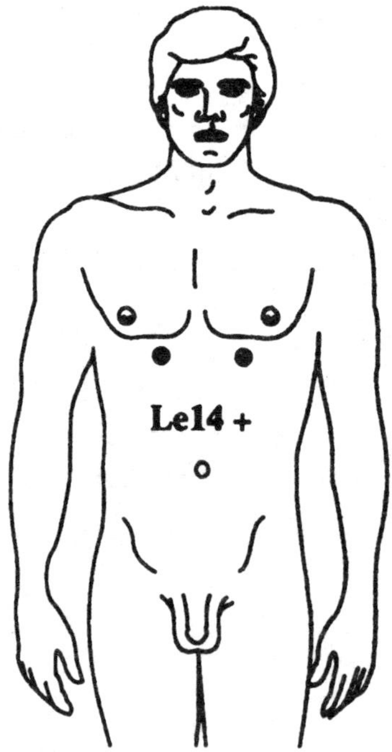

B18: Im Bereich des neunten und zehnten Rückenwirbels.

N9: Auf der Innenseite des Beines, 7 Fingerbreit über dem inneren Fußknöchel, unter der Muskelpartie der Wade, in einer kleinen Vertiefung etwas hinter dem Schienbein.

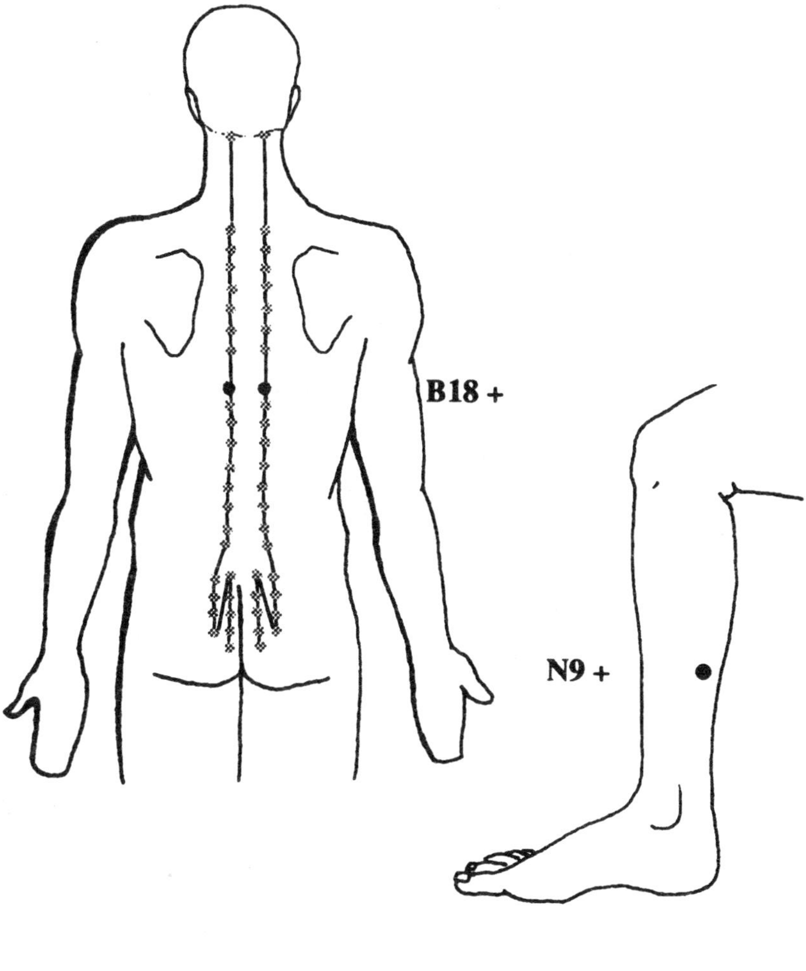

Beschwerden, die in Beziehung zum SM Konzeption stehen

Husten - Asthma

Nach der Behandlung der Punkte des SM Konzeption, d. h. der Punkte Lu7 -, N6 -, KG1 - und KG24 - können Sie, falls erforderlich, noch folgende Punkte stimulieren:

KG22 -, B13 - und KG17 +.

KG22: In der Vertiefung über dem Schwertgriff des Brustbeins.

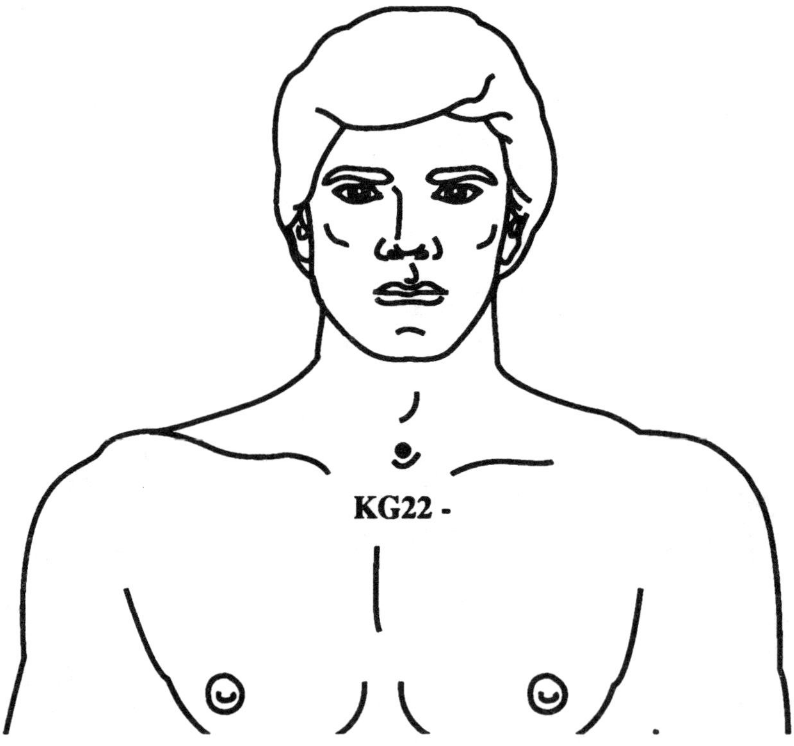

B13: Im Bereich des dritten und vierten Rückenwirbels.

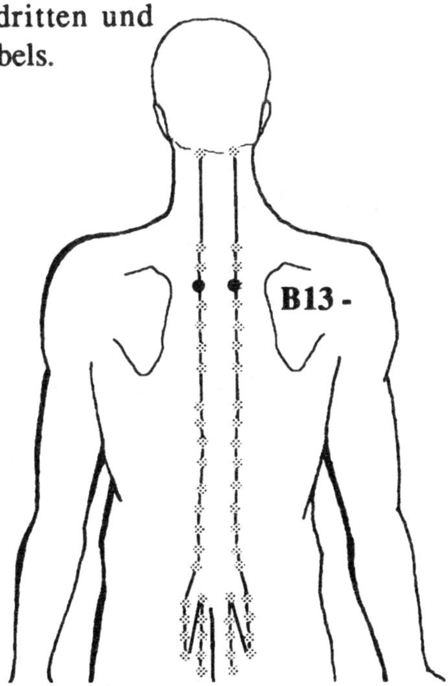

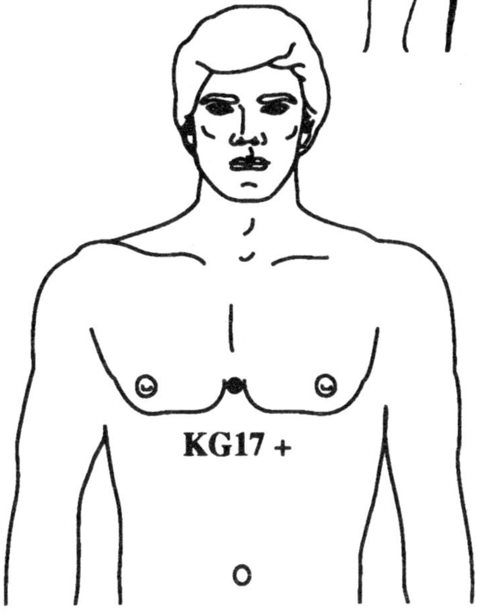

KG17: Auf dem Brustbein zwischen den beiden Brüsten.

Beschwerden, die in Beziehung zum SM Konzeption stehen

Allergie - Heuschnupfen - Niesen

Nach der Behandlung der Punkte des SM Konzeption, d. h. der Punkte Lu7 -, N6 -, KG1 - und KG24 - können Sie, falls erforderlich, noch folgende Punkte stimulieren:

Lu5 -, B12 -, Di4 -, N7 + und Le8 +.

Lu5: In der Mitte der Beugefalte des Ellbogens, an der Sehne des Bizeps.

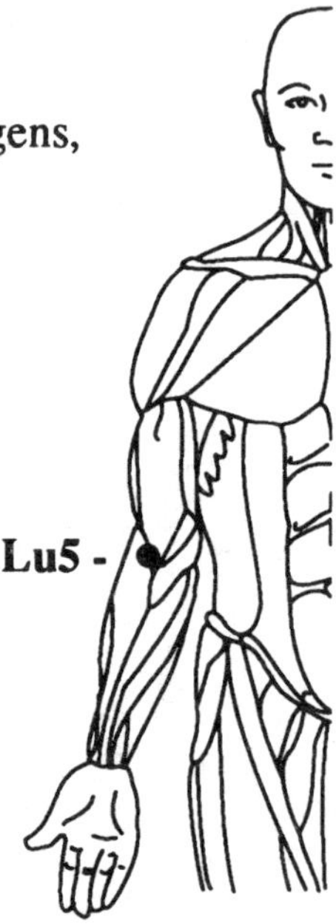

B12: Im Bereich des zweiten und dritten Rückenwirbels.

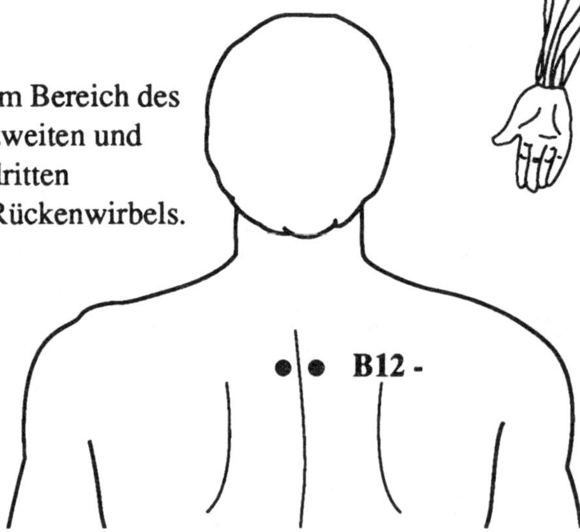

Di4: Im Winkel, den die beiden ersten Mittelhandknochen bilden, und zwar vor und an der Basis des zweiten Mittelhandknochens.

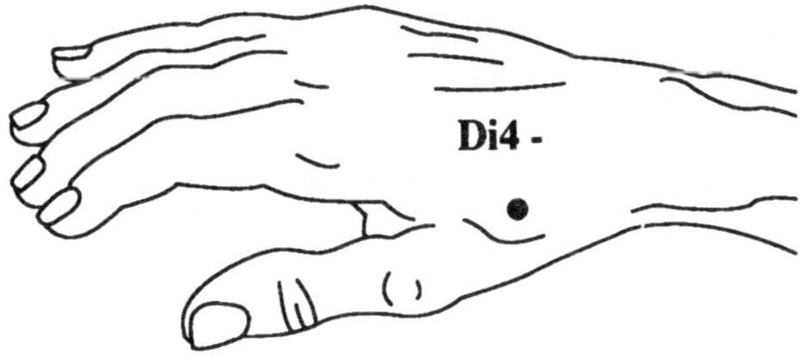

N7: 2 Fingerbreit über dem inneren Fußknöchel, vor der Achillessehne.

Le8: Auf der inneren Kniebeugefalte, am Gelenk.

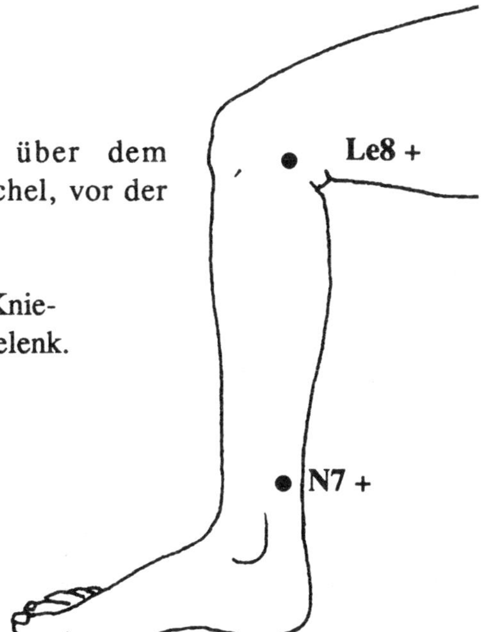

Beschwerden, die in Beziehung zum SM Konzeption stehen

Verbrennungen - Sonnenbrand

Nach der Behandlung der Punkte des SM Konzeption, d. h. der Punkte Lu7 -, N6 -, KG1 - und KG24 - können Sie, falls erforderlich, noch folgende Punkte stimulieren:

G39 +, MP6 + und Sedierung aller Punkte rund um die betroffene Stelle.

G39: 2 Fingerbreit über dem äußeren Fußknöchel, auf dem Wadenbein.

MP6: Auf der Innenseite des Beines, 4 Fingerbreit über dem inneren Fußknöchel, in einer Vertiefung hinter dem Schienbein.

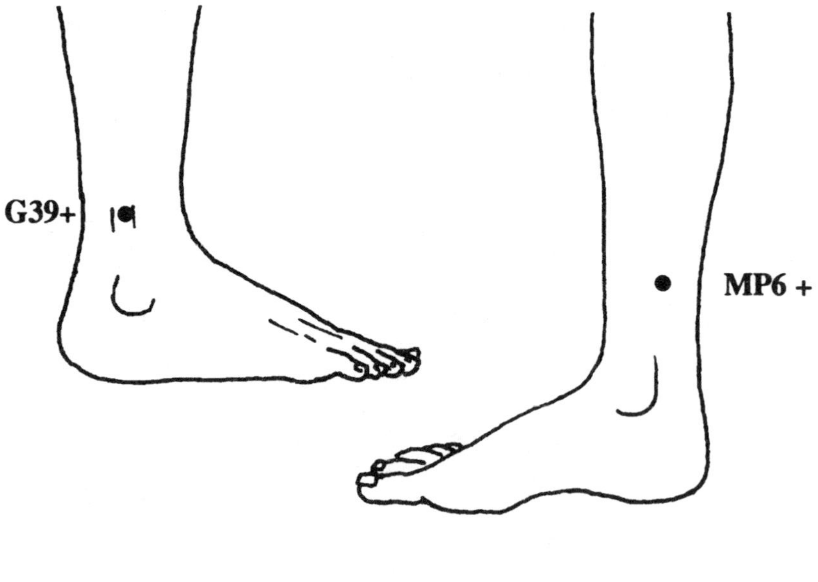

Konzeptionsgefäß

Polarität: Yin

Verlauf: Das Konzeptionsgefäß beginnt zwischen Genitalien und After, steigt über den Nabel hoch zum Brustbein und endet auf der Kinnspitze.

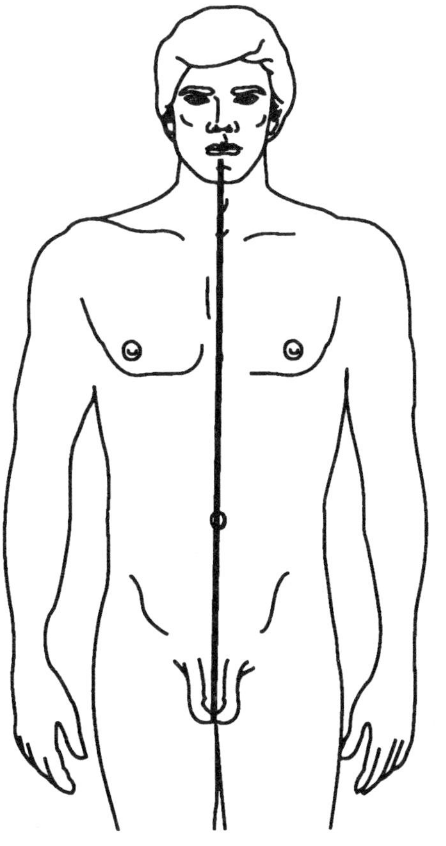

KG1: *Anfangspunkt*
Auf dem Beckenboden, zwischen Genitalien und After.
Hämorrhoiden (-).
Juckreiz im Schambereich und am After (-).

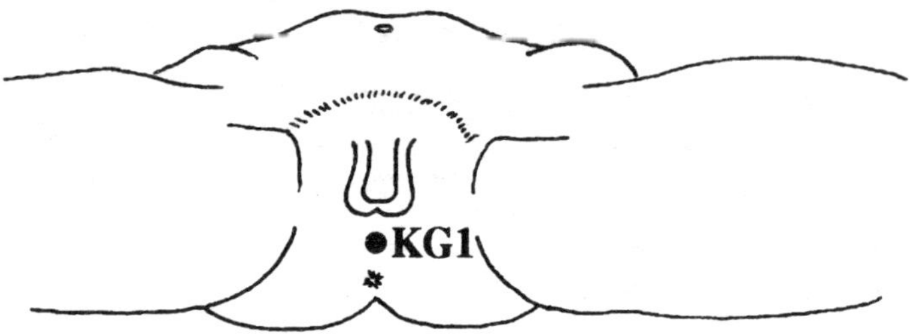

KG2: Über dem Schambeinknochen.
Ist wirksam bei Frauenleiden.

KG3: *Mo-Punkt der Blase*
Auf der Mittellinie des Unterleibs, 1 Fingerbreit über dem Schambein.
Blasenentzündung (-).
Inkontinenz (+).

KG4: *Mo-Punkt des Dünndarms*
1 Daumenbreit über KG3.
Kolitis (-).
Assimilationsschwäche (+).

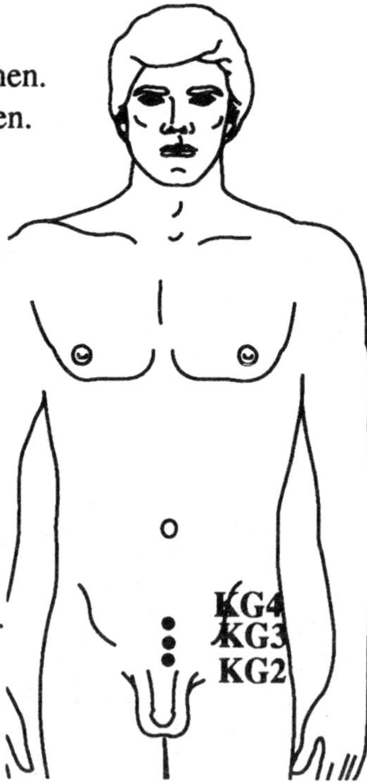

KG5: *Mo-Punkt des unteren Dreifacherwärmers*
1 Daumenbreit über KG4.
Sexueller Stimulus (+).

KG6: *Meisterpunkt der Energie*
2 Fingerbreit unter dem Nabel.
Zur Wiederherstellung der Spannkraft (+) vorzugsweise morgens.

KG8: Im Bereich des Nabels.
Schnarchen (+ oder noch besser: erwärmen).

KG9: 1 Fingerbreit über dem Nabel.
Sorgt für die Verteilung des Wasserhaushalts im Organismus.

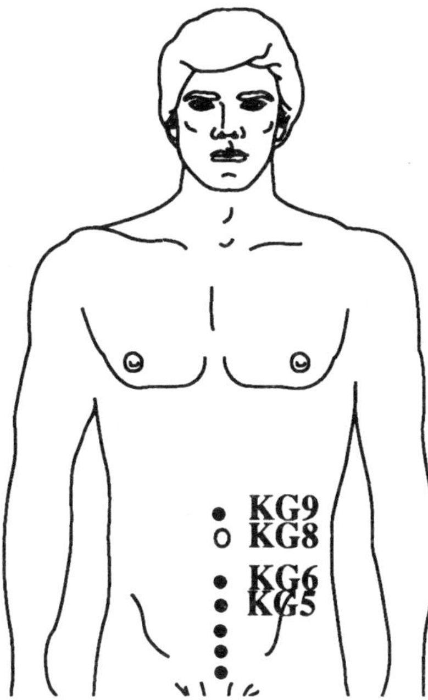

KG12: *Mo-Punkt des mittleren Dreifacherwärmers und des Magens*
Auf halber Höhe zwischen Nabel und Schwertspitze des Brustbeins.
Zentralpunkt zur Förderung der Verdauung und der Harmonie.
Stärkt den Organismus.
Stellt nach Erschöpfung oder bei Genesung die Energie wieder her.
Träge Verdauung (+).
Müdigkeit (+).
Krämpfe und Brennen im Magen (-).

KG14: *Mo-Punkt des Herzens*
6 Fingerbreit über dem Nabel und 1 Fingerbreit unter dem Brustbein.
Ängstlichkeit (+).
Herzjagen (-).

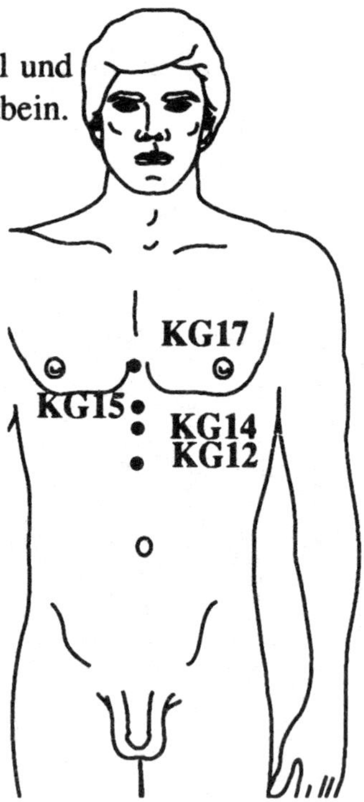

KG15: *Punkt des Solarplexus*
Unterhalb der Spitze des Brustbeins.
Krämpfe im Bereich des Solarplexus (-).

KG17: *Mo-Punkt des oberen Dreifacherwärmers*
Auf dem Brustbein zwischen den Brüsten.
Reguliert die Atmung.
Introvertiertheit (-).
Luftschlucken (-).

KG22: In der Vertiefung über dem Schwertgriff des Brustbeins.
Wirkt auf die Schilddrüse.
Zur Unterbrechung eines Hustenanfalls (-).

KG23: Über dem Adamsapfel.
Überreichlicher Speichelfluß (-).
Halsschmerzen (-).

KG24: In einer Vertiefung zwischen der Kinnspitze und der Unterlippe.
Steifer Hals (-).
Neuralgische Zahnschmerzen (-).
Übermäßiger Durst bei Diabetikern (-).

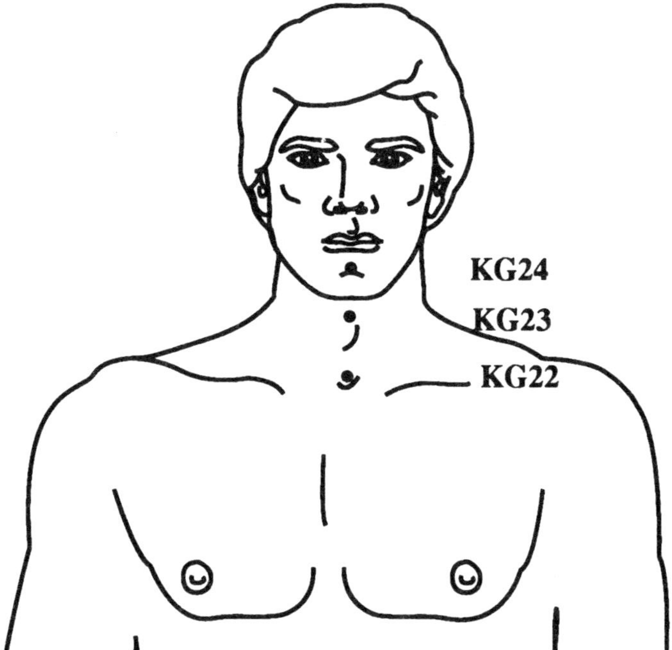

SM Lenker

Polarität:	Yang.
Beschreibung:	Es handelt sich um das Meer der Yang-Meridiane. Wie das Konzeptionsgefäß ist das Lenkergefäß nicht nur ein Sondermeridian mit seinem Schlüsselpunkt für die Öffnung, sondern er verfügt auch über seine eigenen Punkte. Er liegt zentral, ist also nur einmal vorhanden.
Krankheitsanzeichen:	Schmerzen entlang seiner Bahn (Wirbelsäule und Mittellinie über Schädel und Stirn). Rückenschmerzen. Steifer Hals. Arthrose im Nacken. Allgemeine Müdigkeit. Labilität. Nervöse Anspannung.
Behandlung:	Sedieren Sie die Punkte Dü3, B62, LG1 und LG26.

Schlüsselpunkt:	Dü3
Partnerpunkt:	B62
Anfangspunkt:	LG1
Endpunkt:	LG26

Lage der Punkte

Dü3: Auf der Innenkante der Hand, in einer kleinen Vertiefung am Knochen-Widerlager des Grundgelenks des kleinen Fingers, d. h. am Rand der Beugefalte der Hand.

B62: Unter dem äußeren Fußknöchel.

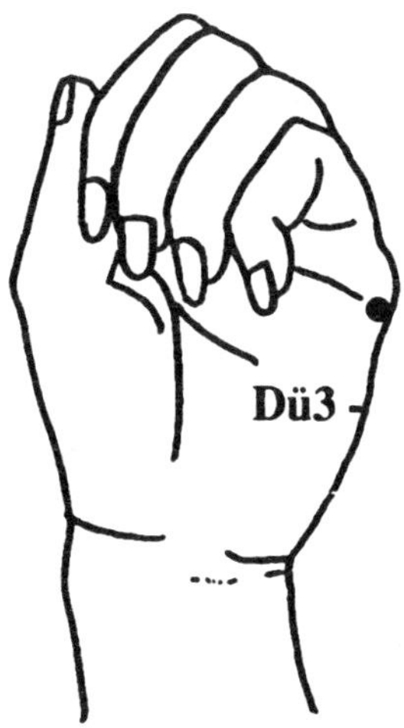

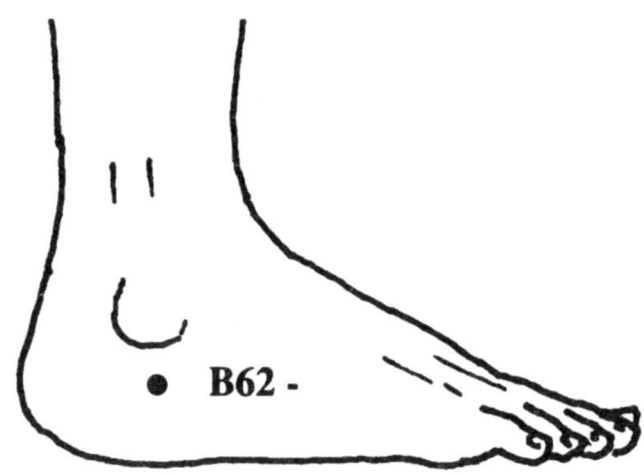

LG1: An der Spitze des Steißbeins.

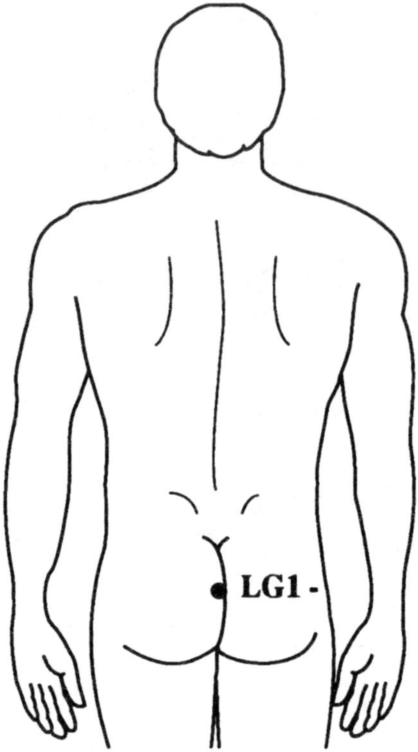

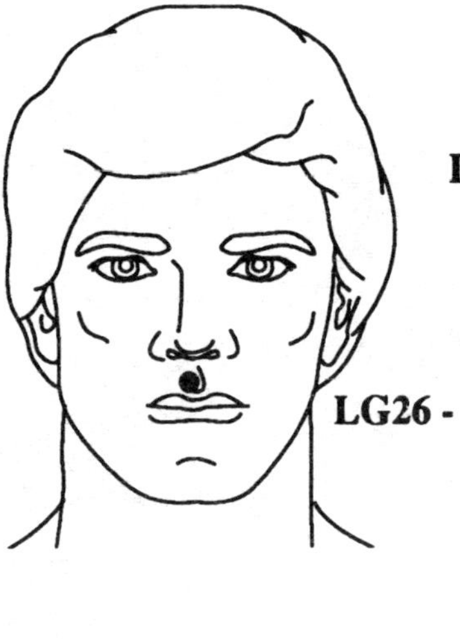

LG26: In der Vertiefung unmittelbar unter der Nase.

Beschwerden, die in Beziehung zum SM Lenker stehen

Schmerzen in der Wirbelsäule

Behandeln Sie den SM Lenker einschließlich der Punkte LG4, LG9, LG14 und LG20, d. h. verfahren Sie folgendermaßen:

Dü3 -, B62 -, LG1 -, LG4 +, LG9 -, LG14 -, LG20 -, LG26 +, und sedieren Sie anschließend die schmerzhaften Punkte, falls solche dann noch vorhanden sein sollten.

LG4: In der Vertiefung der Nieren, zwischen dem zweiten und dritten Lendenwirbel.

LG9: Zwischen dem siebten und achten Rückenwirbel, fast in der Mitte des Rückens.

LG14: Zwischen dem ersten Rückenwirbel und dem letzten Halswirbel.

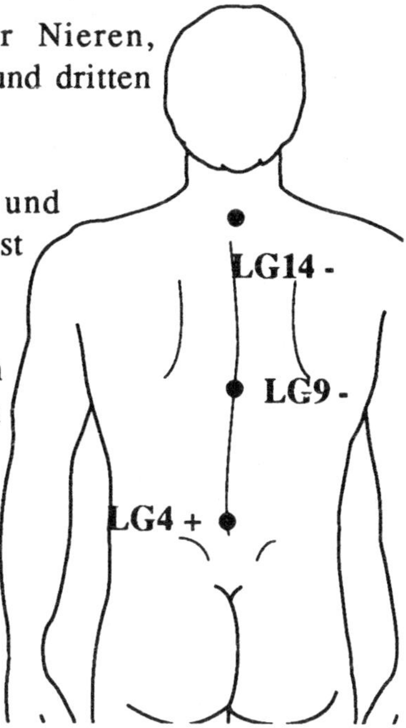

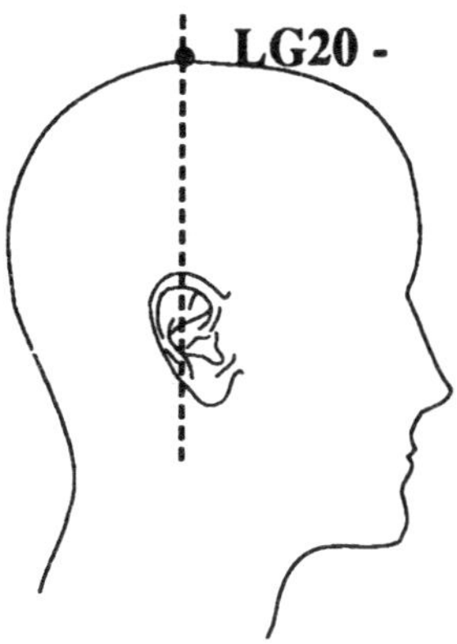

LG20: Am Scheitelpunkt des Schädels, auf einer gedachten Verbindungslinie zwischen den obersten Punkten beider Ohren.

Beschwerden, die in Beziehung zum SM Lenker stehen

Schmerzen am Scheitelpunkt des Schädels

Behandeln Sie den SM Lenker einschließlich des Punktes LG20 und beenden Sie die Behandlung mit dem Punkt N1, d. h. verfahren Sie folgendermaßen:

Dü3 -, B62 -, LG1 +, LG20 -, LG26 + und N1 +.

LG20: Am Scheitelpunkt des Schädels, auf einer gedachten Verbindungslinie zwischen den obersten Punkten beider Ohren.

N1: Auf der Fußsohle, zwischen den beiden Muskelpartien.

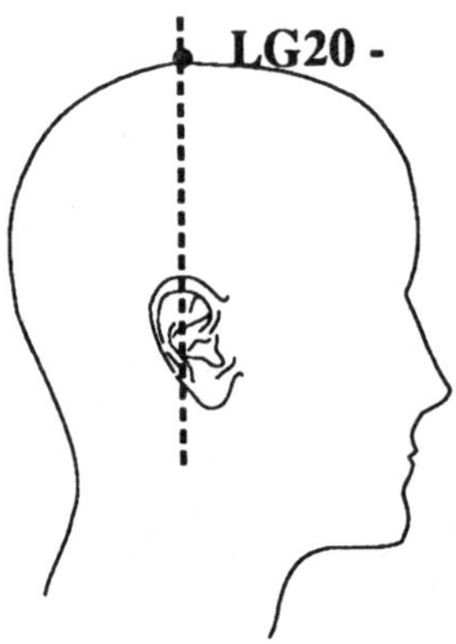

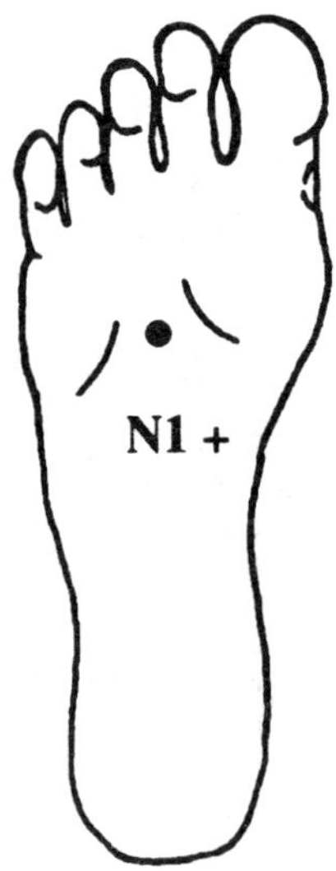

Beschwerden, die in Beziehung zum SM Lenker stehen

Arthrose im Nacken

Nach der Behandlung der Punkte des SM Lenker, d. h. der Punkte Dü3 -, B62 -, LG1 - und LG26 - können Sie, falls erforderlich, noch folgende Punkte stimulieren:

B54 -, B67 +, B10 -, G44 +, G20 -, LG14 - und LG20 -.

B54: In der Mitte der Kniekehle.

B67: Am äußeren Nagelbett der kleinen Zehe.

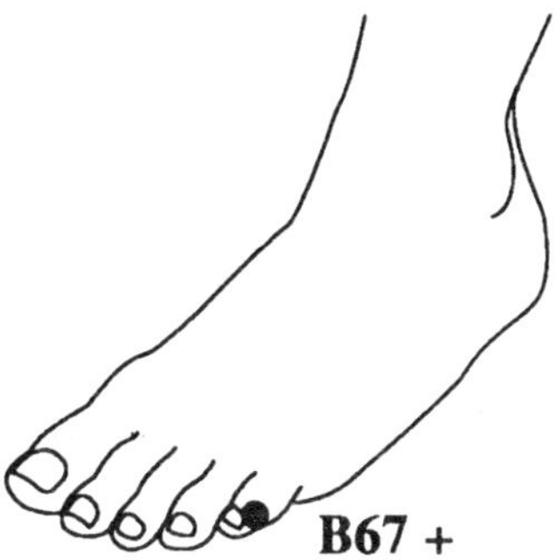

B10: Im Nacken unter den Hinterhauptshöckern.

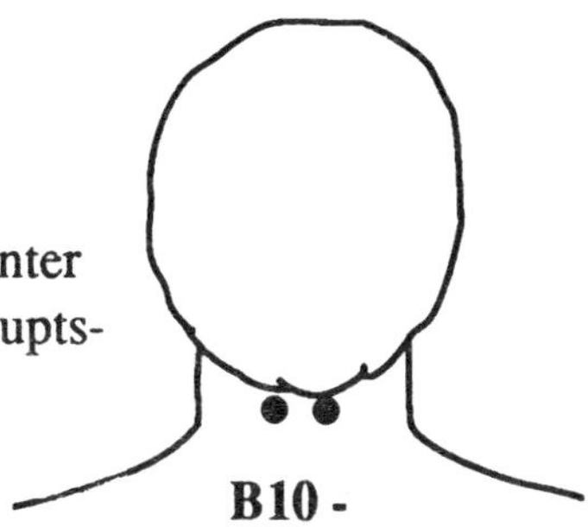

G44: Am äußeren Nagelbett der vierten Zehe.

G20: Im Nacken, unter den Hinterhaupshöckern.

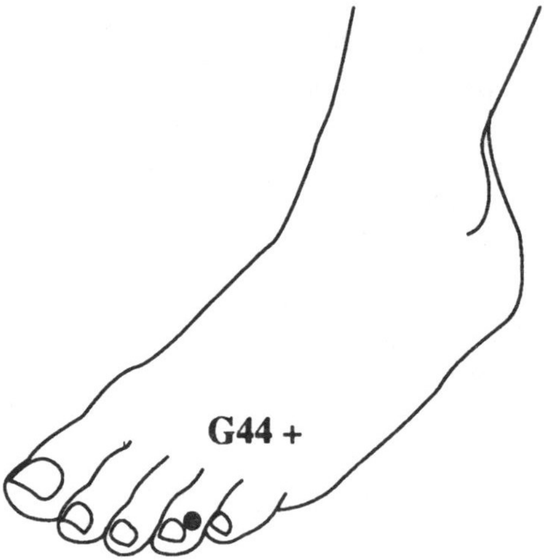

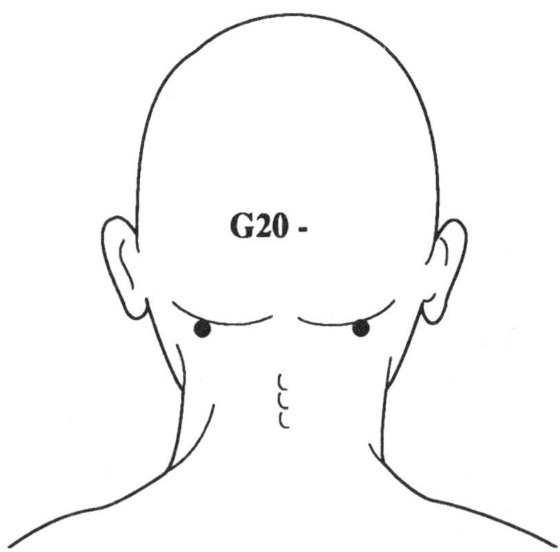

LG14: Zwischen dem ersten Rückenwirbel und dem letzten Halswirbel.

LG20: Am Scheitelpunkt des Schädels, auf einer gedachten Verbindungslinie zwischen den obersten Punkten beider Ohren.

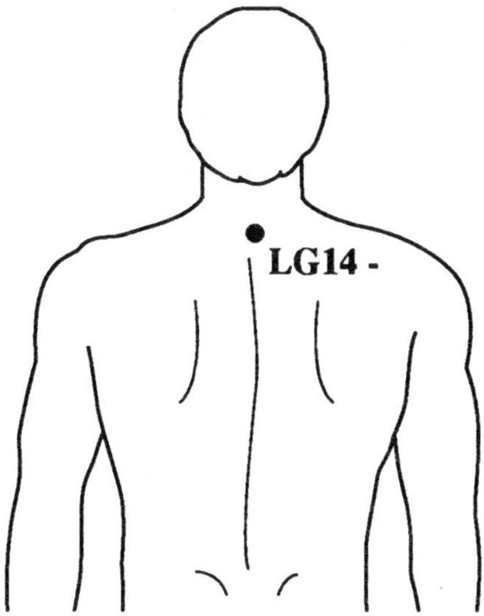

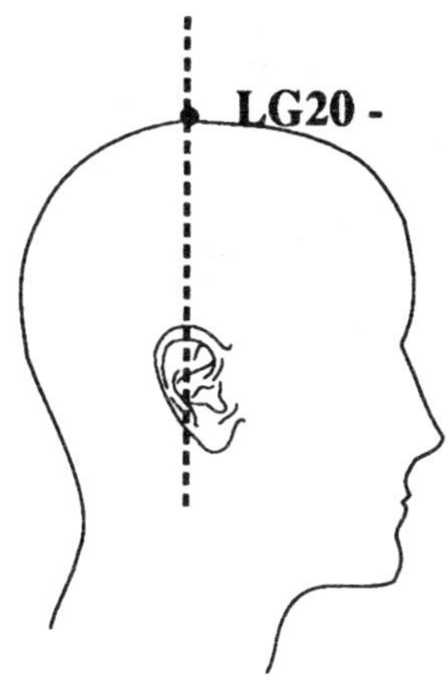

Beschwerden, die in Beziehung zum SM Lenker stehen

Steifer Hals

Nach der Behandlung der Punkte des SM Lenker, d. h. der Punkte Dü3 -, B62 -, LG1 - und LG26 - können Sie, falls erforderlich, noch folgende Punkte stimulieren:

MP5 +, B60 -, B54 -, B10 -, G34 -, 3E1 +, 3E4 - und 3E10 -.

MP5: Vor dem inneren Fußknöchel, auf dem Fußrist, auf der Sehne des vorderen Schienbeinmuskels, in einer Vertiefung, die sich bildet, wenn man den Fuß nach innen neigt.

B60: Hinter dem äußeren Fußknöchel.

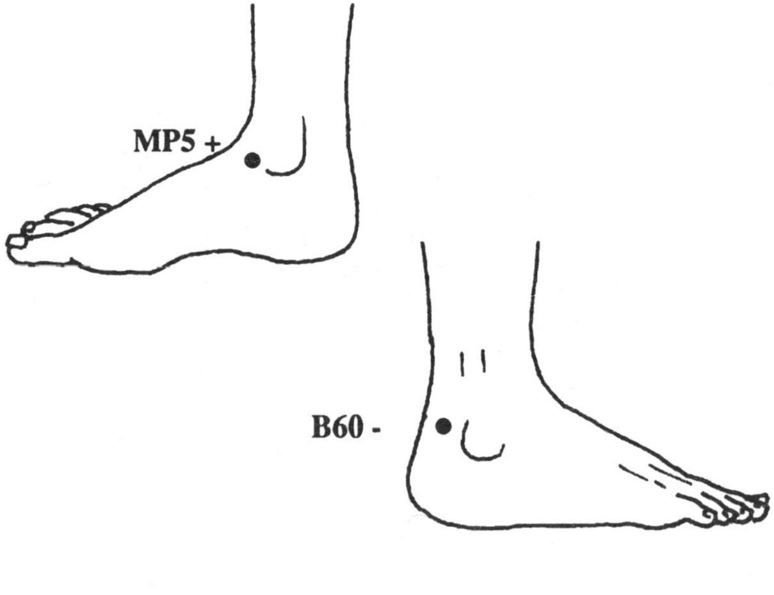

B54: In der Mitte der Kniekehle.

B10: Im Nacken, unter den Hinterhaups-höckern.

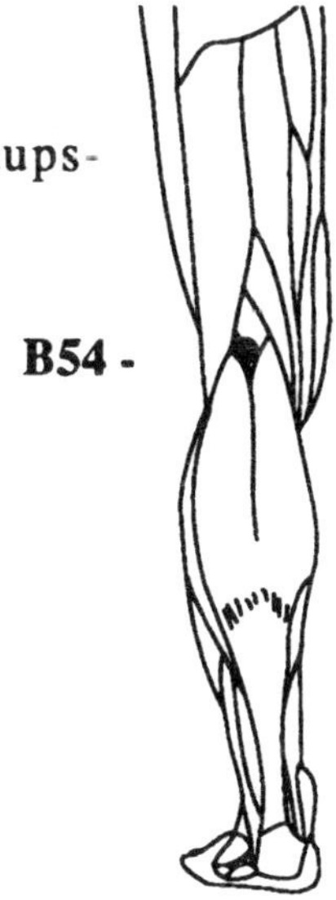

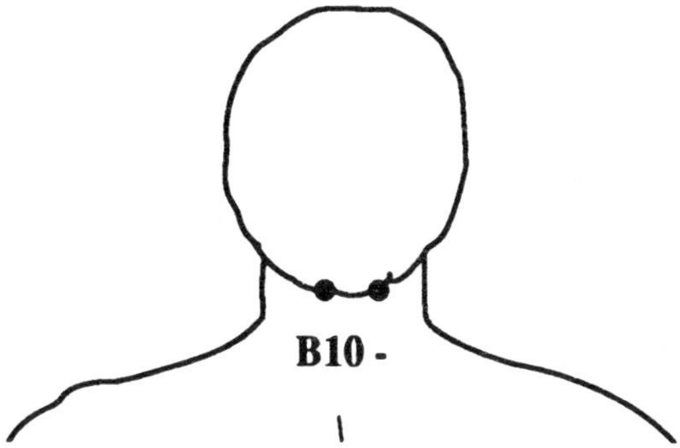

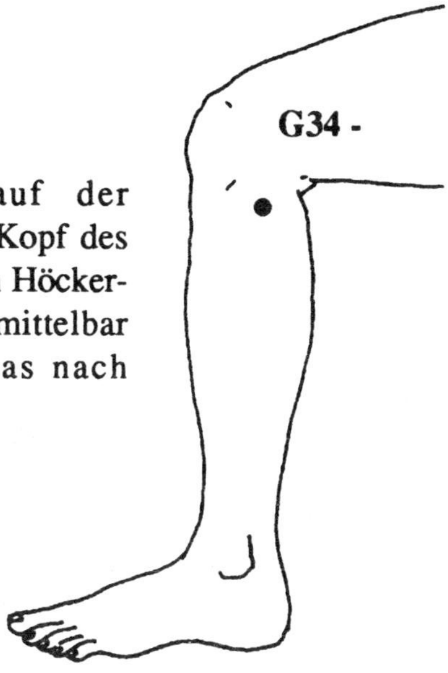

G34: Unter dem Knie auf der Außenseite, unter dem Kopf des Wadenbeins, des kleinen Höckerknochens, den man unmittelbar unter dem Knie, etwas nach hinten versetzt, spürt.

3E1: Am Nagelbett des Ringfingers, auf der Seite des kleinen Fingers.

3E4: Auf der Oberseite der Handgelenksfalte.

3E10: Über der Spitze des Hakenfortsatzes der Elle, d. h. hinter dem Ellbogen.

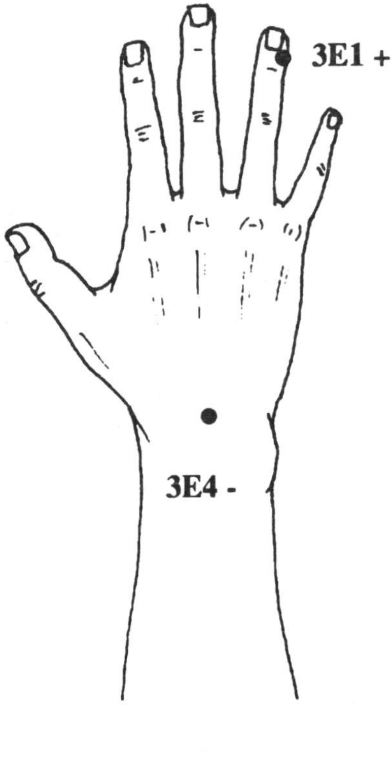

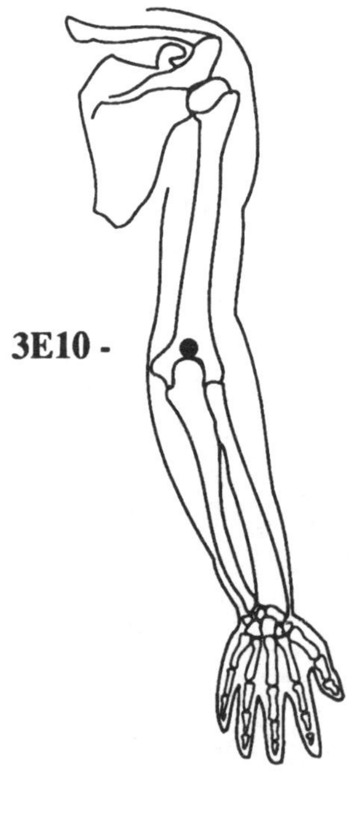

Beschwerden, die in Beziehung zum SM Lenker stehen

Allgemeine Müdigkeit

Nach der Behandlung der Punkte des SM Lenker, d. h. der Punkte Dü3 -, B62 -, LG1 - und LG26 - können Sie, falls notwendig, noch folgende Punkte stimulieren:

Ma36 +, Di4 +, Lu9 +, KG12 +, N7 +, B23 +, LG4 +, Le8 + und Dü4 +, alle vorzugsweise morgens zu tonisieren.

Ma36: 4 Fingerbreit unter dem Knie, zwischen dem vorderen Schienbeinmuskel und dem großen Streckmuskel.

Di4: Im Winkel, den die beiden ersten Mittelhandknochen bilden, und zwar vor und an der Basis des zweiten Mittelhandknochens.

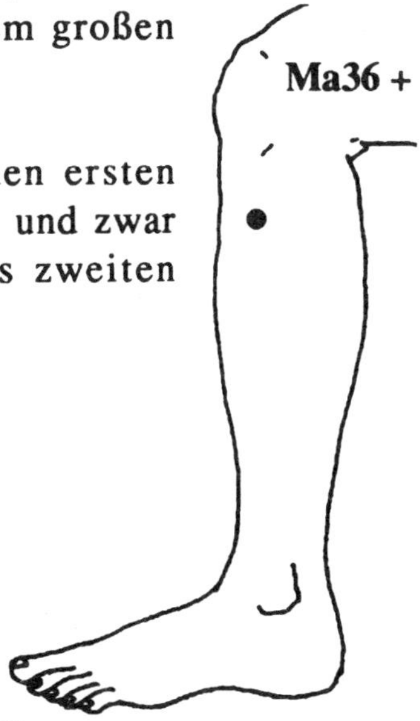

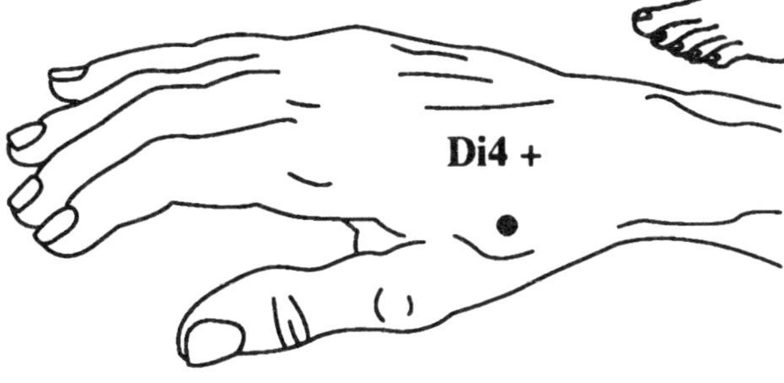

Lu9: In der Speichenfurche, auf der Handgelenksfalte, d. h. vor dem Griffelfortsatz der Speiche.

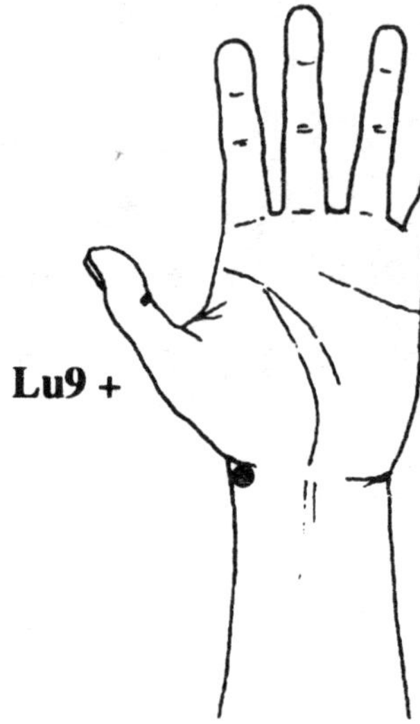

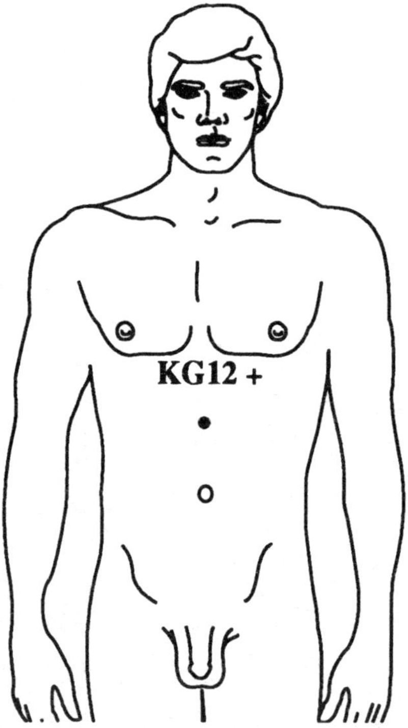

KG12: In der Mitte zwischen Nabel und Schwertspitze des Brustbeins.

N7: 2 Fingerbreit über dem inneren Fußknöchel, vor der Achillessehne.

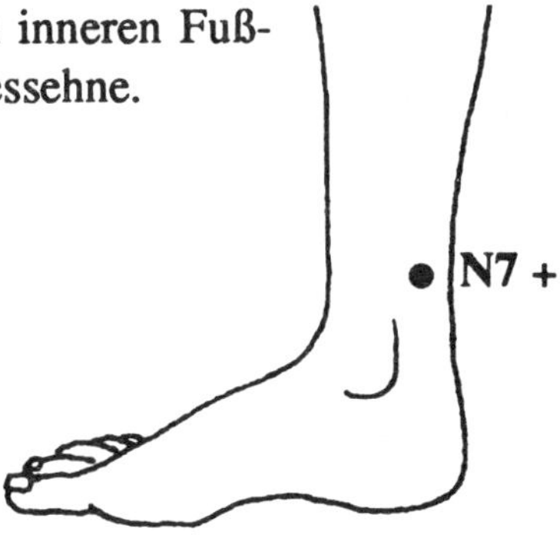

B23: Im Bereich des zweiten und dritten Lendenwirbels.

LG4: In der Vertiefung der Nieren, zwischen dem zweiten und dritten Lendenwirbel.

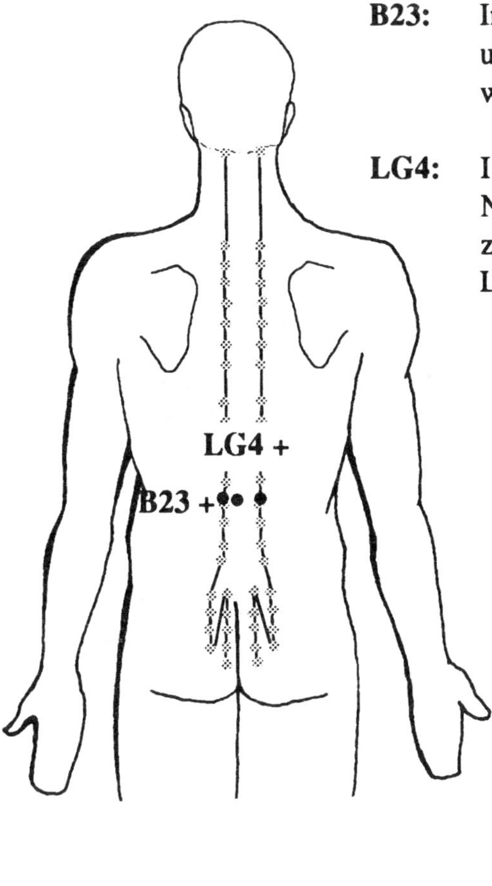

Le8: Auf der inneren Kniebeugefalte, am Gelenk.

Dü4: An der Handaußenkante auf der Seite der Elle, in einer kleinen Vertiefung unmittelbar vor dem Handgelenk.

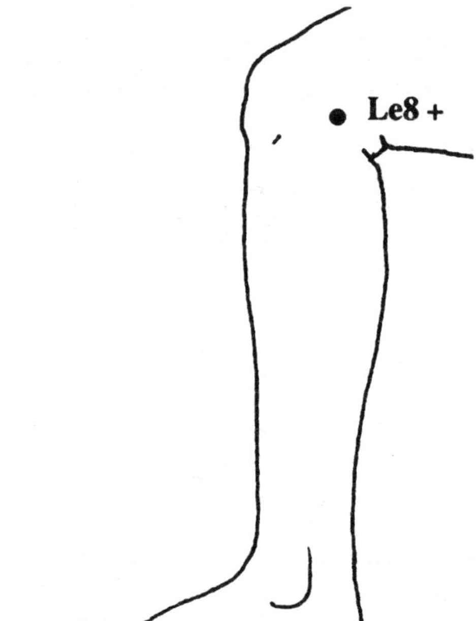

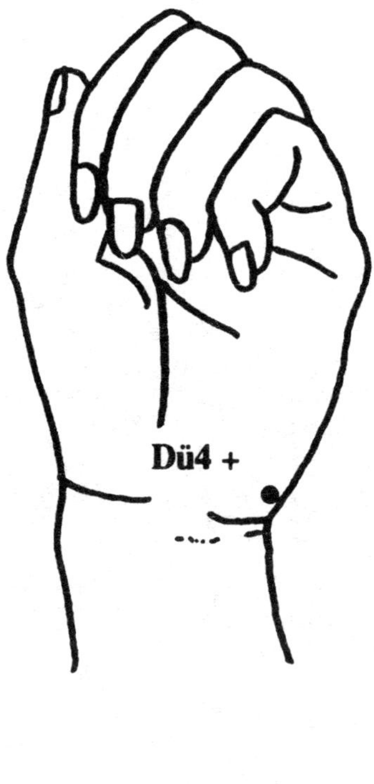

Lenkergefäß

Polarität: Yang.

Verlauf: Das Lenkergefäß beginnt an der Spitze des Steißbeins, steigt die gesamte Wirbelsäule entlang hoch, über die Schädelmitte, und endet schließlich unterhalb der Nase.

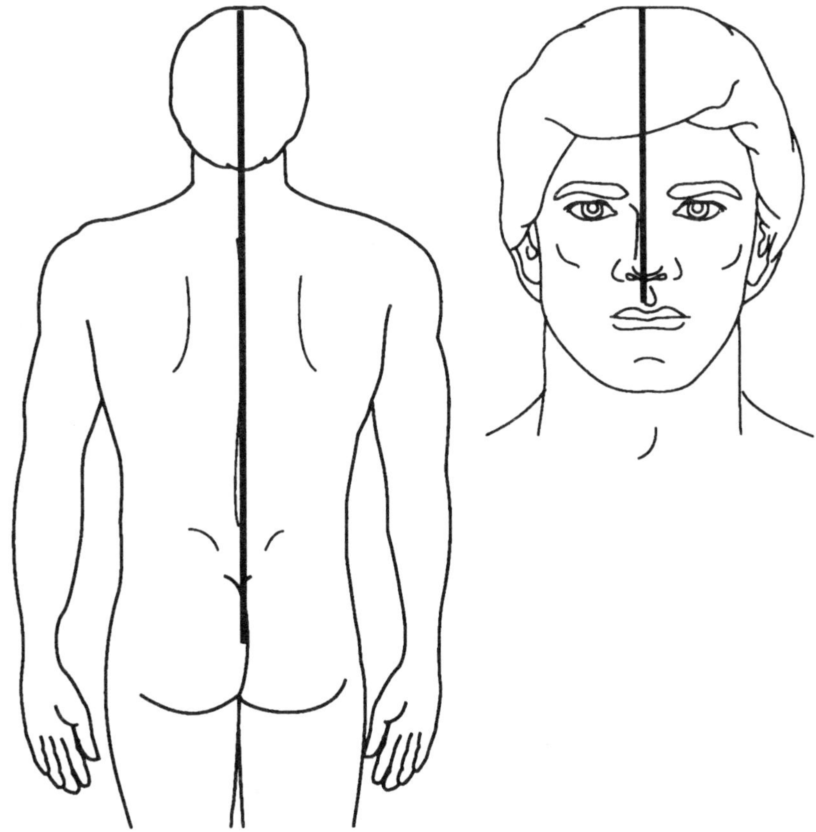

LG1: *Anfangspunkt*
An der Spitze des Steißbeins.
Hämorrhoiden (-).
Schmerzen in der Wirbelsäule (+).

LG4: *Ming-Menn-Punkt oder Pforte des Lebens*
In der Vertiefung der Nieren, zwischen dem zweiten und dritten Lendenwirbel.
Verlust der Manneskraft (+).
Zur Anregung der Nebennieren (+).
Zur Wiederherstellung der Spannkraft (+).

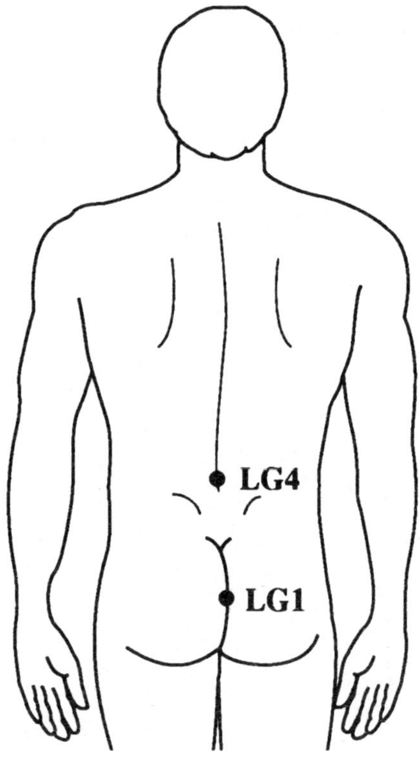

LG9: Zwischen dem siebten und achten Rückenwirbel, fast in der Mitte des Rückens.
Abgespanntheit (+).
Rheumatische Beschwerden (+).
Kraftlosigkeit (+).

LG14: *Kreuzungspunkt der Yang-Energie*
Zwischen dem ersten Rückenwirbel und dem letzten Halswirbel.
Aufgrund seiner Lage kann man leicht erkennen, daß am Ende des Tages eine gewisse Sättigung erreicht ist, die uns zum Ausspruch "das geht mir aufs Kreuz" veranlaßt. Sedieren Sie diesen Punkt, wenn er schmerzt.
Nackensteifheit (-).
Steifer Hals (-).
Erkältung (+).

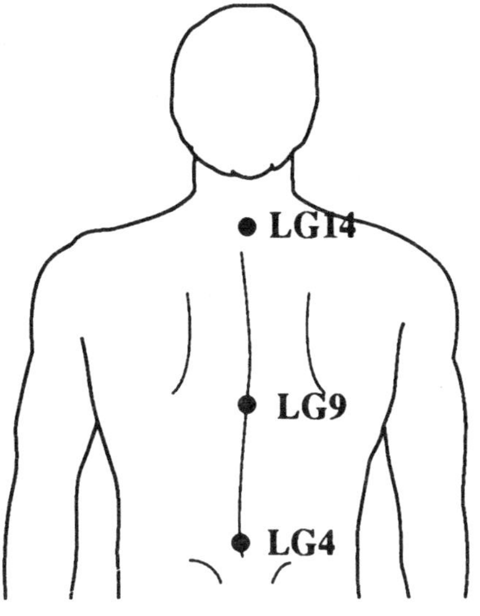

Die Punkte LG19 und LG20 stehen in Kontakt zu den kosmischen Strahlen. Sie fördern die Konzentration und den Schlaf.

LG19: Am Scheitelpunkt des Schädels im Bereich der Knochennaht von Scheitelbein- und Hinterhauptsknochen.

LG20: Am Scheitelpunkt des Schädels, auf einer gedachten Verbindungslinie zwischen den obersten Punkten beider Ohren.
Zum Abbau von Spannung (-).
Zur Förderung der Konzentration (+).

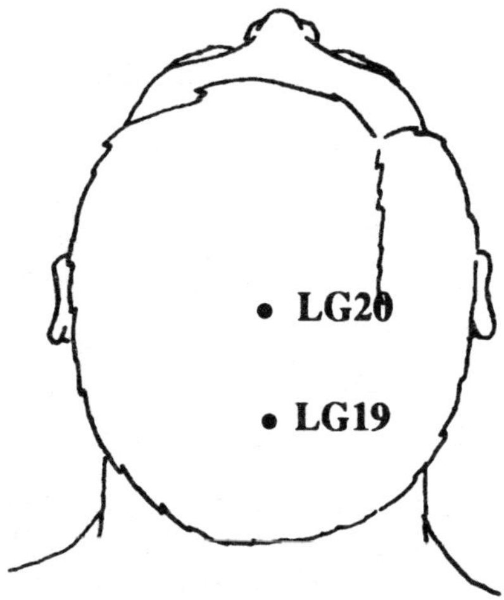

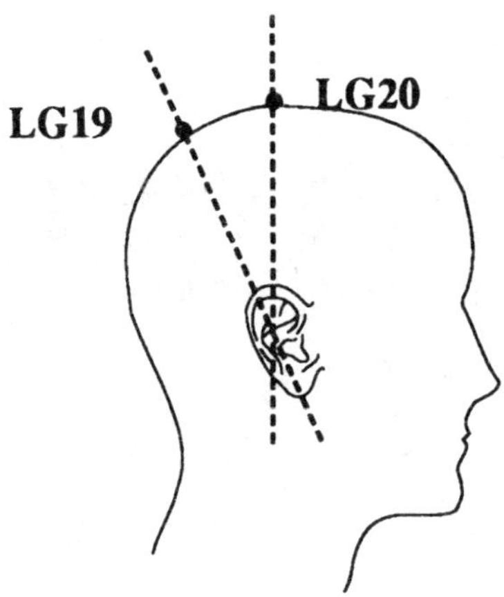

LG24: Am Haaransatz.
Stirnhöhlenentzündung (-).

LG25: An der Nasenspitze.
Punkt der Betrunkenheit (-).

LG26: *Punkt der Entscheidung über Leben und Tod*
In der Vertiefung unmittelbar unter der Nase.
Ein heftiger Schlag auf diesen Punkt kann den Tod herbeiführen, während man eine ohnmächtige Person durch Tonisierung dieses Punktes wieder zu Bewußtsein bringen kann.

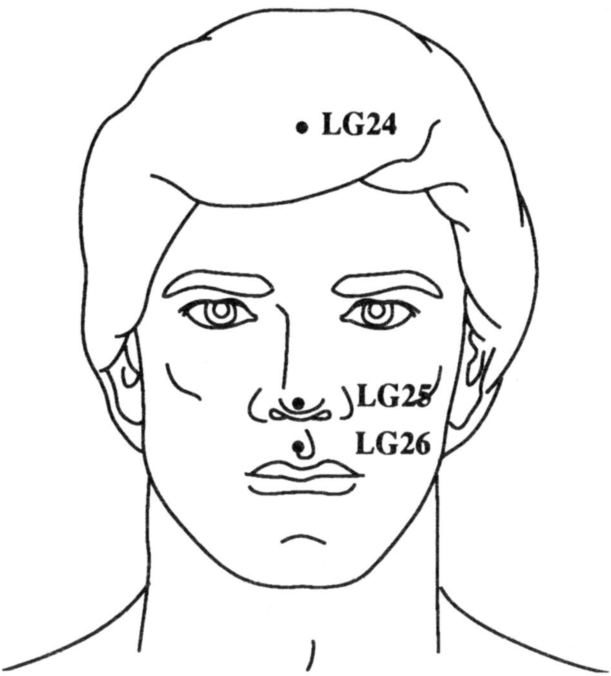

5. Rezepte

Abwehrkräfte

Zur Anregung der Abwehrkräfte haben sich die folgenden Punkte als ideal herausgestellt:

Tonisieren Sie die Punkte MP6, B23, N7, LG4, Le8, B18, B38 und Lu9.

MP6: 4 Fingerbreit über dem inneren Fußknöchel, in einer Vertiefung hinter dem Schienbein.

B23: Im Bereich des zweiten und dritten Lendenwirbels.

N7: 2 Fingerbreit über dem inneren Fußknöchel, vor der Achillessehne.

LG4: In der Vertiefung der Nieren, zwischen dem zweiten und dritten Lendenwirbel.

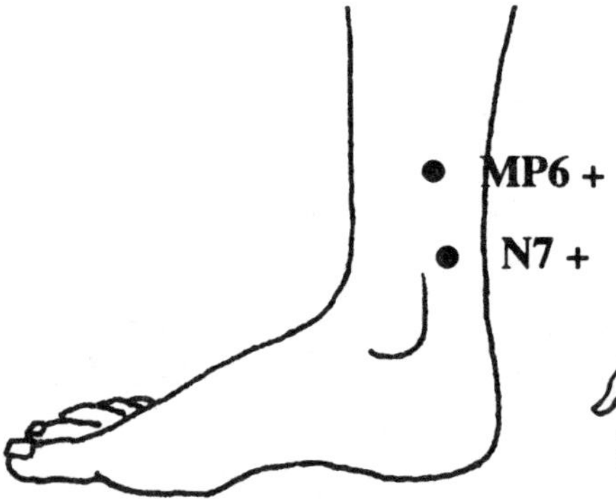

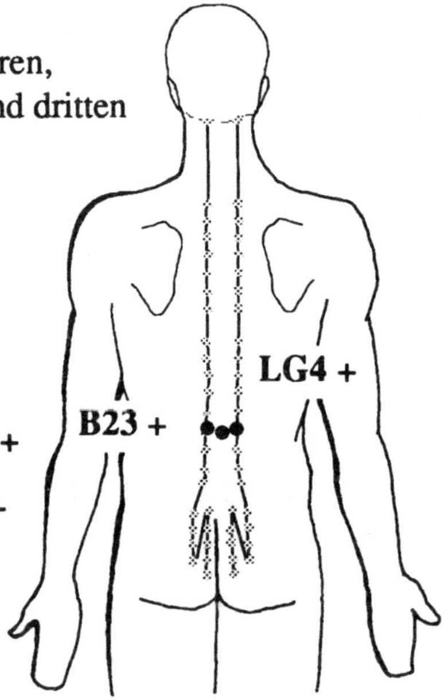

Le8: Auf der inneren Kniebeugefalte, am Gelenk.

B18: Im Bereich des neunten und zehnten Rückenwirbels.

B38: An der Innenkante des Schulterblattes.

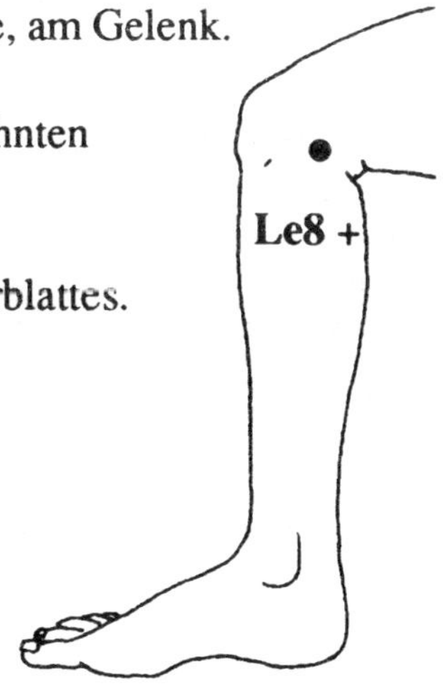

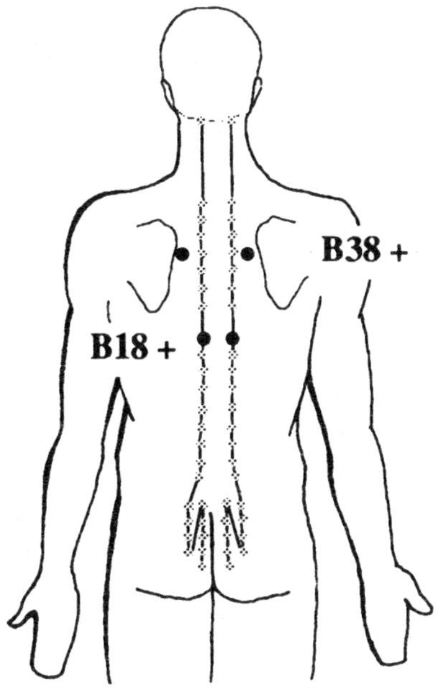

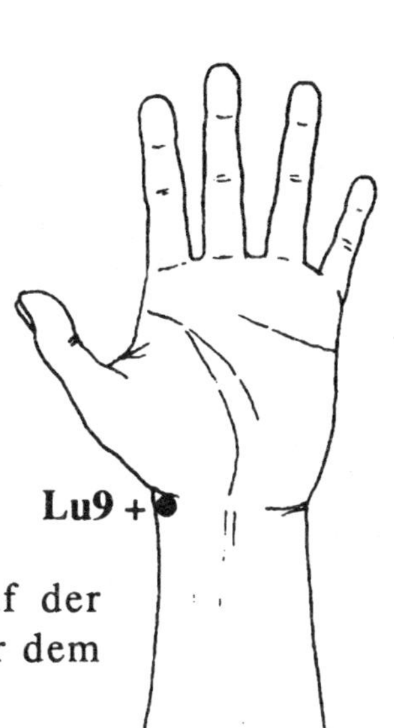

Lu9: In der Speichenfurche, auf der Handgelenksfalte, d. h. vor dem Griffelfortsatz der Speiche.

Alpträume

Alpträume treten oft in Verbindung mit Beschwerden bei der Verdauung von bestimmten Nahrungsmitteln und mit Sorgen auf. Deshalb ist es nicht verwunderlich, daß der Punkt gegen Alpträume sich auf dem HM des Magens befindet.

Tonisieren Sie den Punkt Ma44.

Ma44: Zwischen der zweiten und dritten Zehe, auf der Seite der zweiten Zehe.

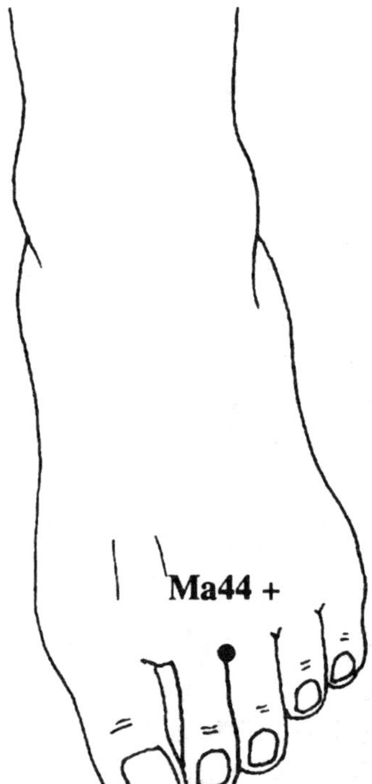

Ängstlichkeit

Ängstlichkeit entsteht oft aus einem energetischen Ungleichgewicht heraus, das einerseits durch Streß und andererseits aufgrund eines Mangels an Stabilität der inneren Energie eingetreten ist. Folglich empfiehlt es sich, die Widerstandsfähigkeit in bezug auf Streß zu erhöhen und das Selbstvertrauen zu fördern. Hier die Punkte, die Ihnen dabei behilflich sein werden:

Tonisieren Sie den Punkt KG6;
Sedieren Sie die Punkte H3, Le3 und Di4.

KG6: Auf der Mittellinie des Bauches, 3 Fingerbreit unter dem Nabel.

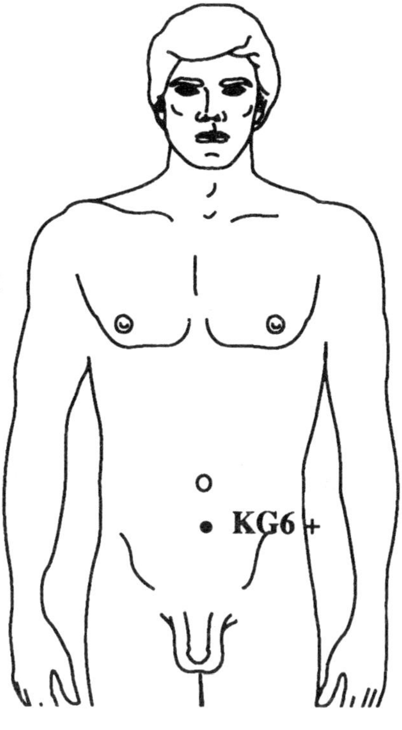

H3: Auf der Beugefalte des Ellbogens, im Bereich des Gelenks der beiden Knochen.

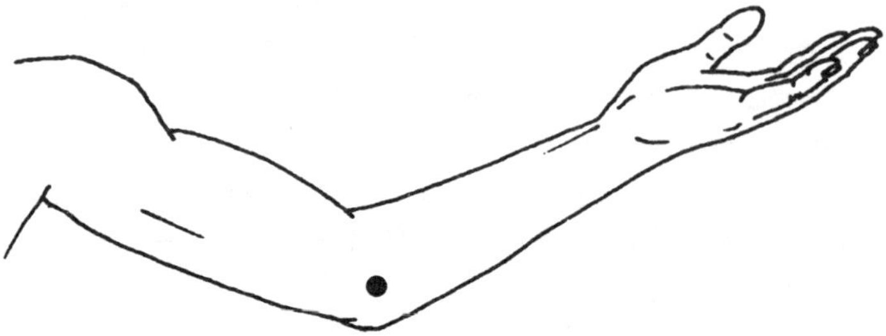

H3 -

Le3: An der Spitze des Winkels den die beiden ersten Mittelfußknochen in gespreiztem Zustand bilden.

Di4: Am Winkel, den die beiden ersten Mittelhandknochen bilden, und zwar vor und an der Basis des zweiten Mittelhandknochens.

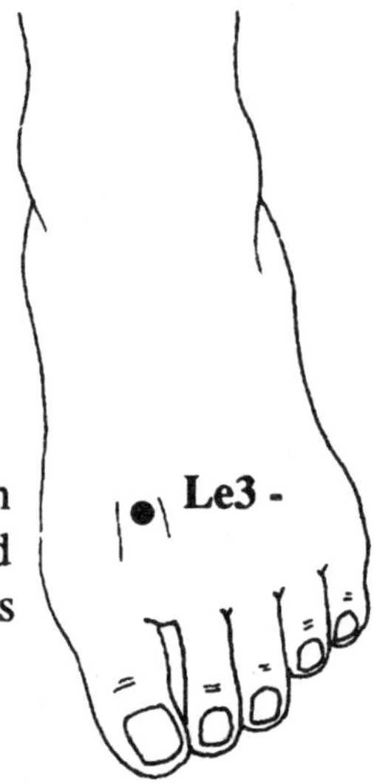

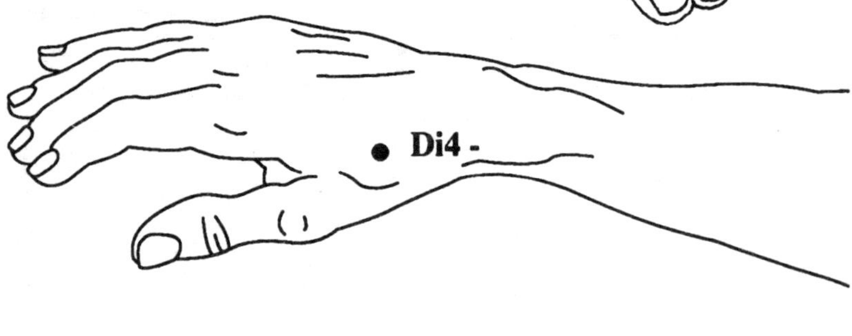

Aphten

Tonisieren Sie die Punkte Le3 und KG12;
Sedieren Sie die Punkte Di1, Di2 und Di4.

Empfohlenes Spurenelement: Magnesium

Le3: An der Spitze des Winkels, den die beiden ersten Mittelfußknochen in gespreiztem Zustand bilden.

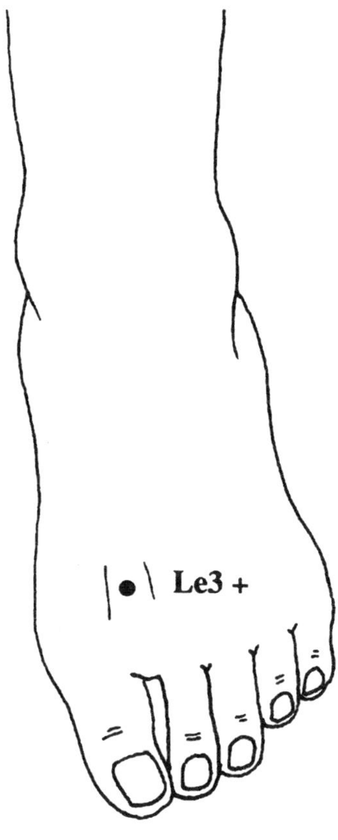

KG12: In der Mitte zwischen Nabel und Schwertspitze des Brustbeins.

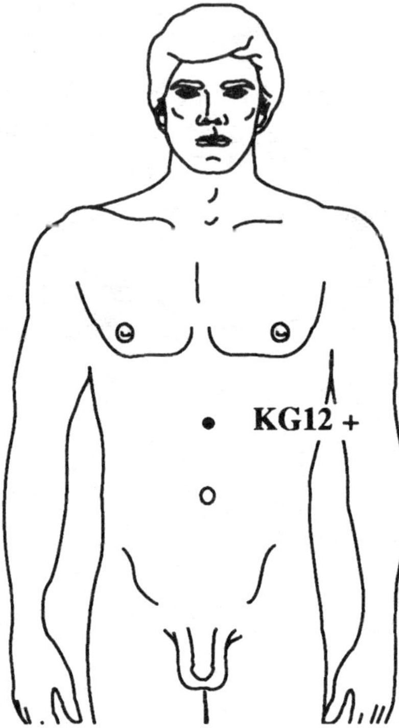

Di1: Am Nagelbett des Zeigefingers, auf der Seite des Daumens.

Di2: Unmittelbar vor dem Grundgelenk, auf der Innenkante des Zeigefingers.

Di4: Im Winkel, den die beiden ersten Mittelhandknochen bilden, und zwar vor und an der Basis des zweiten Mittelhandknochens.

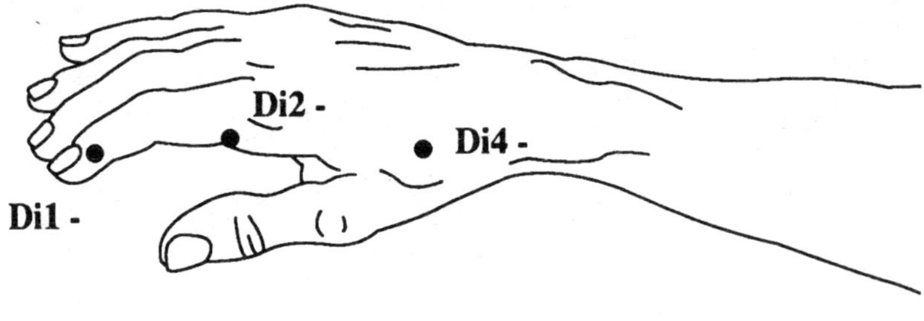

Ungezügelter Appetit

Es gibt mehrere Ursachen für ungezügelten Appetit. Es kann sich z. B. um einen Mangel im Gefühlsbereich handeln, doch oft besteht ein Bedarf an Vitaminen und Spurenelementen, der durch eine zu stark an Raffineriekost orientierte Ernährung, die nicht unseren physiologischen Bedürfnissen entspricht, nicht abgedeckt werden kann.

Eine gute Möglichkeit, diesen Zustand zu beheben, besteht darin, drei Tabletten *Levuforme* 15 Minuten vor den Mahlzeiten einzunehmen, denn diese Art von Hefe ist sehr reich an Vitaminen, besonders solchen der B-Gruppe, und kann so bestimmte Mangelerscheinungen abdecken und auf diese Weise dazu beitragen, daß man weniger ißt.

Sedieren Sie die Punkte Ma45, Ma36 und KG12.

Ma45: Am Nagelbett der zweiten Zehe, auf der Seite der dritten Zehe.

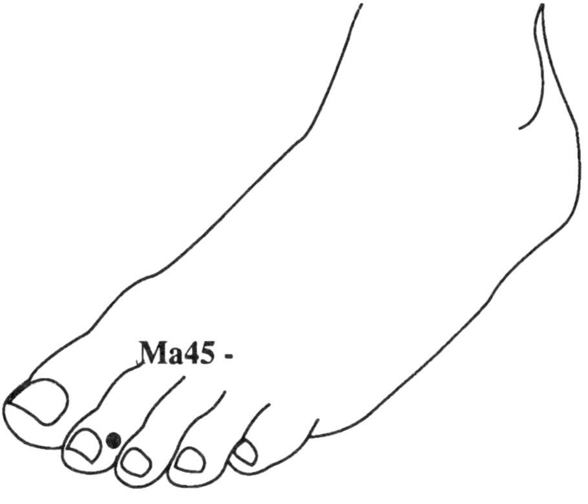

Ma36: 4 Fingerbreit unter dem Knie, am Schienbein.

KG12: In der Mitte zwischen Nabel und der Spitze des Brustbeins.

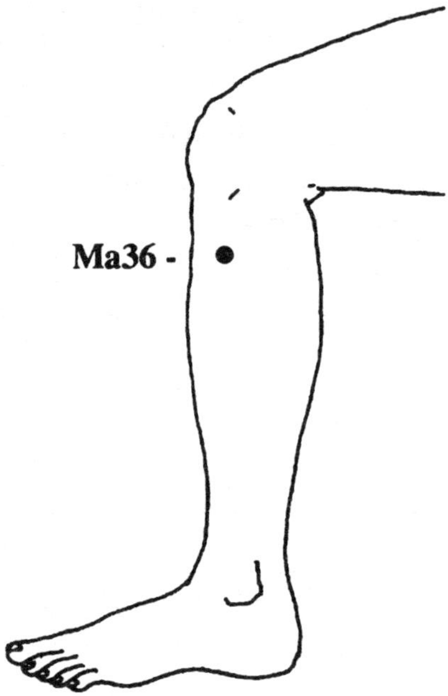

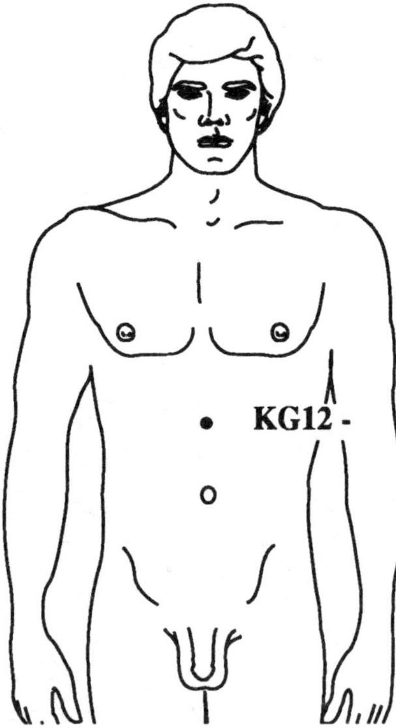

Appetitlosigkeit

Tonisieren Sie die Punkte Ma41 und KG12.

Ma41: In einer Vertiefung mitten auf dem Fußrist, zwischen den beiden Sehnen.

KG12: In der Mitte zwischen Nabel und der Spitze des Brustbeins.

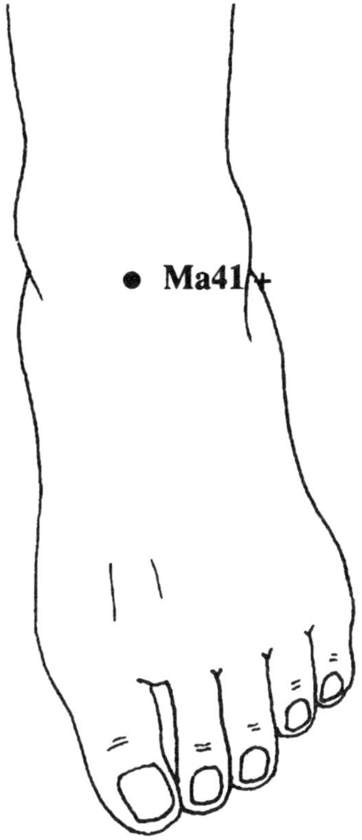

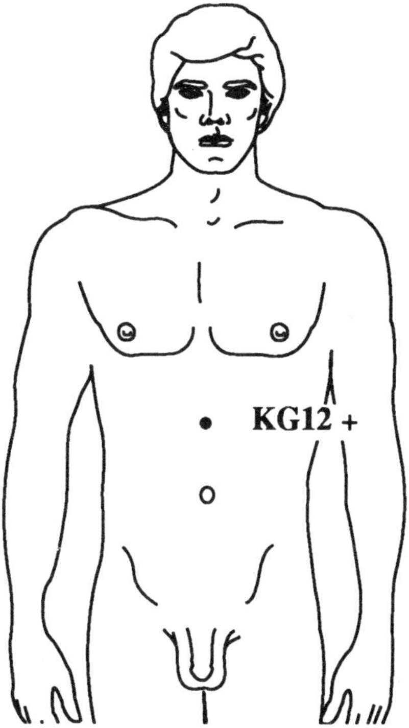

Arterienentzündung

Diese Behandlung hat nicht den Anspruch, eine Arterienentzündung zu heilen, kann jedoch sicherlich Erleichterung verschaffen.

Sedieren Sie die Punkte MH6, Ma32, Le3 und Lu9;
Tonisieren Sie die Punkte G39 und H4.

MH6: 3 Fingerbreit über der Beugefalte des Handgelenks, zwischen den beiden Sehnen.

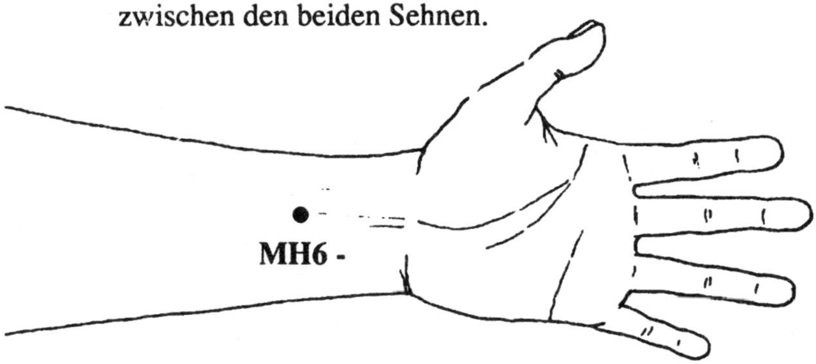

Ma32: Mitten auf der Oberseite des Oberschenkels.

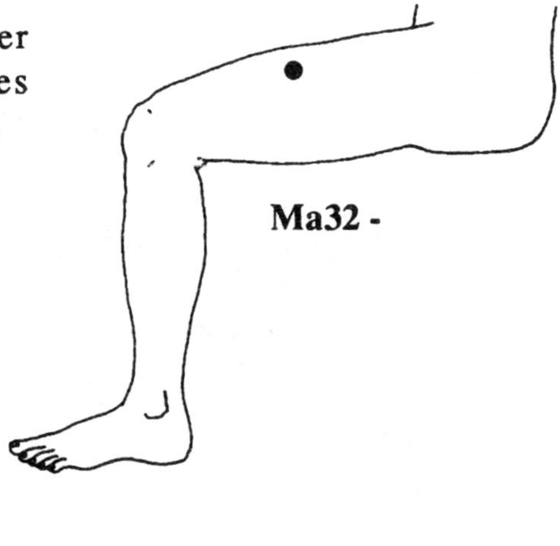

Le3: An der Spitze des Winkels, den die beiden ersten Mittelfußknochen in gespreiztem Zustand bilden.

Lu9: In der Speichenfurche, auf der Handgelenksfalte, d. h. vor dem Griffelfortsatz der Speiche.

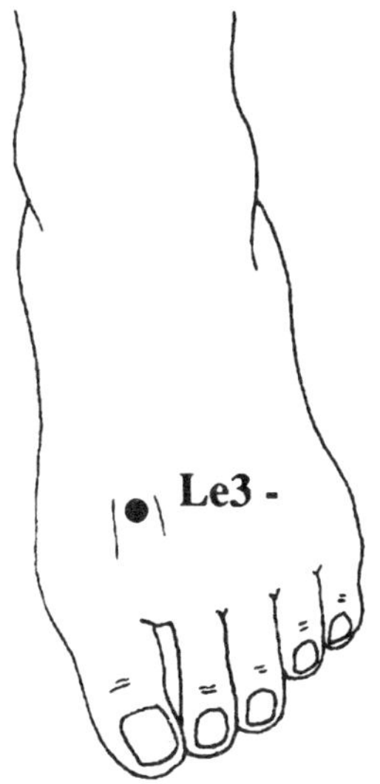

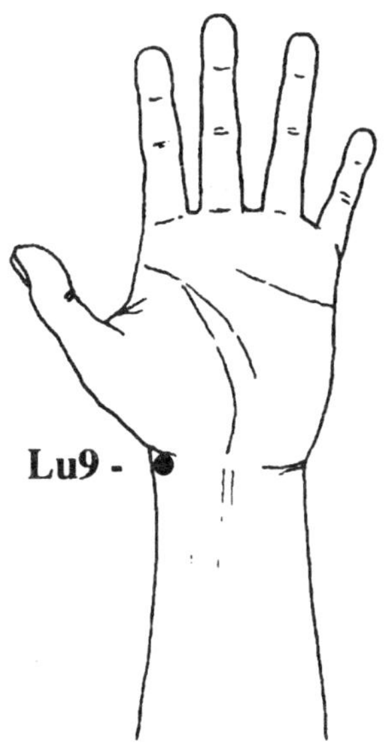

G39: 2 Fingerbreit über dem äußeren Fußknöchel, auf dem Wadenbein.

H4: Auf der Innenkante des Handgelenks, in der Furche der Elle, unmittelbar vor dem kleinen Knochen (Griffelfortsatz).

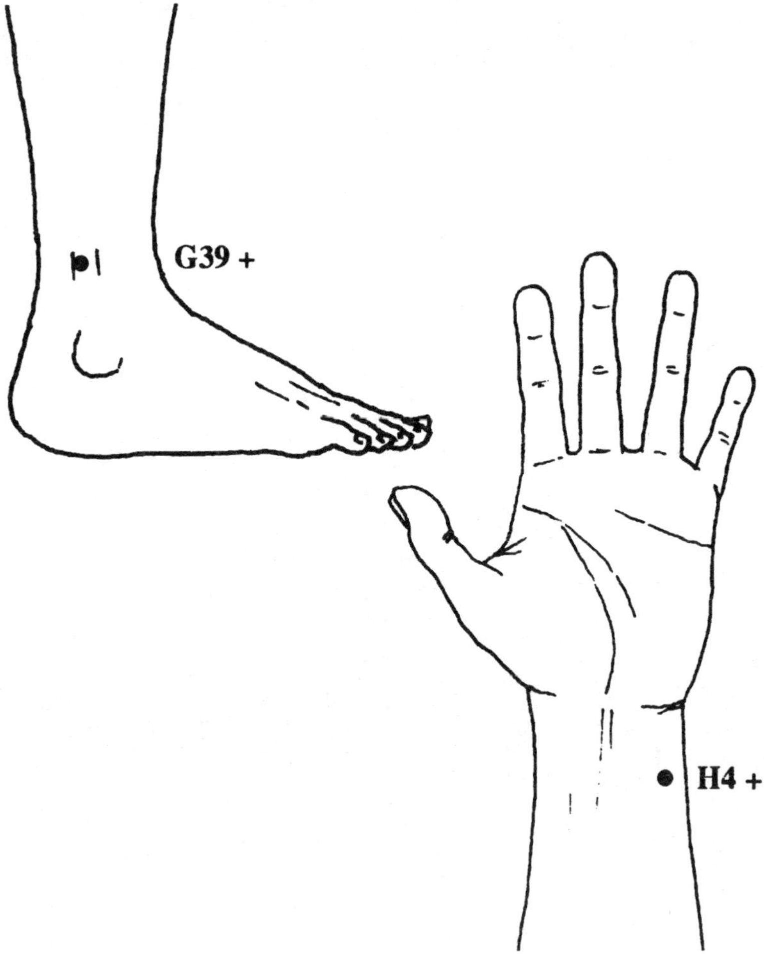

Arteriosklerose

Sedieren Sie die Punkte MP6, Le3, Le14, G39, B62, MH8 und Ma36.

Eine Ansammlung von amorphen Fetten in den Arterien mindert die Elastizität und fördert die Verkalkung der Arterien, eine Zivilisationskrankheit.

Meiden Sie:	Tabak. Alkohol. Tierische Fette. Zucker. Wurstwaren.
Essen Sie:	Gemüse. Salat. Obst. Knoblauch. Zwiebeln. Zitronen. Grapefruit. Kaltgepreßte Jungfernöle erster Pressung, und zwar grundsätzlich Olivenöl oder Sonnenblumenöl.
Empfehlenswert:	Tee von Löwenzahnwurzeln. Schwarzer Rettichsaft. Grapefruitsaft.
Überwachen Sie:	Cholesterin, Fette und Triglyzeride im Blut.

Empfohlene Spurenelemente: Selen. Chrom.

MP6: Auf der Innenseite des Beines, 4 Fingerbreit über dem inneren Fußknöchel, in einer Vertiefung hinter dem Schienbein.

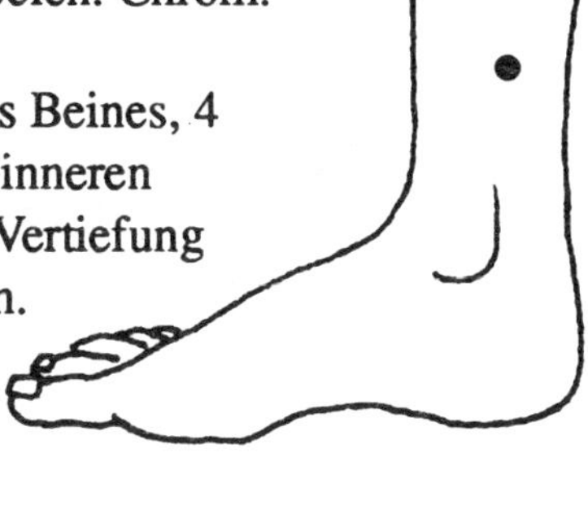

Le3: Auf dem Fuß, an der Spitze des Winkels, den die beiden ersten Mittelfußknochen in gespreiztem Zustand bilden, am Knochen der großen Zehe.

Le14: Zwischen der sechsten und siebten Rippe, auf einer Linie mit der Brustwarze.

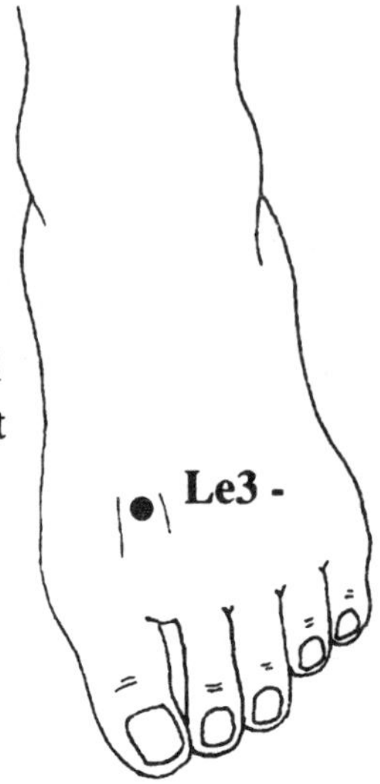

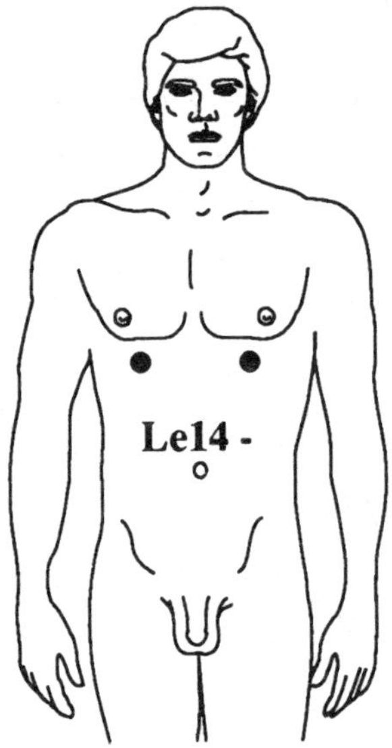

G39: 2 Fingerbreit über dem äußeren Fußknöchel, auf dem Wadenbein.

B62: Unter dem äußeren Fußknöchel.

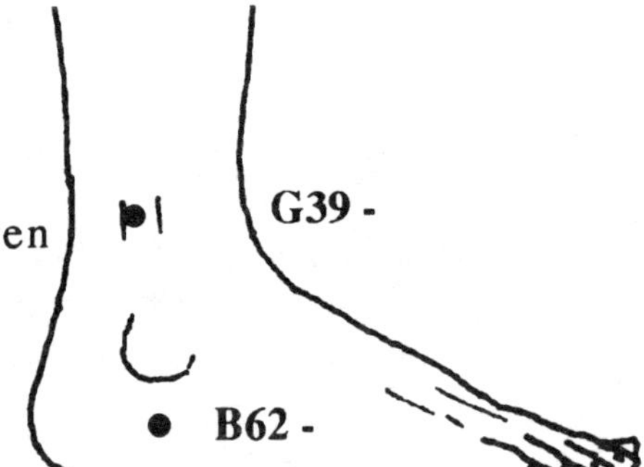

MH8: In der Mitte der Handfläche, auf der Querfalte.

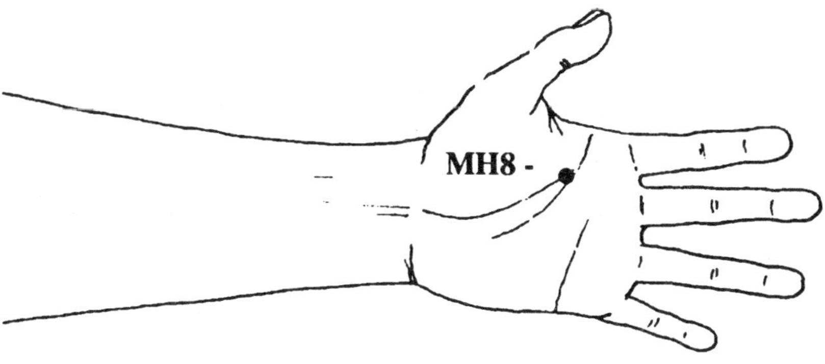

Ma36: 4 Fingerbreit unter dem Knie, am Schienbein.

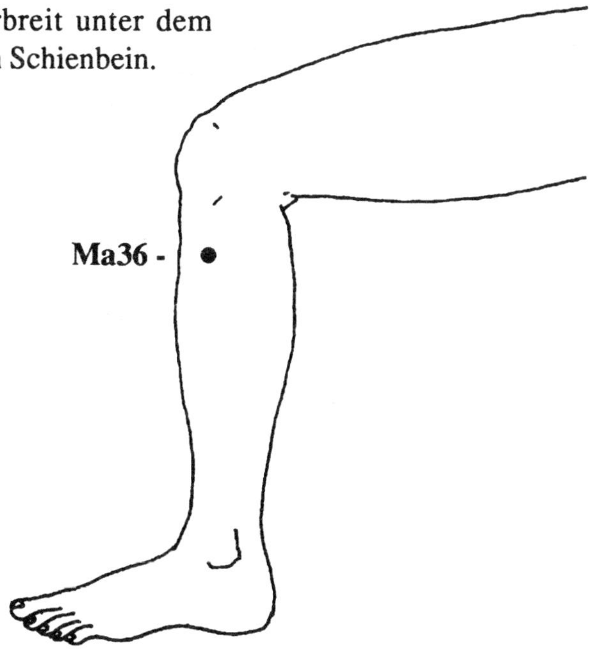

Asthma

Folgende Punkte können einen Asthmaanfall abwenden:

Sedieren Sie den Punkt Lu7;
Tonisieren Sie den Punkt KG17 (außer wenn es sich um einen übernervösen Patienten handelt).

Hier ein Rezept, das Sie anwenden können und womit man gelegentlich gute Resultate erzielen kann. Geben Sie 15 Tropfen einer Mazeration aus Knoblauch auf ein Stückchen Würfelzucker und lassen Sie dieses langsam im Mund zergehen. Die Mazeration aus Knoblauch stellt man her, indem man sechs Knoblauchzehen in einen Viertelliter 90%igen Alkohol zwei Wochen lang einlegt.

Empfohlenes ätherisches Öl: Pfefferminze (1 Tropfen auf die Zunge, sobald sich erste Anzeichen von Husten einstellen).

Empfohlene Spurenelemente: "Mangan - Kupfer - Magnesium - Lithium" und "Mangan - Kobalt" im Wechsel.

Lu7: In der Speichenfurche, wo man den Schlag der Arterie spürt, 3 Fingerbreit über der Handgelenksfalte, d. h. über dem Griffelfortsatz der Speiche (Handgelenksknochen).

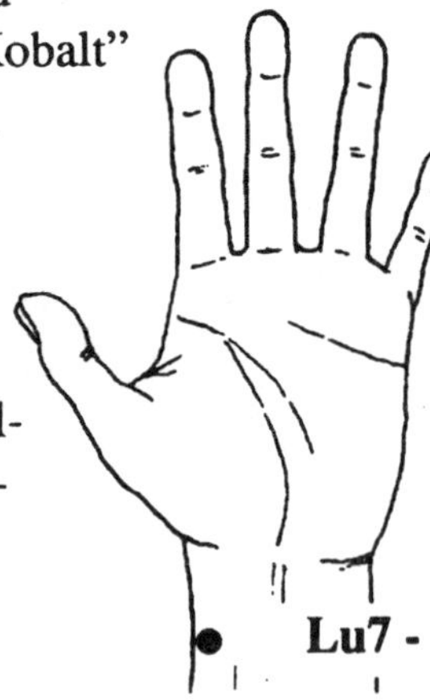

KG17: Auf dem Brustbein, zwischen den beiden Brüsten.

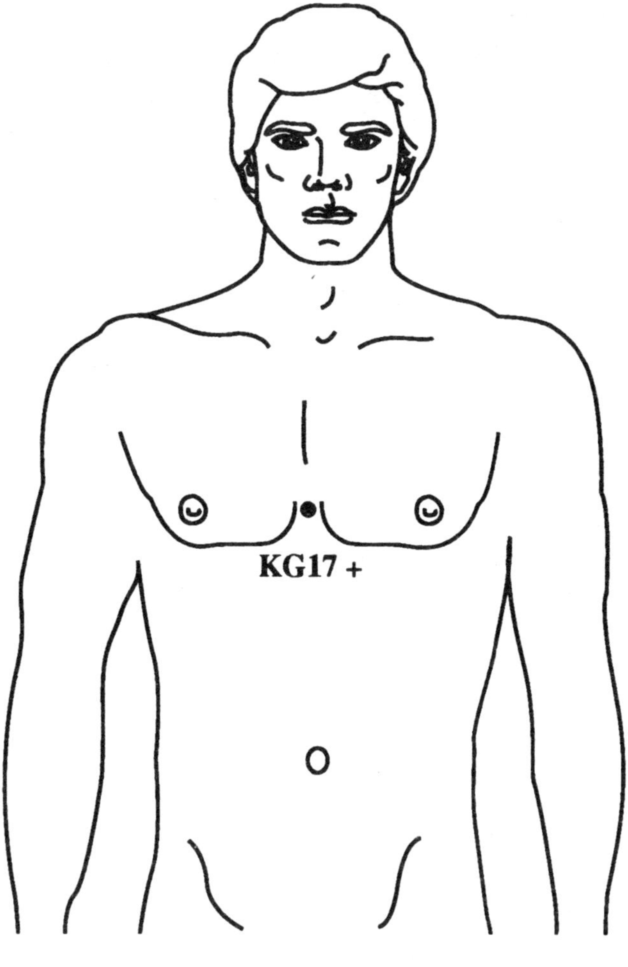

Schwere Beine

Es ist ratsam, mit der Behandlung des SM Tae Mo zu beginnen (S. 243), besonders wenn Sie an horizontal verlaufenden Lendenschmerzen und Blähungen leiden, oder mit der Behandlung des SM Tchrong Mo (S. 261), vor allem, wenn Sie Hormonstörungen, gynäkologische oder Menstruationsstörungen haben ...

Sedieren Sie die Punkte MP5, MP6 und Ma32;
Tonisieren Sie die Punkte Le1 und Le2;
Sedieren Sie den Punkt Le3.

MP5: Vor dem inneren Fußknöchel, auf dem Fußrist, auf der Sehne des vorderen Schienbeinmuskels, in der Vertiefung, die sich bildet, wenn man den Fuß nach vorne neigt.

MP6: Auf der Innenseite des Beines, 4 Fingerbreit über dem inneren Fußknöchel, in einer Vertiefung hinter dem Schienbein.

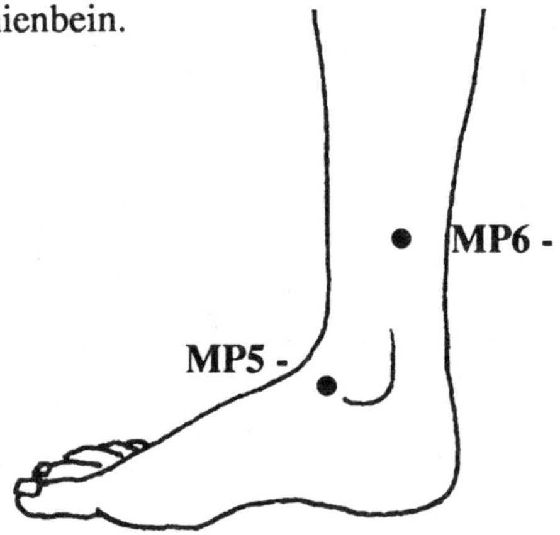

Ma32: In der Mitte der Oberseite des Oberschenkels.

Le1: Am äußeren Nagelbett der großen Zehe.

Le2: Im ersten Zehenzwischenraum.

Le3: An der Spitze des Winkels, den die beiden ersten Mittelfußknochen in gespreiztem Zustand bilden.

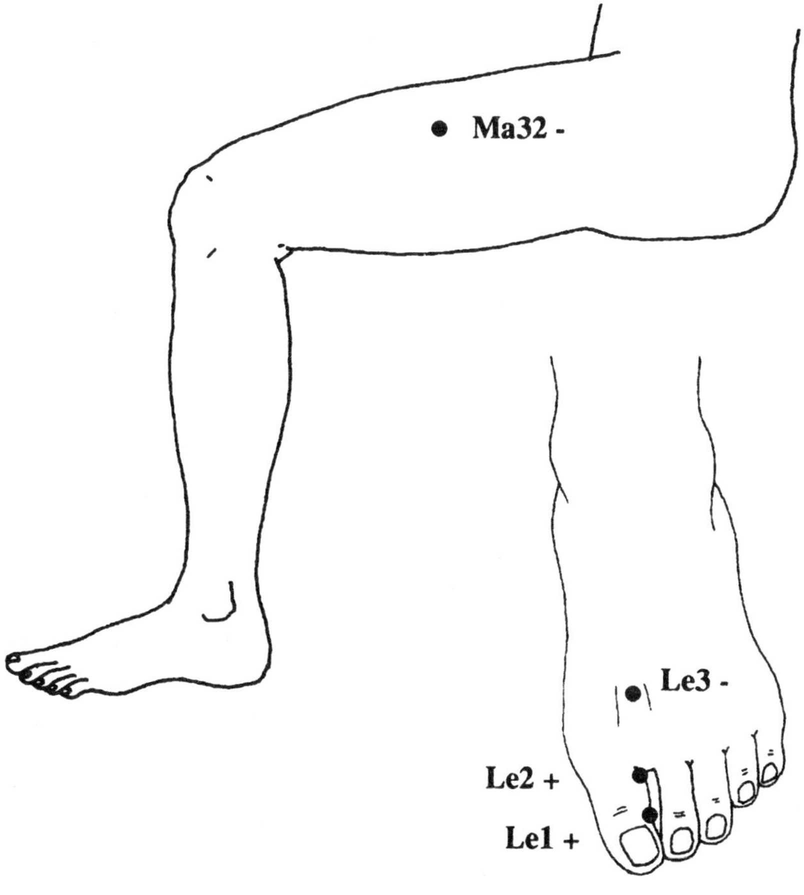

Bindehautentzündung

Falls Sie infolge von Müdigkeit oder aufgrund einer allergischen Reaktion gerötete Augen haben, dann können Ihnen folgende Punkte helfen:

Sedieren Sie die Punkte MH6, Ma1, G1, G38, G10 und Dü3; Tonisieren Sie die Punkte Le3 und Di4 und LG23.

MH6: 3 Fingerbreit über der Beugefalte des Handgelenks, zwischen den beiden Sehnen.

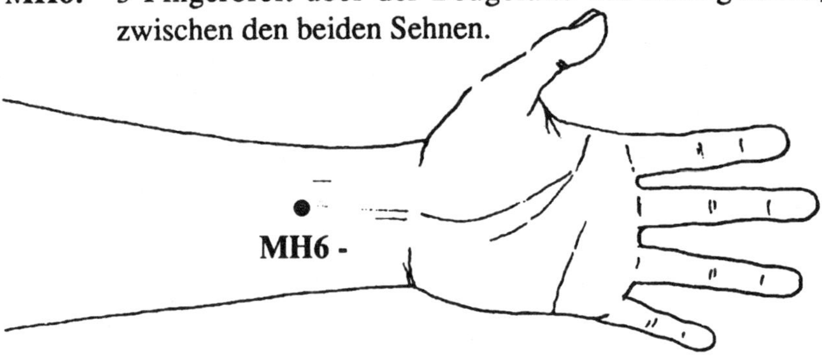

Ma1: In einer Vertiefung unter dem Auge, in der Mitte.

G1: Am äußeren Augenwinkel.

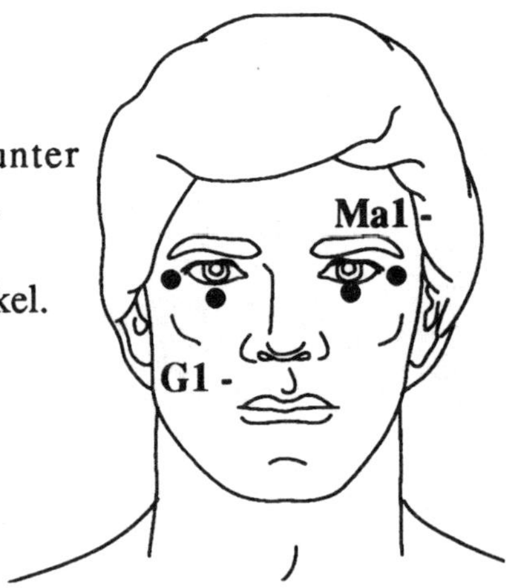

G38: 4 Fingerbreit über dem äußeren Fußknöchel, in einer kleinen Vertiefung auf der Vorderkante des Wadenbeinknochens.

G10: Über und hinter der Ohrmuschel, wie in der Skizze dargestellt.

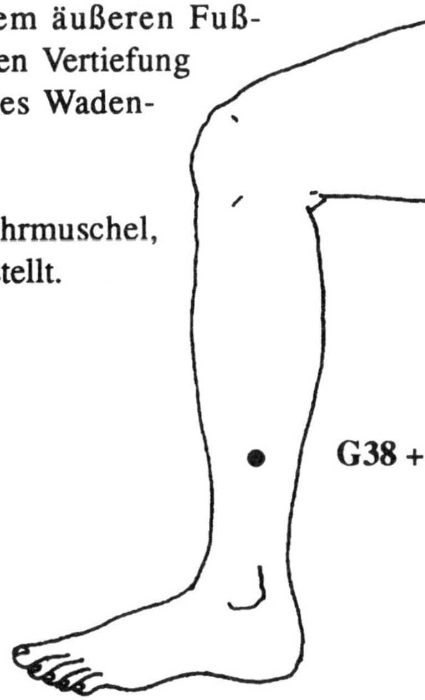

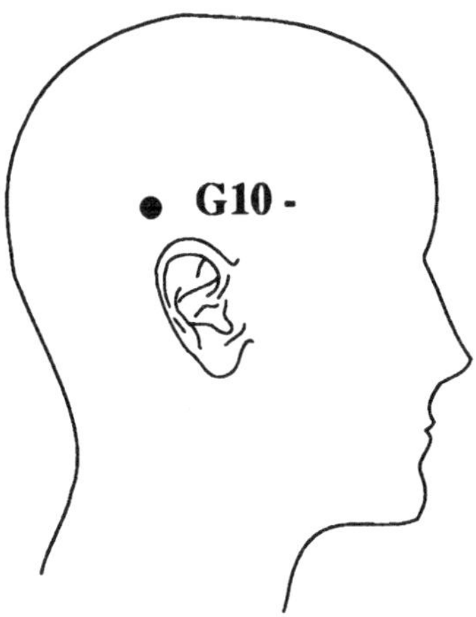

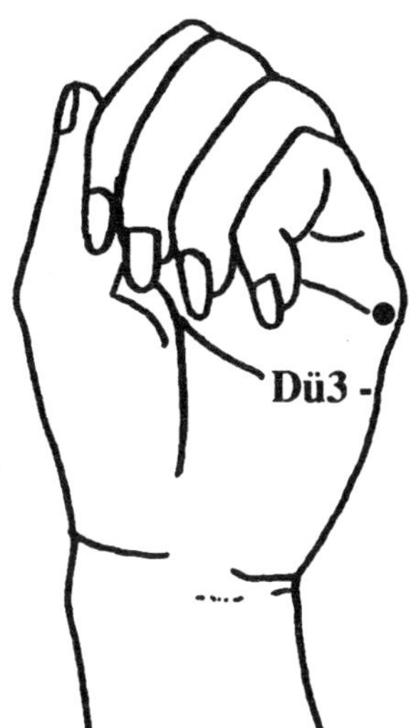

Dü3: Unmittelbar hinter dem Grundgelenk des kleinen Fingers.

Le3: Auf dem Fuß, an der Spitze des Winkels, den die beiden ersten Mittelfußknochen in gespreiztem Zustand bilden, am Knochen der großen Zehe.

Di4: An der Spitze des Winkels, den die beiden ersten Mittelhandknochen in gespreiztem Zustand bilden (Knochen des Daumens und Zeigefingers).

LG23: Auf der Mittellinie der Stirn, am Haaransatz.

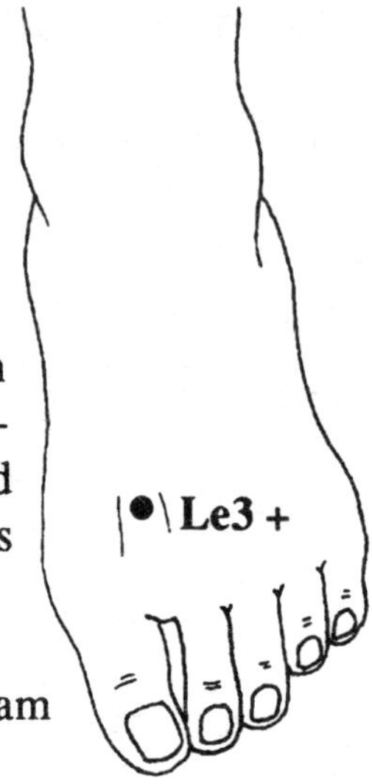

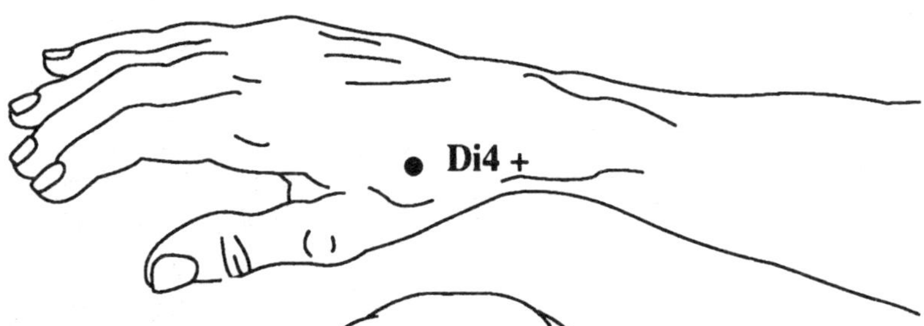

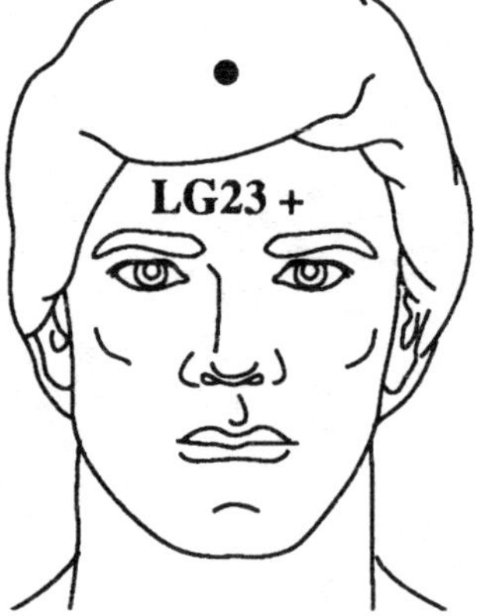

Niedriger Blutzuckerspiegel

Essen Sie Gemüse, Obst und Vollkorngetreide. Streichen Sie Zucker, der die Bildung des Insulins durch die Pankreas anregt und so schließlich erneut den Blutzuckerspiegel senkt.

Tonisieren Sie die Punkte Ma36, MP6, N7 und Dü3;
Sedieren Sie den Punkt Le2;
Tonisieren Sie den Punkt MP2.

Empfohlene Spurenelemente:	Magnesium. Mangan. Zink.
Empfohlene Vitamine:	B6. C.

Ma36: 4 Fingerbreit unter dem Knie, zwischen dem vorderen Schienbeinmuskel und dem großen Streckmuskel.

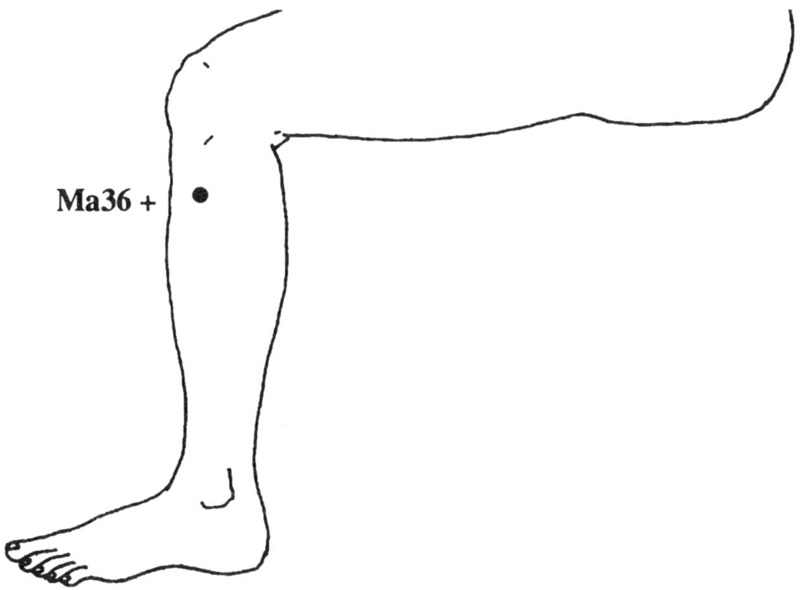

MP6: Auf der Innenseite des Beines, 4 Fingerbreit über dem inneren Fußknöchel, in einer Vertiefung hinter dem Schienbein.

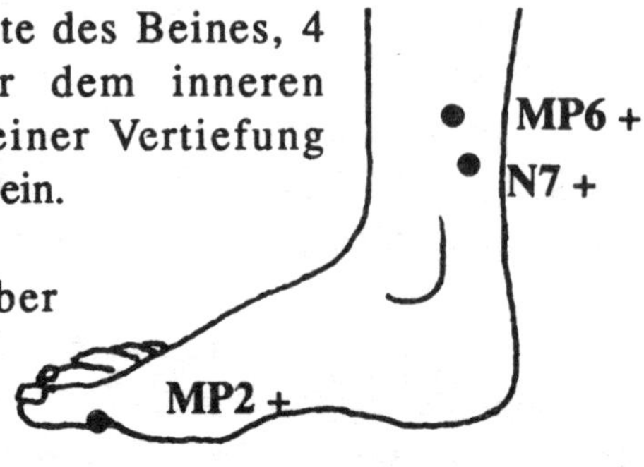

N7: 2 Fingerbreit über dem inneren Fußknöchel, vor der Achillessehne.

Dü3: Unmittelbar hinter dem Grundgelenk des kleinen Fingers.

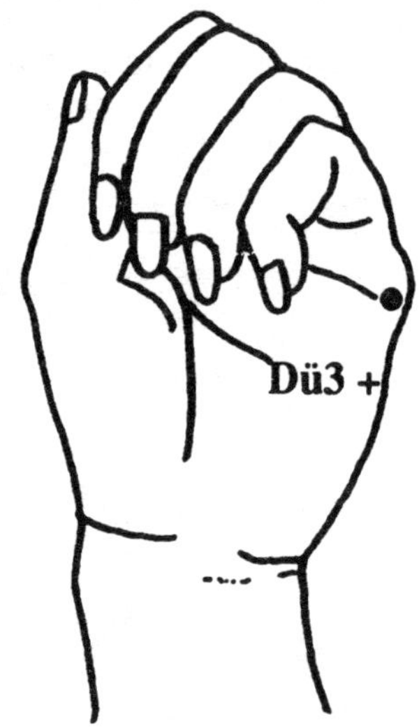

Le2: Im ersten Zehenzwischenraum.

MP2: An der Fußinnenkante, unmittelbar vor dem Gelenkhöcker der großen Zehe.

Darmwürmer

Der am häufigsten vorkommende Typ von Darmwürmern ist der Maden- oder Springwurm. Er ist klein, weniger als einen Zentimeter lang, legt seine Eier im Bereich des Afters ab und verursacht Juckreiz. Ein davon befallenes Kind kratzt sich und steckt seine Finger dann oft in den Mund. Folglich steckt es sich ständig neu an. Dies muß man verhindern.
Daneben gibt es auch den Peitschenwurm, der wenig als 5 Zentimeter lang ist. Er verursacht einige hartnäckige Durchfallerkrankungen, Kopfschmerzen, Schwindelgefühle ...
Der Spulwurm ist 10 bis 20 cm lang. Er ähnelt dem Regenwurm. Er kann schwere Entzündungen und Darmverschluß verursachen.
Beim Bandwurm muß man sich vergewissern, daß sein Kopf, der nicht größer als eine Stecknadel ist, vollständig ausgeschieden wird.

Es ist ratsam, möglichst viel Knoblauch zu essen (mehrere Zehen am Tag). Die beste Art und Weise, diese zu essen, ist jeden Morgen 3 Stück nüchtern zu verschlucken, ohne sie zu zerquetschen. Diese Kur wird unterstützt, indem man tagsüber 60 bis 100 Gramm Kürbiskerne oder Kerne des Gartenkürbis, gereinigt und zerquetscht und dann mit etwas Honig vermischt, zu sich nimmt. Trinken Sie mehrere Tassen Thymiantee, besonders morgens nüchtern zusammen mit dem Knoblauch. Der Saft von Kohl, Karotte und Zitrone ist auch empfehlenswert.

Stimulieren Sie die im folgenden angegebenen Punkte einen Tag vor, während und einen Tag nach Neumond (schwarzer Mond):

Tonisieren Sie die Punkte B67, N7, KG12 und KG13.

Am dritten Tag der Kur sollten Sie ein Abführmittel auf der Basis von Rizinusöl einnehmen (30g).

Empfohlene ätherische Öle: Gewürznelke. Thymian (als Einreibung auf den unteren Teil des Rückens).

Empfohlenes Spurenelement: Schwefel.

B67: Am äußeren Nagelbett der kleinen Zehe.

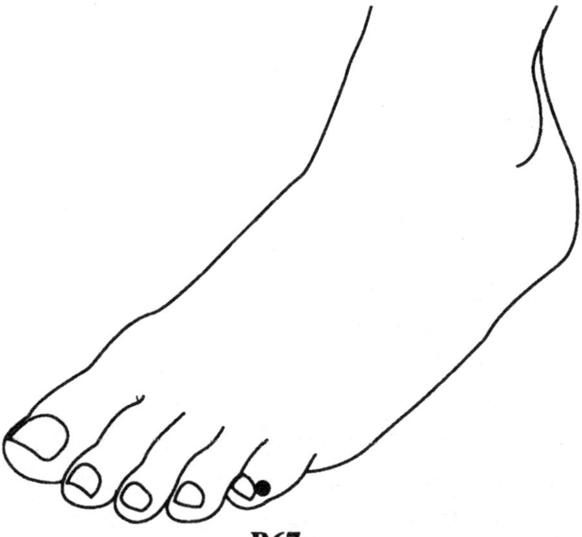

B67 +

N7: 2 Fingerbreit über dem inneren Fußknöchel vor der Achillessehne.

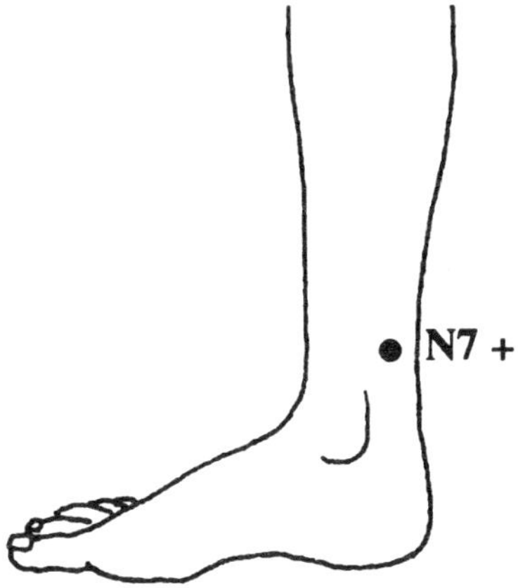

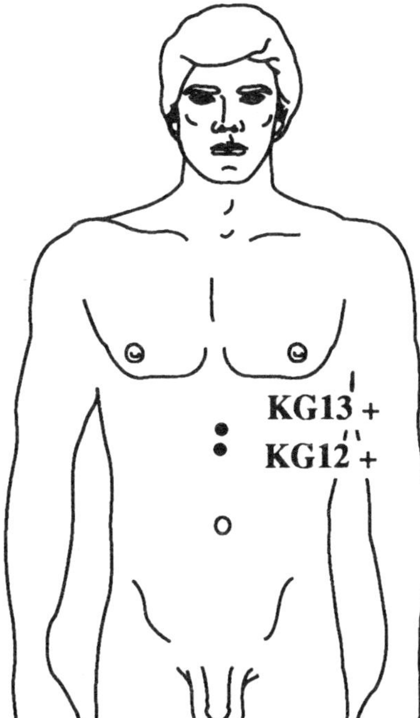

KG12: Mitten auf dem Bauch, in der Mitte zwischen Nabel und Schwertspitze des Brustbeins.

KG13: Unmittelbar über KG12.

Diabetes

Diabetes ist eine ernsthafte Erkrankung, die eine Behandlung durch den Arzt erfordert. Außerdem ist eine zuckerfreie Ernährung nötig. Es empfiehlt sich, Gemüse, Salat, Vollkorngetreide, Linsen, Pilze, Riesenkürbis, Yoghurt, Käse, Nüsse, Mandeln und Obst zu essen (v. a. saures Obst wie Beeren, Kirschen, säuerliche Äpfel, Heidelbeeren, Himbeeren, Erdbeeren, sowie alles Obst zu meiden, das zuviel Fruchtzucker enthält, wie etwa Datteln).

Hier einige Punkte, die helfen, Diabetes zu vermeiden:

Sedieren Sie die Punkte MP4, MP6, Le3 und MH6;
Tonisieren Sie die Punkte N7 und B23.

Empfohlene Spurenelemente: Chrom. Kobalt. "Zink - Nickel - Kobalt".

MP4: In der Mitte der Fußinnenkante, am Übergang zwischen der Haut des Fußrückens und der Haut der Fußsohle.

MP6: Auf der Innenseite des Beines, 4 Fingerbreit über dem inneren Fußknöchel, in einer Vertiefung hinter dem Schienbein.

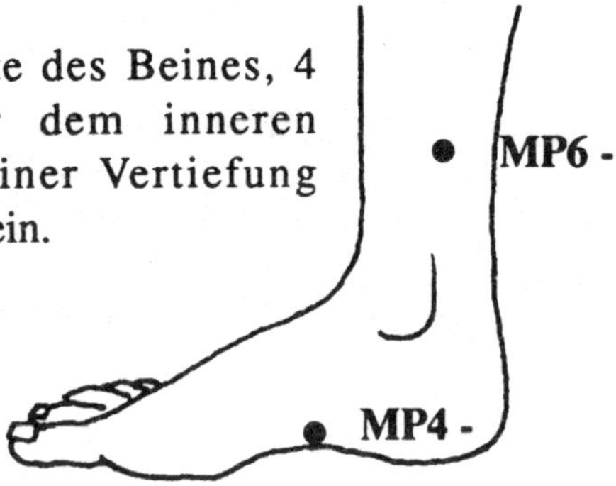

Le3: An der Spitze des Winkels, den die beiden ersten Mittelfußknochen in gespreiztem Zustand bilden.

MH6: 3 Fingerbreit über der Beugefalte des Handgelenks, zwischen den beiden Sehnen.

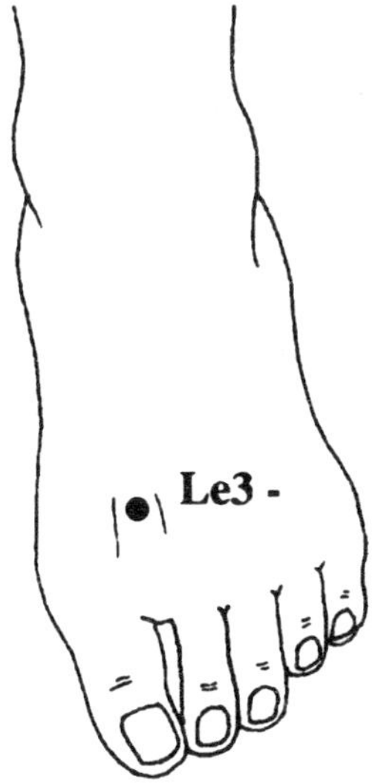

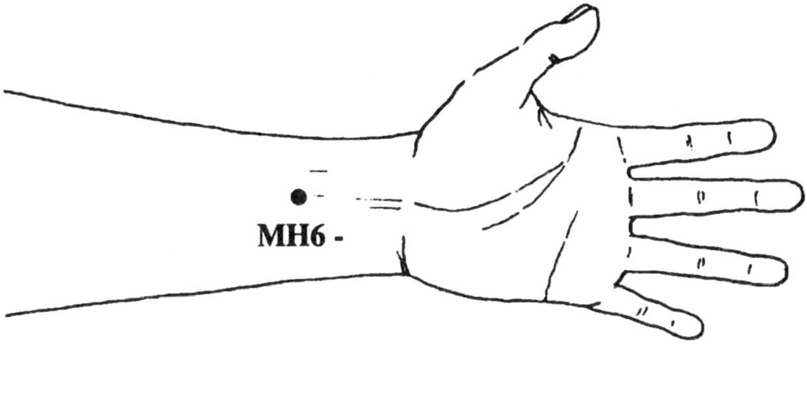

N7: 2 Fingerbreit über dem inneren Fußknöchel, vor der Achillessehne.

B23: Im Bereich des zweiten und dritten Lendenwirbels.

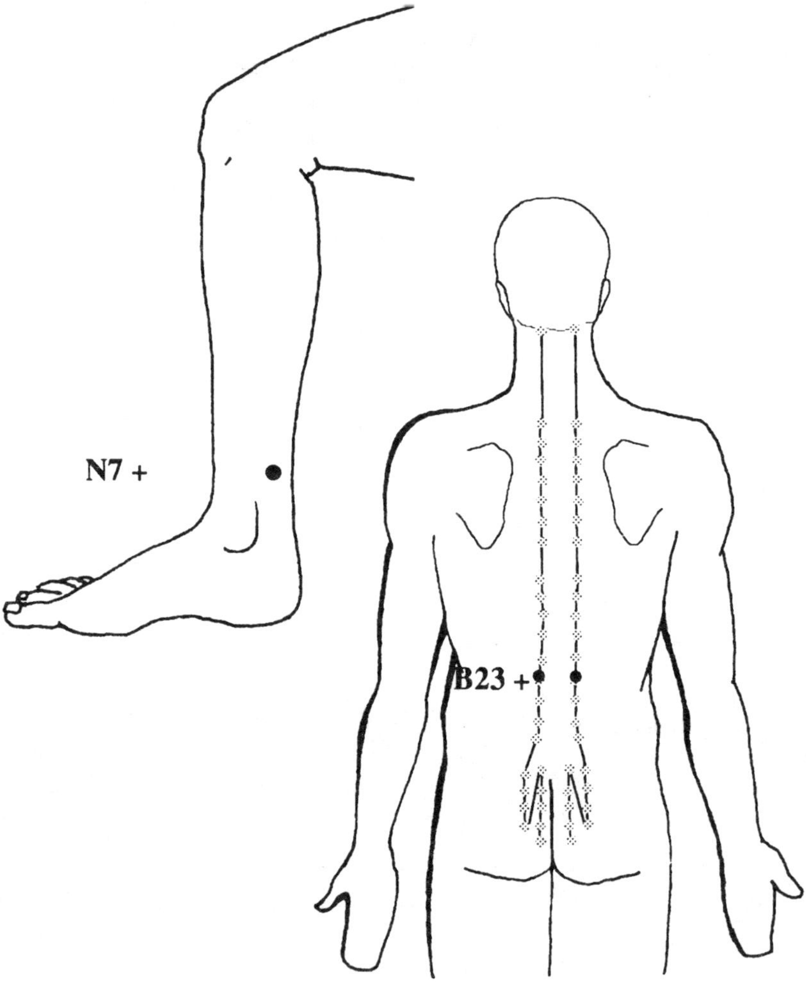

Durchfall

Falls es sich um einen Yin-Durchfall handelt, der durch eine Erkältung oder infolge eines allgemeinen Mangels an Tonus ausgelöst wurde, behandeln Sie folgende Punkte:

Tonisieren Sie die Punkte Ma37, N7 und B23.

Empfohlenes ätherisches Öl: Bohnenkraut.

Ma37: In der Mitte des Beines, auf der Vorderseite, hinter dem Schienbein, 8 Fingerbreit unter dem Knie oder 8 Fingerbreit über dem äußeren Fußknöchel.

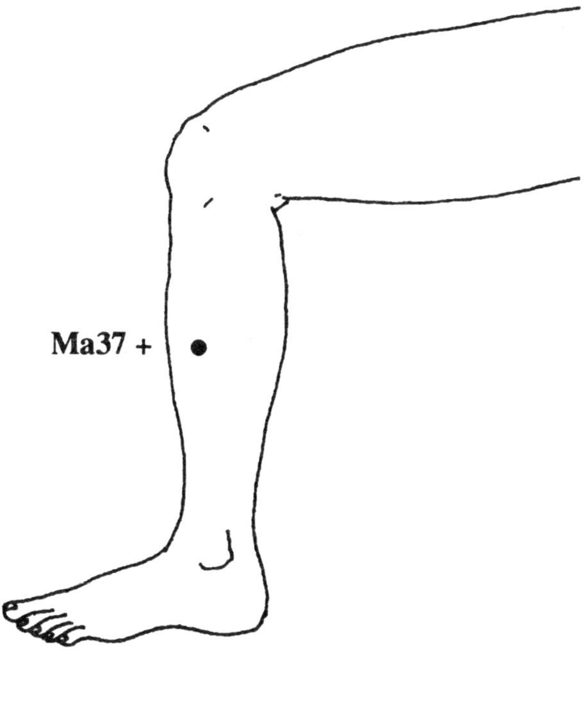

N7: 2 Fingerbreit über dem inneren Fußknöchel, vor der Achillessehne.

B23: Im Bereich des zweiten und dritten Lendenwirbels.

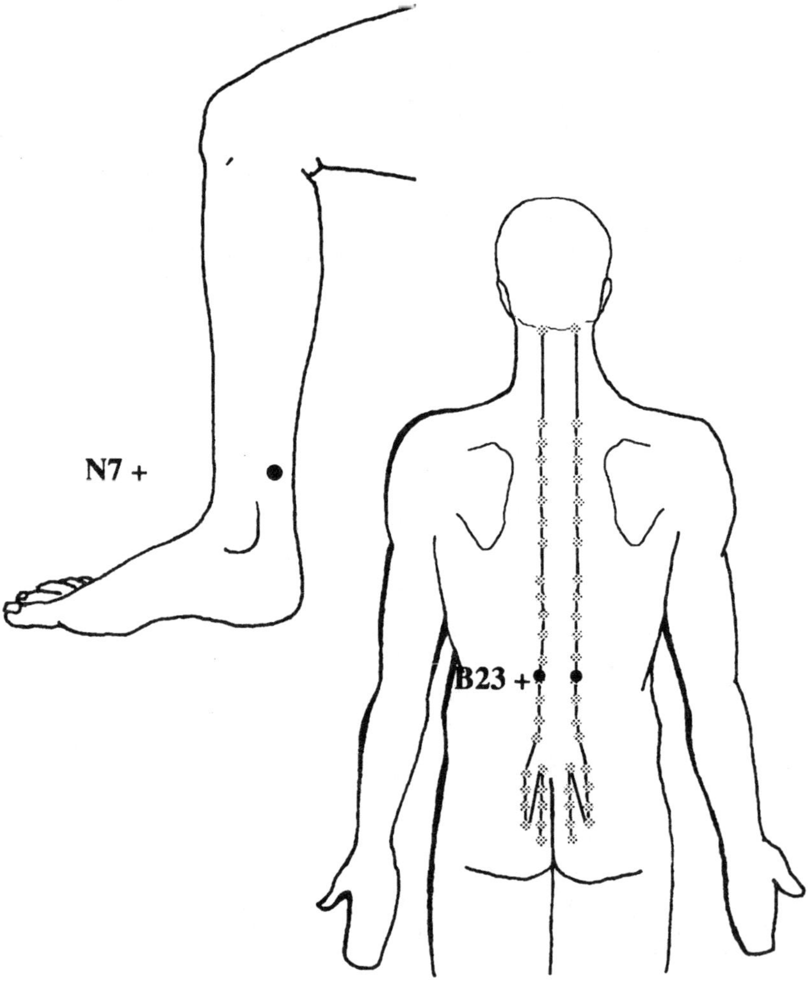

Übermäßiger Durst

Sedieren Sie den Punkt Le2;
Tonisieren Sie den Punkt N1;
Sedieren Sie den Punkt KG24.

Le2: Im ersten Zehenzwischenraum.

N1: Auf der Fußsohle, zwischen den beiden Muskelpartien.

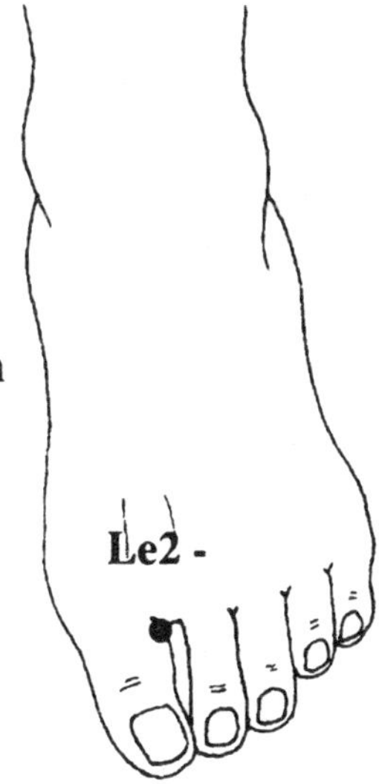

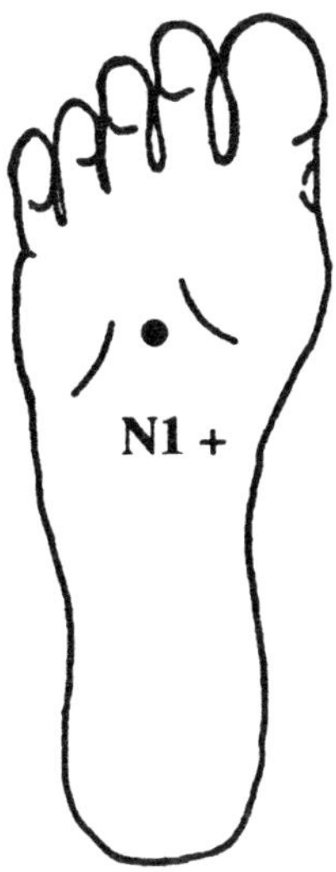

KG24: In einer Vertiefung zwischen der Kinnspitze und der Unterlippe.

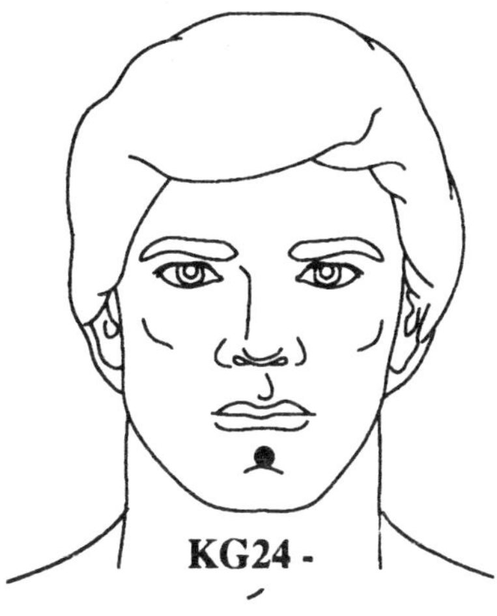

Ekzem

Ein Ekzem ist oft eine allergische Reaktion auf ein Produkt oder eine Substanz, dic der Körper abstoßen möchte. Doch die Ursachen dafür können mannigfaltig sein. Man muß dazu anmerken, daß manche Personen eine Veranlagung dafür haben. Wie dem auch sei, es kommt vor allem darauf an, die Allergiequelle auszuschalten und den Konsum von Zucker, Wurstwaren, tierischen Fetten u. a. einzuschränken.

Empfohlener Tee:	Wildes Stiefmütterchen (2 Tassen täglich, und zwar: 20 g frische Blüten und Blätter auf 1 Liter Wasser).
Empfohlene Spurenelemente:	Magnesium. Schwefel.
Empfohlene Vitamine:	A. E. F (kaltgepreßtes Jungfernöl erster Pressung).

Tonisieren Sie die Punkte B54, Le8 und Di11;
Sedieren Sie den Punkt B13.

B54: In der Mitte der Kniekehle.

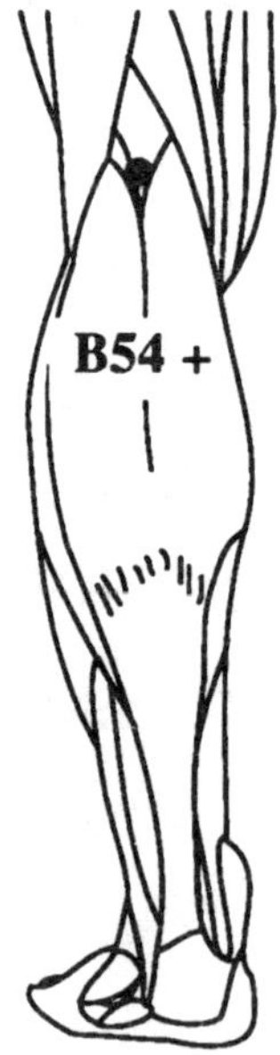

Le8: Auf der inneren Kniebeugefalte, am Gelenk.

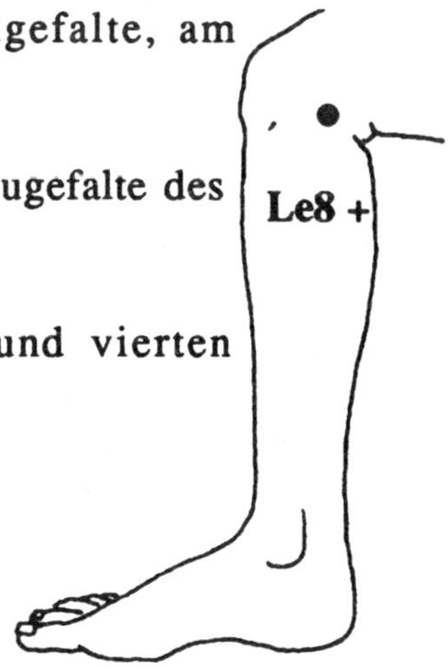

Di11: Am äußersten Punkt der Beugefalte des Ellbogens.

B13: Im Bereich des dritten und vierten Rückenwirbels.

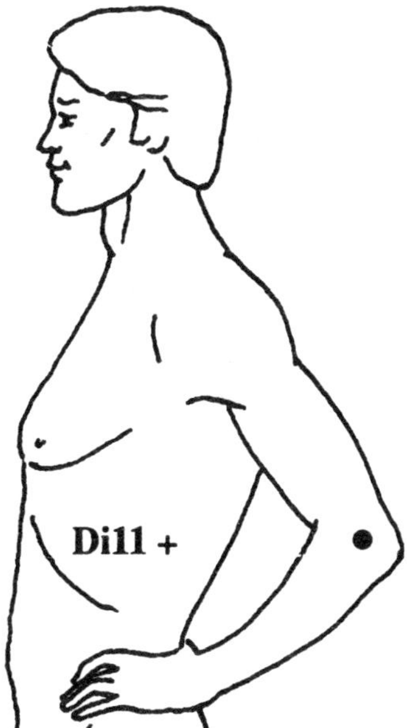

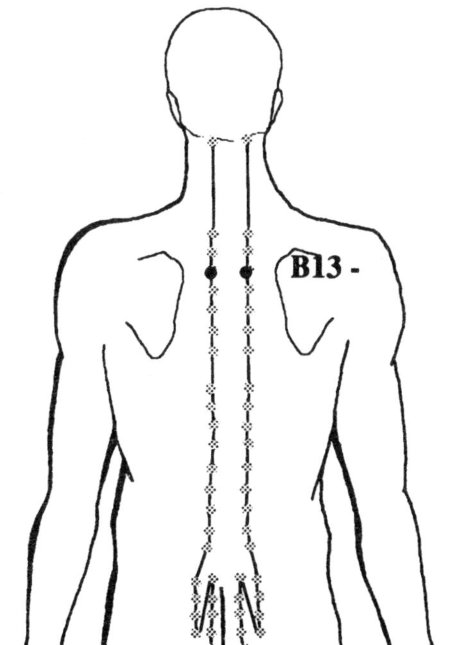

Ellbogen
Schmerzen im ...

Wenn sich die Schmerzen auf der Seite des Daumens befinden, handelt es sich um den sogenannten "Tennisarm".

Tonisieren Sie den Punkt Di1;
Sedieren Sie den Punkt Di11 und die schmerzhaften Punkte;
Tonisieren Sie den Punkt G13.

Di1: Am Nagelbett des Zeigefingers, auf der Seite des Daumens.

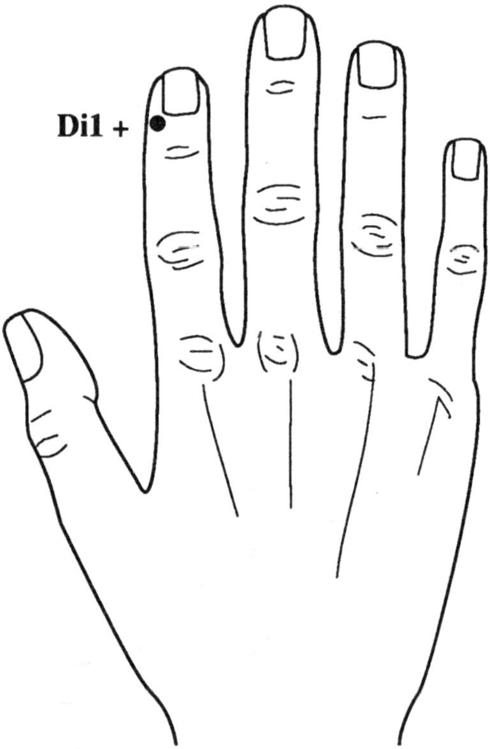

Di11: Am äußersten Punkt der Beugefalte des Ellbogens.

G13: Unmittelbar am Haaransatz auf einer Linie, die vom Ende der Augenbraue oder vom äußeren Augenwinkel ausgeht.

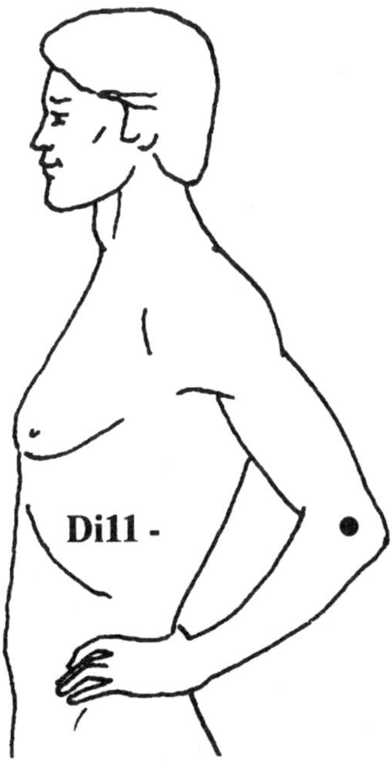

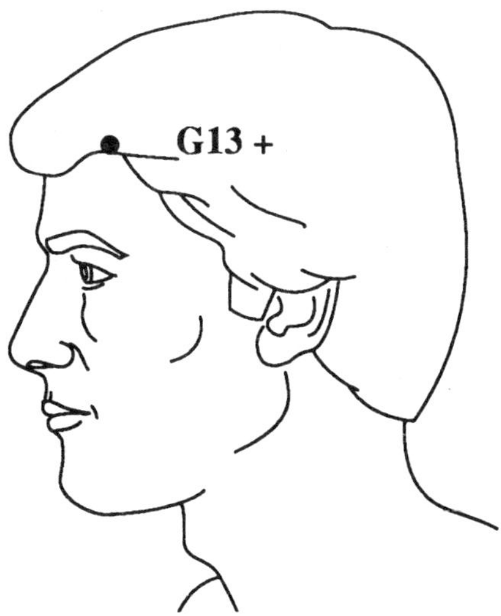

Ellbogen
Schmerzen im ...

Wenn sich die Schmerzen auf der Seite des kleinen Fingers befinden, handelt es sich um den sogenannten "Golfarm".

Tonisieren Sie die Punkte Dü1 und Dü3;
Sedieren Sie den Punkt Dü8 und die schmerzhaften Punkte.
Tonisieren Sie den Punkt G13.

Dü1: Am äußeren Nagelbett des kleinen Fingers.

Dü3: Unmittelbar hinter dem Grundgelenk des kleinen Fingers.

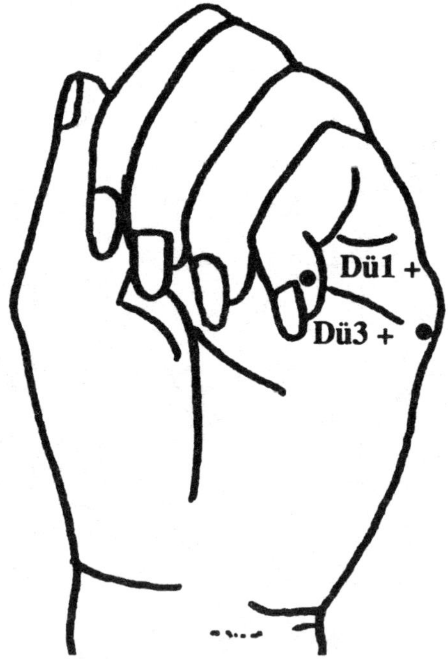

Dü8: Hinter dem Ellbogen auf der Innenseite, d. h. in der Furche der Gelenkrolle des Oberarms und des Hakenfortsatzes der Elle.

G13: Unmittelbar am Haaransatz auf einer Linie, die vom Ende der Augenbraue oder vom äußeren Augenwinkel ausgeht.

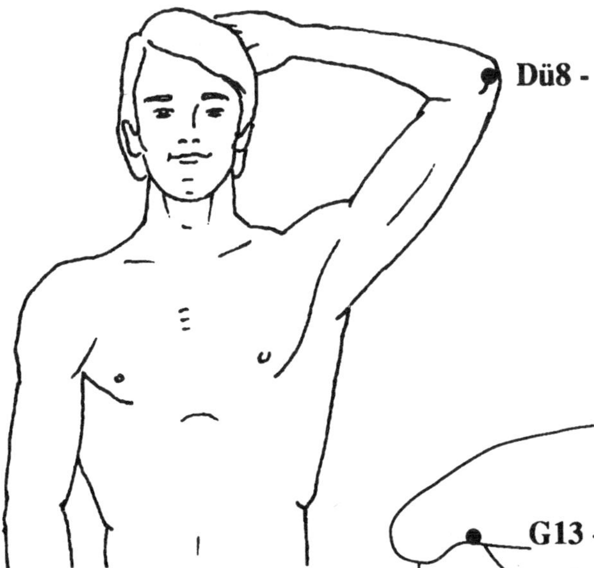

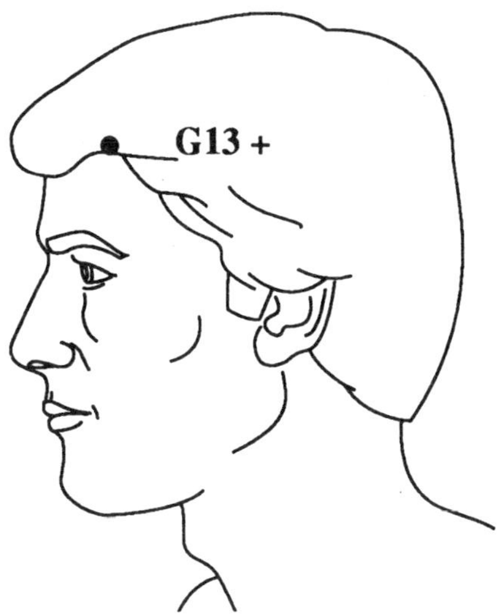

Energiemangel

Tonisieren Sie die Punkte Ma36, MP6 und KG6;
Sedieren Sie den Punkt B38;
Tonisieren Sie die Punkte B23 und LG4.

Empfohlene Heilkräuter: Ginseng. Bohnenkraut. Rosmarin.

Ma36: 4 Fingerbreit unter dem Knie, zwischen dem vorderen Schienbeinmuskel und dem großen Streckmuskel.

MP6: Auf der Innenseite des Beines, 4 Fingerbreit über dem inneren Fußknöchel, in einer Vertiefung hinter dem Schienbein.

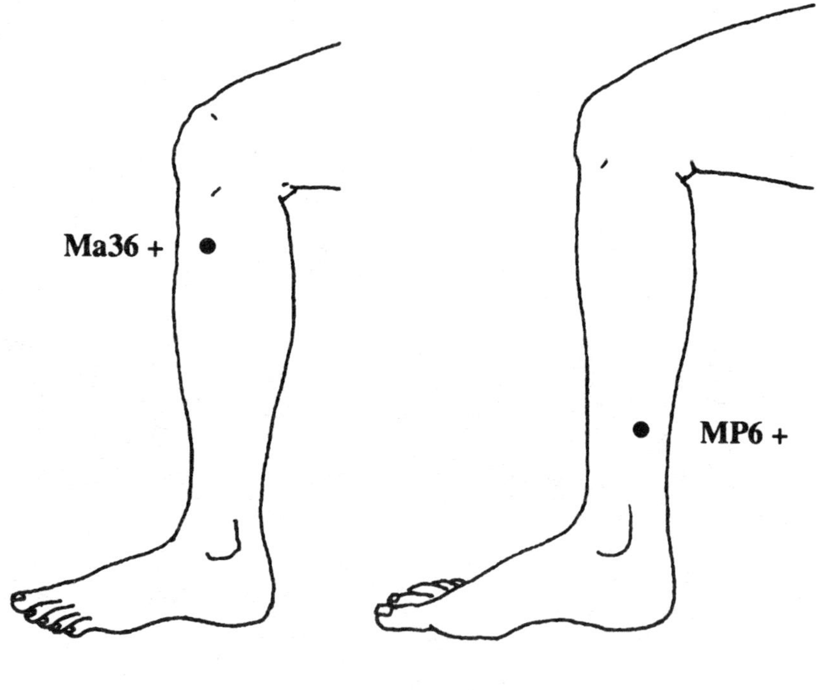

KG6: 2 Fingerbreit unter dem Nabel.

B38: An der Innenkante des Schulterblattes.

B23: Im Bereich des zweiten und dritten Lendenwirbels.

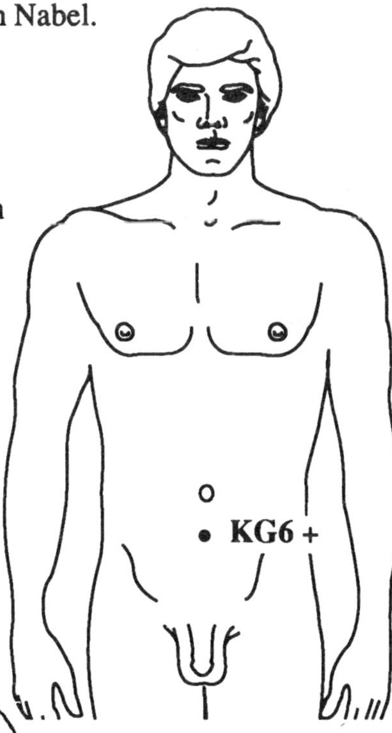

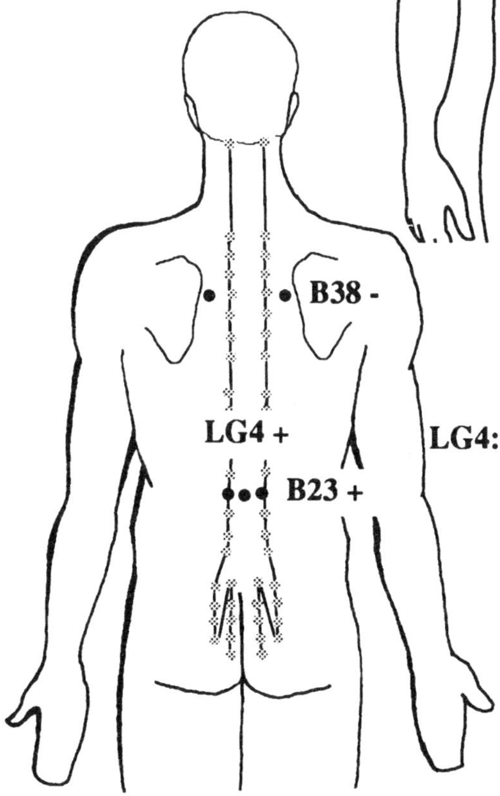

LG4: In der Vertiefung der Nieren, zwischen dem zweiten und dritten Lendenwirbel.

Erkältung

Tonisieren Sie die Punkte Di1, Di4, Lu11, N7, KG12 und Lu1.

Di1: Am Nagelbett des Zeigefingers, auf der Seite des Daumens.

Di4: Im Winkel, den die beiden ersten Mittelhandknochen vor und an der Basis des zweiten Mittelhandknochens bilden.

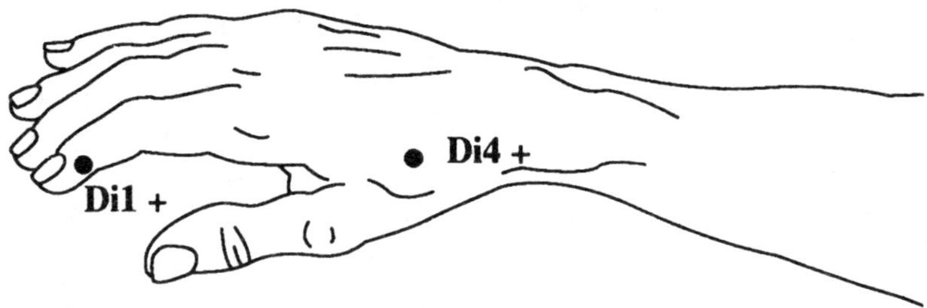

Lu11: Am Nagelbett des Daumens.

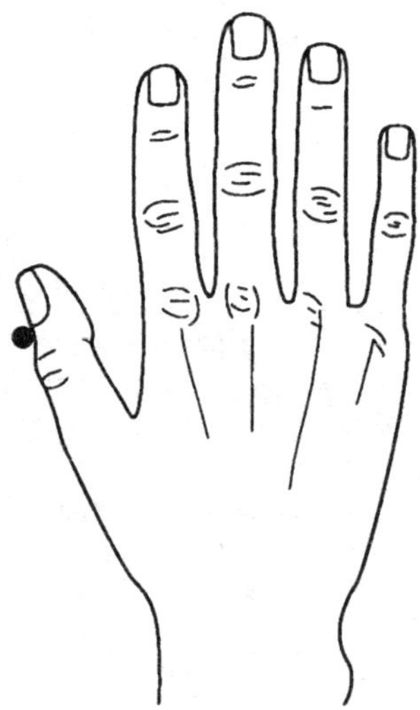

N7: 2 Fingerbreit über dem inneren Fußknöchel, vor der Achillessehne.

KG12: In der Mitte zwischen Nabel und Schwertspitze des Brustbeins.

Lu1: Auf der Oberkante der zweiten Rippe, unter dem Punkt Lu2, von dem er durch die erste Rippe getrennt ist.

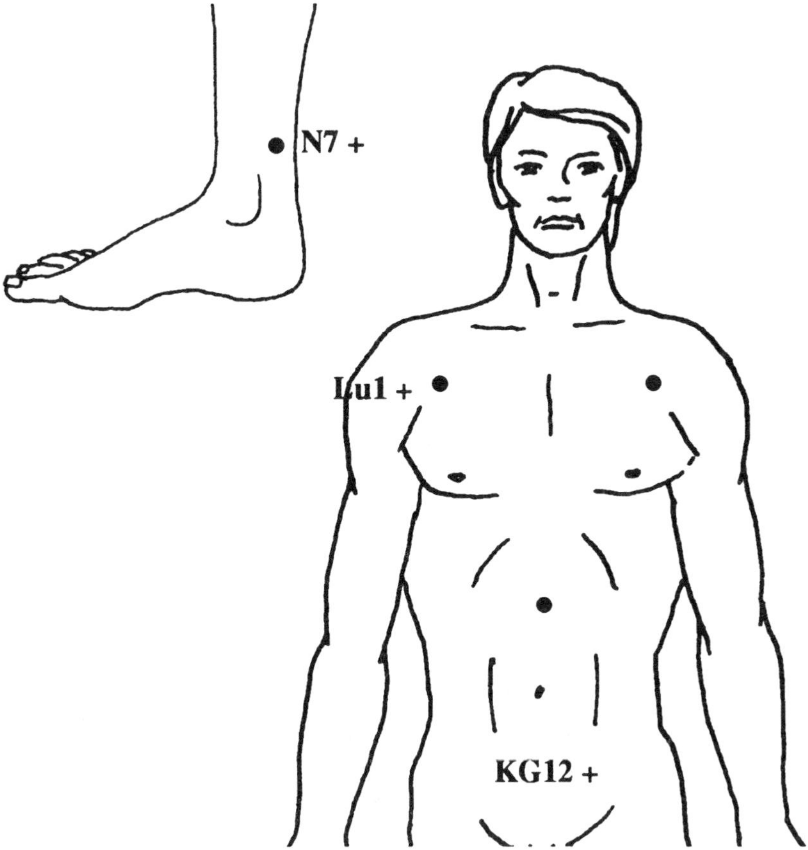

Fieber

Fieber ergibt sich infolge des Kampfes des Abwehrsystems unseres Organismus gegen Mikroben, Viren ... Es ist also ein notwendiger Prozeß. Doch wenn es sich über längere Zeit hinzieht oder zu hoch ansteigt, hier zwei Punkte, die Ihnen helfen können, es schnell wieder zu senken:

Sedieren Sie die Punkte 3E5 und MP10.

3E5: 2 Fingerbreit über der Beugefalte des Handgelenks, auf der Oberseite, zwischen den beiden Knochen des Unterarms.

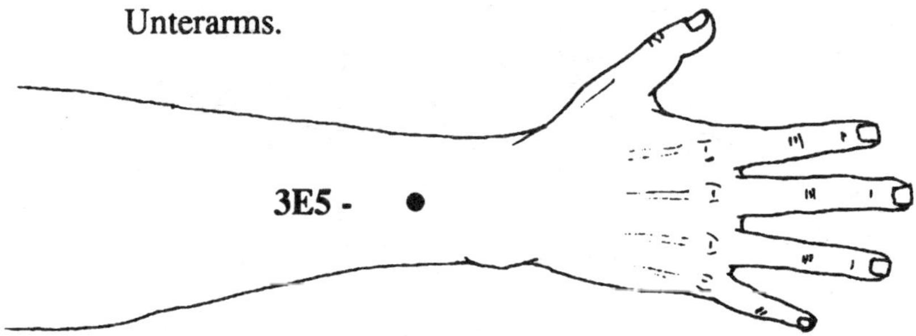

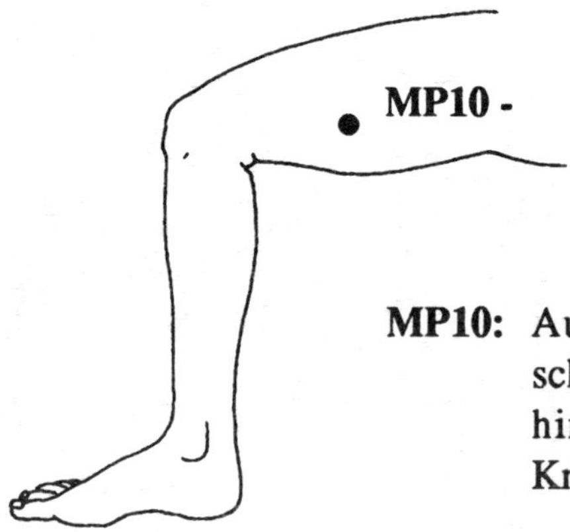

MP10: Auf der Oberseite des Oberschenkels, leicht zur Innenseite hin, 4 Fingerbreit über dem Knie, in einer Vertiefung.

Frostbeulen

Vermeiden Sie jede zu schnelle Erwärmung durch eine zu intensive Wärmequelle, wie etwa Wärmflaschen. Nehmen Sie Bierhefe, Weizenkeime und Weizenkeimöl zu sich. Sie können auch nachts einen Umschlag mit Weizenkeimöl umlegen.

Empfohlene Spurenelemente: Chrom. "Mangan - Kupfer - Magnesium - Lithium". Schwefel.

Die folgenden Punkte sind auf der betroffenen Körperseite zu sedieren und auf der anderen Seite zu tonisieren, wenn nur eine Körperseite betroffen ist:

Frostbeulen an den Händen

Sedieren Sie die Punkte 3E2 und Tchang Tou.

3E2: Zwischen dem Ringfinger und dem kleinen Finger, unmittelbar vor dem Gelenk.

Tchang Tou: Zwischen dem Mittelfinger und dem Zeigefinger, unmittelbar vor dem Gelenk, auf der Seite des Zeigefingers.

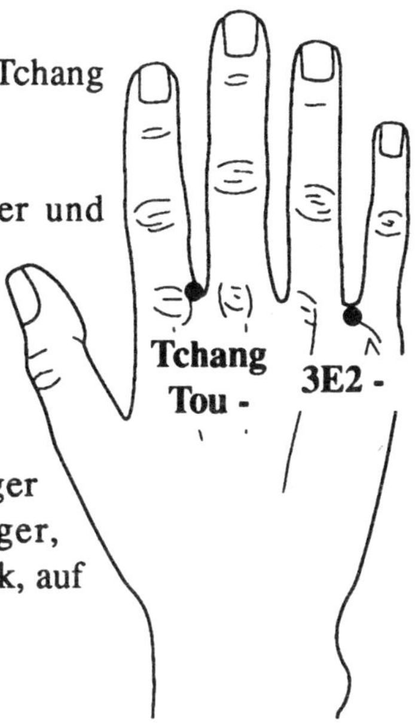

Frostbeulen an den Füßen

Sedieren Sie den Punkt Ma39 eine Woche lang einmal täglich, dann 3 Wochen lang ein- bis zweimal die Woche.

Ma39: Auf der Außenseite des Beines, 4 Fingerbreit über dem äußeren Fußknöchel.

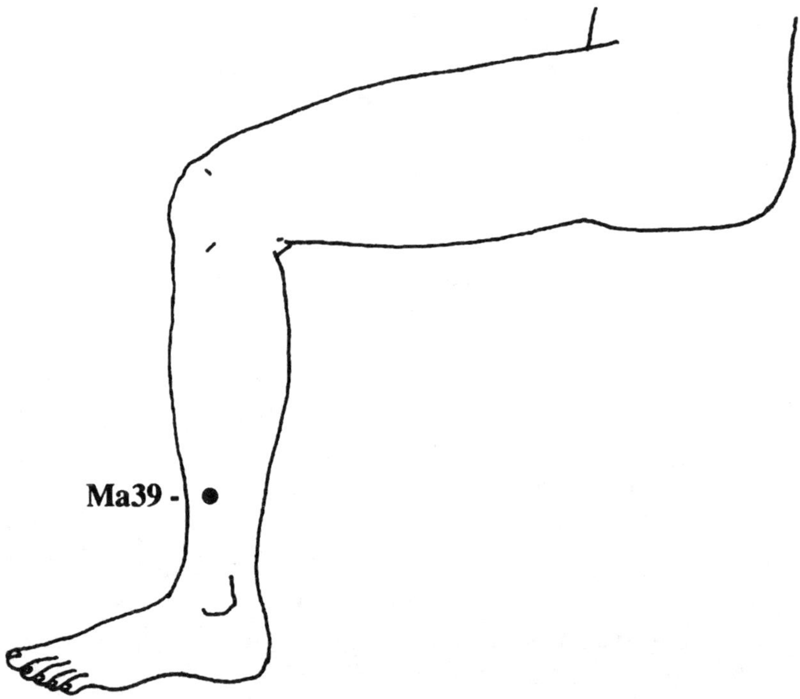

Unzeitiges Gähnen

Sedieren Sie den Punkt Di6;
Tonisieren Sie die Punkte Lu9, Ma36 und MP6.

Di6: Auf der Außenseite des Unterarms, in dem dem Körper zugewandten Drittel, vor dem langen Auswärtsdreher, 4 Fingerbreit über Di5.

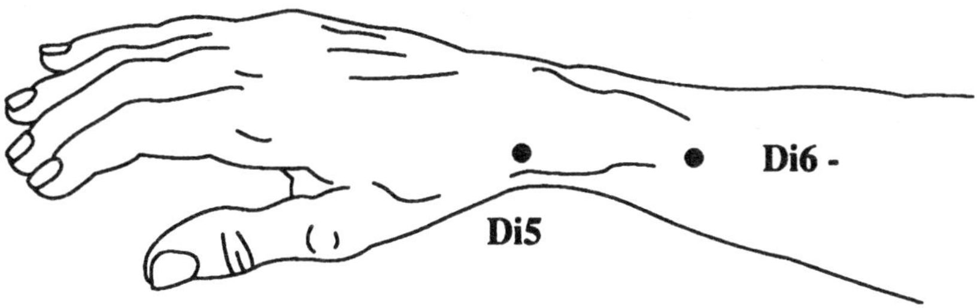

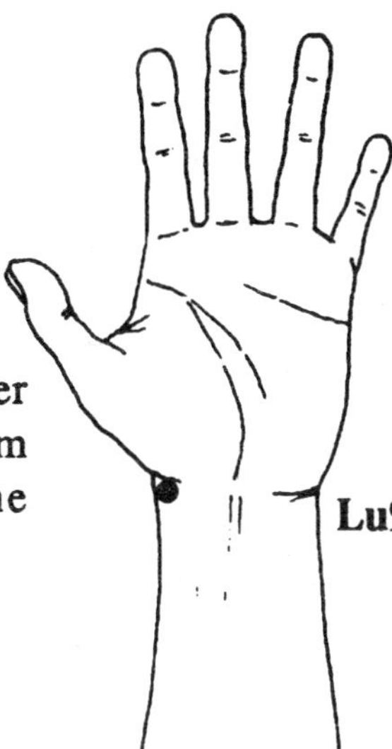

Lu9: In der Speichenfurche, auf der Handgelenksfalte, d. h. vor dem Griffelfortsatz der Speiche (Handgelenksknochen).

Ma36: 4 Fingerbreit unter dem Knie, am Schienbein.

MP6: Auf der Innenseite des Beines, 4 Fingerbreit über dem inneren Fußknöchel, in einer Vertiefung hinter dem Schienbein.

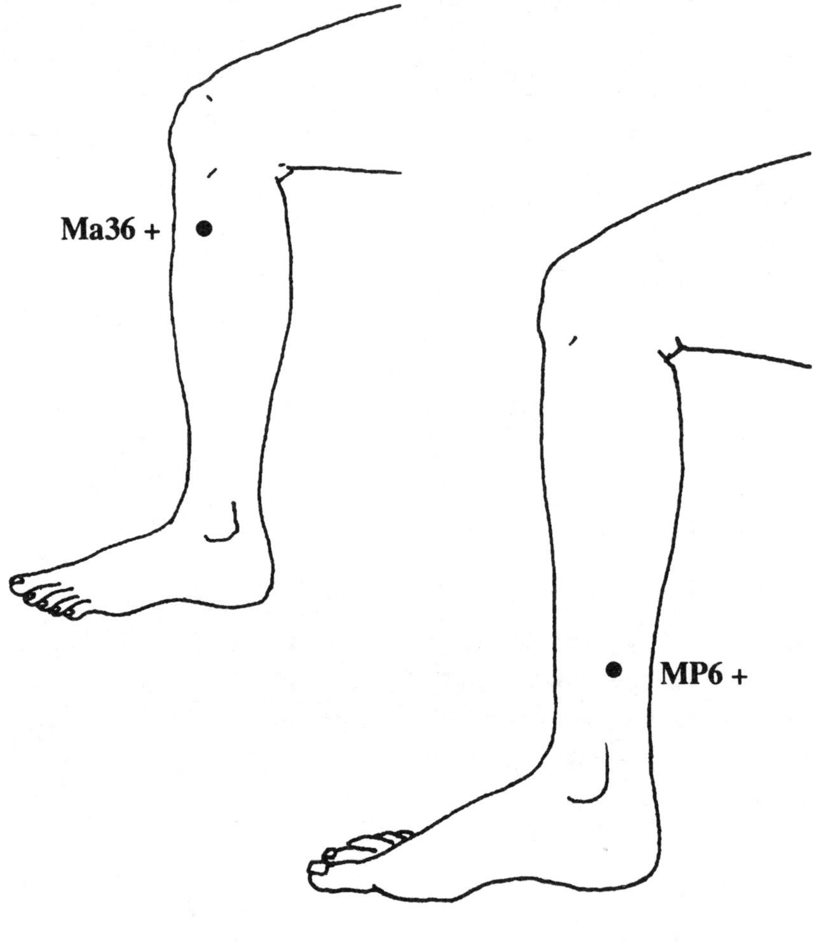

Gedächtnisanregung

Sedieren Sie die Punkte Lu7 und MH6;
Tonisieren Sie die Punkte MP2, H3, LG20 und Di11.

Empfohlene Spurenelemente: Magnesium. Phosphor. Zink.
Empfohlenes Vitamin: B1.

Lu7: In der Speichenfurche, wo man den Schlag der Arterie spürt, 3 Fingerbreit über der Handgelenksfalte, d. h. über dem Griffelfortsatz der Speiche.

MH6: 3 Fingerbreit über der Beugefalte des Handgelenks, zwischen den beiden Sehnen.

MP2: An der Fußinnenkante, unmittelbar vor dem Gelenkhöcker der großen Zehe.

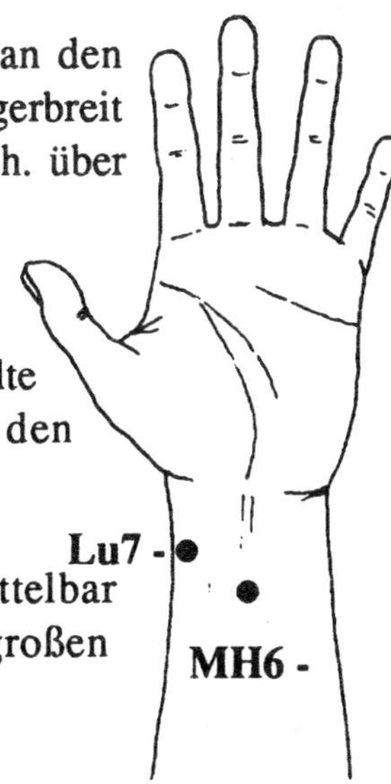

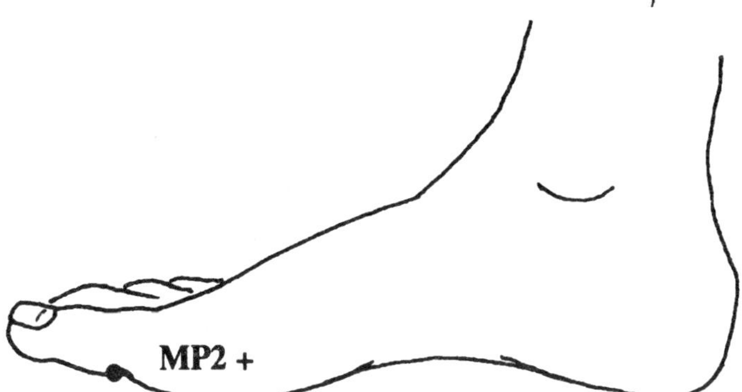

H3: Auf der inneren Beugefalte des Ellbogens, im Bereich des Gelenks der beiden Knochen.

LG20: Am Scheitelpunkt des Schädels, auf einer gedachten Verbindungslinie zwischen dem obersten Punkt der beiden Ohrläppchen.

Di11: Am äußersten Punkt der Beugefalte des Ellbogens.

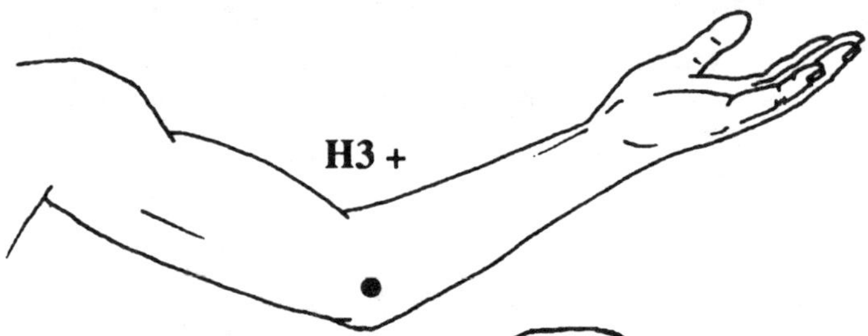

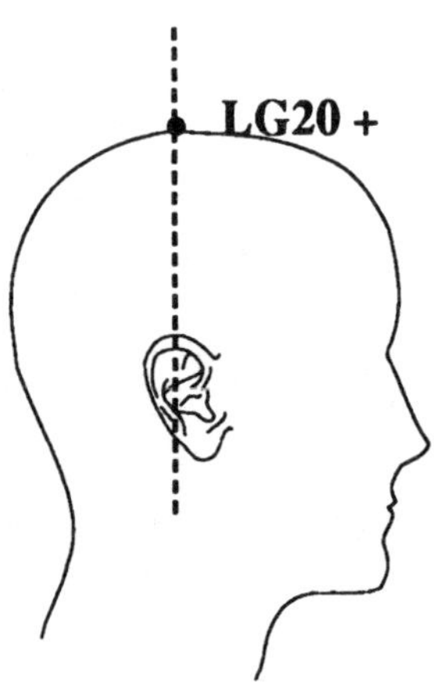

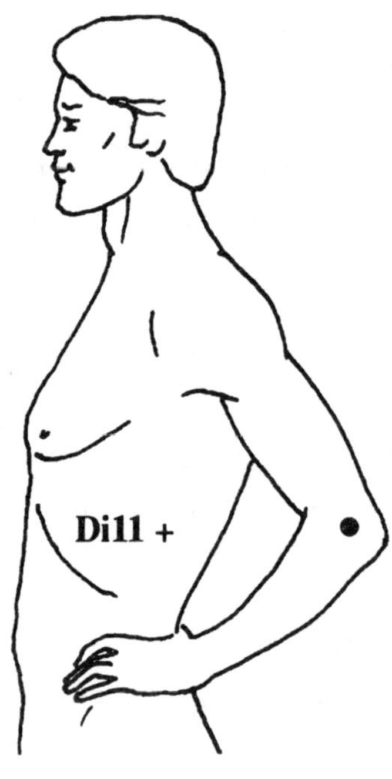

Genesung

Die im folgenden aufgeführten Punkte erleichtern die schnelle Wiederherstellung Ihrer Kräfte nach einer Krankheit, nach einem operativen Eingriff oder nach einem Unfall.

Tonisieren Sie die Punkte KG12, MP9 und G39.

KG12: Mitten auf dem Bauch, in der Mitte zwischen Nabel und Schwertspitze des Brustbeins.

KG12 +

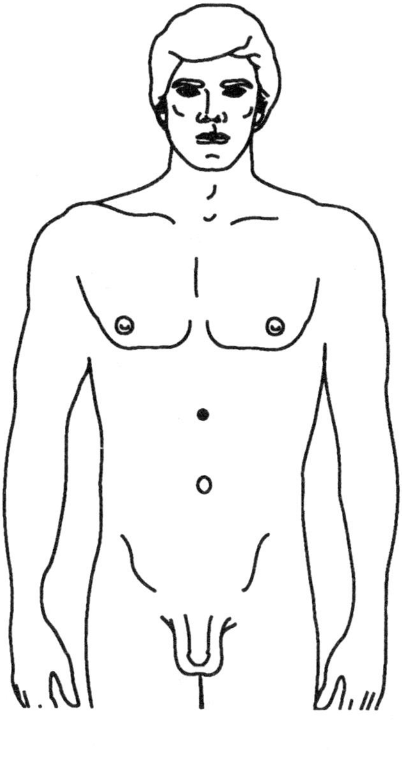

MP9: Unter dem Knie auf der Innenseite, an der Abwinkelstelle der Knochen von Schienbein und Knie.

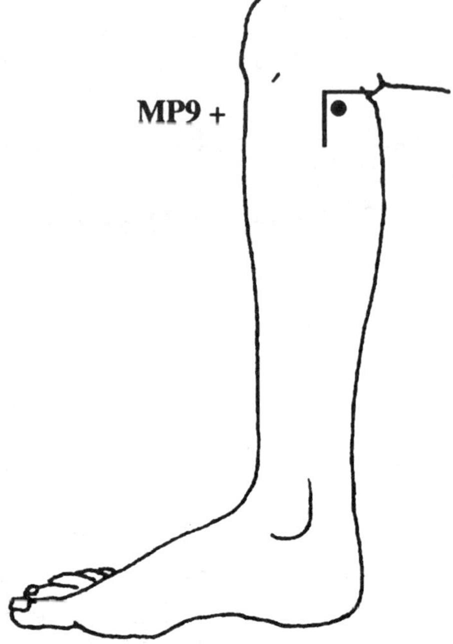

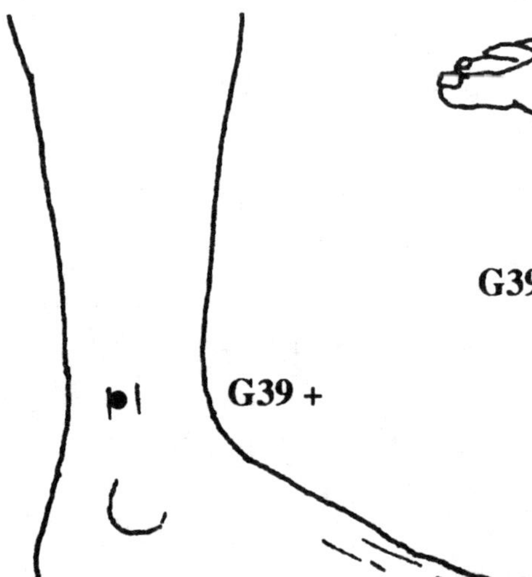

G39: 2 Fingerbreit über dem äußeren Fußknöchel, auf dem Wadenbein.

Halsschmerzen

Halsschmerzen sollten schon bei den ersten Krankheitsanzeichen bekämpft werden, denn sie können sich zu einer Grippe, Stirnhöhlenvereiterung oder einem anderen, schwereren Leiden entwickeln, wie etwa stark schmerzhafter Gelenkrheumatismus, der "an den Gelenken nagt und das Herz zerfrißt". Dies soll bedeuten, daß, selbst wenn die Schwellungen und die Schmerzen nicht anhalten, dennoch Folgen fürs Herz davon zurückbleiben können. Es ist immer klug, Halsschmerzen schnell zu beseitigen. Sie können mit Salzwasser und Zitronensaft gurgeln.

Tonisieren Sie die Punkte Di1, Lu9, Lu11, N7, KG22 und KG23.

Empfohlenes Vitamin:	C (*Acerola Plus*).
Empfohlene Spurenelemente:	Jod. "Mangan - Kupfer - Magnesium - Lithium". Schwefel.

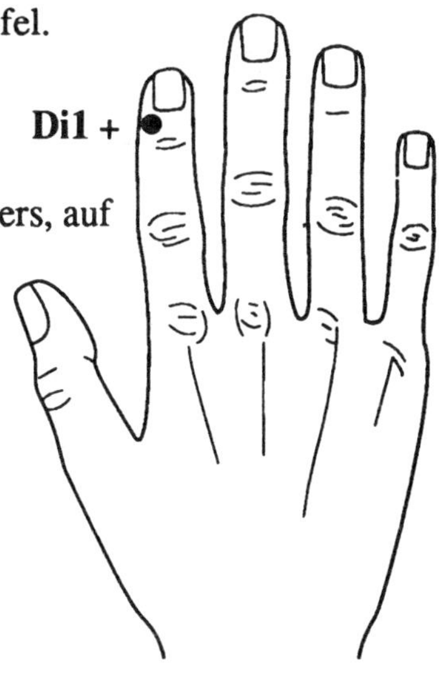

Di1: Am Nagelbett des Zeigefingers, auf der Seite des Daumens.

Lu9: In der Speichenfurche, auf der Handgelenksfalte, d. h. vor dem Griffelfortsatz der Speiche.

Lu11: Am Nagelbett des Daumens.

N7: 2 Fingerbreit über dem inneren Fußknöchel, vor der Achillessehne.

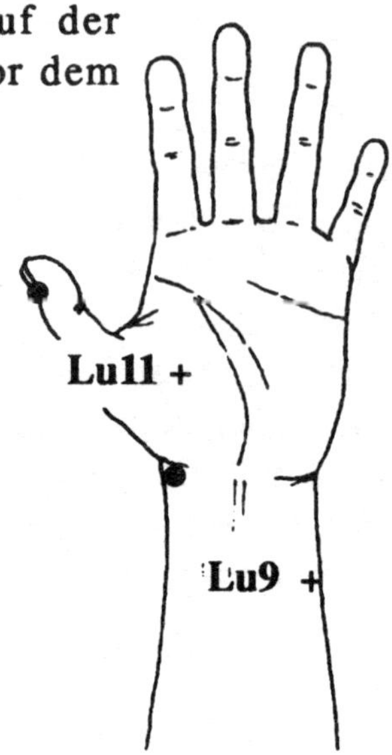

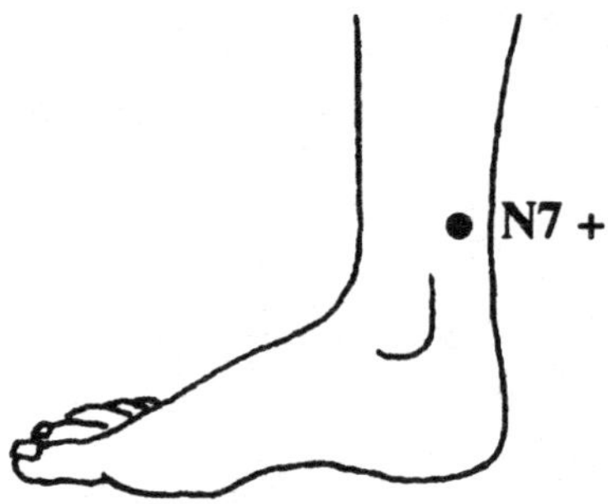

KG22: In der Vertiefung über dem Schwertgriff des Brustbeins.

KG23: Über dem Adamsapfel.

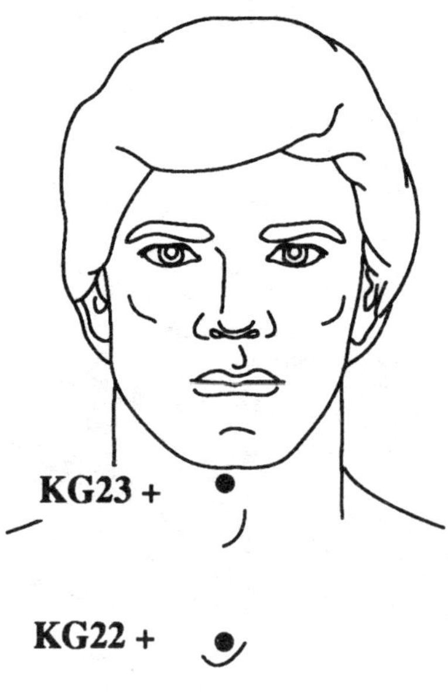

Hämorrhoiden

Die Darmtätigkeit muß unterstützt werden, indem man ausreichend Gemüse, Obst, Salat, Vollkorngetreide und kaltgepreßtes Jungfernöl erster Pressung zu sich nimmt. Hier nun einige Punkte, die Ihnen umgehend Erleichterung verschaffen werden und Ihnen möglicherweise sogar einen chirurgischen Eingriff ersparen:

Tonisieren Sie den Punkt MP1:
Sedieren Sie die Punkte B57, LG1 und B28.

Empfohlenes ätherisches Öl:	Zypresse (direkt auf die Hämorrhoiden geben).
Empfohlene Vitamine:	A. E.

MP1: Am Nagelbett der großen Zehe, auf der Innenseite.

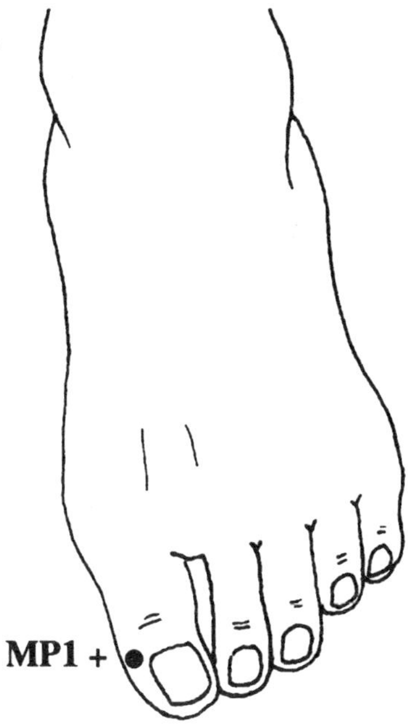

B57: Hinten am Bein, unter dem Wadenbein.

LG1: An der Spitze des Steißbeins.

B28: 2 Fingerbreit neben der zweiten Sakralvertiefung.

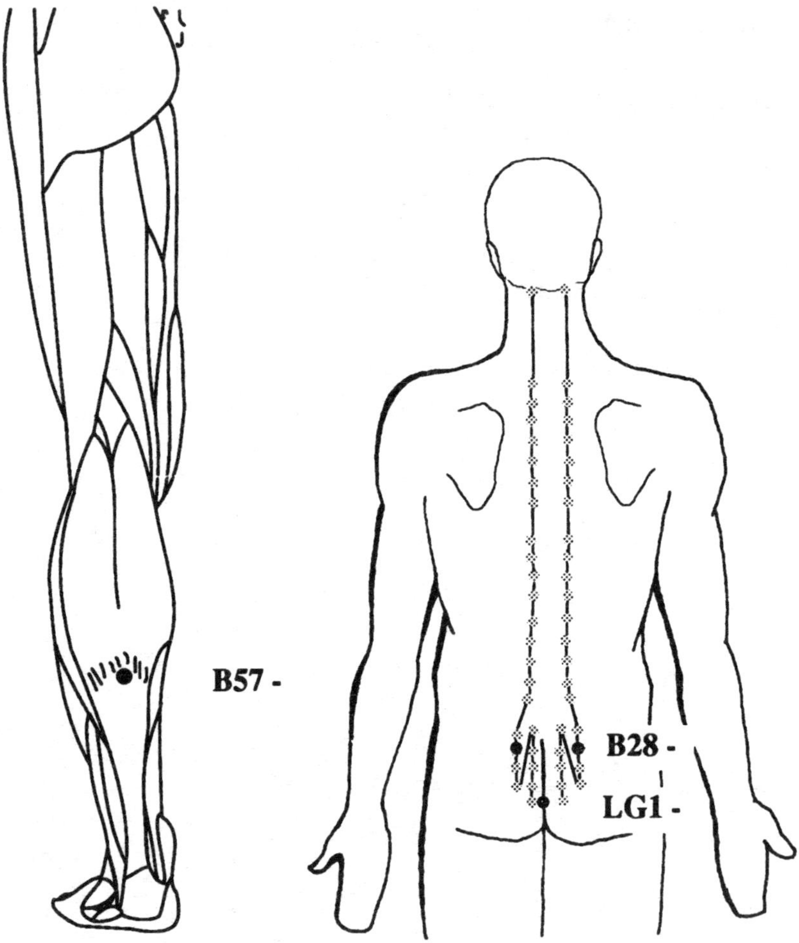

Übermäßige Harnausscheidung

Zu häufiges Wasserlassen kann auf einen Energiemangel im Bereich der Nieren und der Nebennieren deuten und läßt ein Schwinden der Abwehrkräfte des Organismus vermuten. In diesem Fall ist es von größter Bedeutung, die Energie der Nieren zu tonisieren, was zur Folge hat, daß das gesamte Immunsystem angeregt wird und gleichzeitig eine bessere selektive Filterung und Ausscheidung von Schlackenstoffen erwirkt und so der Verlust von Mineralstoffen verhindert wird.

Diese energetische Anregung der Nieren ist auch bei rheumatischen Beschwerden, Müdigkeit und Mutlosigkeit sehr zu schätzen und wird sich bei unentschlossenen Personen als unentbehrlich herausstellen.

Tonisieren Sie die Punkte B23 und B64;
Tonisieren Sie im Winter die Punkte N7 und B67.
Tonisieren Sie im Frühling die Punkte N10 und B66.
Tonisieren Sie im Sommer den Punkt N1.
Tonisieren Sie im Herbst die Punkte N3 und B54.

Empfohlenes ätherisches Öl: Bohnenkraut.
Empfohlene Spurenelemente: "Kupfer - Gold - Silber". Kieselerde.

B23: Im Bereich des zweiten und dritten Lendenwirbels, 2 Fingerbreit neben der Mittellinie.

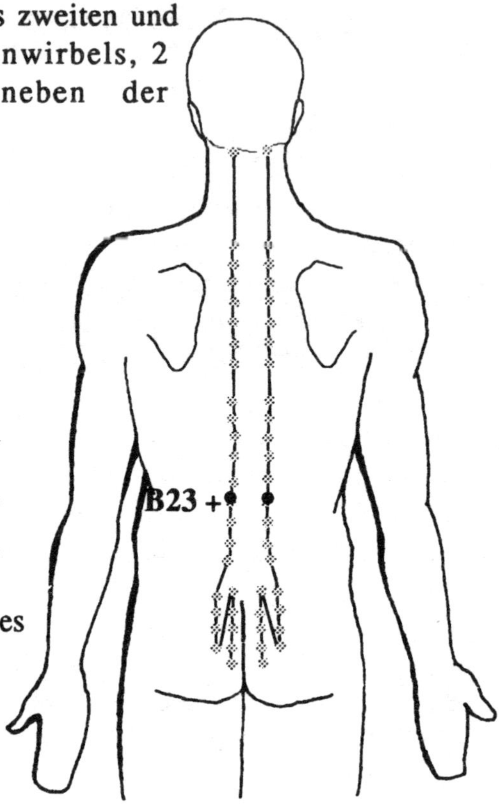

B64: In der Mitte der Fußaußenkante, hinter dem Gelenkhöcker des fünften Mittelfußknochens.

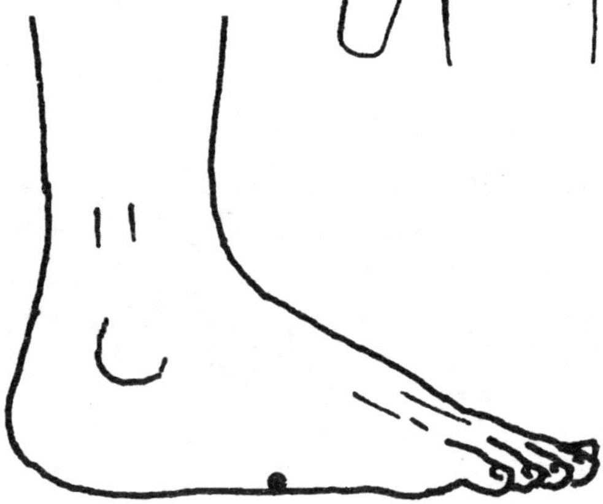

B64 +

N7: 2 Fingerbreit über dem inneren Fußknöchel, vor der Achillessehne.

B67: Am äußeren Nagelbett der kleinen Zehe.

N10: Auf der Kniebeugefalte.

B66: Unmittelbar hinter dem Gelenk der kleinen Zehe.

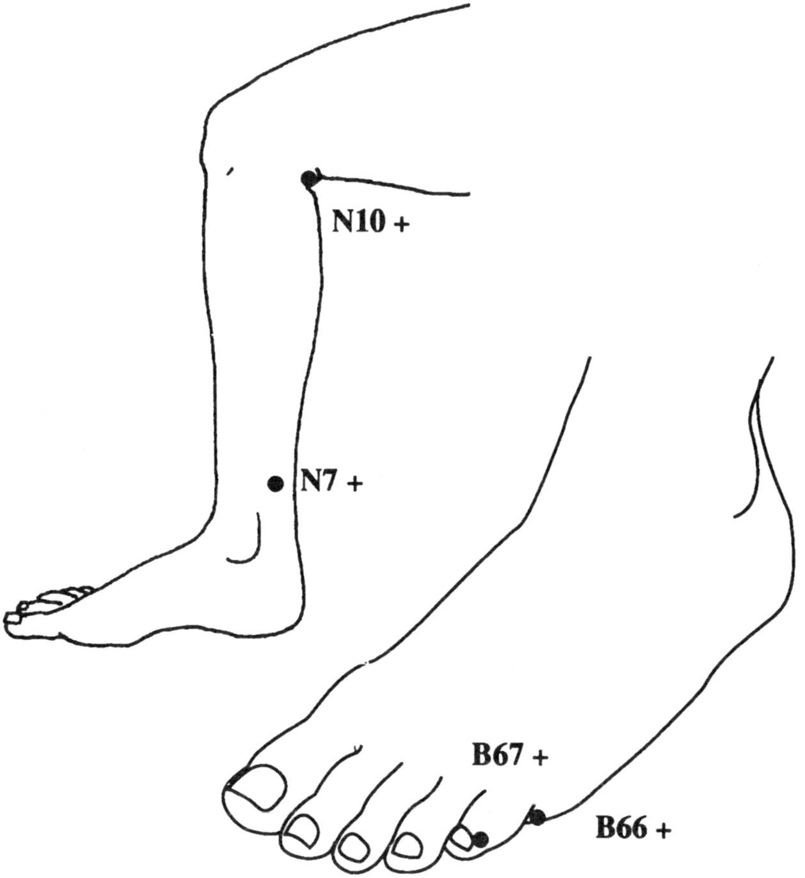

N1: Auf der Fußsohle, zwischen den beiden Muskelpartien.

N3: Unmittelbar hinter dem inneren Fußknöchel.

B54: In der Mitte der Kniekehle.

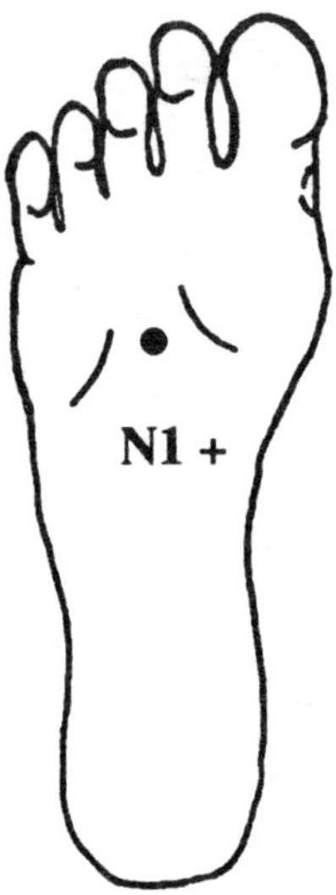

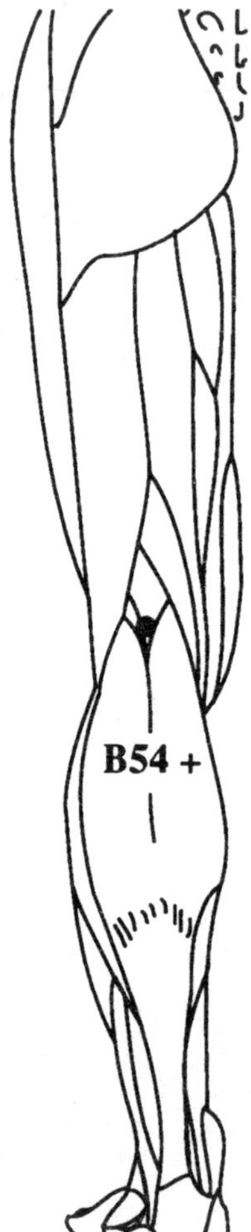

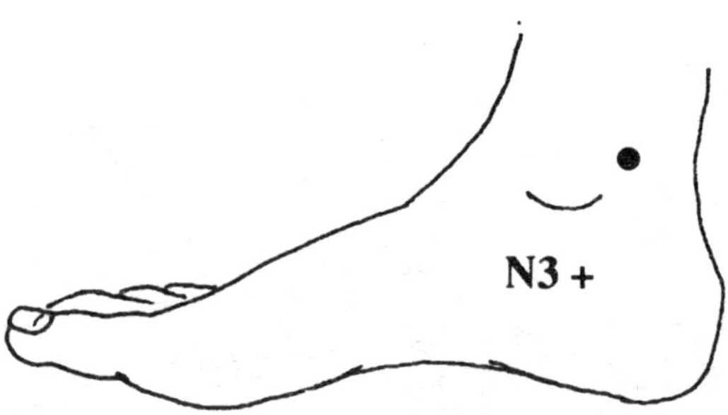

Ungenügende Harnausscheidung

Im Gegensatz zur landläufigen Meinung ist es nicht gut, wenn man zu häufig Harn lassen muß, d. h. mehr als 6mal am Tag, und ebensowenig, nachts auf die Toilette gehen zu müssen. Es besteht die Gefahr, daß das auf diese Weise in übermäßiger Menge ausgeschiedene Wasser Mineralien ausschwemmt und so einen Kalkmangel herbeiführt. Doch in manchen Fällen ist es erforderlich, die Harnausscheidung anzuregen. Wenn Sie zu selten Harn lassen, dann helfen Ihnen folgende Punkte, öfter Harn zu lassen.

Sedieren Sie im Winter die Punkte B65 und N1.
Sedieren Sie im Frühling die Punkte B60 und N3.
Sedieren Sie im Sommer die Punkte B54 und N3.
Sedieren Sie im Herbst die Punkte B64 und N1.

Empfohlenes ätherisches Öl: Wacholder.
Empfohlener Tee: Kirschenstiele.

B64: Auf der Fußaußenkante, unmittelbar vor dem Gelenk der kleinen Zehe.

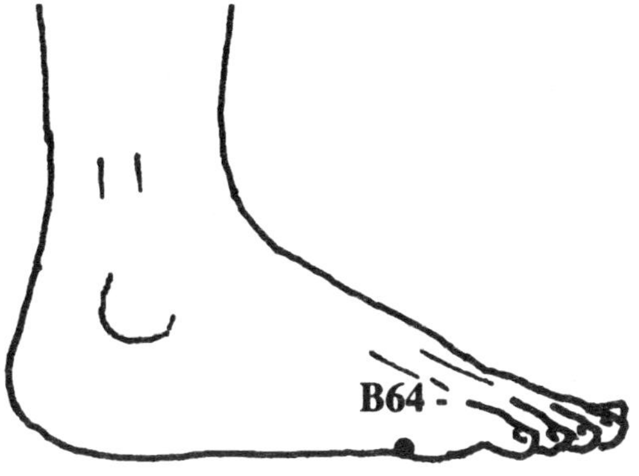

N1: Auf der Fußsohle, zwischen den beiden Muskelpartien.

B60: Hinter dem äußeren Fußknöchel.

N3: Hinter dem inneren Fußknöchel.

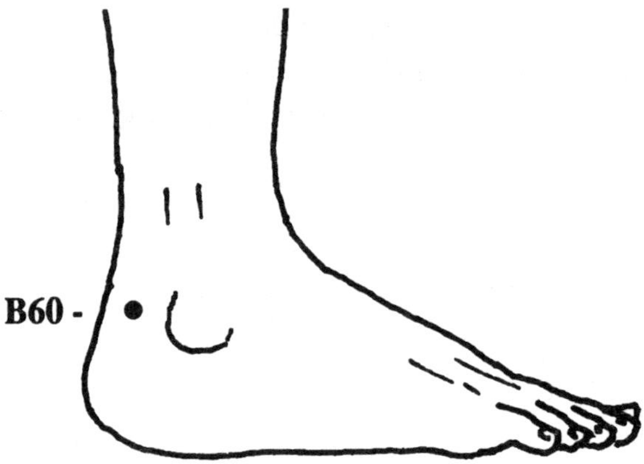

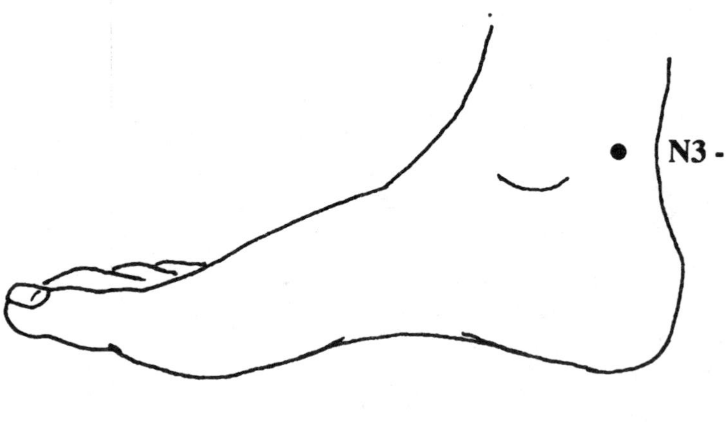

B54: In der Mitte der Kniekehle.

B64: In der Mitte der Fußaußenkante.

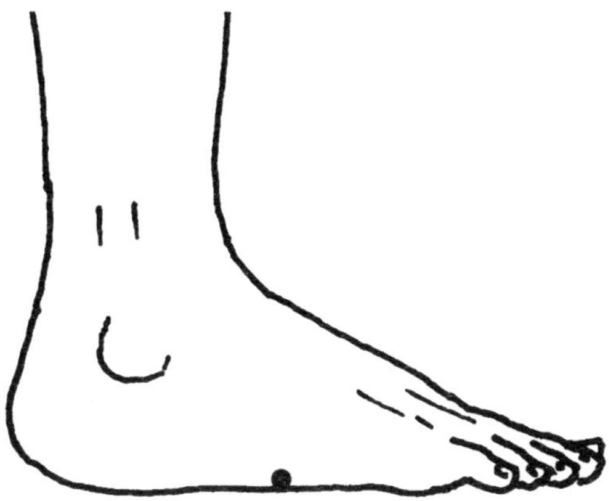

Harninkontinenz

Tonisieren Sie die Punkte N7, B23, G25 und B64.

Empfohlenes Spurenelement: "Kupfer - Gold - Silber"

N7: 2 Fingerbreit über dem inneren Fußknöchel, vor der Achillessehne.

B23: Im Bereich des zweiten und dritten Lendenwirbels, beidseitig 2 Fingerbreit neben der Wirbelsäule.

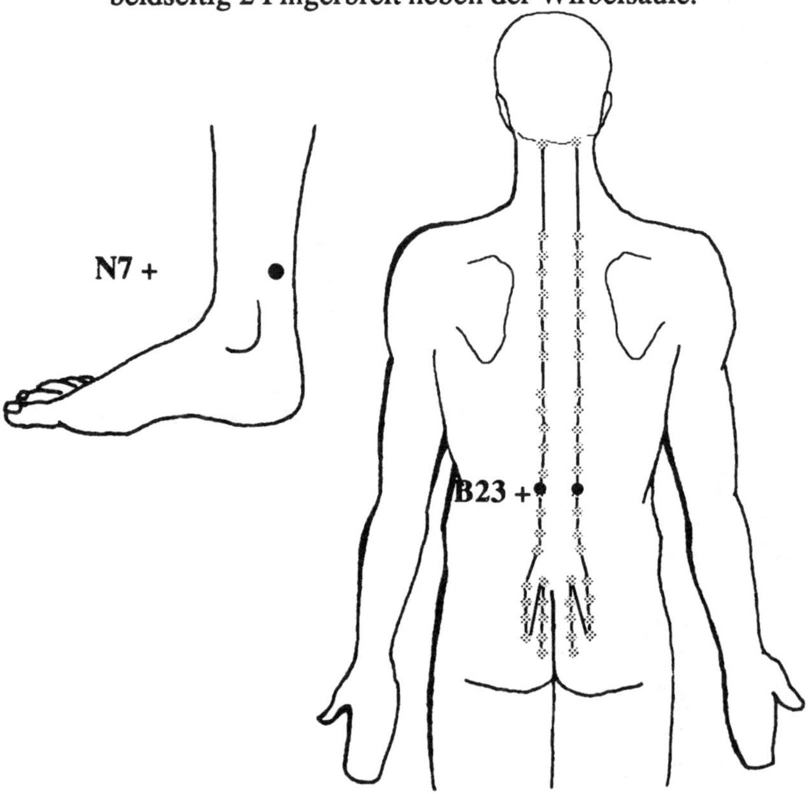

G25: Außen an der zwölften Rippe, die eine freibewegliche Rippe ist, deren Spitze seitlich an der Basis des Brustkorbes erscheint.

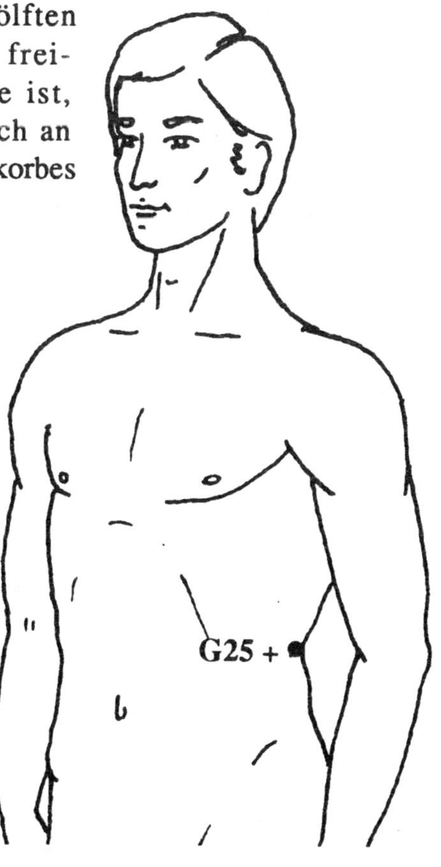

B64: In der Mitte der Fußaußenkante, hinter dem Gelenkhöcker des fünften Mittelfußknochens.

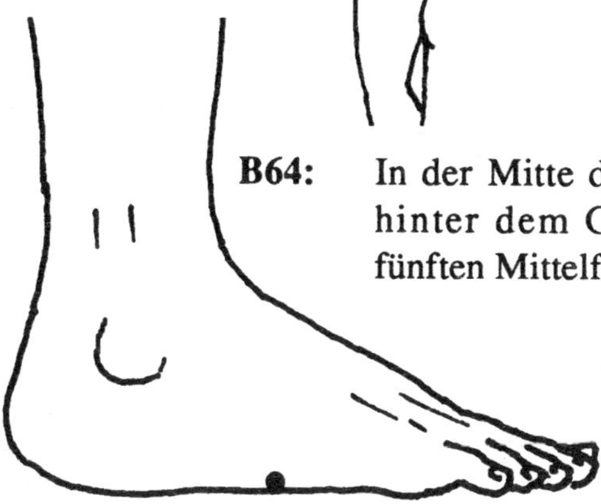

Herzschmerzen

Eine Untersuchung bei einem Kardiologen ist erforderlich. Sehr oft wird man Sie beruhigen und Ihnen erklären, daß es sich um eine nervös bedingte Störung handelt. Die Stimulierung der Energiepunkte kann diese Schmerzen in zahlreichen Fällen bessern und gelegentlich sogar ganz zum Verschwinden bringen.

Sedieren Sie die Punkte MH6, MP4 und MP21.

Empfohlene Spurenelemente:	"Mangan - Kobalt" und Kalzium (jeweils im täglichen Wechsel einmal das eine, einmal das andere). Chrom und Magnesium sind ebenfalls ratsam (nachmittags, außerhalb der Mahlzeiten, im Wechsel).
Empfohlene Vitamine:	B1 (Thiamin). C (*Acerola Plus*). E.

MH6: 3 Fingerbreit über der Beugefalte des Handgelenks, zwischen den beiden Sehnen.

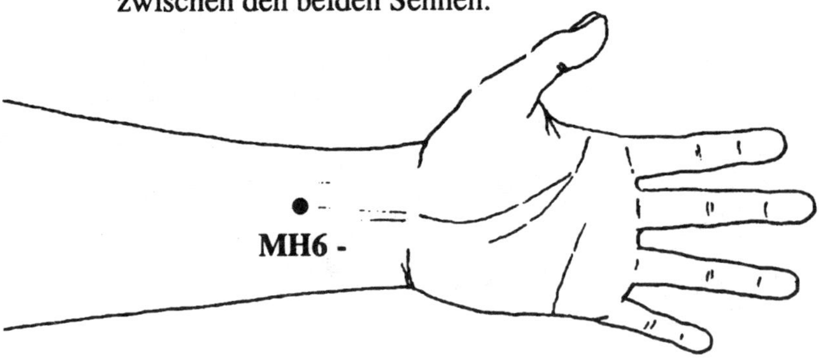

MP4: In der Mitte der Fußinnenkante, am Übergang zwischen der Haut des Fußrückens und der Haut der Fußsohle.

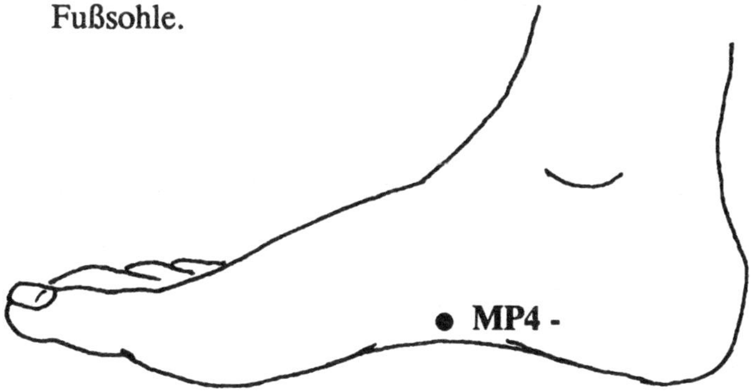

MP21: Seitlich vom Brustkorb, im sechsten Rippenzwischenraum, d. h. in der Mitte.

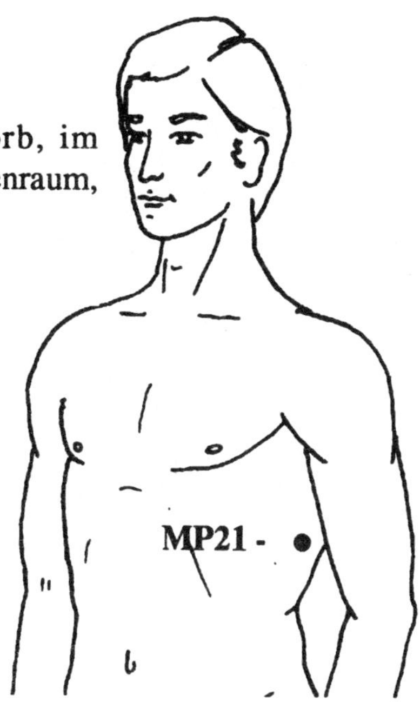

Herz
(Verlangsamte Herzfrequenz)

Tonisieren Sie die Punkte Lu9 und H9 (im Winter durch den Punkt H5 ersetzen).

Lu9: In der Speichenfurche, auf der Handgelenksfalte, d. h. vor dem Griffelfortsatz der Speiche.

H9: Am Nagelbett des kleinen Fingers, auf der Seite des Ringfingers.

H5: Auf der Innenkante des Handgelenks, in der Furche der Elle, gegenüber vom kleinen Knochen (Griffelfortsatz).

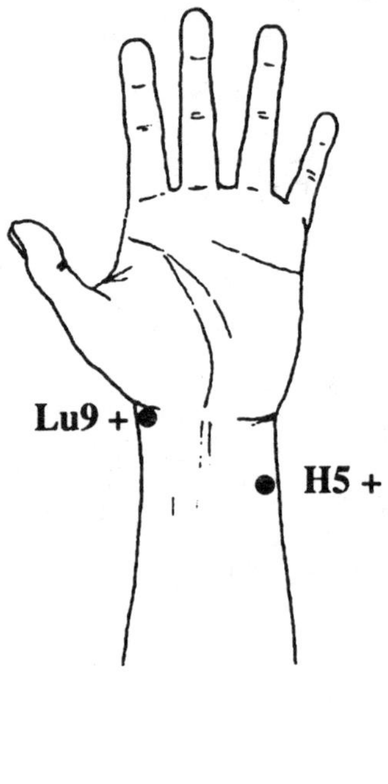

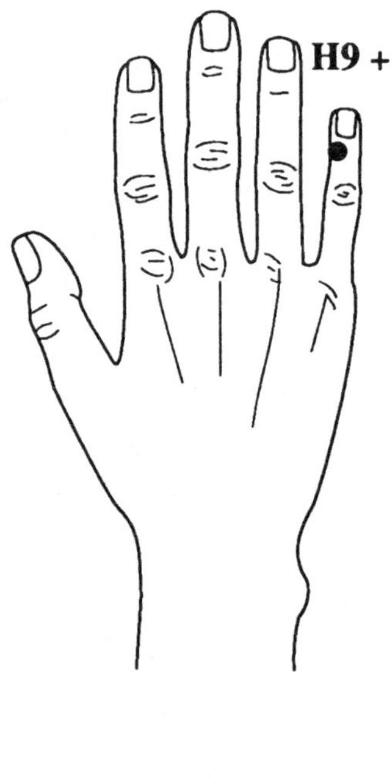

Herzjagen

Eine Untersuchung beim Kardiologen ist erforderlich. Sehr oft wird man Sie beruhigen und Ihnen erklären, daß es sich um eine nervös bedingte Störung handelt. Die Stimulierung der Energiepunkte kann diese Störung in zahlreichen Fällen bessern und gelegentlich sogar ganz zum Verschwinden bringen.

Sedieren Sie, außer im Herbst, den Punkt H7.
Sedieren Sie im Herbst den Punkt H3.

Empfohlene Spurenelemente:	"Mangan - Kobalt". Kalzium. Chrom. Magnesium.
Empfohlene Vitamine:	B1 (Thiamin). C. E.

H7: Auf der Handgelenksfalte neben dem Erbsenbein (kleiner Knochen).

H3: Auf der inneren Beugefalte des Ellbogens, im Bereich des Gelenks der beiden Knochen.

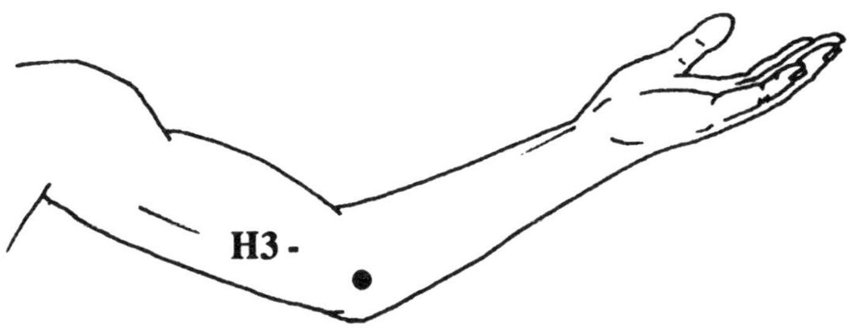

Herzklopfen

Eine Untersuchung beim Kardiologen ist erforderlich. Sehr oft wird man Sie beruhigen und Ihnen erklären, daß es sich um eine nervös bedingte Störung handelt. Die Stimulierung der Energiepunkte kann diese Störung in zahlreichen Fällen bessern und gelegentlich sogar ganz zum Verschwinden bringen.

Sedieren Sie den Punkt H5 zuerst auf der rechten, dann auf der linken Seite.

Empfohlene Spurenelemente: "Mangan - Kobalt". Kalzium. Chrom. Magnesium.

Empfohlene Vitamine: B1 (Thiamin). C (*Acerola Plus*). E.

H5: Auf der Innenkante des Handgelenks, in der Furche der Elle, gegenüber vom kleinen Knochen (Griffelfortsatz).

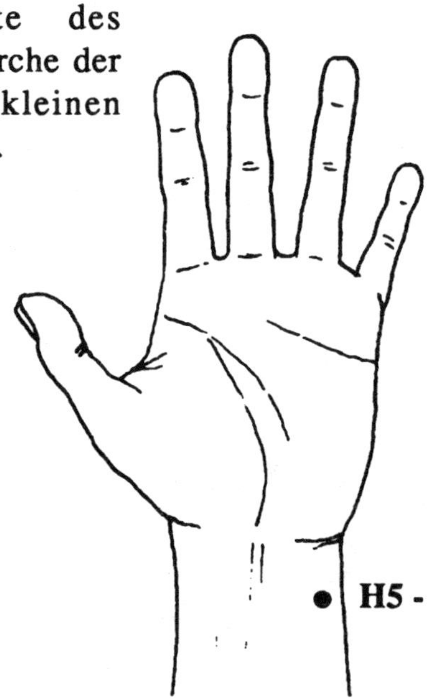

Hitzewallungen

Sedieren Sie bei trockener Haut die Punkte G20 und MP6. Sedieren Sie bei Neigung zum Schwitzen die Punkte B10 und MP6.

G20: Im Nacken, unter den Hinterhauptshöckern.

MP6: Auf der Innenseite des Beines, 4 Fingerbreit über dem inneren Fußknöchel, in einer Verteifung hinter dem Schienbein.

B10: Im Nacken, unter den Hinterhauptshöckern.

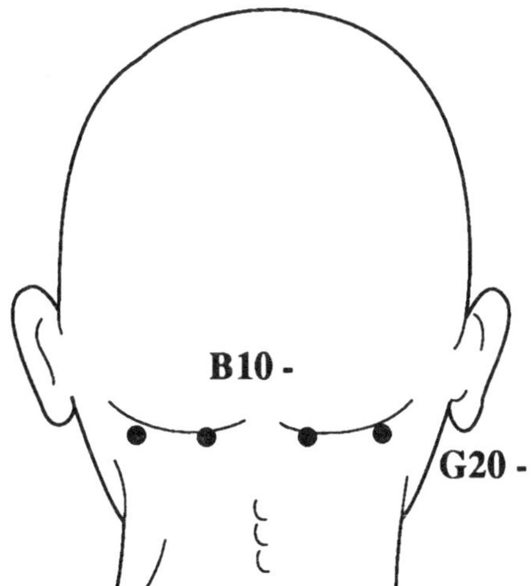

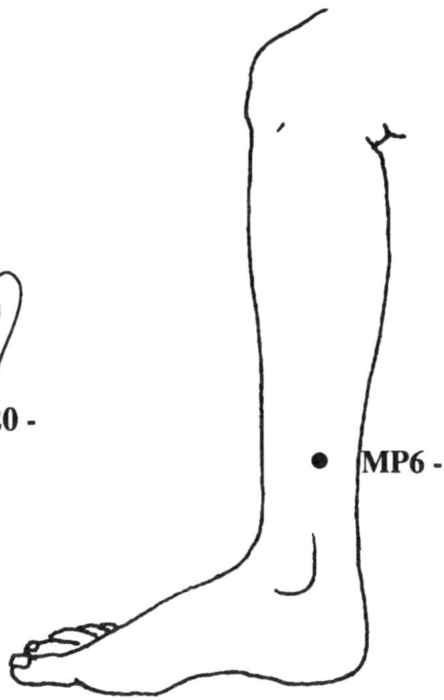

Husten

Sedieren Sie die Punkte Lu7 und KG22;
Tonisieren Sie die Punkte N7 und B23.

Empfohlenes ätherisches Öl:	Pfefferminze (als Inhalation).
Empfohlenes Spurenelement:	"Mangan - Kobalt".
Empfohlenes Vitamin:	C.

Lu7: In der Speichenfurche, dort wo man den Schlag der Arterie spürt, 3 Fingerbreit über der Handgelenksfalte.

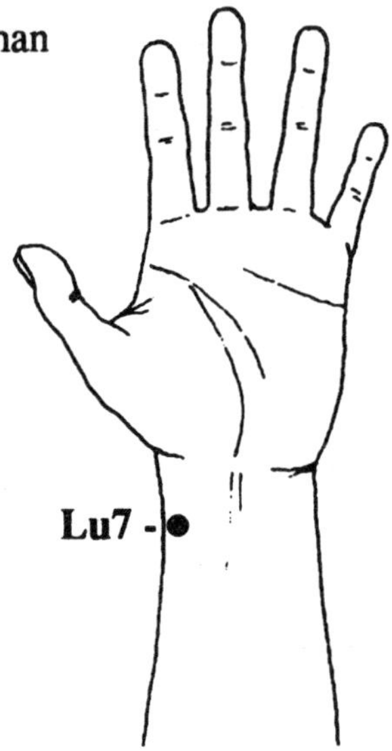

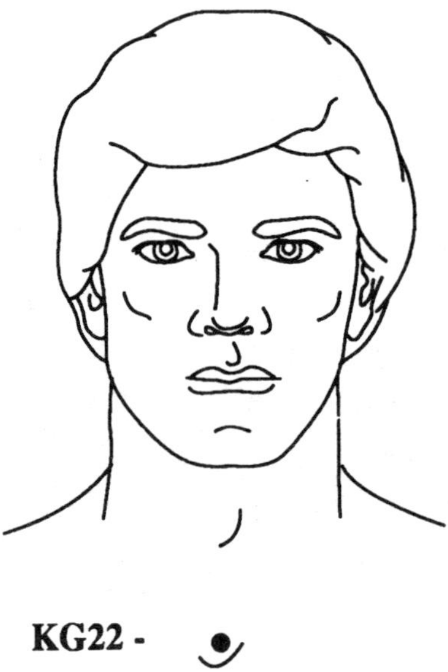

KG22: In der Vertiefung über dem Schwertgriff des Brustbeins.

N7: 2 Fingerbreit über dem inneren Fußknöchel, vor der Achillessehne.

B23: Im Bereich des zweiten und dritten Lendenwirbels.

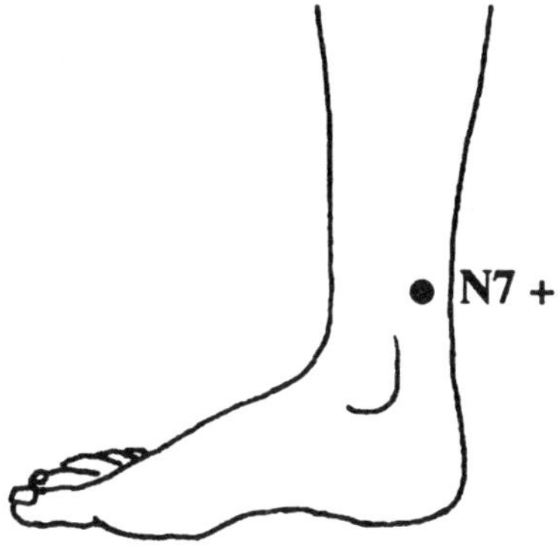

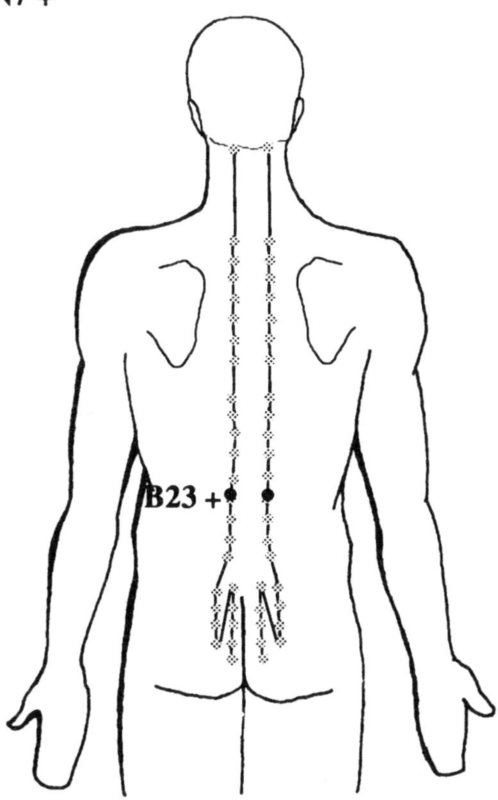

Juckreiz

Hier spezifische Punkte bei Juckreiz, die imstande sind, diesen zu lindern:

Tonisieren Sie den Punkt Le5;
Sedieren Sie die Punkte B54 und G40.

Le5: In einer kleinen Vertiefung auf der Innenseite des Schienbeins, 5 Fingerbreit über dem inneren Fußknöchel.

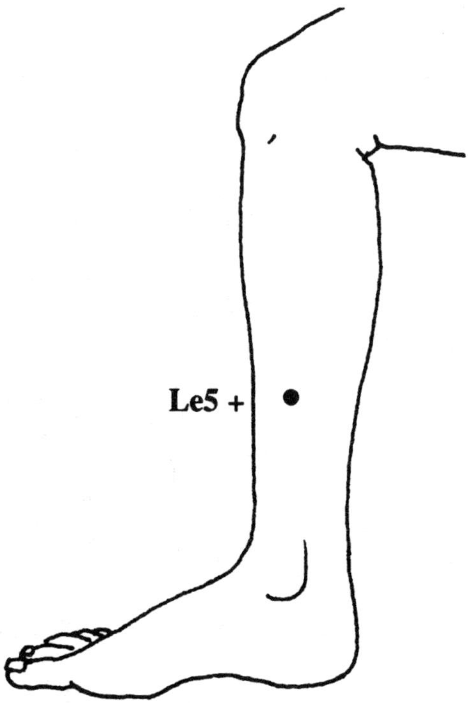

B54: In der Mitte der Kniekehle.

G40: Auf dem Fußrist, in einer Vertiefung vor dem äußeren Fußknöchel.

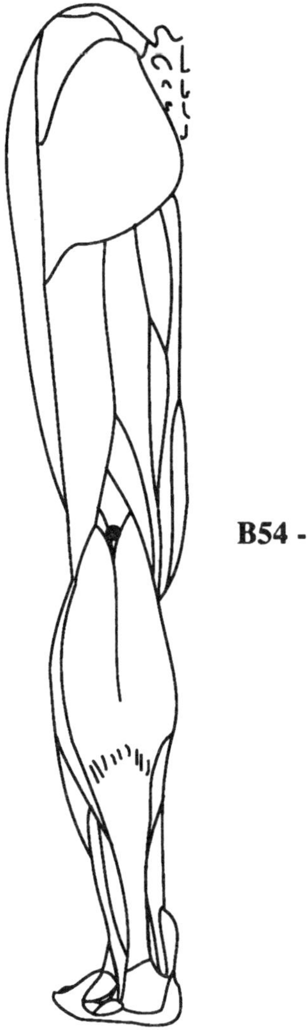

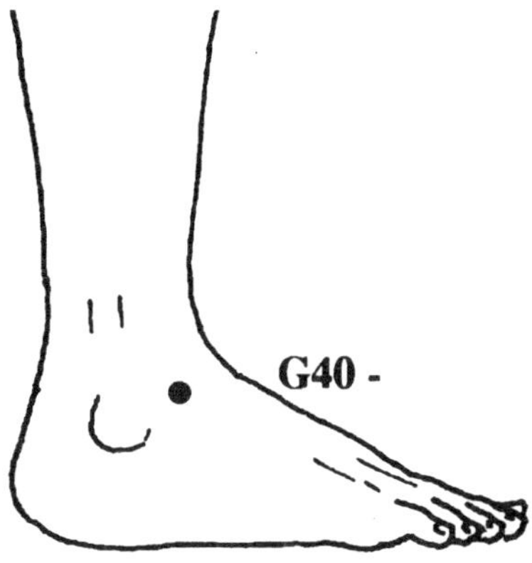

Kolitis

Oft handelt es sich um eine Verkrampfung des Dickdarms, die allein durch die Stimulierung der genannten Punkte zum Verschwinden gebracht werden kann. Doch man muß sich bewußt sein, daß eine Blinddarmentzündung einen operativen Notfall darstellen kann. Im Zweifelsfall ist eine baldmögliche Untersuchung durch einen Arzt angebracht. Doch falls es sich nur um einem blinden Alarm handelt, zeitigen die folgenden Punkte sehr oft eine erstaunliche Wirkung.

Sedieren Sie die Punkte MH6, MP9 und Di9.

MH6: 2 Fingerbreit über der Beugefalte auf der Innenseite des Handgelenks.

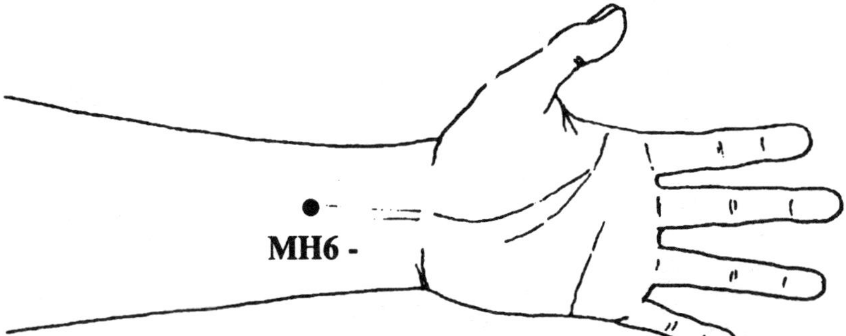

MP9: Unter dem Knie auf der Innenseite, an der Abwinkelstelle der Knochen von Schienbein und Knie.

Di9: Auf dem Unterarm, auf der Oberseite, 4 Fingerbreit vor der Ellbogenbeuge.

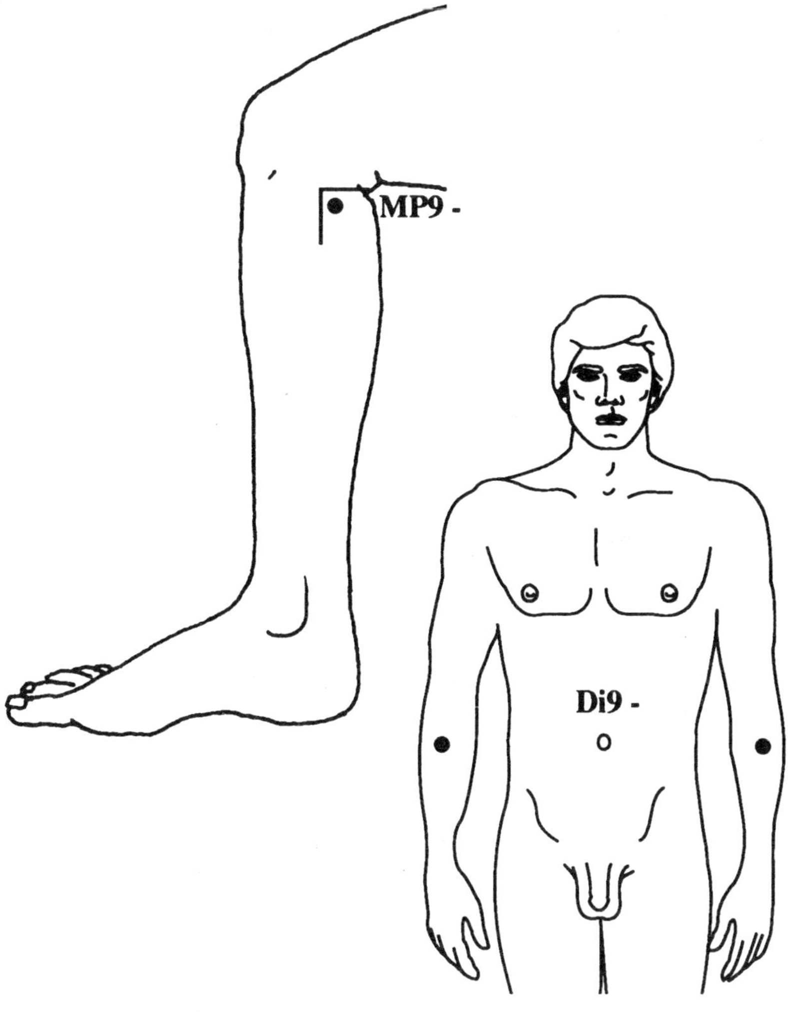

Kopfschmerzen

Kopfschmerzen sind häufig Ausdruck eines Energieüberschusses, der durch eine Fehlfunktion eines oder mehrerer Verdauungsorgane verursacht wurde, wie etwa des Magens, der Pankreas, der Leber, der Gallenblase, des Darms. Hier einige Punkte, die geeignet sind, Kopfschmerzen zu beseitigen und dabei gleichzeitig die Funktion der verantwortlichen Organe zu verbessern.

Sedieren Sie die Punkte Inn-Trang und Di4.

Inn-Trang: Auf der Stirn, zwischen den Augenbrauen.

Di4: Im Winkel, den die beiden ersten Mittelhandknochen bilden, und zwar vor und an der Basis des zweiten Mittelhandknochens.

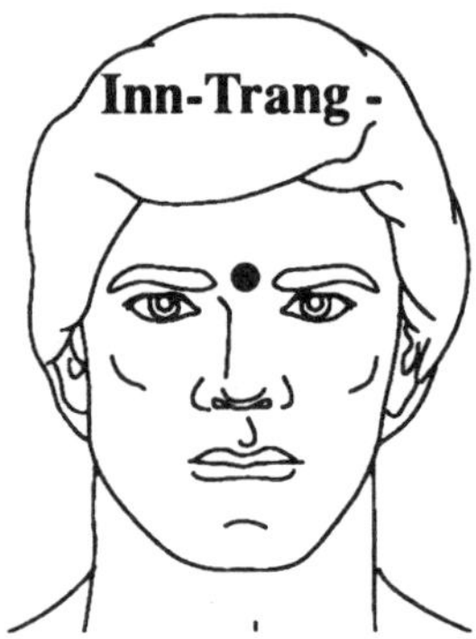

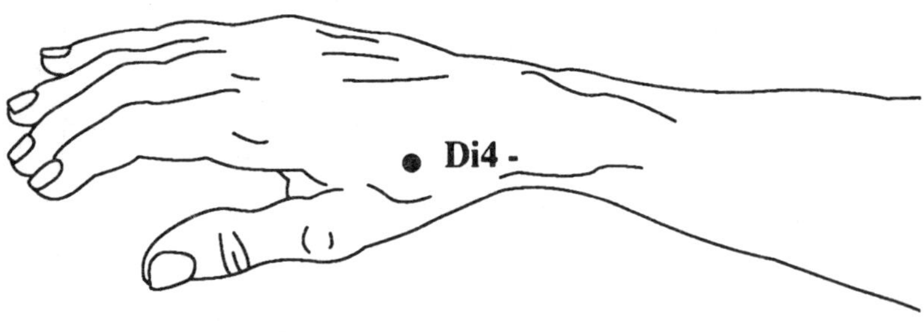

Kopfschmerzen am inneren Augenwinkel

Sedieren Sie den Punkt B62;
Tonisieren Sie den Punkt B67.

B62: Unter dem äußeren Fußknöchel.

B67: Am äußeren Nagelbett der kleinen Zehe.

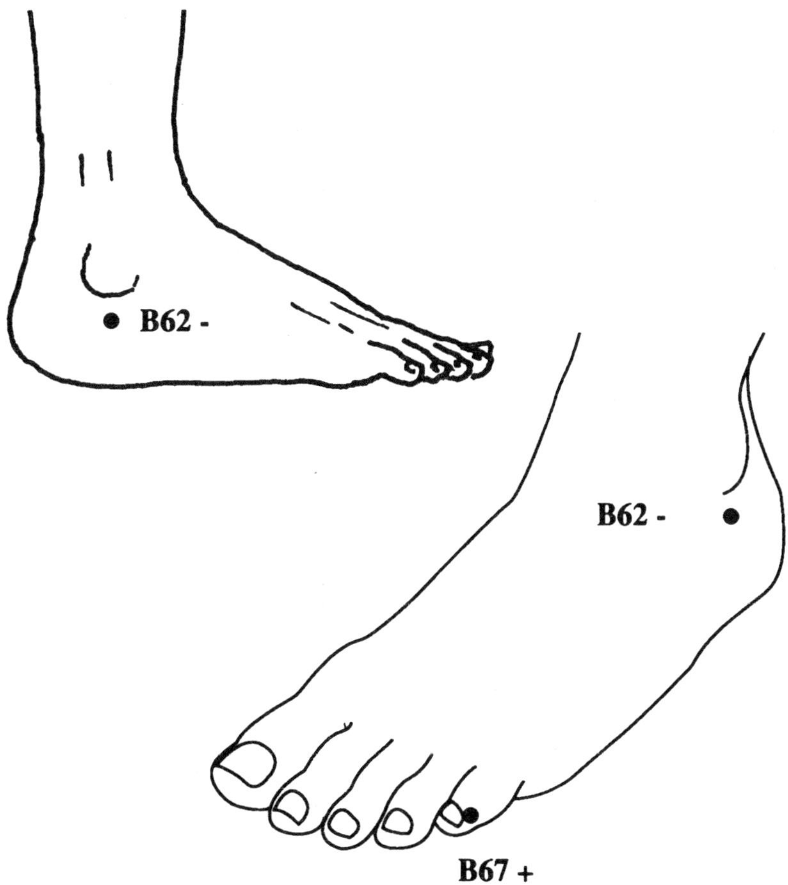

Diffuse Kopfschmerzen

Sedieren Sie die Punkte Di4, Ma36 und Le3.

Di4: An der Spitze des Winkels, den die beiden ersten Mittelhandknochen (Knochen des Daumens und des Zeigefingers) in gespreiztem Zustand bilden.

Ma36: 4 Fingerbreit unter dem Knie, am Schienbein.

Le3: An der Spitze des Winkels, den die beiden ersten Mittelfußknochen in gespreiztem Zustand bilden.

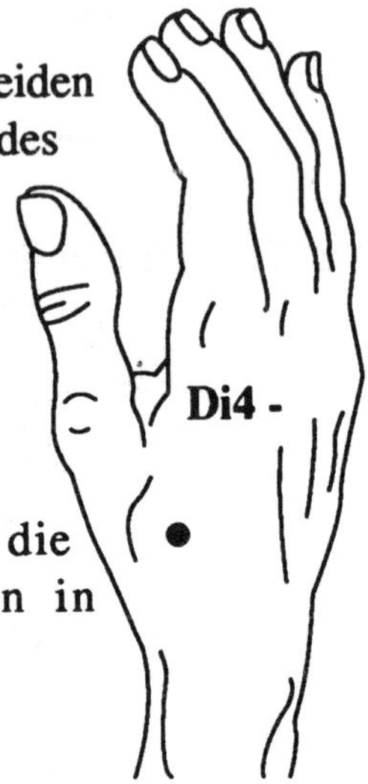

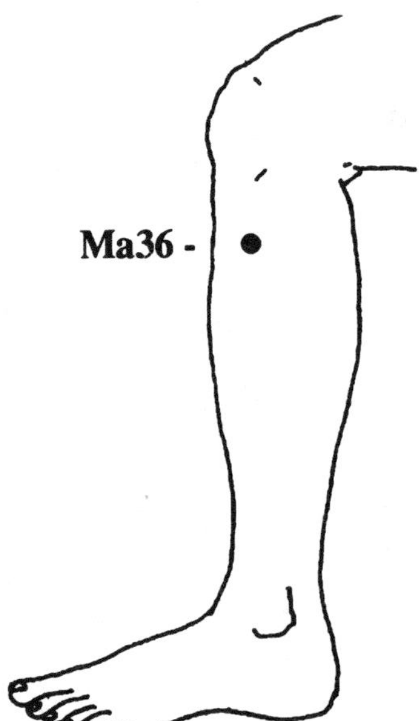

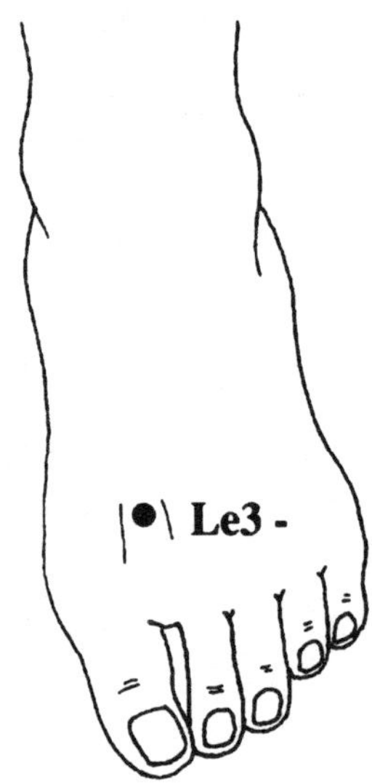

Hinterhauptskopfschmerzen

Sedieren Sie die Punkte Dü3, B62, G44 und G20.

Dü3: Unmittelbar hinter dem Grundgelenk des kleinen Fingers.

B62: Unter dem äußeren Fußknöchel.

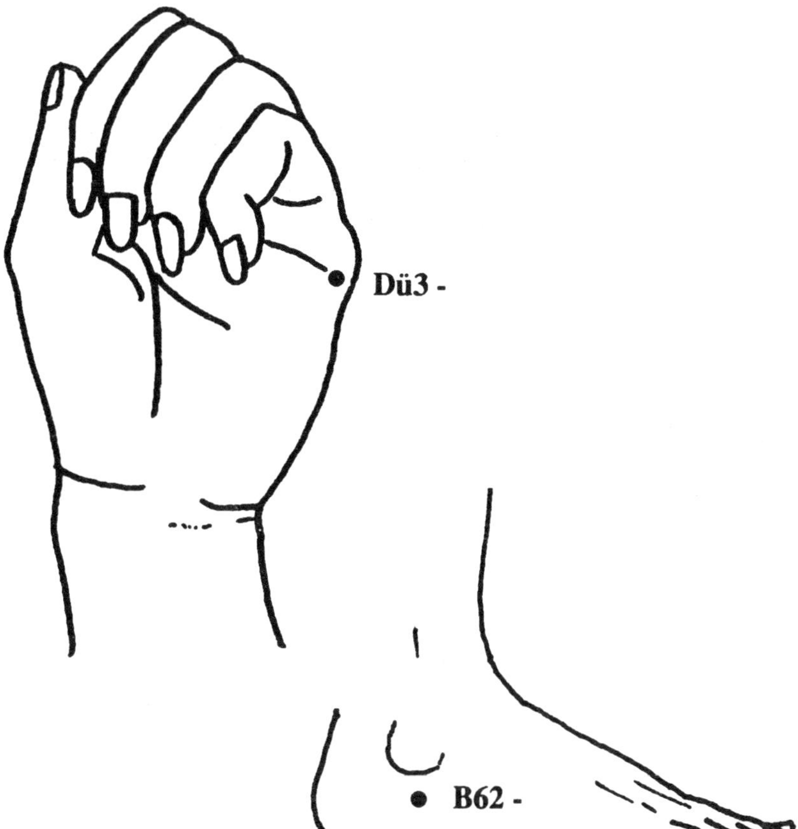

G44: Am äußeren Nagelbett der vierten Zehe.

G20: Im Nacken, unter den Hinterhauptshöckern.

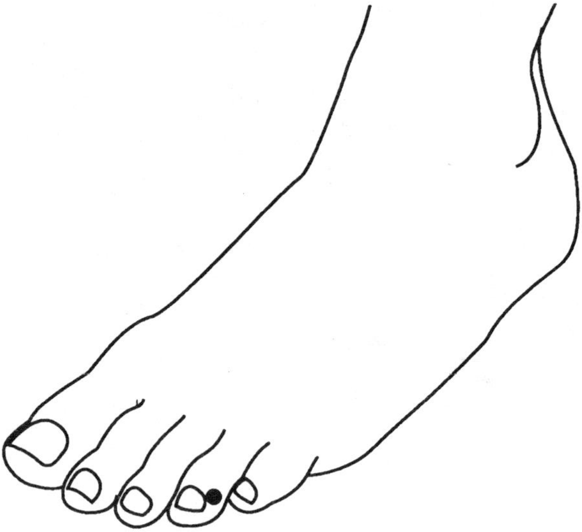

G44 -

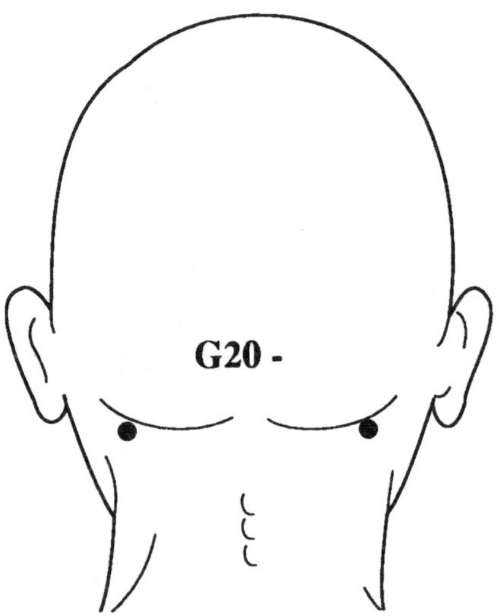

Krämpfe im Unterleib

Sedieren Sie die Punkte MH6 und MP9.

MH6: 3 Fingerbreit über der Beugefalte des Handgelenks, zwischen den beiden Sehnen.

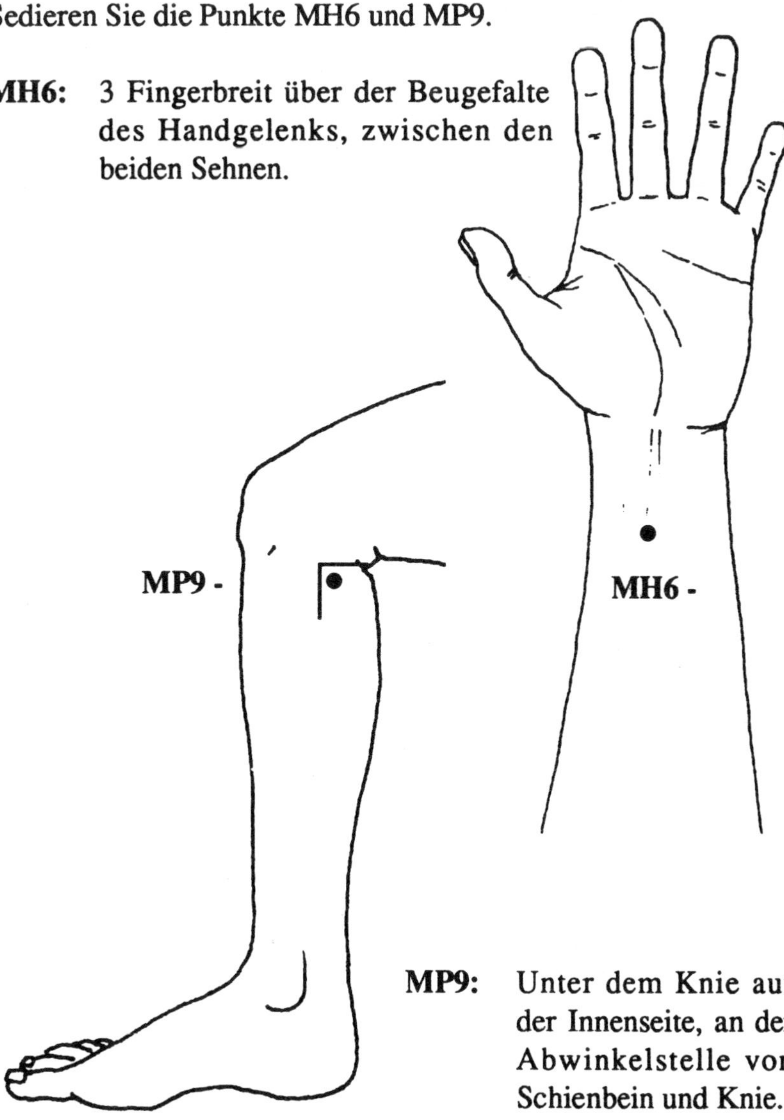

MP9: Unter dem Knie auf der Innenseite, an der Abwinkelstelle von Schienbein und Knie.

Lampenfieber

Tonisieren Sie die Punkte H5, Ma36 und N1.

H5: Auf der Innenkante des Handgelenks, in der Furche der Elle, gegenüber vom kleinen Knochen (Griffelfortsatz).

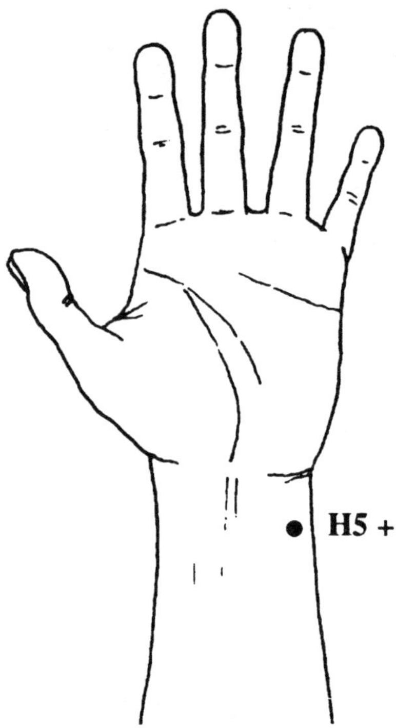

Ma36: 4 Fingerbreit unter dem Knie, zwischen dem vorderen Schienbeinmuskel und dem großen Streckmuskel.

N1: Auf der Fußsohle, zwischen den beiden Muskelpartien.

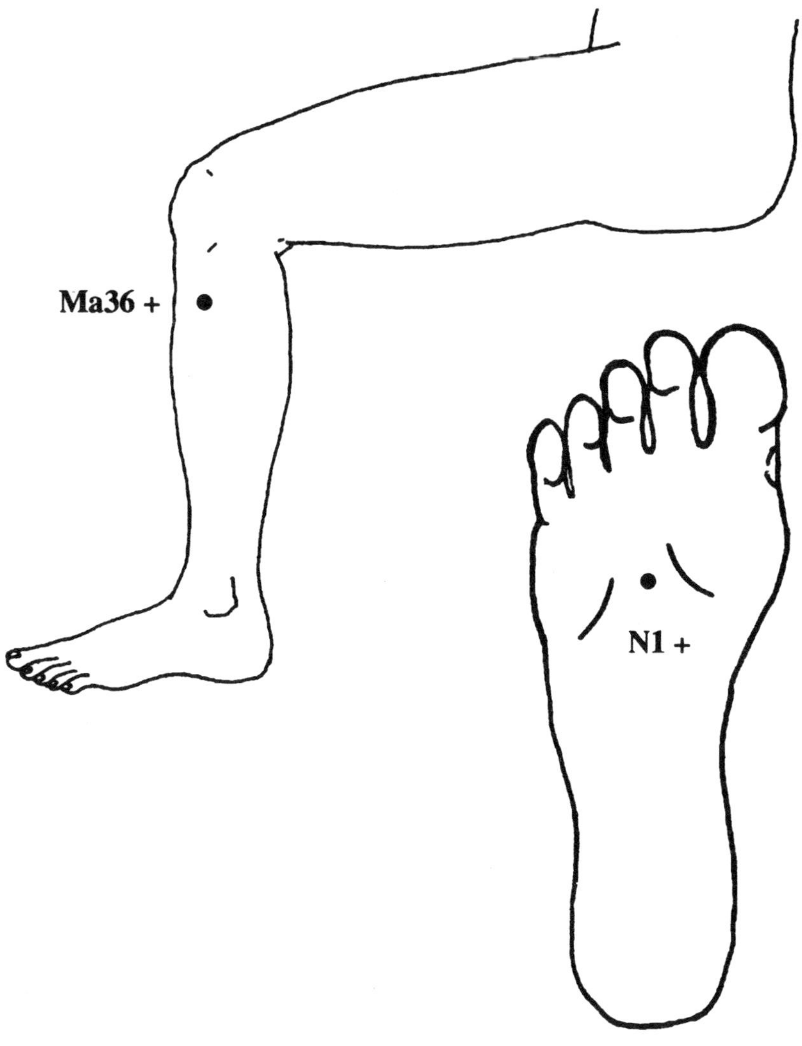

Leberbeschwerden

Essen Sie:	Obst. Gemüse. Vollkorngetreide. Kaltgepreßtes Jungfernöl erster Pressung.
Meiden Sie:	Tierische Fette. Alkohol. Kaffee. Tabak.
Trinken Sie:	Frischgepreßten Zitronensaft.
Empfohlener Tee:	Rosmarin.
Empfohlenes Spurenelement:	Zink.
Empfohlenes Heilkraut:	Erdrauch.
Empfohlene Vitamine:	B6. C.

Sedieren Sie die Punkte MP4, Le3, Le8 und Le14.

MP4: In der Mitte der Fußinnenkante, am Übergang zwischen der Haut des Fußrückens und der Haut der Fußsohle.

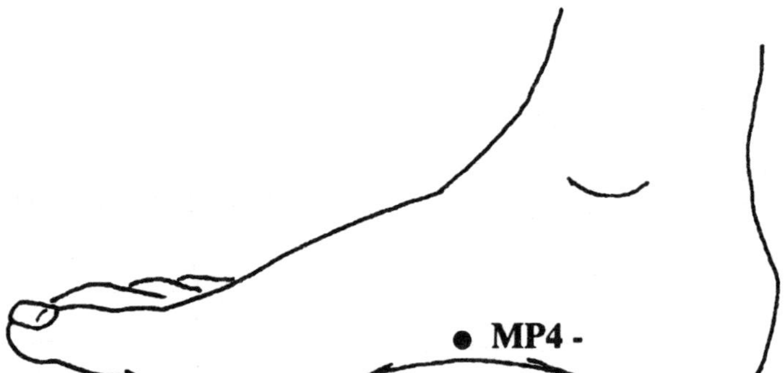

Le3: Auf dem Fuß, an der Spitze des Winkels, den die beiden ersten Mittelfußknochen in gespreiztem Zustand bilden, am Knochen der großen Zehe.

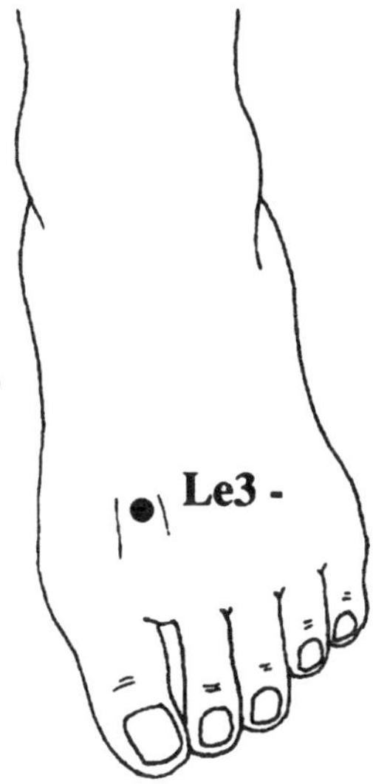

Le8: Auf der inneren Kniebeugefalte, am Gelenk.

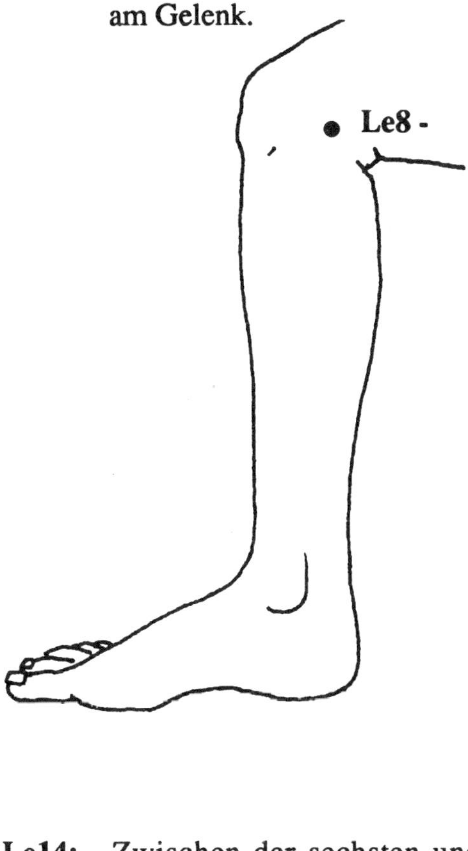

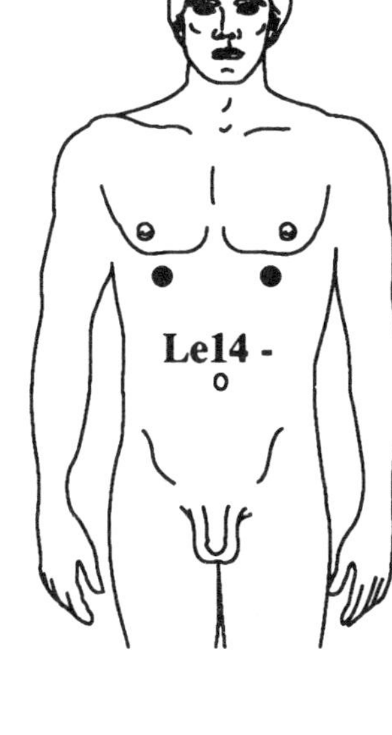

Le14: Zwischen der sechsten und siebten Rippe, auf einer Linie mit der Brustwarze.

Leberträgheit

Es gibt zahlreiche Punkte, mit deren Hilfe es möglich ist, die Leberfunktionen anzuregen. Hier drei Punkte, die ihre verblüffende Wirkung nicht verfehlen:

Tonisieren Sie die Punkte Le3, Le8, Le14 und B18.

Le3: An der Spitze des Winkels, den die beiden ersten Mittelfußknochen in gespreiztem Zustand bilden.

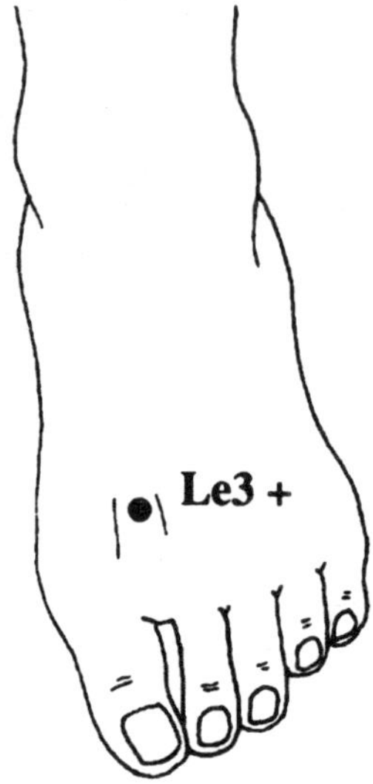

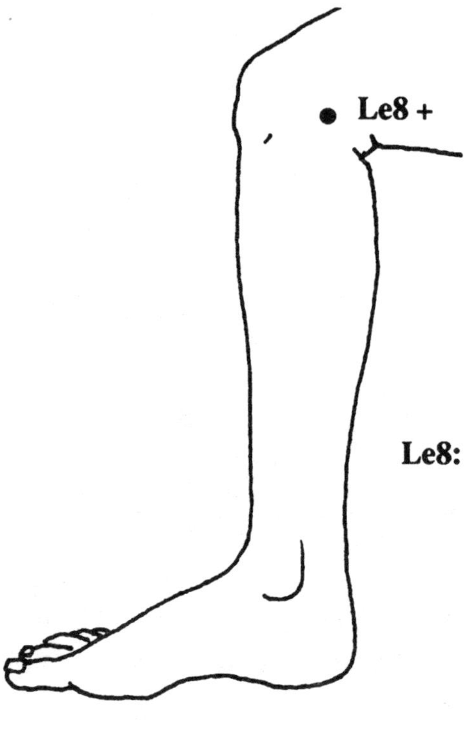

Le8: Auf der inneren Kniebeugefalte, am Gelenk.

Le14: Zwischen der sechsten und siebten Rippe, auf einer Linie mit der Brustwarze.

B18: Im Bereich des neunten und zehnten Rückenwirbels.

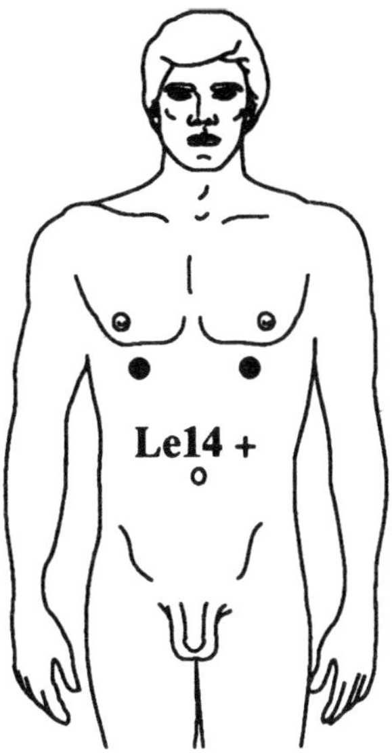

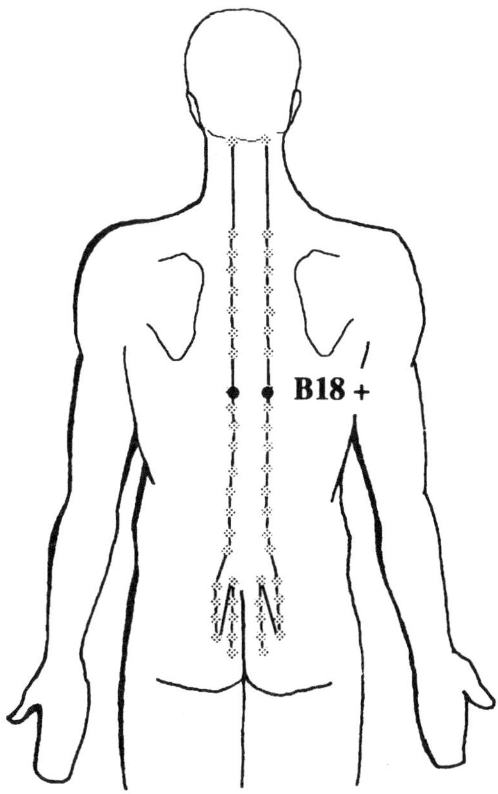

Lendenschmerzen im Bereich der Gürtellinie

Hier nun einige Punkte, die bei horizontal verlaufenden Lendenschmerzen (im Volksmund "Hexenschuß" genannt) wahre Wunder bewirken.

Behandeln Sie den SM Tae Mo (Seite 243);
Sedieren Sie die Punkte G40 und B54.

Sollten einige schmerzhafte Punkte übrigbleiben, dann sedieren Sie diese ebenfalls.

Empfohlene ätherische Öle: Mischung aus Kamille, Thymian und Majoran (als Einreibung).

G40: Auf dem Fußrist, in einer Vertiefung vor dem äußeren Fußknöchel.

B54: In der Mitte der Kniekehle.

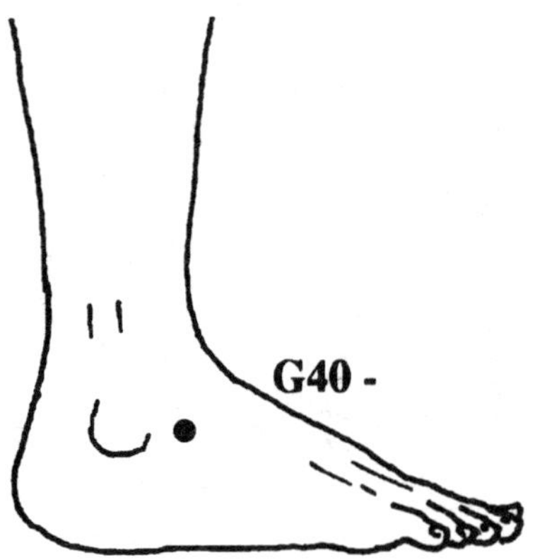

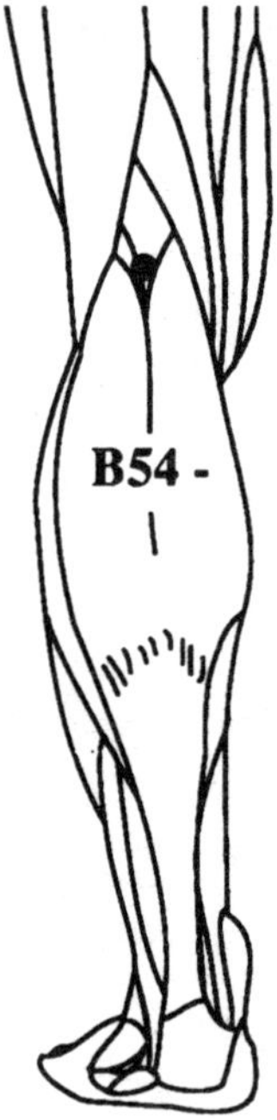

Vertikal verlaufende Lendenschmerzen

Wenn der Schmerz nicht genau entlang der Wirbelsäule verläuft, sondern eher links und rechts davon, dann finden Sie hier einige Punkte, die Sie in der angegebenen Reihenfolge stimulieren müssen.

Sedieren Sie die Punkte B62, Dü3 und B54:
Tonisieren Sie den Punkt B67.

B62: Unter dem äußeren Fußknöchel.

Dü3: Unmittelbar hinter dem Grundgelenk des kleinen Fingers.

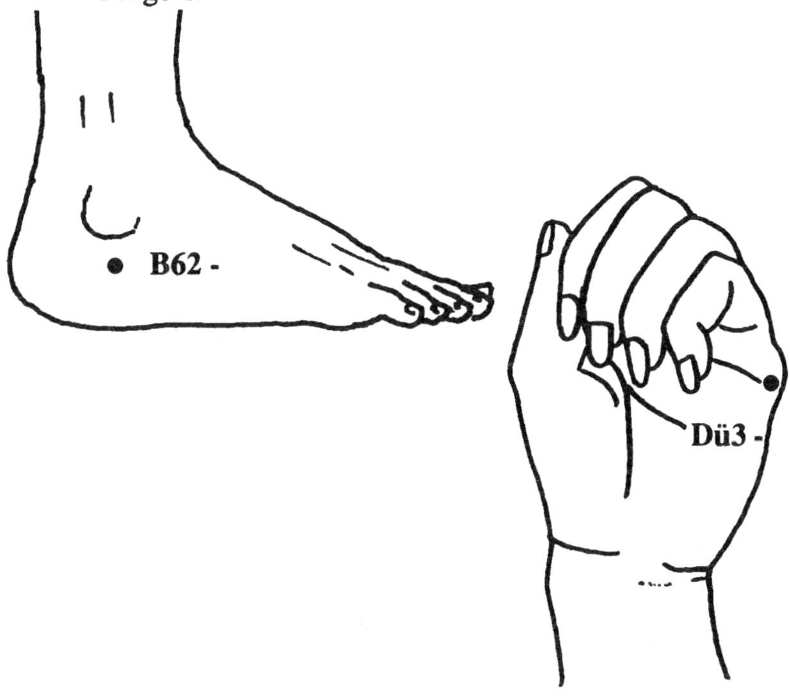

B54: In der Mitte der Kniekehle.

B67: Am äußeren Nagelbett der kleinen Zehe.

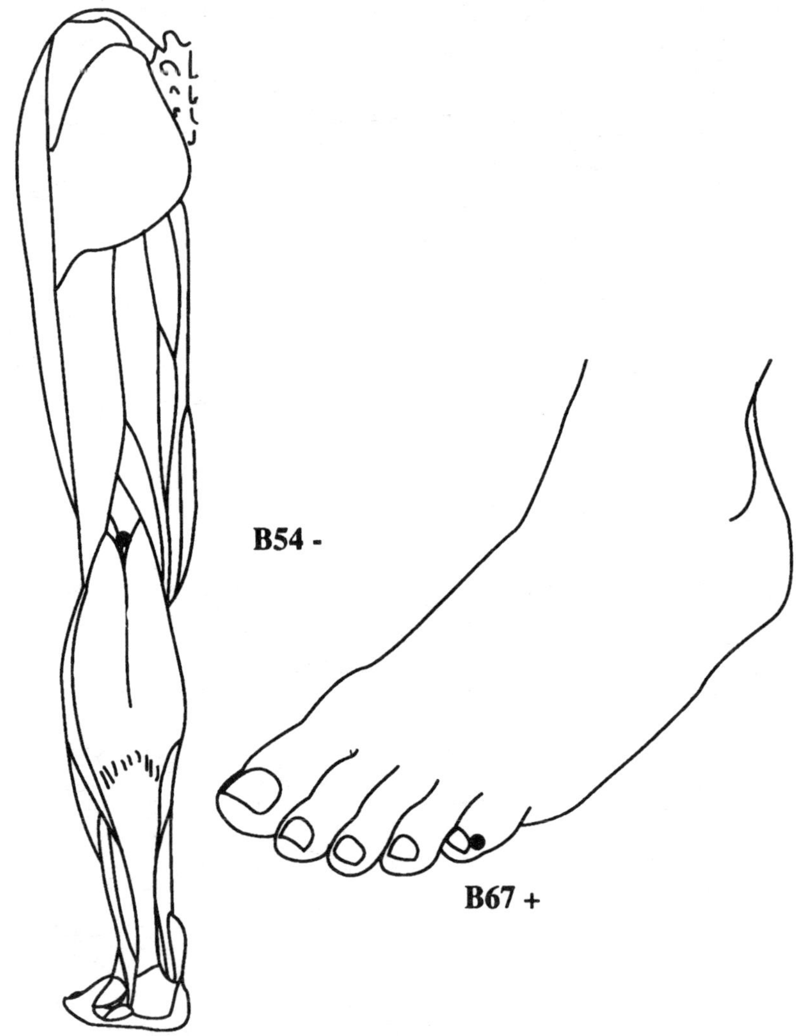

Lendenschmerzen entlang der Wirbelsäule

Sedieren Sie die Punkte Dü3 und B62;
Tonisieren Sie den Punkt LG1;
Sedieren Sie die schmerzhaften Punkte;
Tonisieren Sie den Punkt LG26.

Empfohlene ätherische Öle: Wacholder. Thymian. Als Einreibung.

Dü3: Unmittelbar hinter dem Grundgelenk des kleinen Fingers.

B62: Unter dem äußeren Fußknöchel.

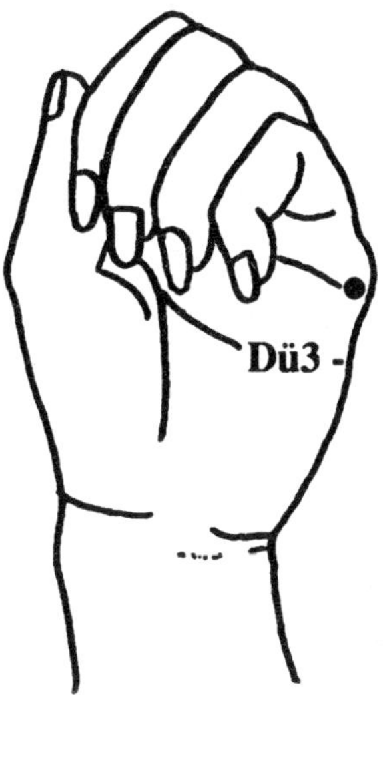

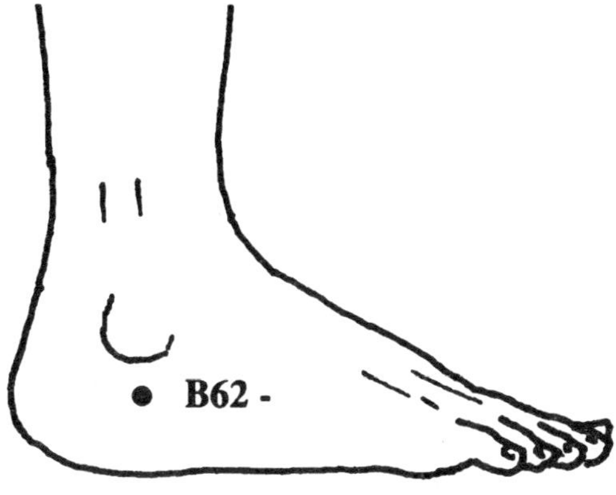

LG1: An der Spitze des Steißbeins.

LG26: In der Vertiefung unmittelbar unter der Nase.

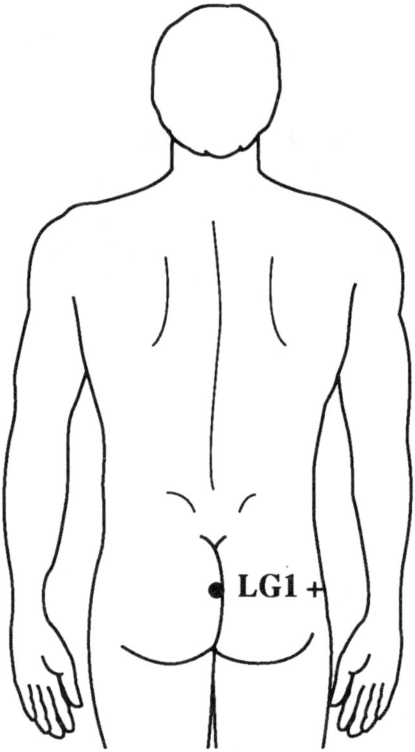

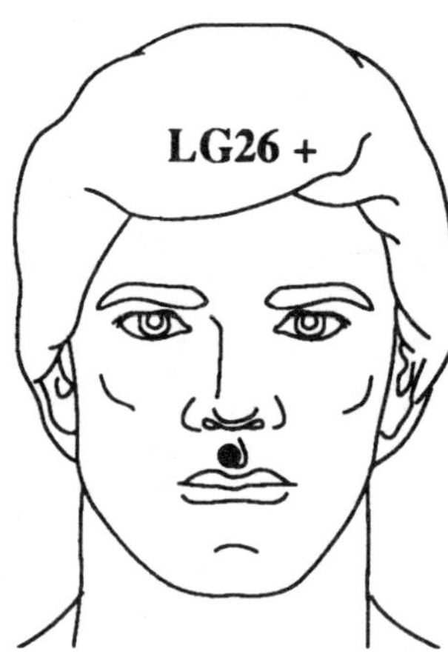

Luftschlucken

Bei Yang-betonten Patienten sediert man die Punkte G41, 3E5 und Ma45. Bei Yin-betonten Patienten tonisiert man die Punkte MP4, MH6, MP5 und Ma36.

G41: An der Spitze des Winkels, den die beiden letzten Mittelfußknochen bilden.

Ma45: Am Nagelbett der zweiten Zehe, auf der Seite der dritten Zehe.

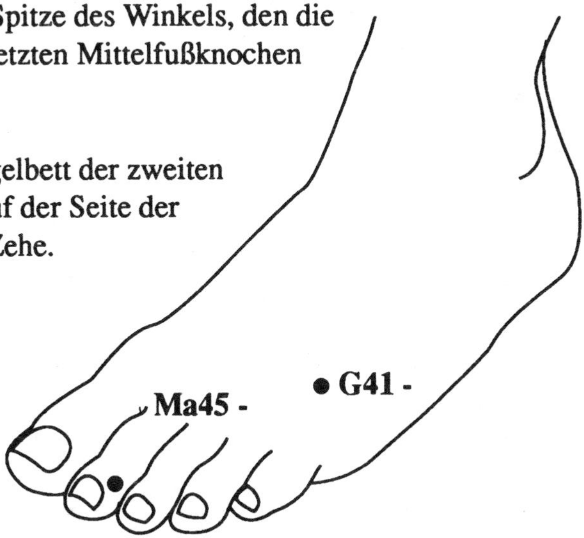

3E5: 2 Fingerbreit über der Beugefalte des Handgelenks, auf der Oberseite, zwischen den beiden Knochen des Unterarms.

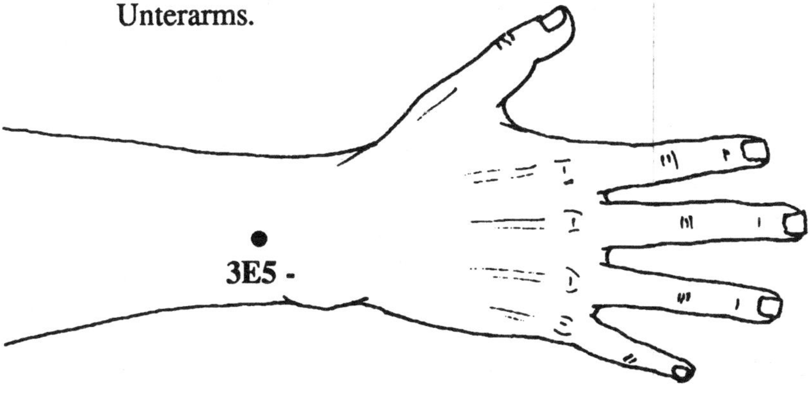

Ma36: 4 Fingerbreit unter dem Knie, zwischen dem vorderen Schienbeinmuskel und dem großen Streckmuskel.

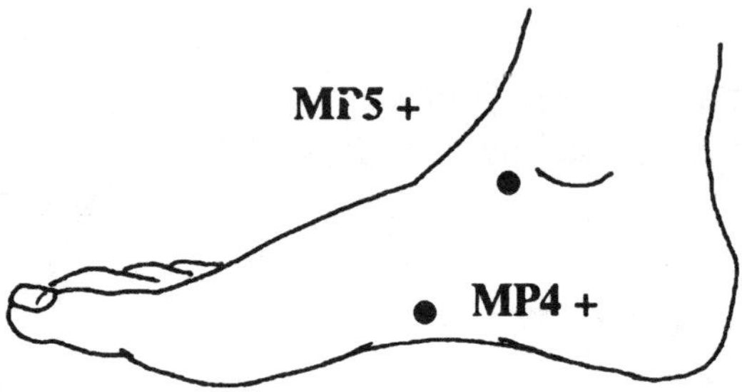

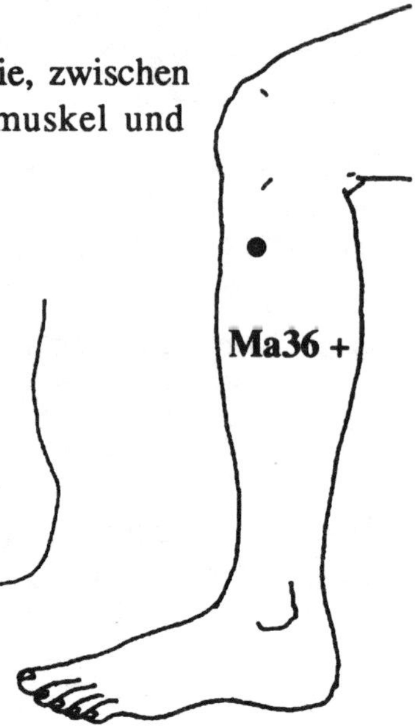

MP4: In der Mitte der Fußinnenkante, am Übergang zwischen der Haut des Fußrückens und der Haut der Fußsohle.

MH6: 3 Fingerbreit über der Beugefalte des Handgelenks, zwischen den beiden Sehnen.

MP5: Vor dem inneren Fußknöchel, auf dem Fußrist, in der Sehne des vorderen Schienbeinmuskels, in der Vertiefung, die sich bildet, wenn man den Fuß nach innen neigt.

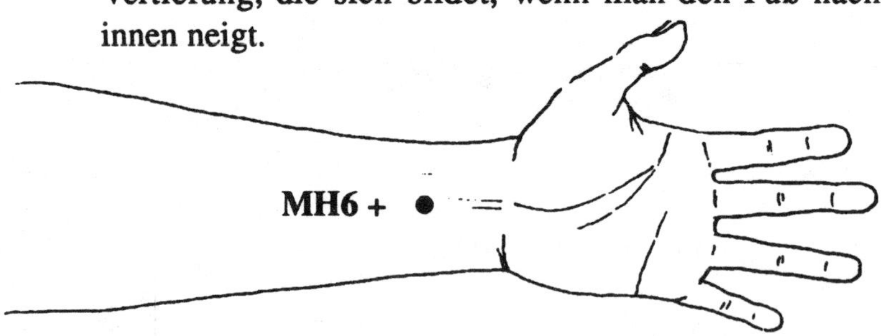

Migräne

Der Kopfschmerz sitzt über den Augen, im Bereich der Augenbrauen, und oft um einen ganz bestimmten zentralen Punkt herum. Die Ursache steht häufig in Verbindung mit Verdauungsstörungen, insbesondere im Bereich der Leber und der Gallenblase (sogar nach deren Entfernung).

Meiden Sie:	Alkohol. Kaffee. Schokolade.
Essen Sie:	Kaltgepreßtes Jungfernöl erster Pressung. Zitrone.

Sedieren Sie die Punkte Lu7, G40, Le3 und G20.

Lu7: In der Speichenfurche, dort, wo man den Schlag der Arterie spürt, 3 Fingerbreit über der Handgelenksfalte, d. h. über dem Griffelfortsatz der Speiche.

G40: Auf dem Fußrist, in einer Vertiefung vor dem äußeren Fußknöchel.

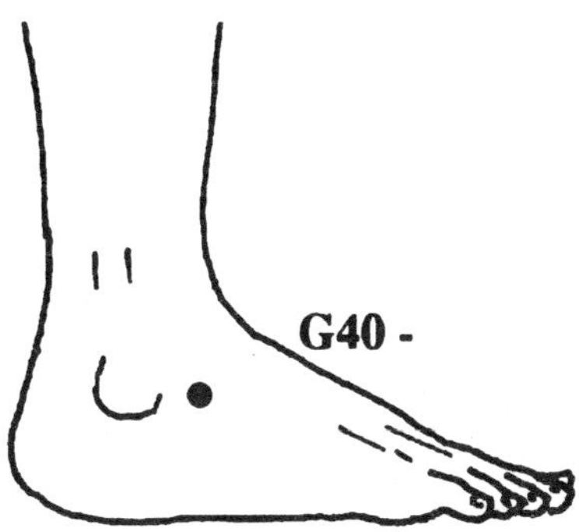

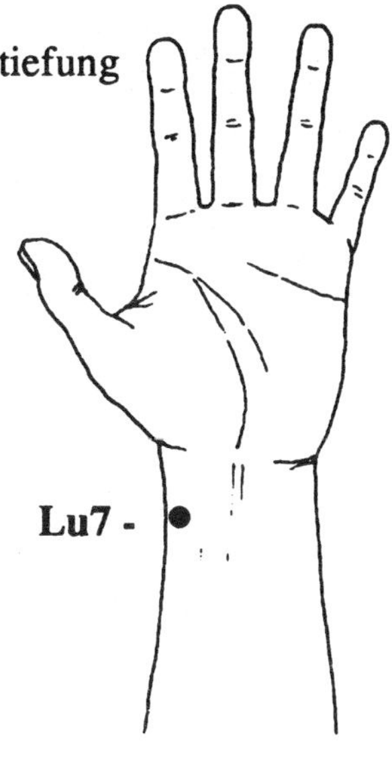

Le3: Auf dem Fuß, an der Spitze des Winkels, den die beiden ersten Mittelfußknochen in gespreiztem Zustand bilden, am Knochen der großen Zehe.

G20: Im Nacken, unter den Hinterhauptshöckern.

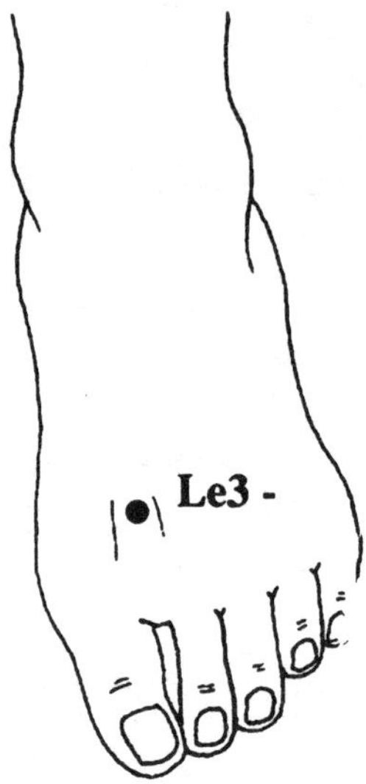

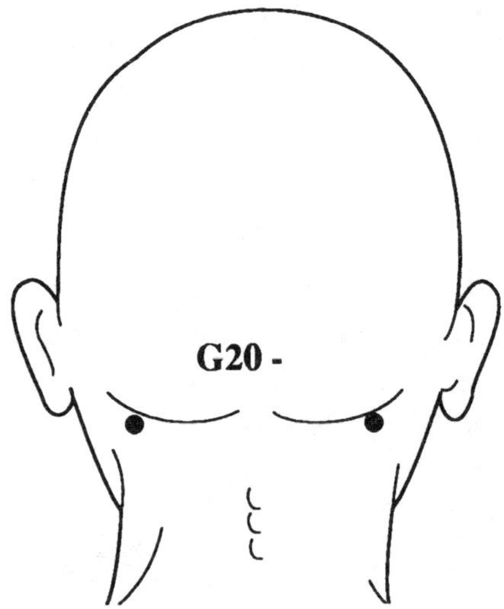

Müdigkeit

Tonisieren Sie die Punkte KG12, KG6, Ma36, MP6 und Lu9.

Empfohlenes ätherisches Öl: Bohnenkraut (als Einreibung im Bereich der Lenden morgens nach dem Duschen).

Empfohlene Spurenelemente: **Müdigkeit am Abend:** "Mangan - Kupfer - Magnesium - Lithium".
Müdigkeit am Morgen: "Kupfer - Gold - Silber".

KG12: In der Mitte zwischen Nabel und der Spitze des Brustbeins.

KG6: 2 Fingerbreit unter dem Nabel.

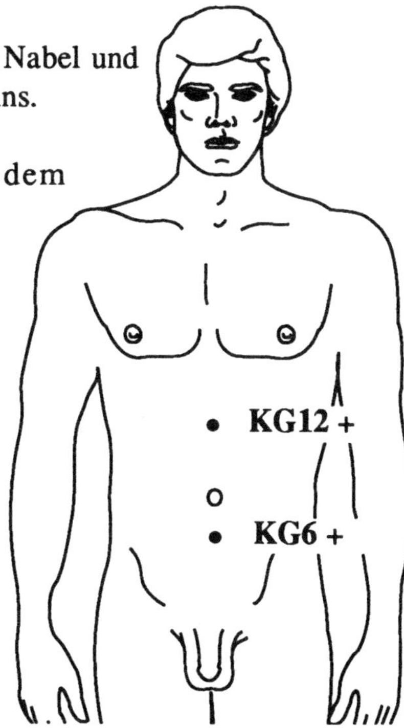

Ma36: 4 Fingerbreit unter dem Knie, zwischen dem vorderen Schienbeinmuskel und dem großen Streckmuskel.

MP6: Auf der Innenseite des Beines, 4 Fingerbreit über dem inneren Fußknöchel, in einer Vertiefung hinter dem Schienbein.

Lu9: In der Speichenfurche, auf der Handgelenksfalte, d. h. vor dem Griffelfortsatz der Speiche.

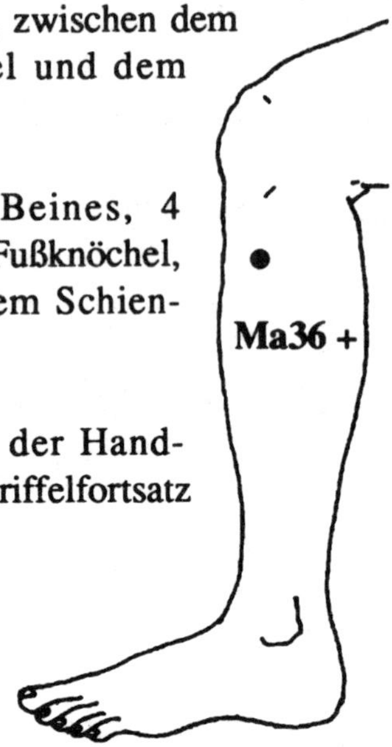

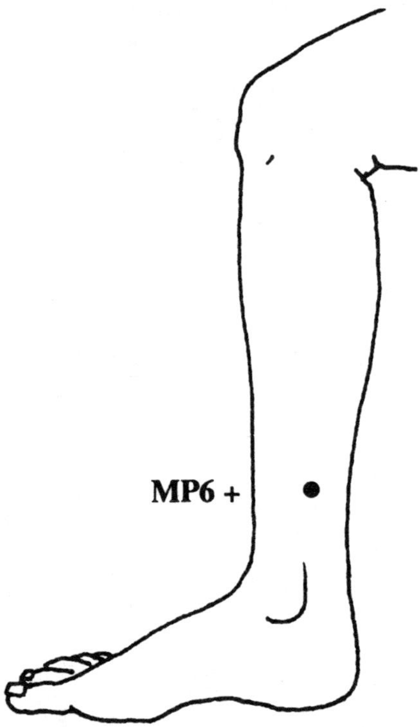

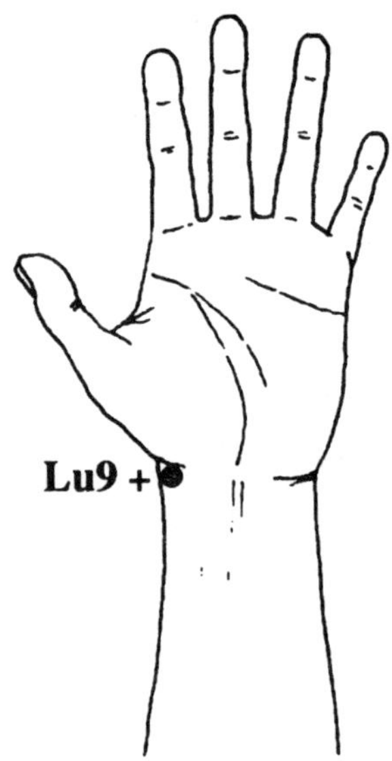

Bitterer Geschmack im Mund beim Erwachen

Sedieren Sie die Punkte G38, G34 und Ma36.

Empfohlene ätherische Öle: Pfefferminze (1 Tropfen auf die Zunge nach den Mahlzeiten). Rosmarin (als Einreibung auf dic Leber-Gallen-Zone).

G38: 4 Fingerbreit über dem äußeren Fußknöchel, in einer kleinen Vertiefung auf der Vorderkante des Wadenbeinknochens.

G34: Unter dem äußeren Knie, unter dem Kopf des Wadenbeins, also dem kleinen Höckerknochen, den man unmittelbar unter dem Knie spürt, etwas nach hinten versetzt, wie in der Skizze dargestellt.

Ma36: 4 Fingerbreit unter dem Knie, am Schienbein.

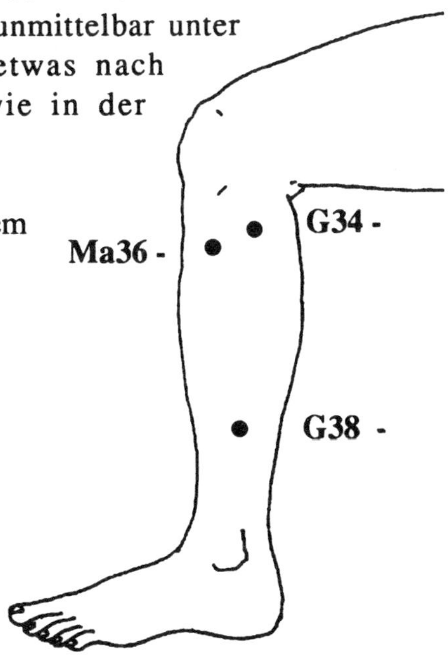

Mutlosigkeit

Stimulieren Sie folgende Punkte, um den Mut zu stärken:

Tonisieren Sie die Punkte N1, N7 und B23.

B23: Im Bereich des zweiten und dritten Lendenwirbels.

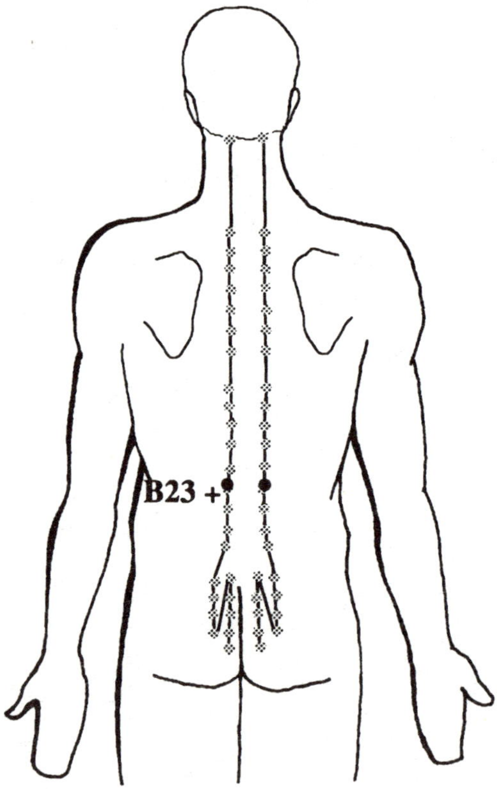

N1: Auf der Fußsohle, zwischen den beiden Muskelpartien.

N7: 2 Fingerbreit über dem inneren Fußknöchel, vor der Achillessehne.

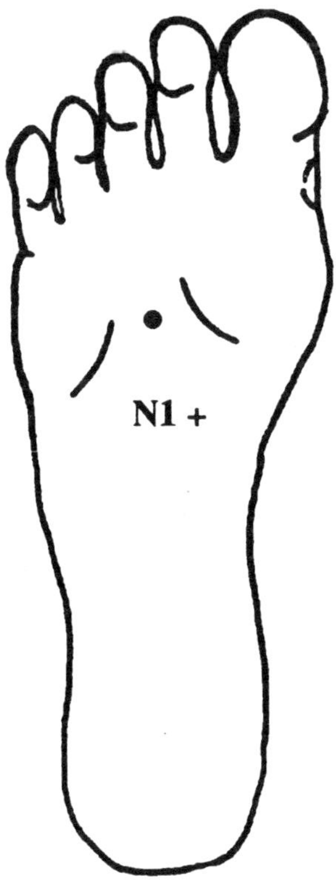

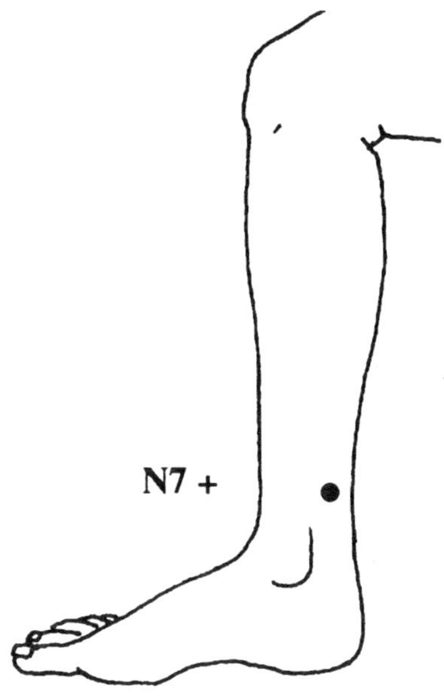

Laufende Nase

Tonisieren Sie die Punkte B67 und Di1.

B67: Am äußeren Nagelbett der kleinen Zehe.

Di1: Am Nagelbett des Zeigefingers, auf der Seite des Daumens.

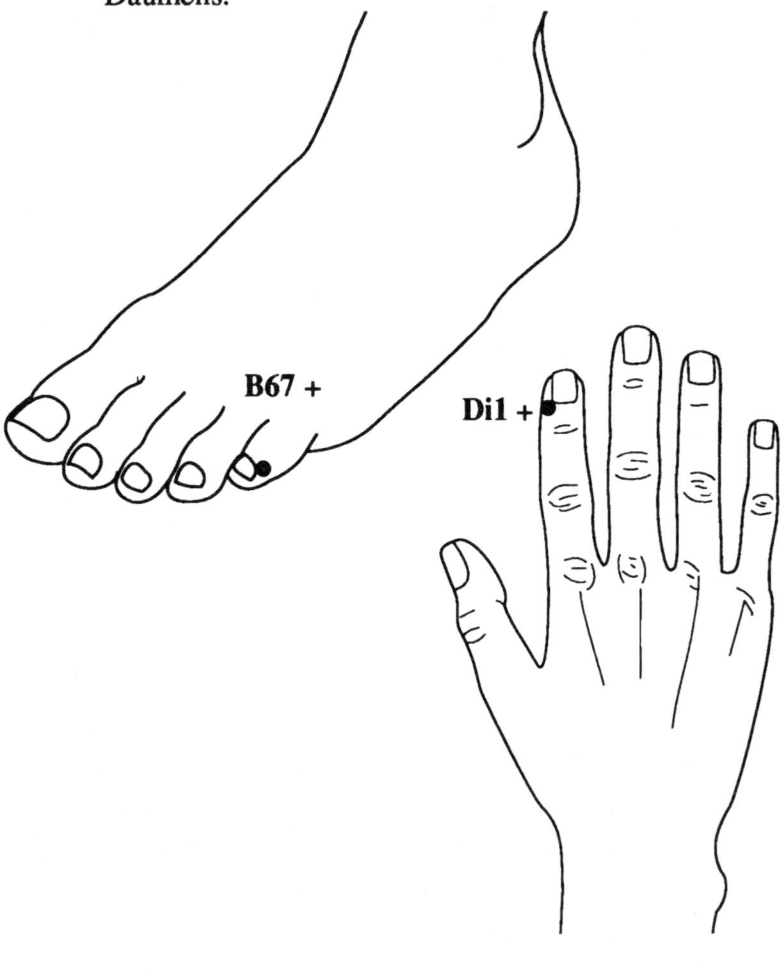

Verstopfte Nase

Sedieren Sie die Punkte Di4, Di20, B66, B10, B1 und KG24.

Di4: Im Winkel, den die beiden ersten Mittelhandknochen vor und an der Basis des zweiten Mittelhandknochens bilden.

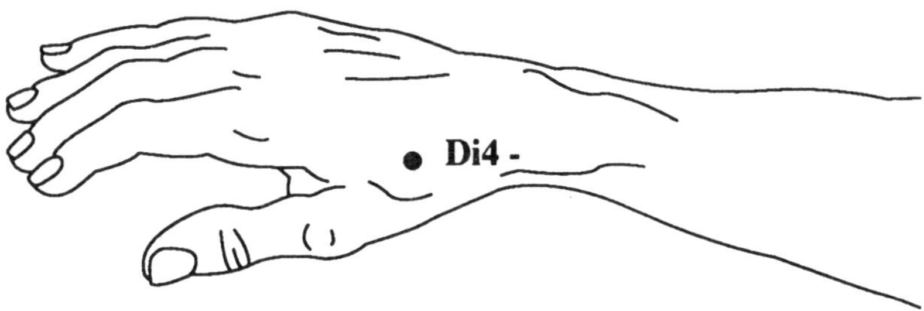

Di20: In einer Vertiefung unmittelbar unter dem Nasenflügel.

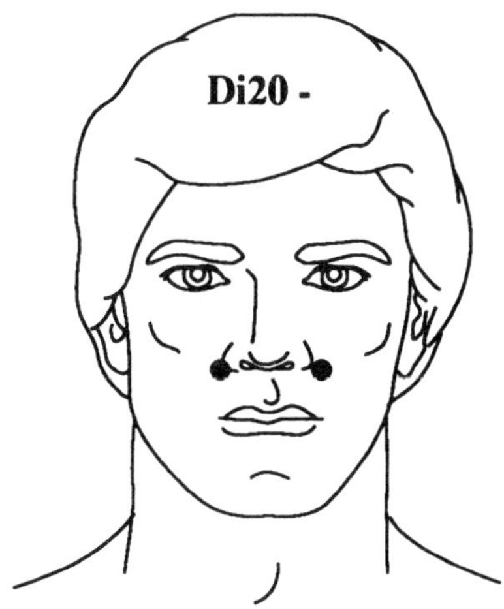

B66: Unmittelbar hinter dem Gelenk der kleinen Zehe.

B10: Im Nacken unter den Hinterhauptshöckern.

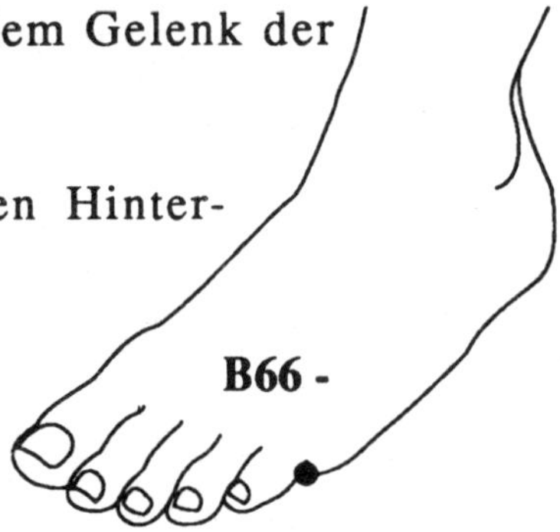

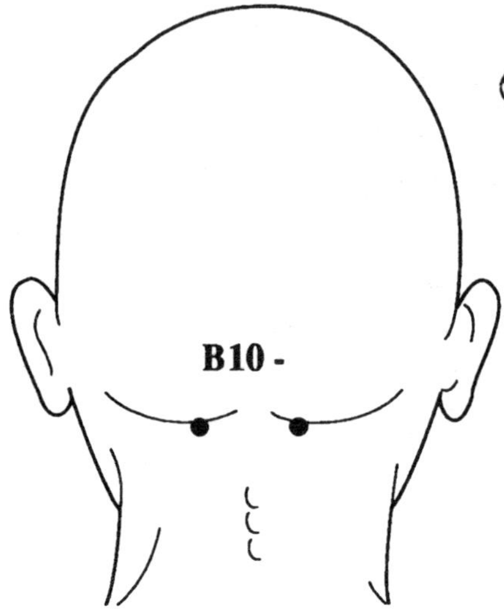

B1: Am inneren Augenwinkel.

KG24: In einer Vertiefung zwischen der Kinnspitze und der Unterlippe.

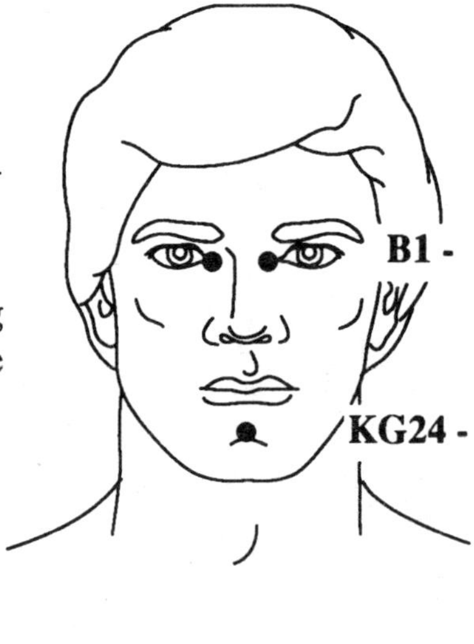

Nasenkatarrh (Koryza)

Koryza ist ein Nasenkatarrh mit laufender Nase. Seine Ursache kann eine Virusinfektion oder auch wetterbedingt sein. Er tritt gehäuft bei erschöpften Menschen auf oder solchen, die aufgrund von stark schadstoffbelasteter, vitaminarmer Nahrung mit zu wenig Spurenelementen versorgt sind. Oft handelt es sich um eine allergische Reaktion. Wie dem auch sei, die für derartige Fälle empfohlenen Punkte sind folgende:

Sedieren Sie den Punkt Lu7;
Tonisieren Sie die Punkte Di4, Di20, KG23, Le8 und B67.

Empfohlene ätherische Öle:	Majoran. *Synergie-7: RES*. Pfefferminze.
Empfohlene Spurenelemente:	Jod. "Mangan - Kupfer - Magnesium - Lithium". Schwefel.
Empfohlenes Vitamin:	C (*Acerola Plus*).

Lu7: In der Speichenfurche, wo man den Schlag der Arterie spürt, 3 Fingerbreit über der Handgelenksfalte, d. h. über dem Griffelfortsatz der Speiche (Knochen des Handgelenks).

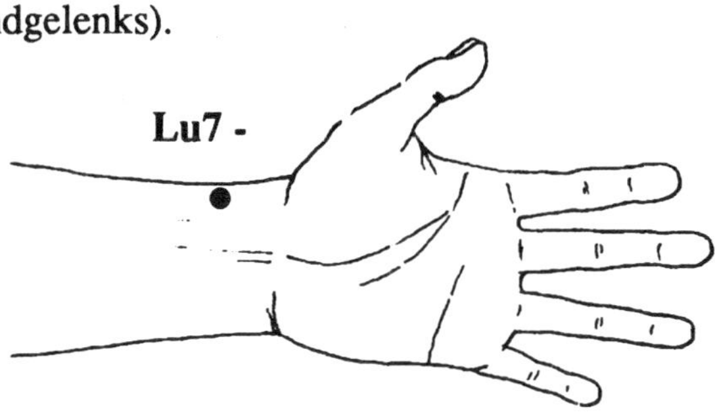

Di4: An der Spitze des Winkels, den die beiden ersten Mittelhandknochen in gespreiztem Zustand bilden (Knochen des Daumens und des Zeigefingers).

Di20: In einer Vertiefung neben der Basis des Nasenflügels.

KG23: Über dem Adamsapfel.

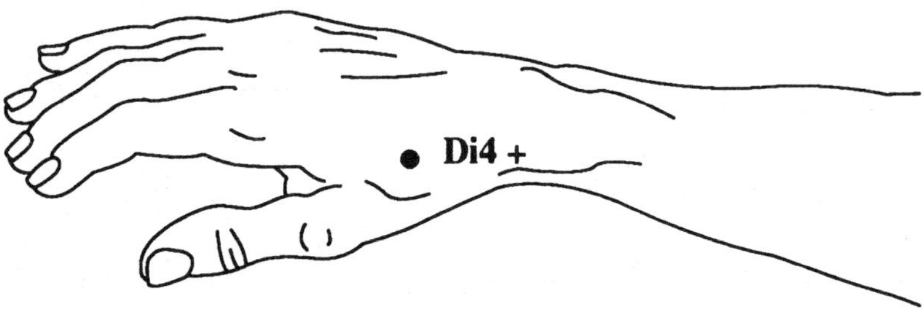

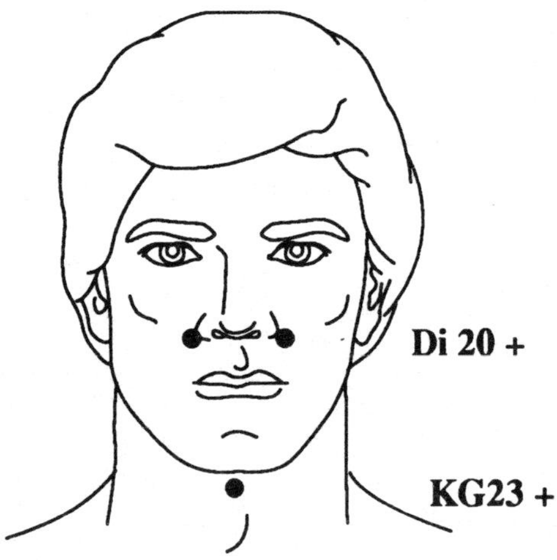

Le8: Auf der inneren Kniebeugefalte, am Gelenk.

B67: Am äußeren Nagelbett der kleinen Zehe.

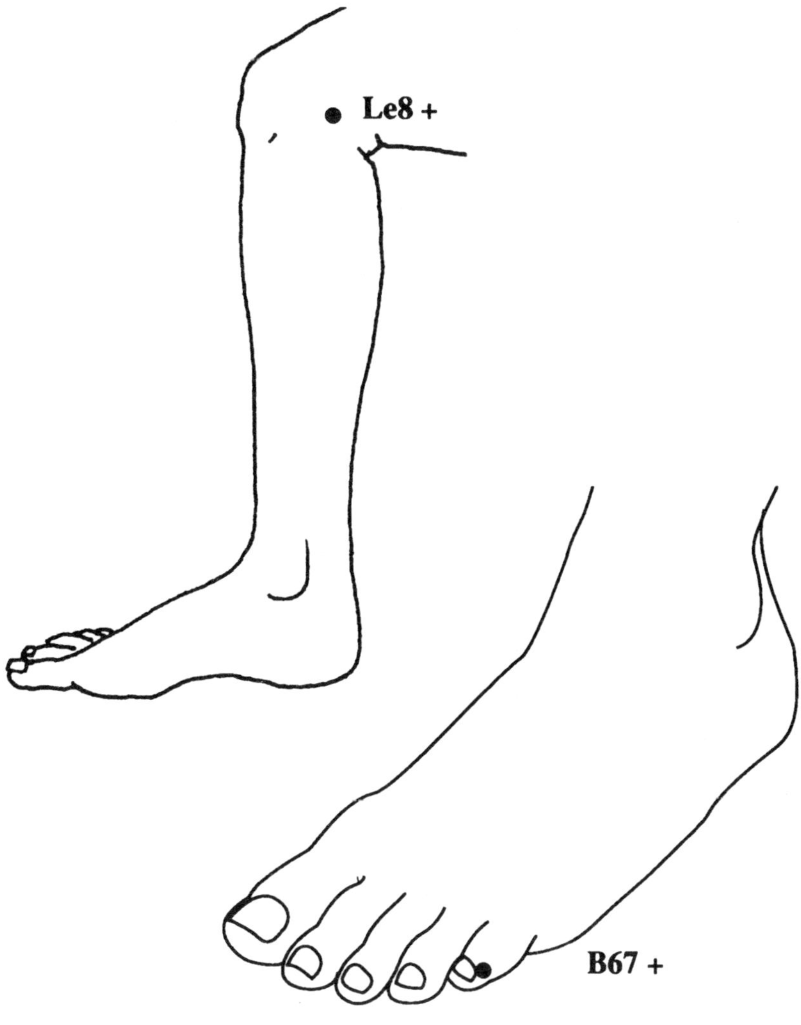

Nervosität

Hier nun einige Punkte, deren beruhigende und ausgleichende Wirkung auf das Nervensystem sehr zu schätzen ist:

Sedieren Sie die Punkte MH6, Ma36 und Le3.

Empfohlenes Spurenelement: Magnesium.
Empfohlenes Vitamin: B.

MH6: 3 Fingerbreit über der Beugefalte des Handgelenks, zwischen den beiden Sehnen.

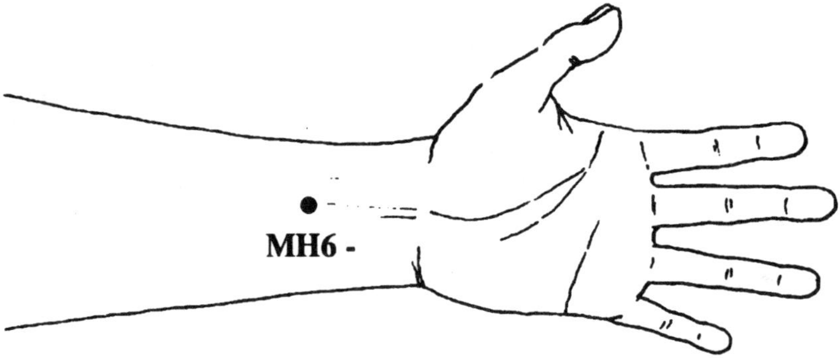

Ma36: 4 Fingerbreit unter dem Knie, am Schienbein.

Le3: Auf dem Fuß, an der Spitze des Winkels, den die beiden ersten Mittelfußknochen in gespreiztem Zustand bilden, am Knochen der großen Zehe.

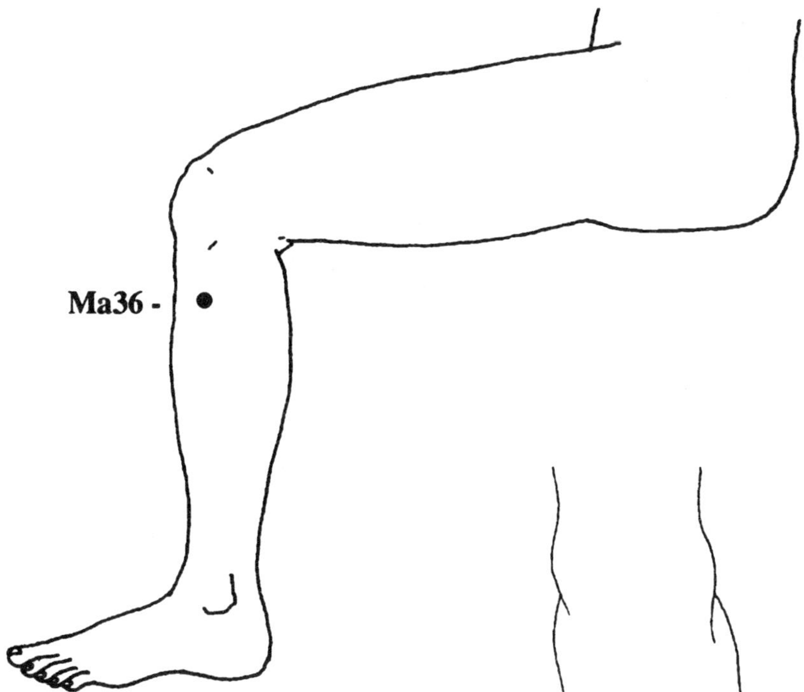

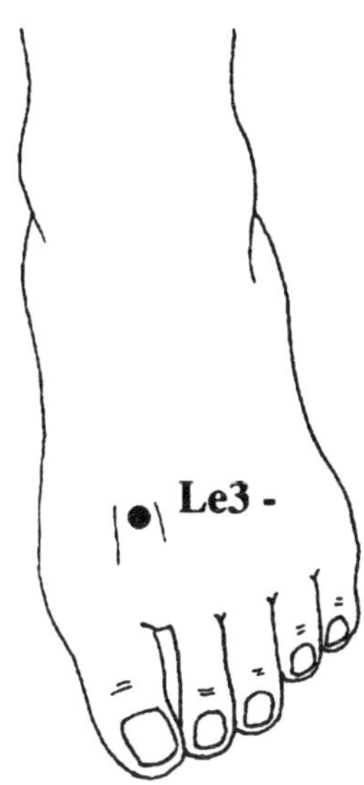

Häufiges Niesen

Man niest nicht unbedingt, weil man eine Erkältung bekommt. Häufiges Niesen kündigt nicht unbedingt den Beginn eines Schnupfens an. Es kann infolge einer allergischen Reaktion oder einer chronischen Rhinitis auftreten.

Sedieren Sie die Punkte Lu5, Di4, Di20 und B1:
Tonisieren Sie den Punkt Le8.

Empfohlene Spurenelemente:	"Mangan - Kupfer - Magnesium - Lithium". Zink.
Empfohlenes Vitamin:	C (*Acerola Plus*).

Lu5: In der Vertiefung der Ellbogenfalte, neben der Sehne des Bizeps.

Di4: An der Spitze des Winkels, den die beiden ersten Mittelhandknochen in gespreiztem Zustand bilden (Knochen des Daumens und des Zeigefingers).

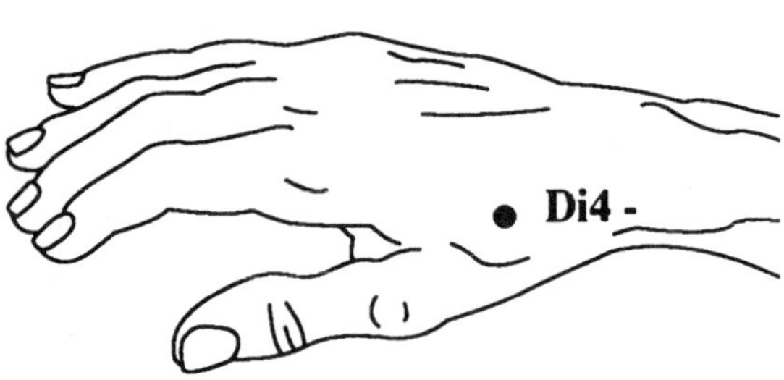

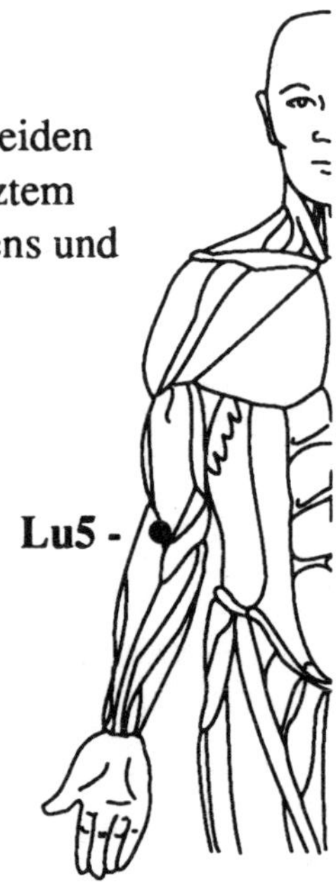

Di20: In einer Vertiefung, neben der Basis des Nasenflügels.

B1: Am inneren Augenwinkel.

Le8: Auf der inneren Kniebeugefalte, am Gelenk.

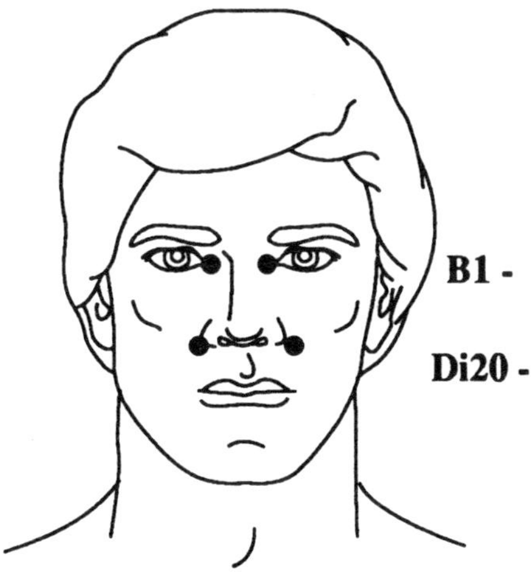

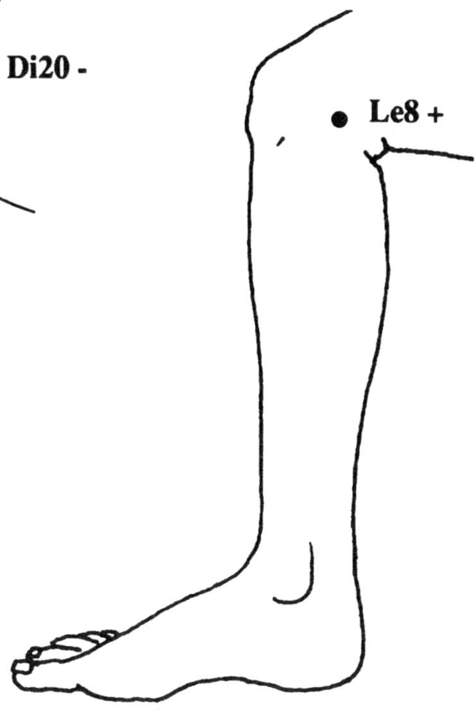

Nikotinabhängigkeit

Mit etwas gutem Willen werden Ihnen die angegebenen Punkte helfen, sich von dieser teuren und höchst gefährlichen Knechtschaft zu befreien.

Empfohlenes ätherisches Öl:	Sassafras. (Reiben Sie den Solarplexus mit einem Tropfen ein, geben Sie zweimal täglich zwischen den Mahlzeiten einen Tropfen auf die Zunge).
Anti-Raucher-Kur:	"*Nicostop*" und "*Santaba*".

Sedieren Sie die Punkte G40, G8, Di4 und Ma36.

G40: Auf dem Fußrist, in einer Vertiefung, vor dem äußeren Fußknöchel.

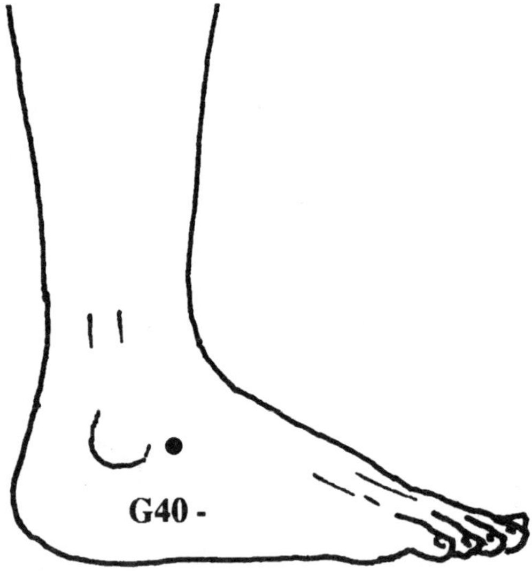

G8: 2 Fingerbreit über der obersten Stelle der Ohrmuschel, in einer Vertiefung.

Di4: An der Spitze des Winkels, den die beiden ersten Mittelhandknochen (Knochen des Daumens und des Zeigefingers) in gespreiztem Zustand bilden.

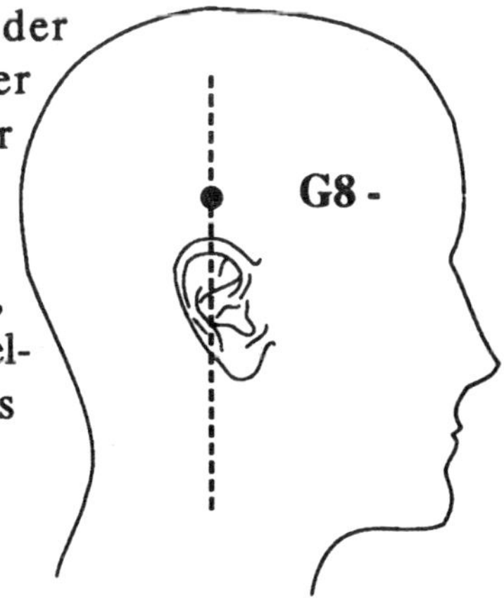

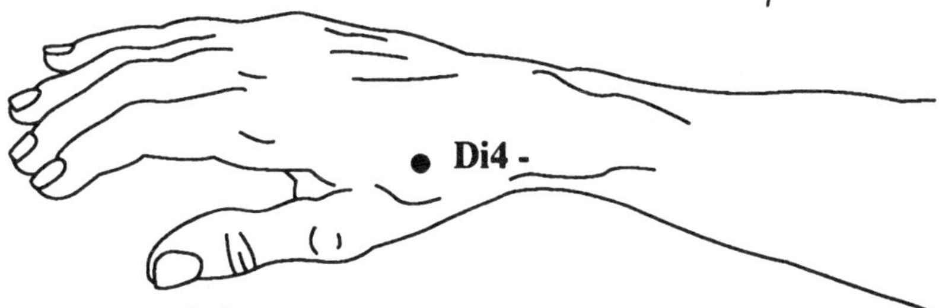

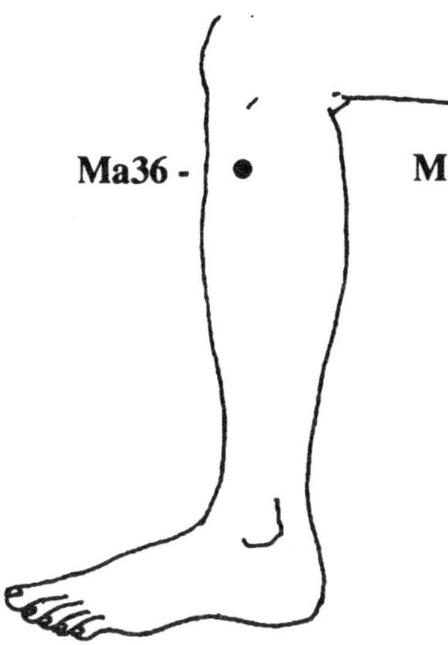

Ma36: 4 Fingerbreit unter dem Knie, am Schienbein.

Ohnmacht

Um eine ohnmächtige Person wieder zu Bewußtsein zu bringen, kann der Einsatz eines einzigen der folgenden Punkte genügen. Wählen Sie den Punkt, der Ihnen für die Stimulierung am geeignetsten erscheint. Wenn sich nach 2 Minuten kein Behandlungserfolg einstellt, dann versuchen Sie es mit einem anderen Punkt, denn der Erfolg muß schnell eintreten.

Tonisieren Sie den Punkt N1, Di4 oder LG26.

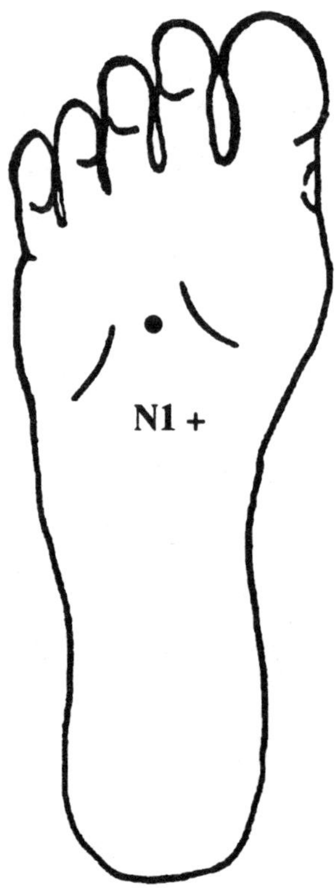

N1: Auf der Fußsohle, zwischen den beiden Muskelpartien.

Di4: Im Winkel, den die beiden ersten Mittelhandknochen vor und an der Basis des zweiten Mittelhandknochens bilden.

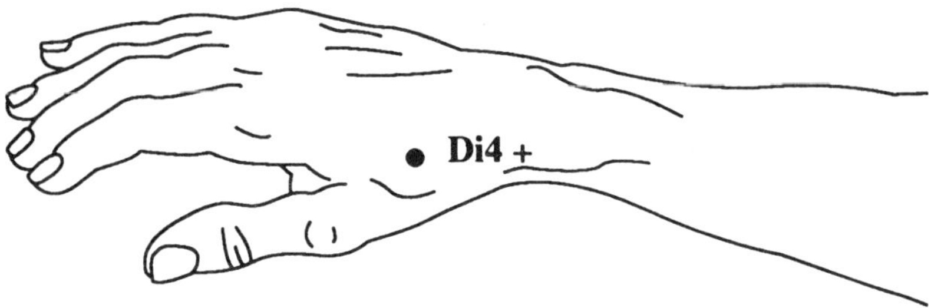

LG26: In der Vertiefung unmittelbar unter der Nase.

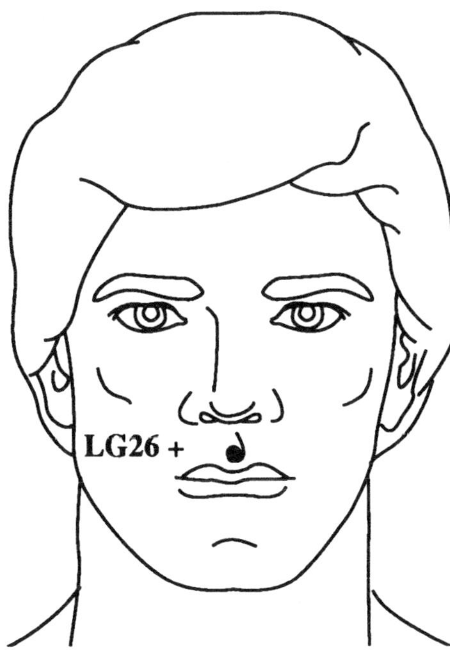

Prostatabeschwerden

Sedieren Sie die Punkte N6, MP4, B54 und B64;
Tonisieren Sie die Punkte B31 und B32.

N6: Unter dem inneren Fußknöchel.

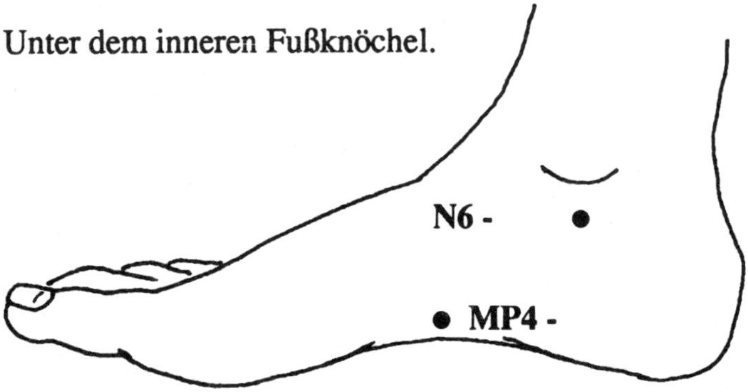

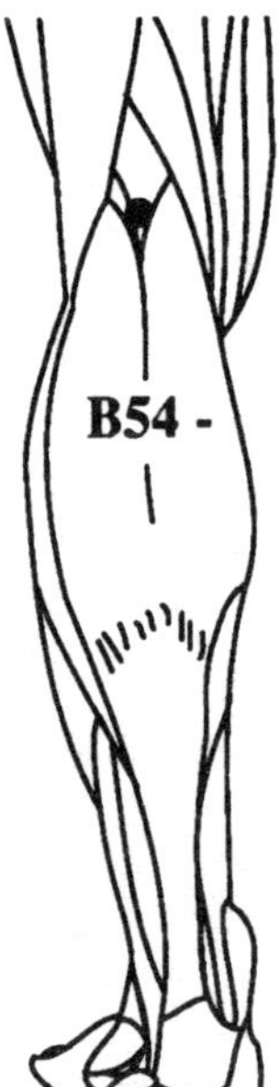

MP4: In der Mitte der Fußinnenkante, am Übergang zwischen der Haut des Fußrückens und der Haut der Fußsohle.

B54: In der Mitte der Kniekehle.

B64: In der Mitte der Fußaußenkante, vor dem Gelenkhöcker des fünften Mittelfußknochens.

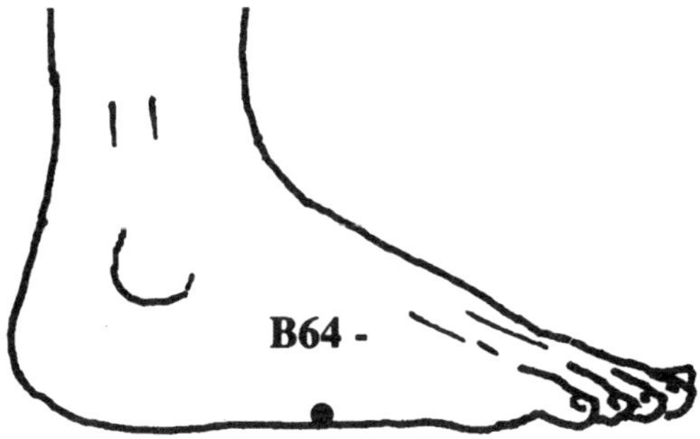

B31: In der ersten Sakralvertiefung.

B32: In der zweiten Sakralvertiefung.

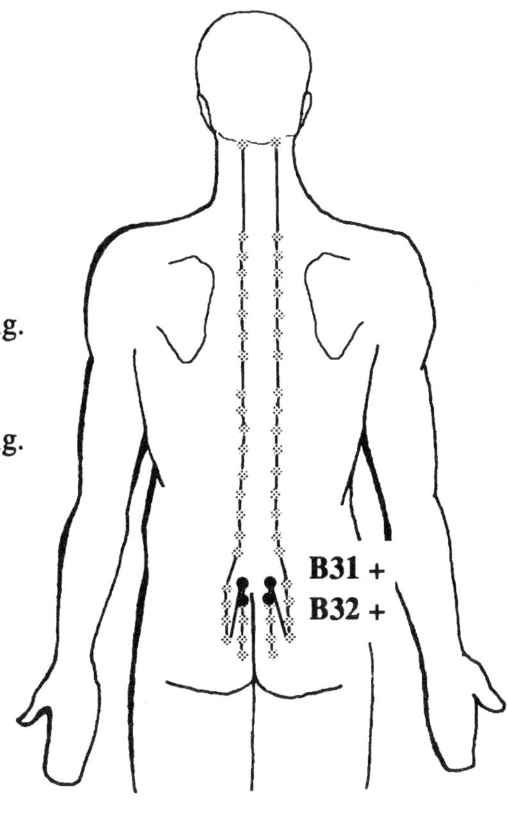

Schleimhäute
Zur Trocknung der ...

Tonisieren Sie den Punkt MP2;
Sedieren Sie die Punkte Ma40 und Ma36;
Tonisieren Sie den Punkt Lu10 und MP5.

MP2: Auf der Fußinnenkante, unmittelbar vor dem Gelenkhöcker der großen Zehe.

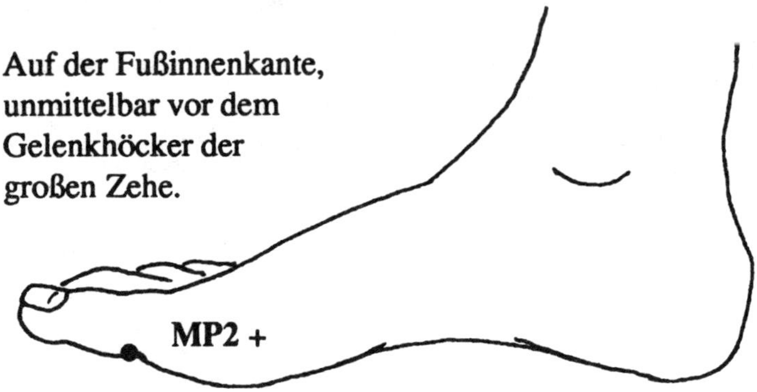

Ma40: Nahezu in der Mitte des Beines, 2 Fingerbreit neben dem Schienbeinkamm, etwas oberhalb von Ma39 und weiter außen, zwischen den Muskeln, vor dem Wadenbein.

Ma36: 4 Fingerbreit unter dem Knie, zwischen dem vorderen Schienbeinmuskel und dem großen Streckmuskel.

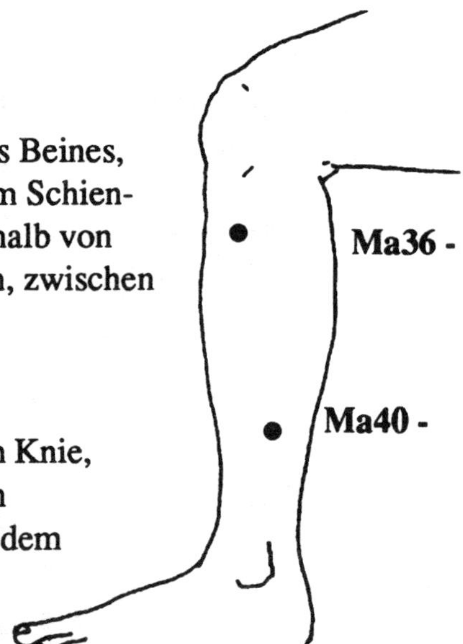

Lu10: In der Mitte des ersten Mittelhandknochens, auf dem Daumenballen, im Bereich des Ansatzes des kurzen Streckmuskels des Daumens.

MP5: Vor dem inneren Fußknöchel, auf dem Fußrist, auf der Sehne des vorderen Schienbeinmuskels, in der Vertiefung, die sich bildet, wenn man den Fuß nach vorne neigt.

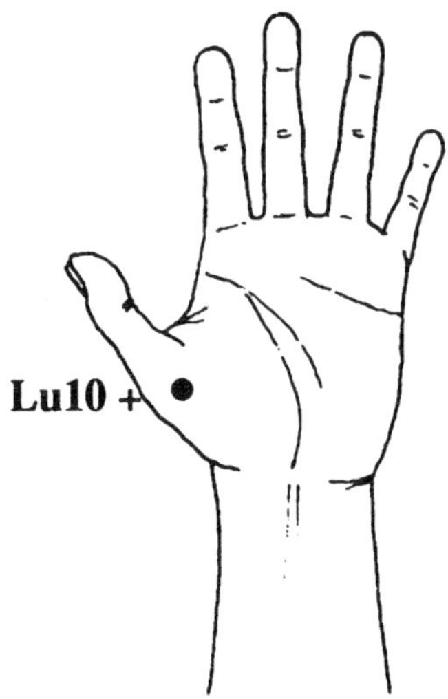

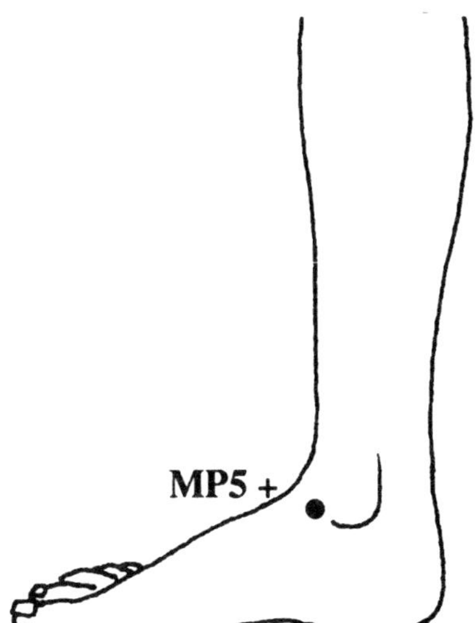

Schulische Leistungen
Zur Verbesserung der ...

Dieser Punkt wirkt konzentrationsfördernd und bessert die Fähigkeit des Gehirns, in Zusammenhängen zu denken und mathematische Gleichungen zu lösen.

Tonisieren Sie den Punkt MP2.

MP2: Auf der Fußinnenkante, unmittelbar vor dem Gelenkhöcker der großen Zehe.

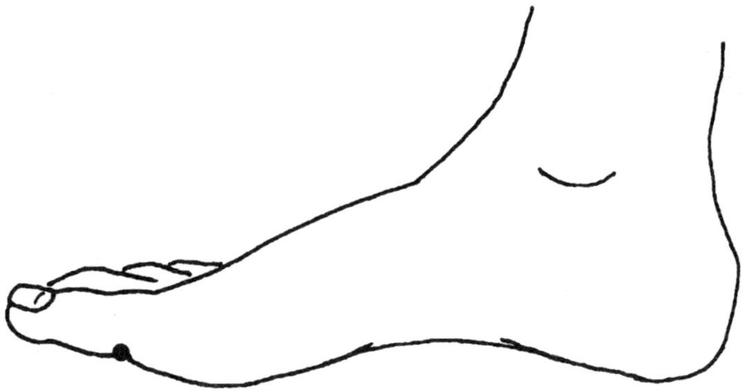

MP2 +

Schulter
Schmerzen vorne an der Außenseite der ...

Sedieren Sie den Punkt 3E5;
Tonisieren Sie die Punkte Di1 und Lu11;
Sedieren Sie die Punkte Di15 und Lu2.

3E5: 2 Fingerbreit über der Beugefalte des Handgelenks, auf der Oberseite, zwischen den beiden Knochen des Unterarms.

Di1: Am Nagelbett des Zeigefingers, auf der Seite des Daumens.

Lu11: Am Nagelbett des Daumens.

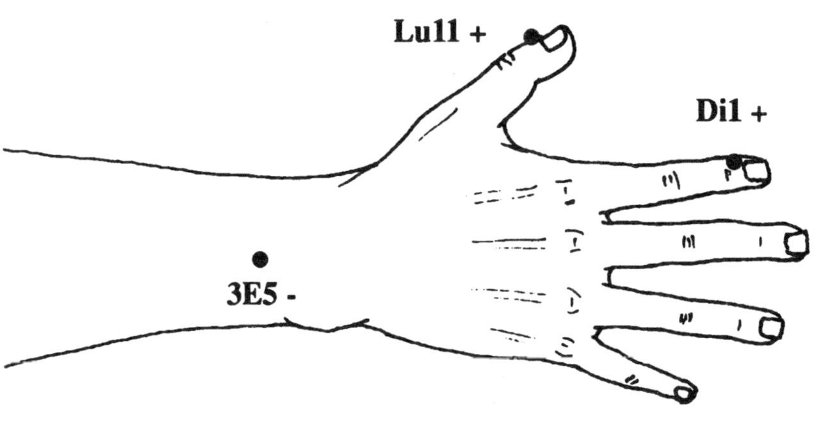

Di15: Am Stumpf der Schulter, unter der Schulterhöhe, in der Vertiefung, die sich bildet, wenn man den Arm streckt und vom Körper wegspreizt.

Lu2: In der unteren Mulde des Schlüsselbeins, in der Vertiefung, die sich ausprägt, wenn man die Schulter nach vorne neigt.

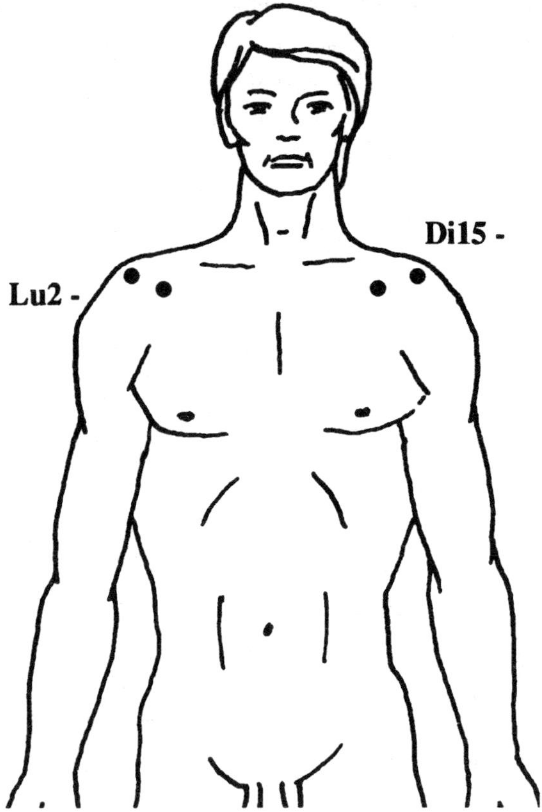

Schulter
Schmerzen hinten oder oben an der ...

Sedieren Sie die Punkte 3E5 und G41;
Tonisieren Sie die Punkte 3E1 und Dü1;
Sedieren Sie die Punkte 3E15, Dü10, Dü11 und LG20.

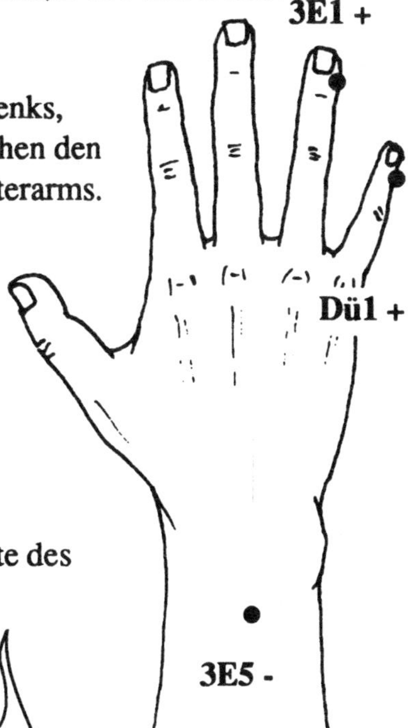

3E5: 2 Fingerbreit über der Beugefalte des Handgelenks, auf der Oberseite, zwischen den beiden Knochen des Unterarms.

G41: An der Spitze des Winkels, den die beiden letzten Mittelfußknochen bilden.

3E1: Am Nagelbett des Ringfingers, auf der Seite des kleinen Fingers.

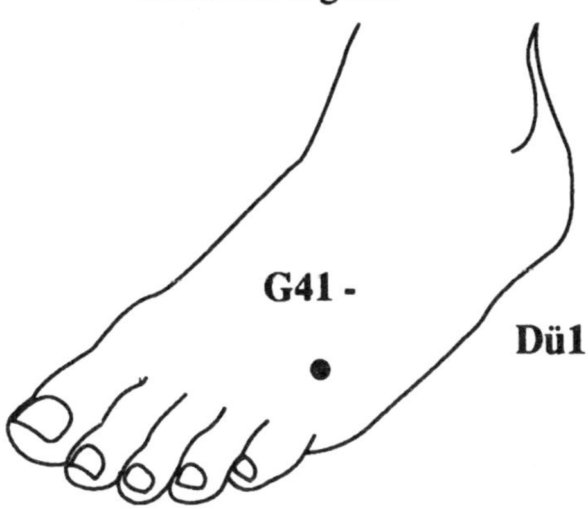

Dü1: Am Nagelbett des kleinen Fingers, auf der Ellenseite der Hand.

3E15: Hinter der Schulter, an der Oberkante des Trapezmuskels, an der oberen Spitze des Schulterblattes auf der Innenseite, auf einer horizontalen Linie mit dem ersten Rückenwirbel.

Dü10: Unter dem Dorn des Schulterblattes, in der Grube des Muskels unter dem Dornfortsatz.

Dü11: Mitten in der Grube des Muskels unter dem Dornfortsatz, d. h. fast in der Mitte des Schulterblattes.

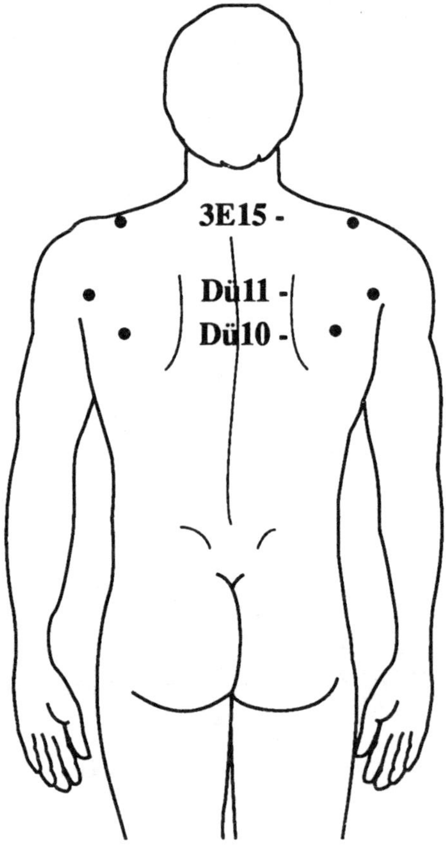

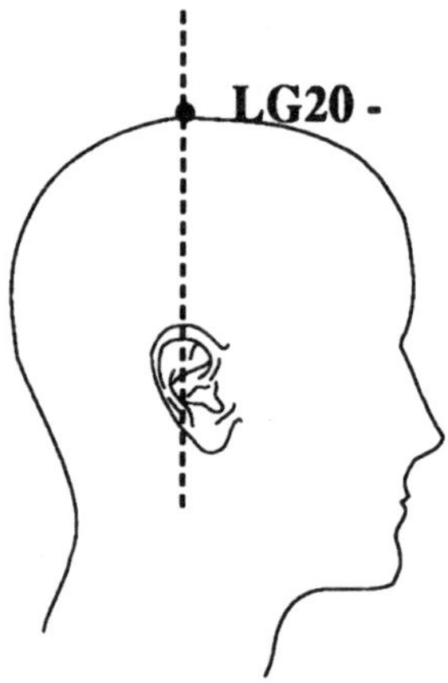

LG20: Am Scheitelpunkt des Schädels, auf einer gedachten Verbindungslinie zwischen den obersten Punkten der beiden Ohren.

Schwindelgefühl

Es ist eine ärztliche Untersuchung nötig, um die Ursache dieses energetischen Ungleichgewichts festzustellen. Dennoch können sich die folgenden Punkte in einigen Fällen als sehr wirksam erweisen:

Sedieren Sie die Punkte B62 und Dü3;
Tonisieren Sie den Punkt Di4;
Sedieren Sie den Punkt G20;
Tonisieren Sie die Punkte LG19 und LG20.

B62: Unter dem äußeren Fußknöchel.

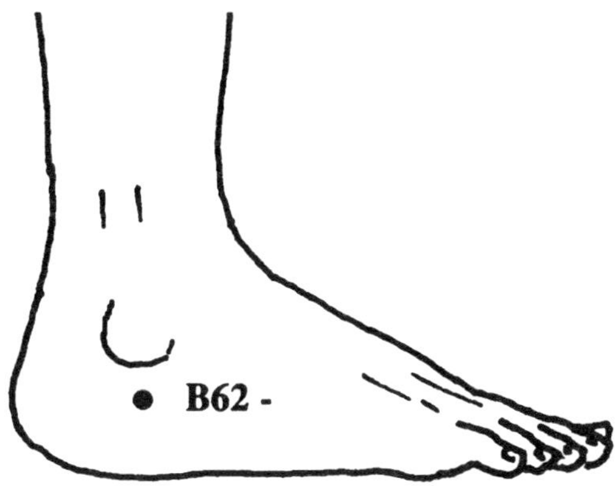

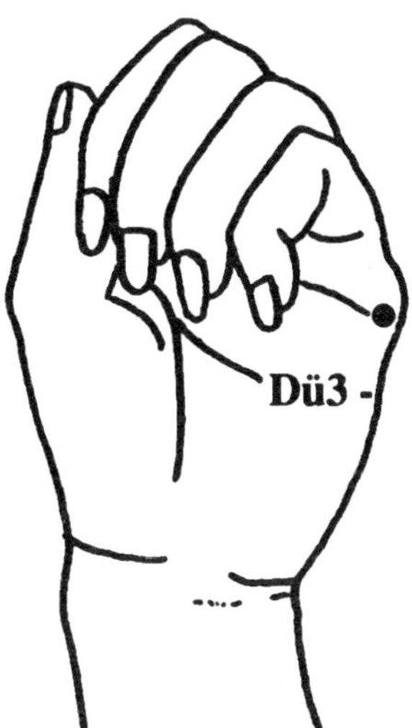

Dü3: Unmittelbar hinter dem Grundgelenk des kleinen Fingers.

Di4: Im Winkel, den die beiden ersten Mittelhandknochen vor und an der Basis des zweiten Mittelhandknochens bilden.

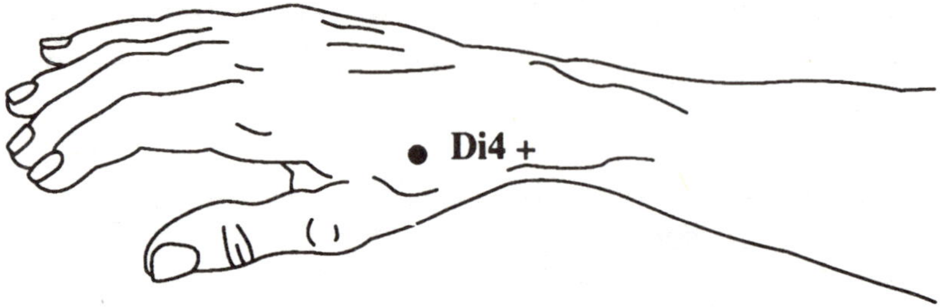

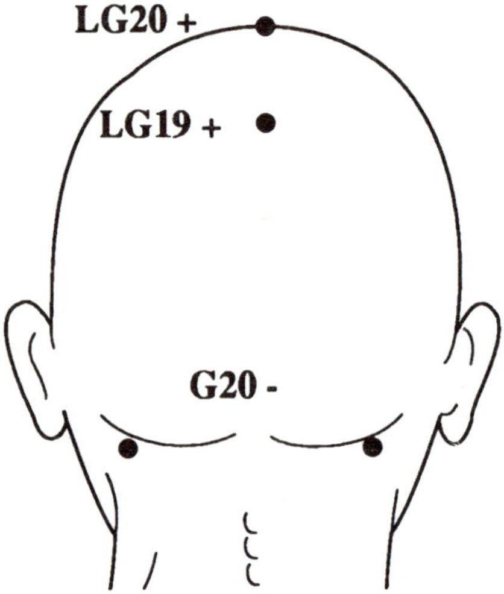

G20: Im Nacken, unter den Hinterhauptshöckern.

LG19: Am Scheitelpunkt des Schädels im Bereich der Knochennaht von Scheitelbein- und Hinterhauptsknochen.

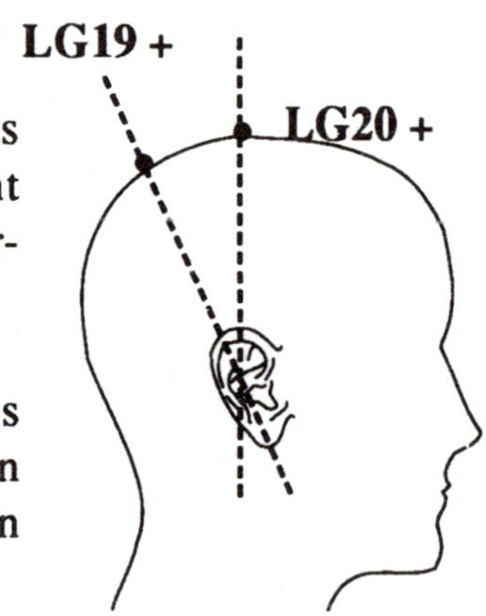

LG20: Am Scheitelpunkt des Schädels, auf einer gedachten Verbindungslinie zwischen den obersten Punkte beider Ohren.

Übermäßiges Schwitzen

Es kommen dafür mehrere Ursachen in Frage: Nierenschwäche, Erregung des parasympathischen Nervensystems, Energielosigkeit, allgemeine Schwäche.

Tonisieren Sie die Punkte N7 und Dü1;
Sedieren Sie den Punkt B10.

Empfohlenes Spurenelement: Zink.
Empfohlenes Vitamin: E.

N7: 2 Fingerbreit über dem inneren Fußknöchel, vor der Achillessehne.

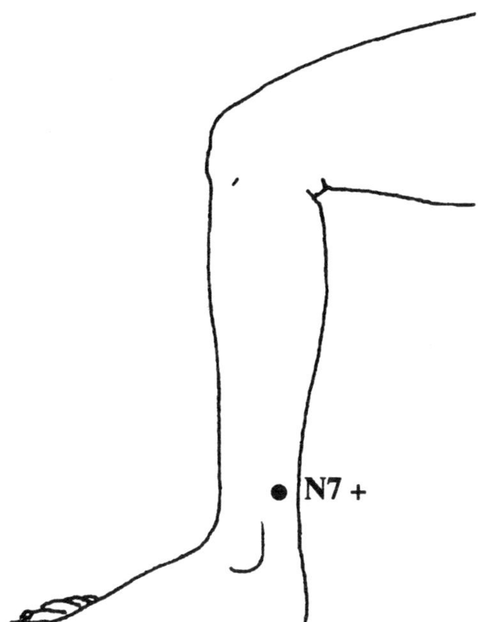

Dül: Am Nagelbett des kleinen Fingers, auf der Seite der Handkante.

B10: Im Nacken, unter den Hinterhauptshöckern, 2 Fingerbreit neben der Mittellinie.

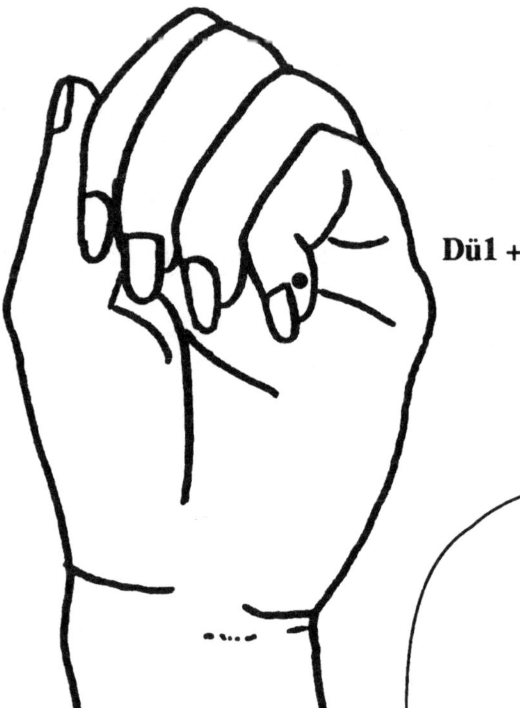

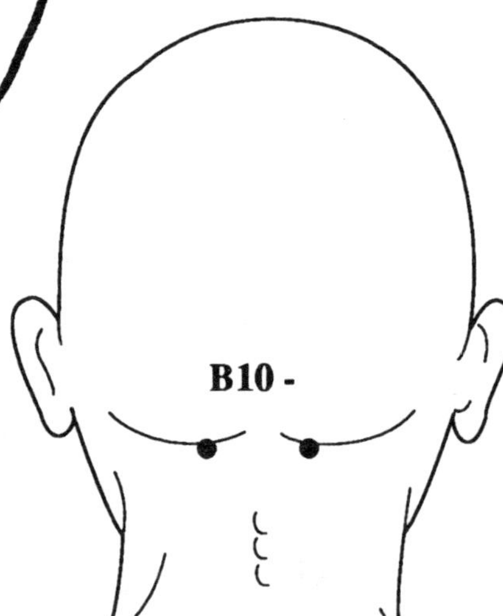

Sehvermögen

Diese Punkte bessern die Sehkraft allgemein. Doch es ist angeraten, sich von einem Fachmann untersuchen zu lassen. Nichtsdestotrotz kann die Stimulierung der angegebenen Punkte die Sehschärfe stärken.

Tonisieren Sie die Punkte Dü6, Le3, B18, B23, G20, LG19, LG20, G10, G11 und G12.

Empfohlenes Spuremelement:	Selen.
Empfohlene Vitamine:	A. B_2. C.
Empfohlene Nahrungsmittel:	Karottensaft. Heidelbeeren.

Dü6: Auf der Innenkante der Elle, einen Fingerbreit über dem Knochen des Handgelenks in einer kleinen Vertiefung.

Le3: Auf dem Fuß, an der Spitze des Winkels, den die beiden ersten Mittelfußknochen in gespreiztem Zustand bilden, am Knochen der großen Zehe.

B18: Im Bereich des neunten und zehnten Rückenwirbels, 2 Fingerbreit neben der Mittellinie.

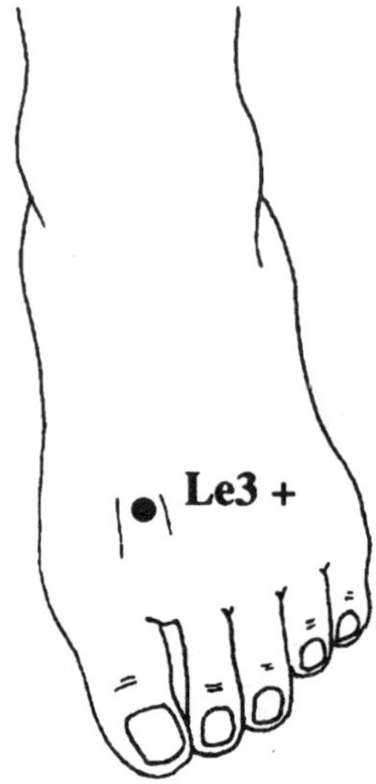

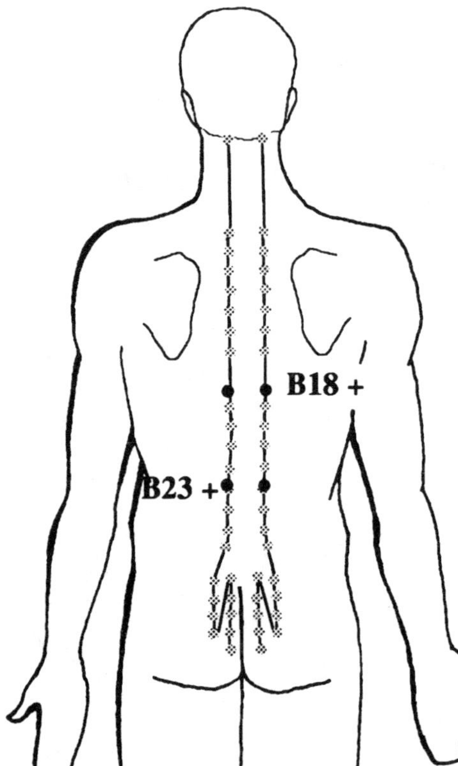

B23: Im Bereich des zweiten und dritten Lendenwirbels, zwei Fingerbreit neben der Mittellinie.

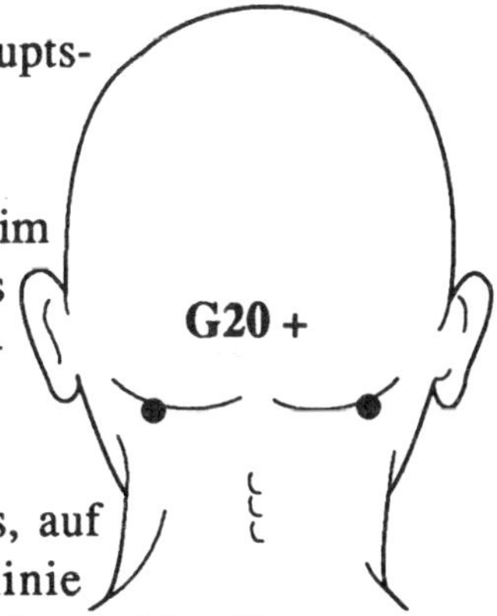

G20: Im Nacken, unter den Hinterhauptshöckern.

LG19: Am Scheitelpunkt des Schädels im Bereich der Knochennaht des Scheitelbein- und Hinterhauptknochens.

LG20: Am Scheitelpunkt des Schädels, auf einer gedachten Verbindungslinie zwischen der Spitze der Ohrläppchen beider Ohren.

G10: Über und hinter der Ohrmuschel.

G11: Hinter der Ohrmuschel, unter dem Punkt G10.

G12: Einen halben Daumenbreit hinter dem Ohr, an der Unterkante des Hinterhauptknochens und hinter dem Warzenfortsatz.

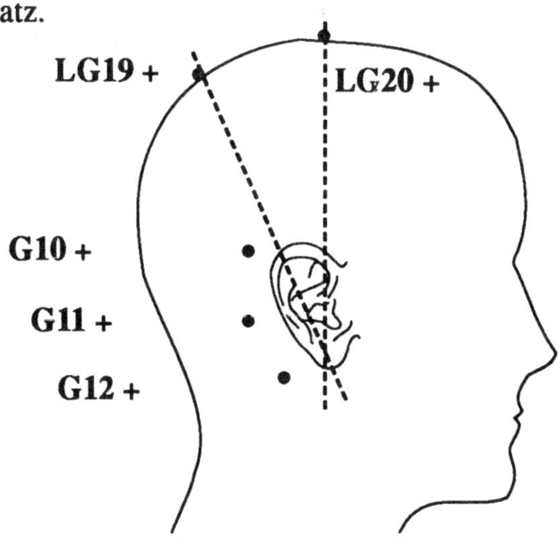

Sexuelle Schwäche

Tonisieren Sie die Punkte B23, LG4, KG5 und N7.

Empfohlene Heilkräuter: Ginseng. Bohnenkraut.

B23: Auf beiden Seiten der Wirbelsäule im Bereich des zweiten und dritten Lendenwirbels.

LG4: In der Vertiefung der Nieren, zwischen dem zweiten und dritten Lendenwirbel.

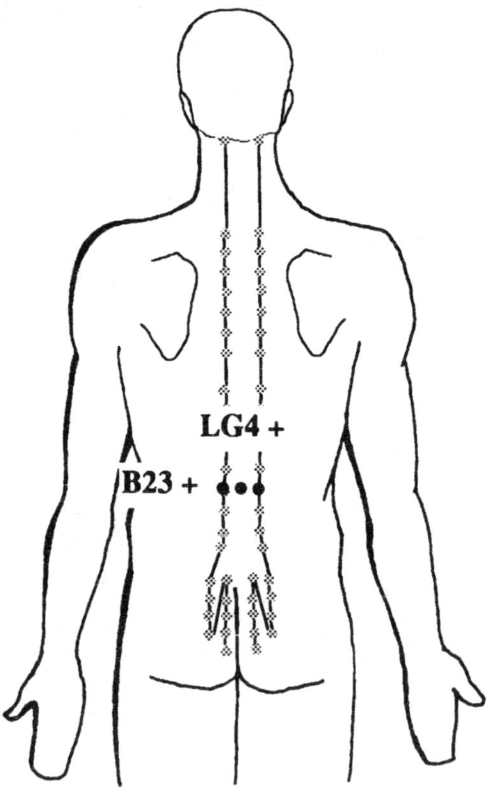

KG5: 1 Daumenbreit über dem Punkt KG4.

N7: 2 Fingerbreit über dem inneren Fußknöchel, vor der Achillessehne.

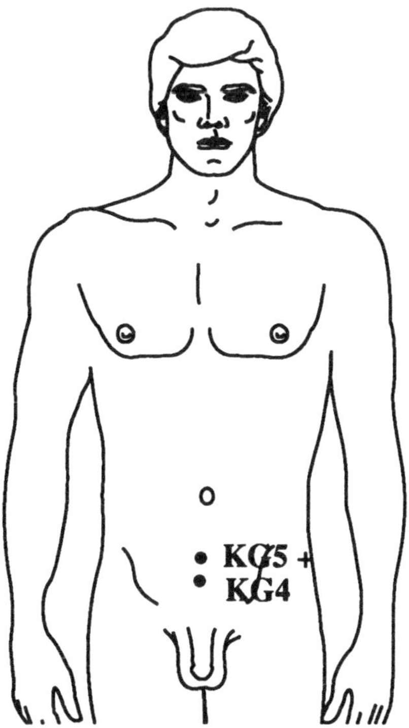

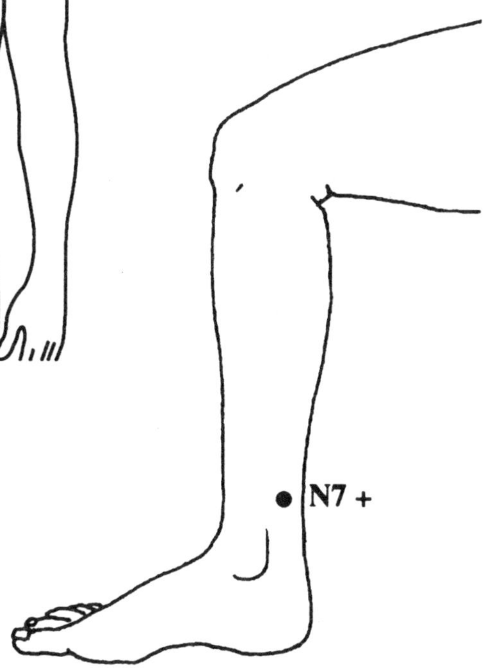

Sodbrennen

Sedieren Sie die Punkte Ma45, Ma36 und KG12.

Ma45: Am Nagelbett der zweiten Zehe, auf der Seite der dritten Zehe.

Ma36: 4 Fingerbreit unter dem Knie, zwischen dem vorderen Schienbeinmuskel und dem großen Streckmuskel.

KG12: In der Mitte zwischen Nabel und Schwertspitze des Brustbeins.

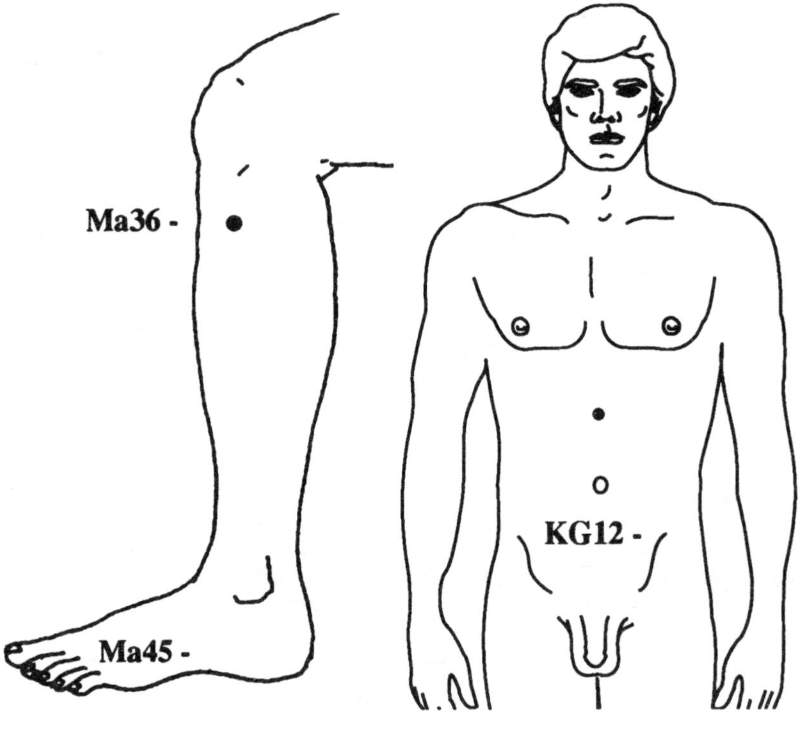

Sonnenbrand

Es ist nicht immer klug, sich stundenlang der Sonne auszusetzen. Man muß sich ihr allmählich steigernd und nicht zu lange auf einmal aussetzen, sonst läuft man Gefahr, sich Verbrennungen zuzuziehen, die eine stationäre Behandlung erfordern.

Bei einem leichten Sonnenbrand oder bei anderen damit verbundenen Beschwerden hier nun ein Punkt, der Linderung verschaffen wird:

Sedieren Sie den Punkt Lu7.

Lu7: In der Speichenfurche, wo man den Schlag der Arterie spürt, 3 Fingerbreit über der Beugefalte des Handgelenks, d. h. über dem Griffelfortsatz der Speiche (Knochen des Handgelenks).

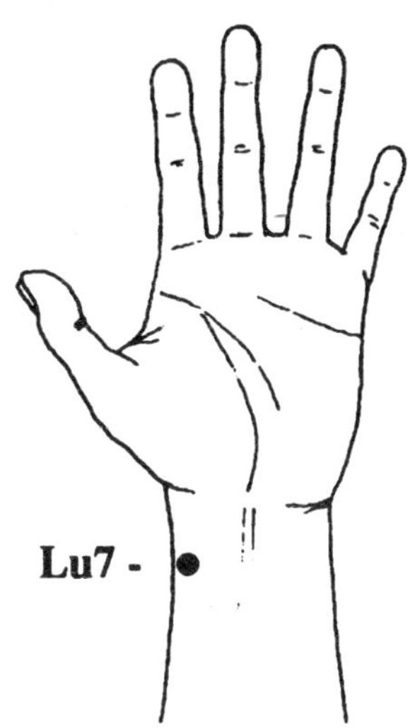

Steißbein
Schmerzen im ...

Man muß wissen, daß eine Verschiebung des Steißbeins infolge eines Sturzes einen dauerhaften Schmerz hinterlassen kann, der erst wieder verschwindet, wenn das Steißbein durch einen Experten für chiropraktische Handgriffe wieder an seinen ursprünglichen Sitz eingerenkt wird (Osteologe, Rheumatologe, Chiropraktiker).

Die folgenden Punkte können bei der Linderung eines Schmerzes im Steißbein behilflich sein:

Sedieren Sie die Punkte Dü3 und B62;
Tonisieren Sie die Punkte LG1 und LG26.

Dü3: Unmittelbar hinter dem Grundgelenk des kleinen Fingers.

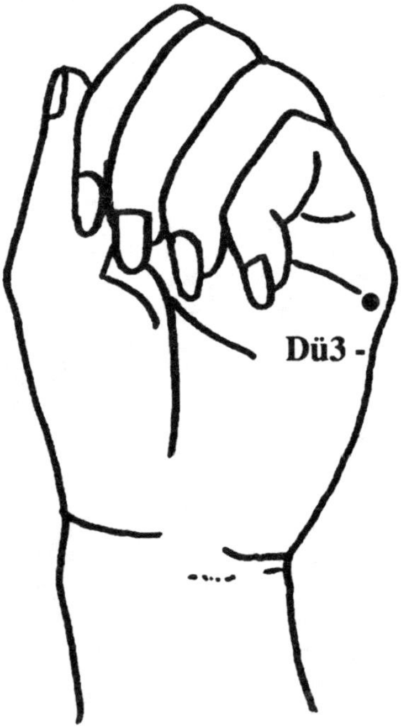

B62: Unter dem äußeren Fußknöchel.

LG1: An der Spitze des Steißbeins.

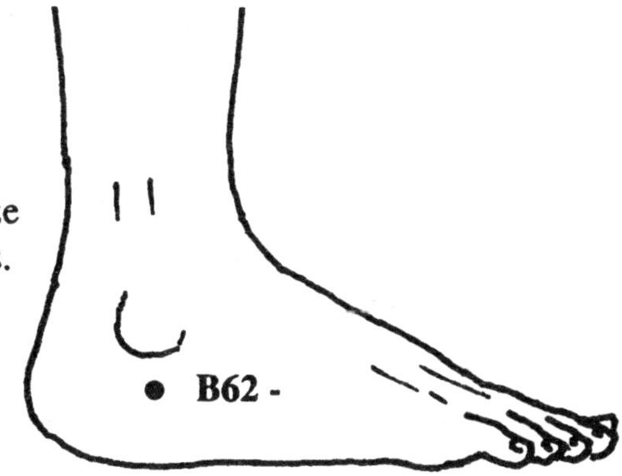

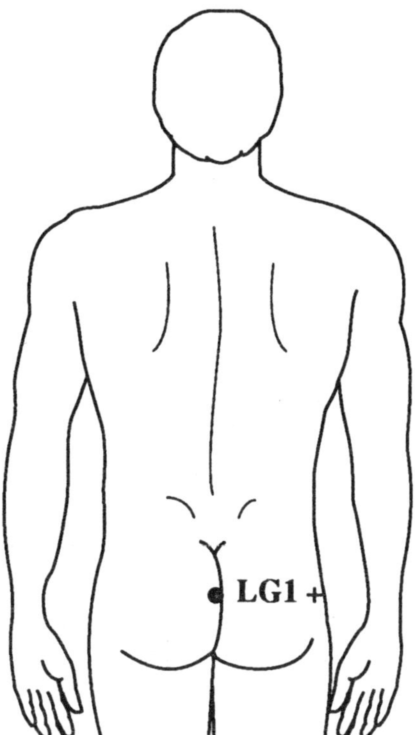

LG26: In der Vertiefung unmittelbar unter der Nase.

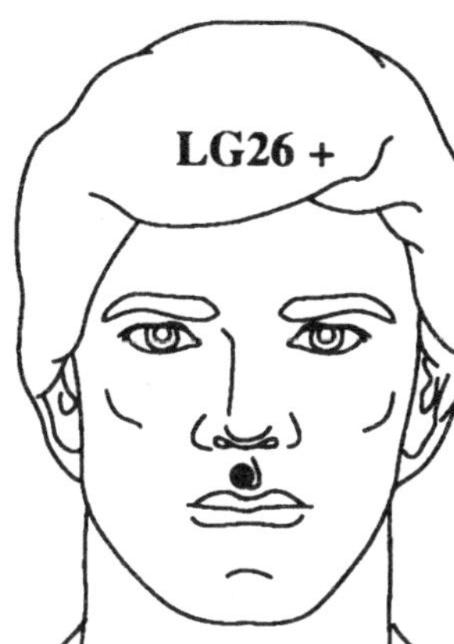

Stimmverlust

Tonisieren Sie die Punkte Di4, Lu11 und Ma9.

Di4: Am Winkel, den die beiden ersten Mittelhandknochen bilden, und zwar vor und an der Basis des zweiten Mittelhandknochens.

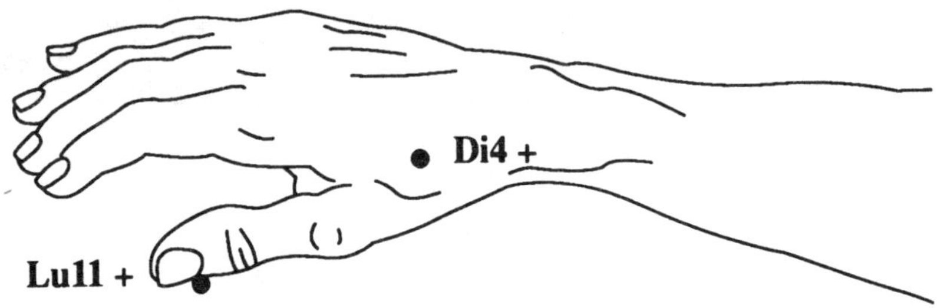

Lu11: Am Nagelbett des Daumens.

Ma9: Auf der Vorderkante des Kopfwenders, auf der Halsschlagader.

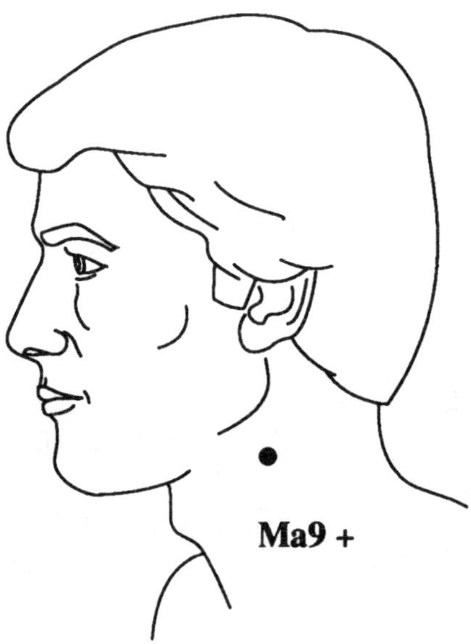

Stottern

Stottern läßt sich bessern, indem man die Nervosität des Patienten abbaut und die innere Selbstbeherrschung fördert. Hier also einige Punkte, die unterstützend wirken:

Sedieren Sie den Punkt B62;
Tonisieren Sie den Punkt H5;
Sedieren Sie den Punkt Ma36.

Empfohlene Spurenelemente:	"Mangan - Kupfer - Magnesium - Lithium" und Zink (morgens, nüchtern, abwechselnd an einem Tag das eine und am nächsten Tag das andere Präparat).
Empfohlene Vitamine:	B (*Levuforme*). C (*Acerola Plus*).

B62: Unter dem äußeren Fußknöchel.

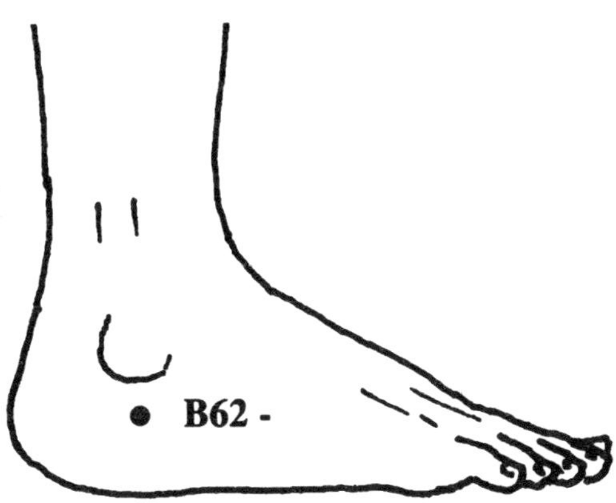

H5: Auf der Innenkante des Handgelenks, in der Furche der Elle, gegenüber vom kleinen Knochen (Griffelfortsatz).

Ma36: 4 Fingerbreit unter dem Knie, am Schienbein.

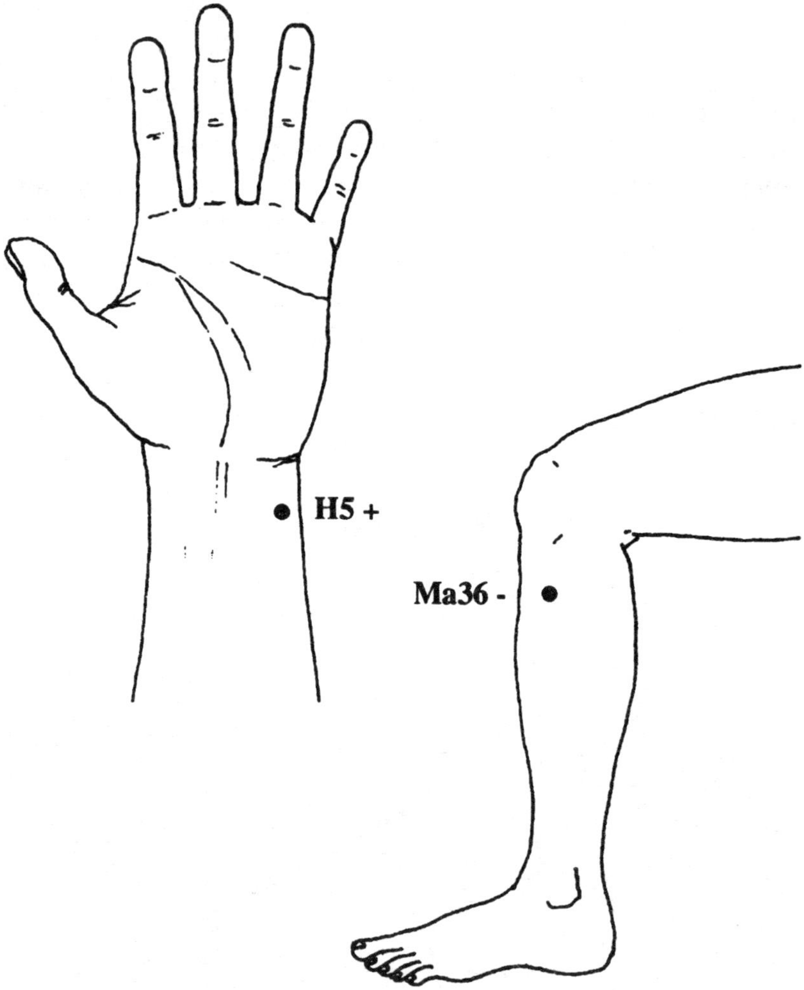

Streß

Sedieren Sie die Punkte MH6, Ma36 und KG17;
Tonisieren Sie den Punkt KG6.

MH6: 3 Fingerbreit über der Beugefalte des Handgelenks, zwischen den beiden Sehnen.

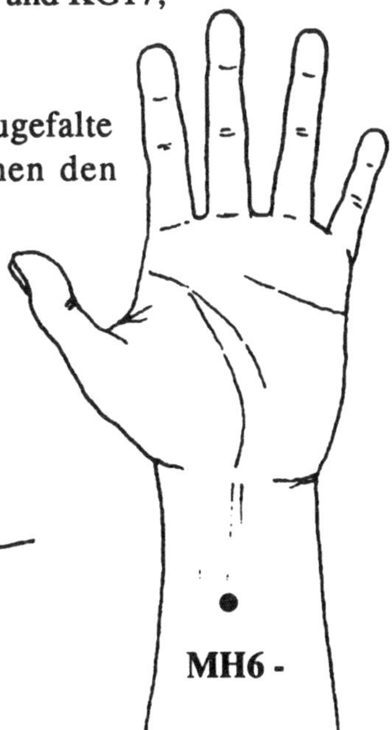

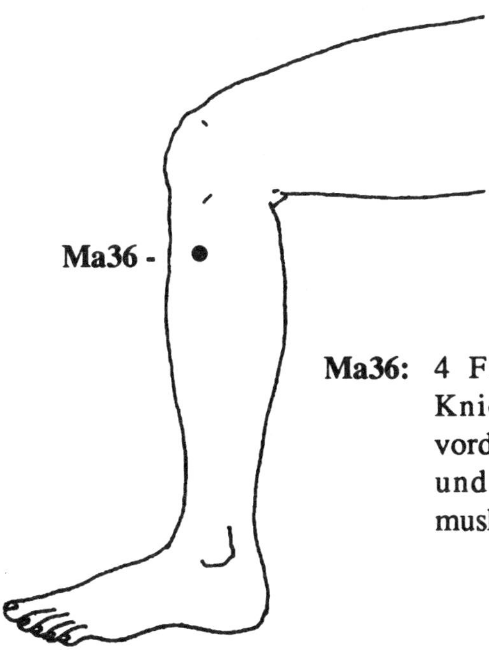

Ma36: 4 Fingerbreit unter dem Knie, zwischen dem vorderen Schienbeinmuskel und dem großen Streckmuskel.

KG6: 2 Fingerbreit unter dem Nabel.

KG17: Auf dem Brustbein, zwischen den beiden Brüsten.

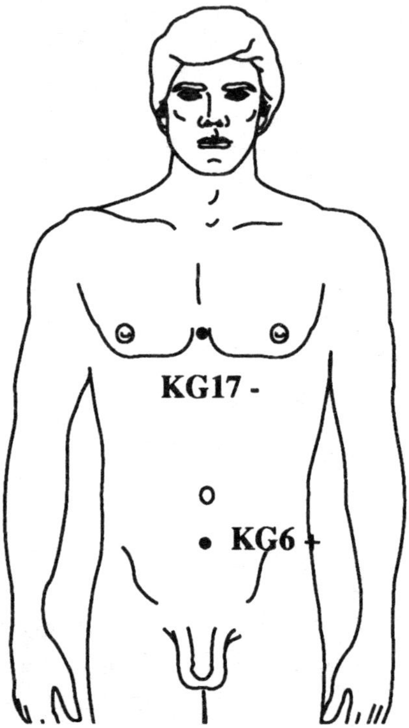

Übelkeit

Sedieren Sie die Punkte G40, N21 und Ma36.

G40: Auf dem Fußrist, in einer Vertiefung vor dem äußeren Fußknöchel.

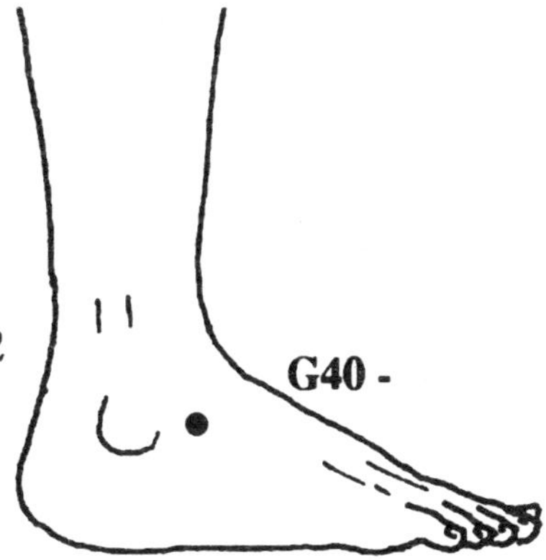

N21: Auf dem Brustkorb, 2 Fingerbreit neben der Mittellinie, im Bereich der Schwertspitze des Brustbeins.

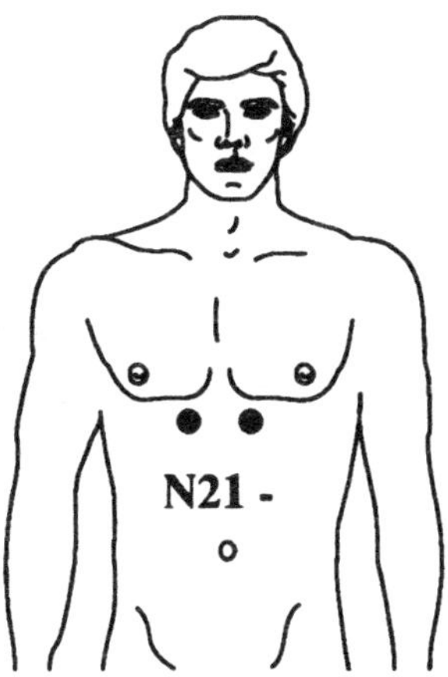

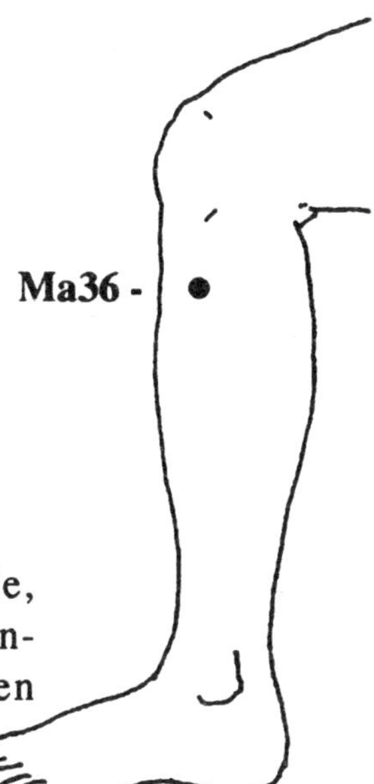

Ma36: 4 Fingerbreit unter dem Knie, zwischen dem vorderen Schienbeinmuskel und dem großen Streckmuskel.

Beständige Unzufriedenheit

Tonisieren Sie die Punkte Lu9, Di4 und N7;
Sedieren Sie den Punkt G40.

Lu9: In der Speichenfurche, auf der Handgelenksfalte, d. h. vor dem Griffelfortsatz der Speiche.

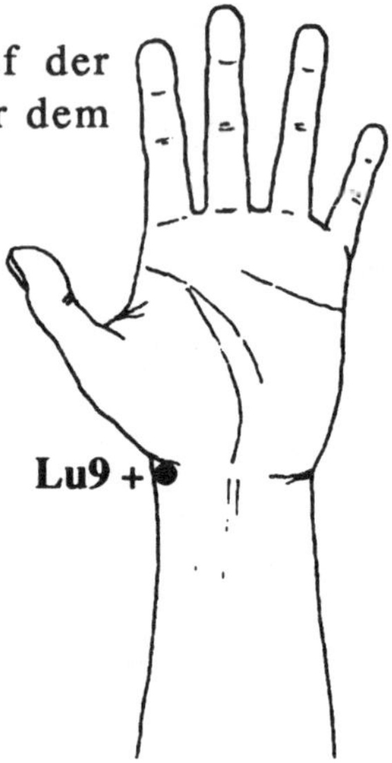

Di4: Im Winkel, den die beiden ersten Mittelhandknochen vor und an der Basis des zweiten Mittelhandknochens bilden.

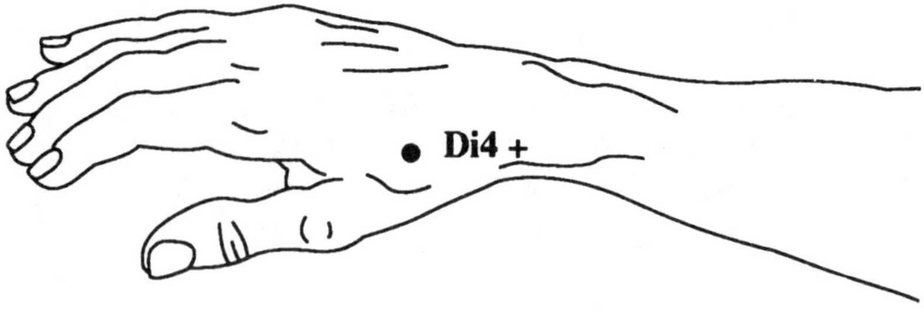

N7: 2 Fingerbreit über dem inneren Fußknöchel, vor der Achillessehne.

G40: Auf dem Fußrist, in einer Vertiefung vor dem äußeren Fußknöchel.

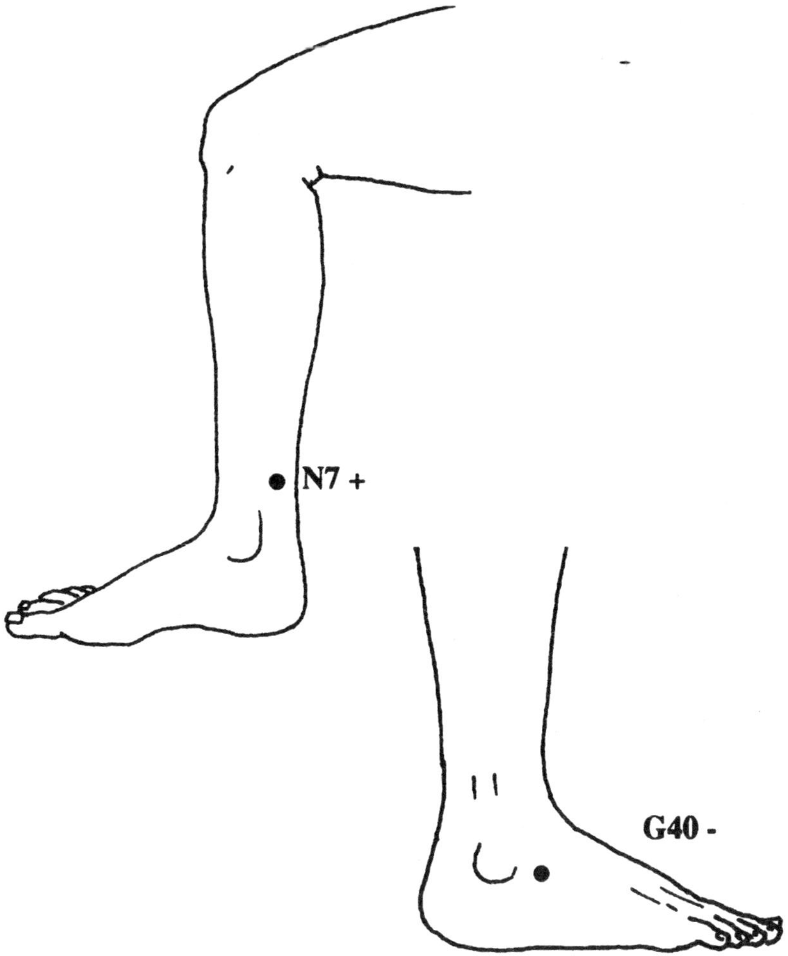

Verbrennung

Sedieren Sie den Punkt Lu7 sowie alle Punkte rund um die Verbrennung.

Lu7 ist ein Punkt, mit dessen Hilfe man schnell kleine Verbrennungen lindern kann. Es ist außerdem empfehlenswert, die betroffene Stelle in ein Gefäß mit kaltem Wasser und etwas Ton zu geben. Bei größeren Brandwunden einen Arzt hinzuziehen.

Lu7: In der Speichenfurche, wo man den Schlag der Arterie spürt, 3 Fingerbreit über der Handgelenksfalte, d. h. über dem Griffelfortsatz der Speiche.

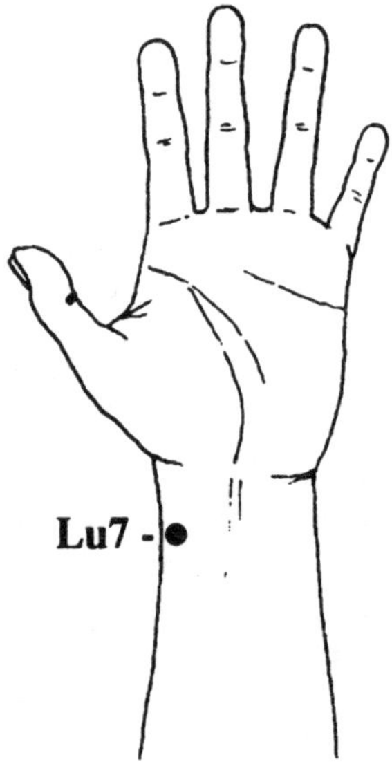

Träge Verdauung

Tonisieren Sie die Punkte Ma36, Ma41 und KG12.

Empfohlenes ätherisches Öl: Pfefferminze.
Empfohlene Heilkräuter: Estragon. Basilikum. Rosmarin. Komplex *Digestonic*.

Ma36: 4 Fingerbreit unter dem Knie, am Schienbein.

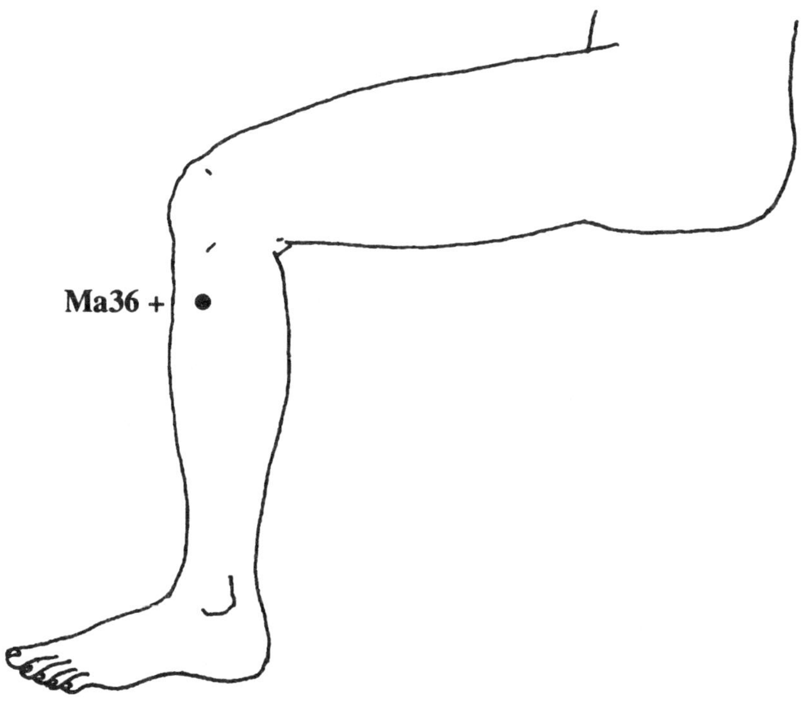

Ma41: Mitten auf dem Fußrist, in der Vertiefung zwischen den Sehnen.

KG12: Mitten auf dem Bauch, in der Mitte zwischen Nabel und Schwertspitze des Brustbeins.

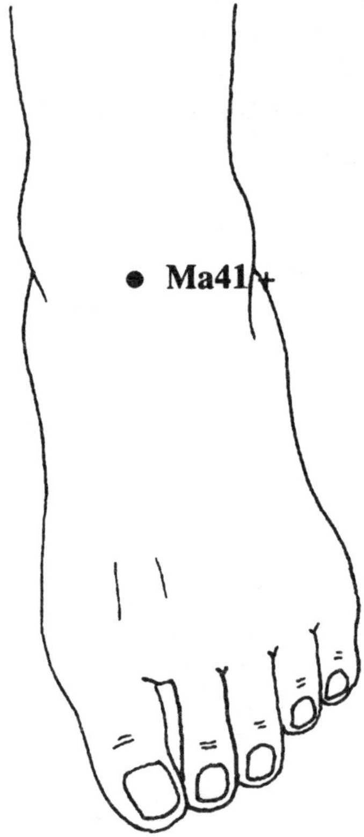

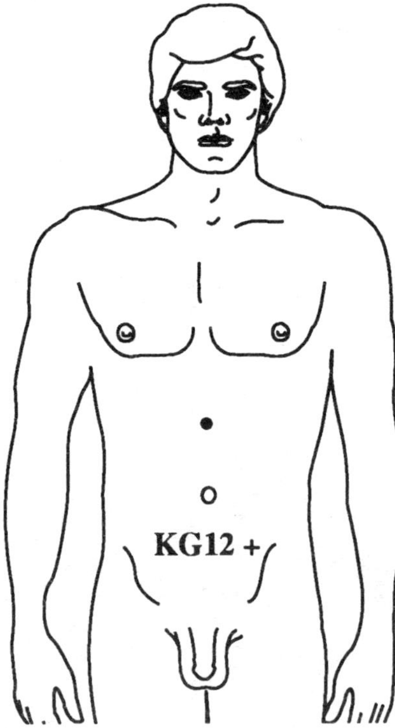

Verstauchung am äußeren Fußknöchel

Bei einer ernsthaften Verletzung ist es wichtig, durch eine Röntgenaufnahme sicherzustellen, daß es sich nicht um einen Bruch handelt.

Hier einige Punkte, die Ihr Gelenk bei einer leichten Verstauchung, die so schnell wie möglich behandelt werden sollte, sehr schnell wieder in Ordnung bringen werden. Zwei Behandlungen täglich über zwei bis drei Tage, falls erforderlich.

Tonisieren Sie die Punkte B67 und G44 auf beiden Seiten;
Sedieren Sie die Punkte B62, B60 und G40 auf der Seite der Verstauchung;
Tonisieren Sie den Punkt Ma2 auf der Seite der Verstauchung.

B67: Am äußeren Nagelbett der kleinen Zehe.

G44: Am äußeren Nagelbett der vierten Zehe.

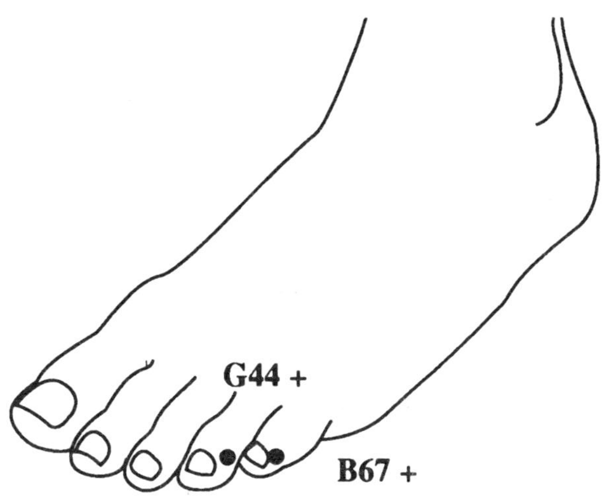

B62: Unter dem äußeren Fußknöchel.

B60: Hinter dem äußeren Fußknöchel.

G40: Auf dem Fußrist, in einer Vertiefung vor dem äußeren Fußknöchel.

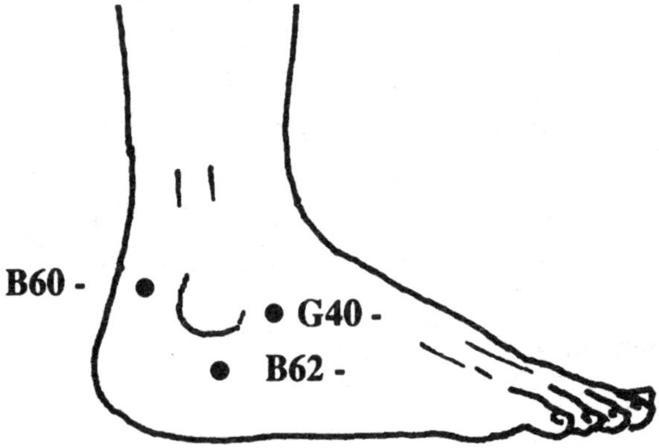

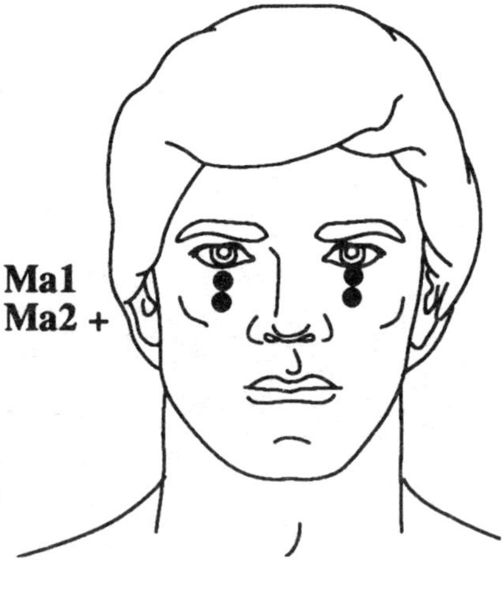

Ma2: In einer Vertiefung, unmittelbar unter Ma1.

Atonische Verstopfung

Die atonische Verstopfung beruht auf einer mangelnden Funktion des Grimmdarms. Infolgedessen sind die Stühle selten, von normalem oder übermäßigem Volumen. Die Bauchmuskeln können ebenfalls schlaff sein.

Meiden Sie: Schokolade. Zucker. Fleisch. Wurstwaren.
Essen Sie: Gemüse. Salate, die mit kaltgepreßtem Jungfernöl erster Pressung angemacht sind. Vollwertiges Getreide (Reis, Hirse, Gerste). Vollkornteigwaren. Obst (außer Quitte).
Empfohlenes Spurenelement: Magnesium.
Empfohlenes Vitamin: B5 (Panthenolsäure).

Tonisieren Sie die Punkte Di1, Di4, Di11 und Ma25.

Di1: Am Nagelbett des Zeigefingers, auf der Seite des Daumens.

Di4: An der Spitze des Winkels, den die beiden ersten Mittelhandknochen in gespreiztem Zustand bilden (Knochen des Daumens und des Zeigefingers).

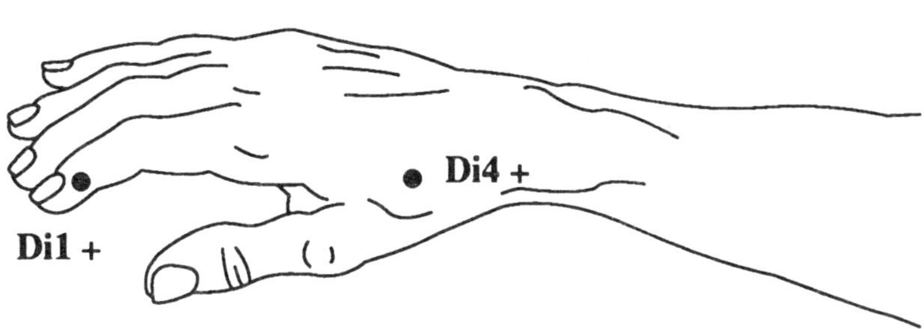

Di11: Am äußersten Punkt der Beugefalte des Ellbogens.

Ma25: 3 Fingerbreit neben dem Nabel.

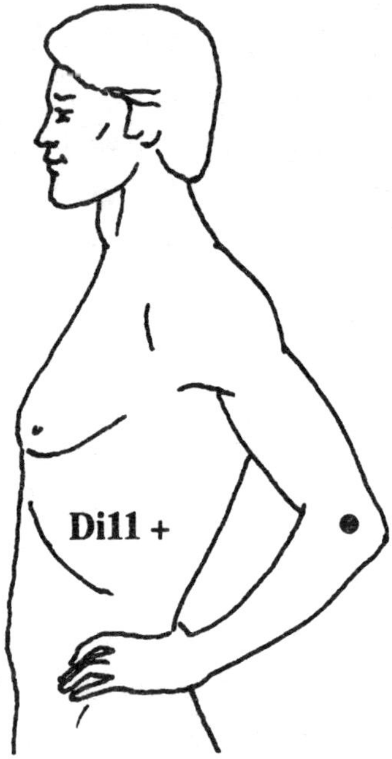

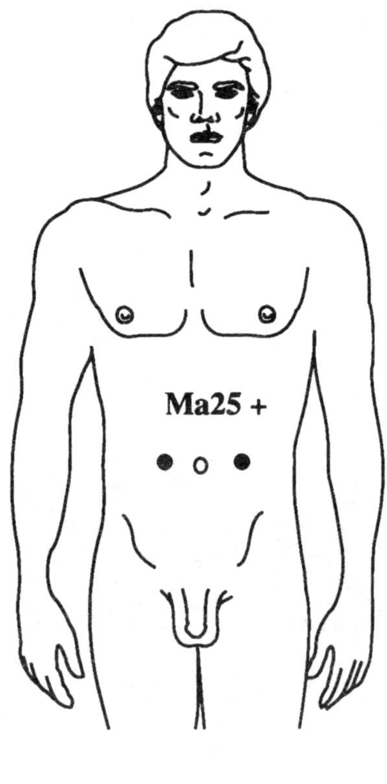

Verstopfung mit Krämpfen

Die Verstopfung mit Krämpfen (vagotonische Verstopfung), das Gegenteil der atonischen Verstopfung, ist die Folgeerscheinung einer übermäßigen Muskelanspannung des Grimmdarms. Die Stühle sind demzufolge klein, wie Schafskot.

Sedieren Sie die Punkte MH6, MP9, Di2 und Di4.

Empfohlene Spurenelemente:	Kobalt. Magnesium. "Mangan - Kobalt".
Empfohlene Vitamine:	B5 (Panthenolsäure). H.

MH6: 3 Fingerbreit über der Beugefalte des Handgelenks, zwischen den beiden Sehnen.

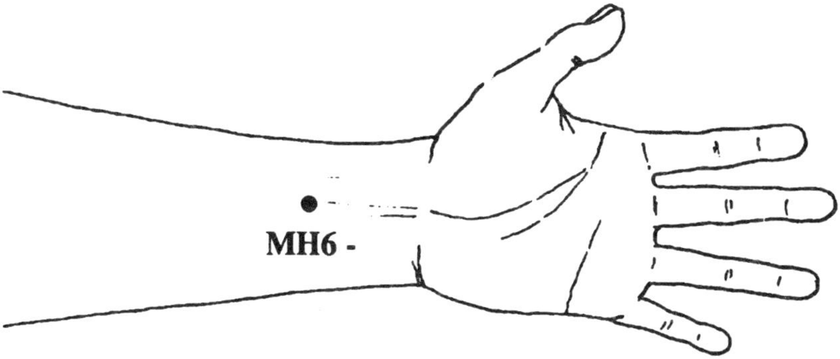

MP9: Unter dem Knie auf der Innenseite, an der Abwinkelstelle der Knochen von Schienbein und Knie.

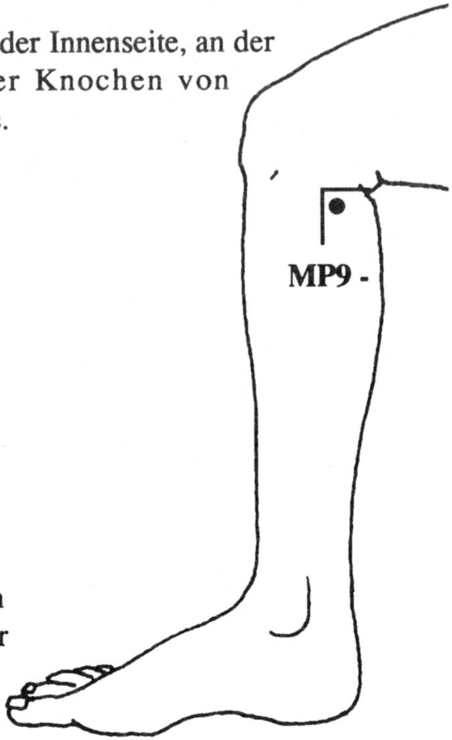

Di2: Unmittelbar vor dem Grundgelenk, auf der Innenkante des Zeigefingers.

Di4: An der Spitze des Winkels, den die beiden ersten Mittelhandknochen in gespreiztem Zustand bilden (Knochen des Daumens und des Zeigefingers).

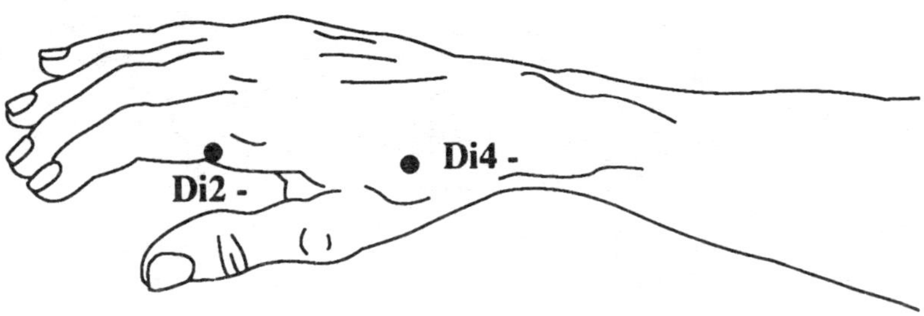

Wadenkrampf

Die Faktoren, die für Wadenkrämpfe verantwortlich sind, sind vielfältig. Es gibt unter anderem die Stoffwechselstörungen von Kalzium und Kalium sowie die Durchblutungsstörungen. Doch die Hauptursache liegt in der Muskelschwäche. Folgende Punkte können Ihnen helfen, diese schnell zu beseitigen.

Sedieren Sie die Punkte G34, B57 und Le3.

Empfohlene Spurenelemente:	Kalzium. Magnesium. “Mangan - Kobalt”.
Empfohlenes Vitamin:	B_2.

G34: Unter dem Knie auf der Außenseite, unter dem Kopf des Wadenbeins, also dem kleinen Höckerknochen, den man unmittelbar unter dem Knie, etwas nach hinten versetzt, spürt, wie in der Skizze dargestellt.

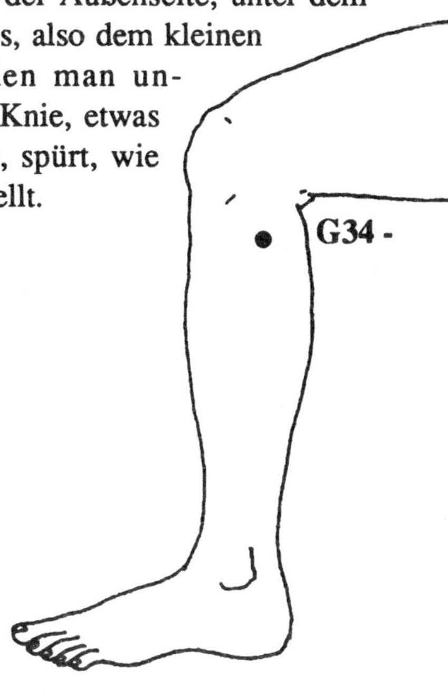

B57: Hinten am Bein, unter der Wade.

Le3: Auf dem Fuß, an der Spitze des Winkels, den die beiden ersten Mittelfußknochen in gespreiztem Zustand bilden, am Knochen der großen Zehe.

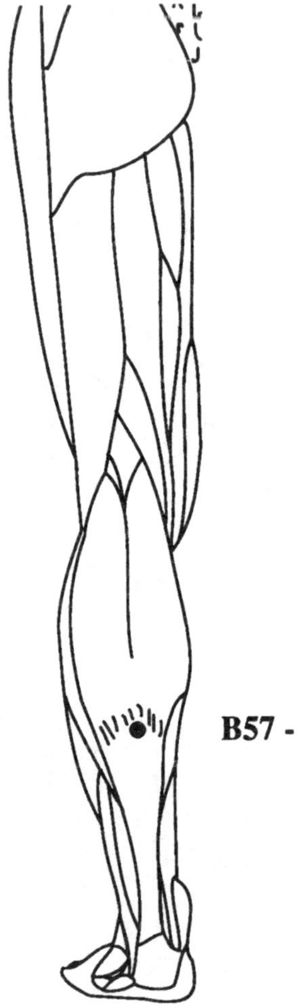

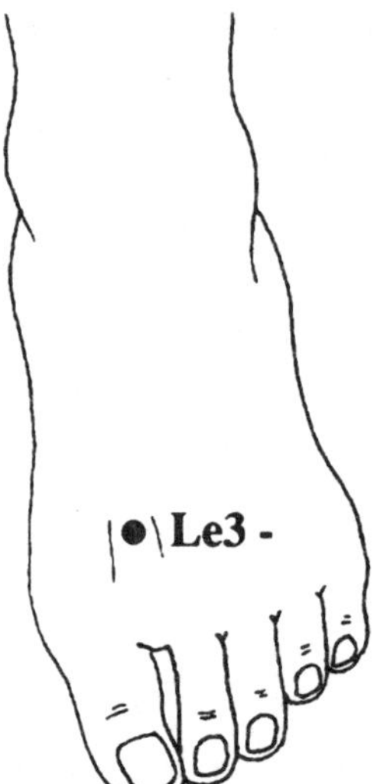

Warzen

In Verbindung mit den im folgenden angegebenen Punkten ist es ratsam, eine Magnesiumkur wie folgt anzuwenden: Geben Sie 20 g Magnesiumchlorid in einen Liter reines Wasser (Marke Volvic, Mont-Roucous, Naya ...). Trinken Sie von dieser Lösung drei Wochen lang täglich morgens nüchtern ein Glas.

Es ist nicht notwendig, alle vorgeschlagenen Naturheilmittel anzuwenden. Manchmal ist es ausreichend, allein die Akupressurpunkte 4 bis 7 Tage lang zweimal täglich zu behandeln, um die Warzen loszuwerden. Doch es ist vielleicht empfehlenswert, die Homöopathie und die Spurenelemente, vor allem Magnesium, ebenfalls einzusetzen, um ein erneutes Auftreten zu verhindern. Das ätherische Lavendelöl ist antiseptisch, regenerierend und wundheilend.

Empfohlene Spurenelemente:	Magnesium. Kieselerde. Zink.
Empfohlene homöopathische Behandlung:	Thuja C4 (3 Globuli, 3mal täglich 10 Tage lang), Nitricum acidum C4 (3 Globuli, 3mal täglich 10 Tage lang).
Empfohlenes ätherisches Öl:	Lavendel.
Empfohlene Urtinktur:	Thuja (3 Tropfen direkt auf die Warzen auftragen).
Empfohlene Vitamine:	E. F (kaltgepreßtes Jungfernöl erster Pressung).

Tonisieren Sie den Punkt Ma39;
Sedieren Sie alle Punkte, die sich um die Warzen herum und in deren Mitte befinden, mit dem *elektronischen Akupressurgerät* (R).

Ma39: Auf der Außenseite des Beines, 4 Fingerbreit über dem äußeren Fußknöchel.

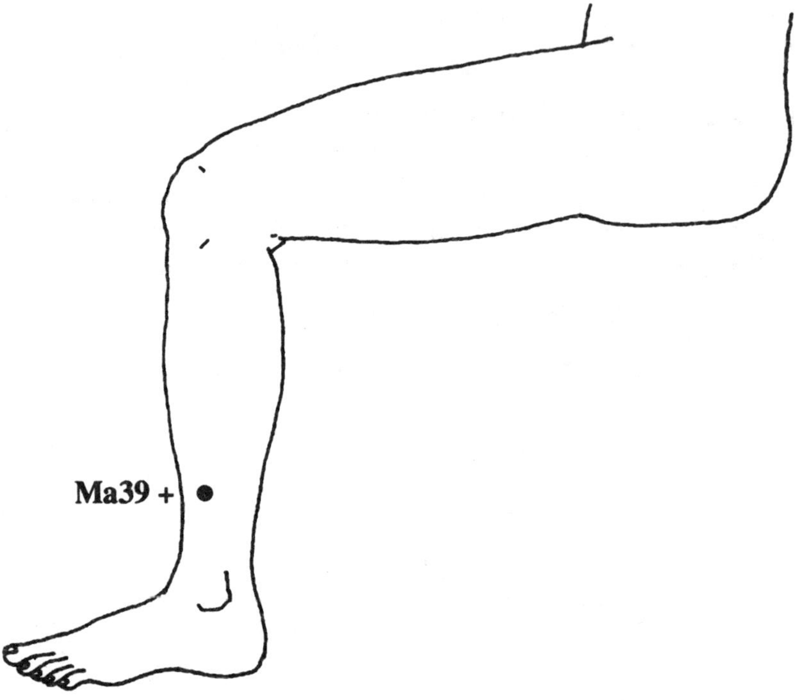

Wundheilung

Die folgenden Punkte beschleunigen die Wundheilung, manchmal sogar mit spektakulärem Erfolg.

Tonisieren Sie die Punkte MP6 und G39.

Empfohlene Spurenelemente: Magnesium. Zink.
Empfohlenes Vitamin: B5 (Panthenolsäure).

MP6: Auf der Innenseite des Beines, 4 Fingerbreit unter dem inneren Fußknöchel, in einer Vertiefung hinter dem Schienbein.

G39: 2 Fingerbreit über dem äußeren Fußknöchel, auf dem Wadenbein.

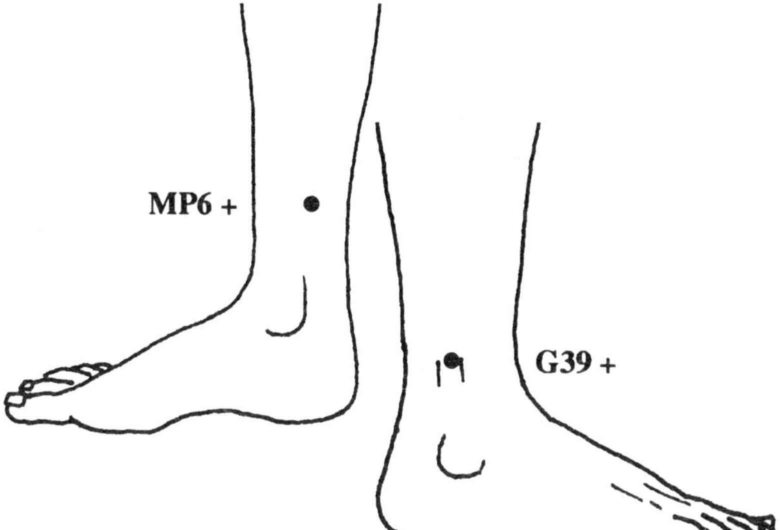

Zahnfleisch
Zur Stärkung des ...

Wenn man sich schöne Zähne bewahren möchte, ist es sehr wichtig, sein Zahnfleisch zu pflegen und Zahnbelag zu vermeiden. Ein Tip: Spülen Sie Ihren Mund nach jeder Mahlzeit stets mit Salzwasser und vergessen Sie dies vor allem vor dem Schlafengehen nicht.

Empfohlene Spurenelemente: Magnesium. Kieselerde.

Tonisieren Sie die Punkte Ma45, Di1, Ma7 und das Zahnfleisch.

Ma45: Am Nagelbett der zweiten Zehe, auf der Seite der dritten Zehe.

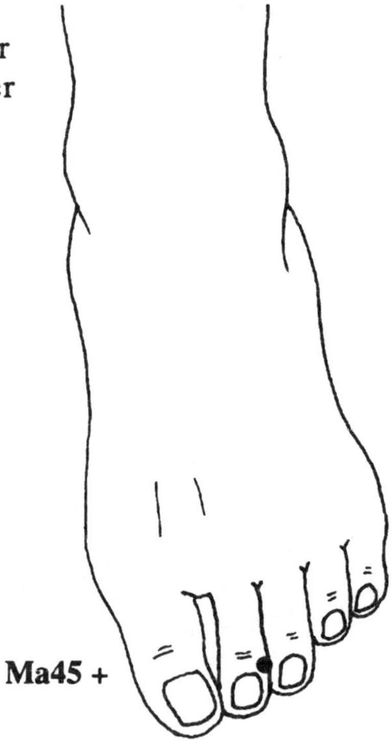

Ma7: Vor dem Ohr, in einer Vertiefung, die sich beim Öffnen des Mundes schließt.

Di1: Am Nagelbett des Zeigefingers, auf der Seite des Daumens.

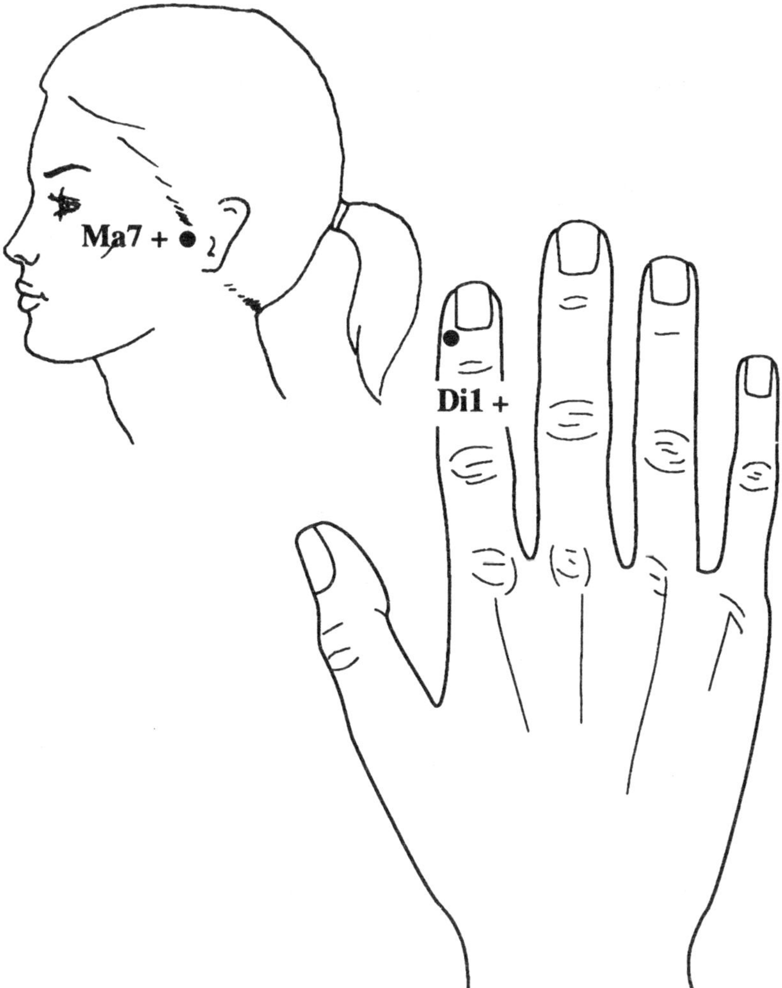

Zahnschmerzen

Die Zähne stehen hauptsächlich in Beziehung zu den Meridianen des Dickdarms und des Magens. Hier zwei Punkte, die Ihnen Linderung verschaffen können, doch sie können den Zahnarzt nicht ersetzen

Sedieren Sie den Punkt Di4;
Tonisieren Sie den Punkt Ma45.

Di4: Im Winkel, den die beiden ersten Mittelhandknochen vor und an der Basis des zweiten Mittelhandknochens bilden.

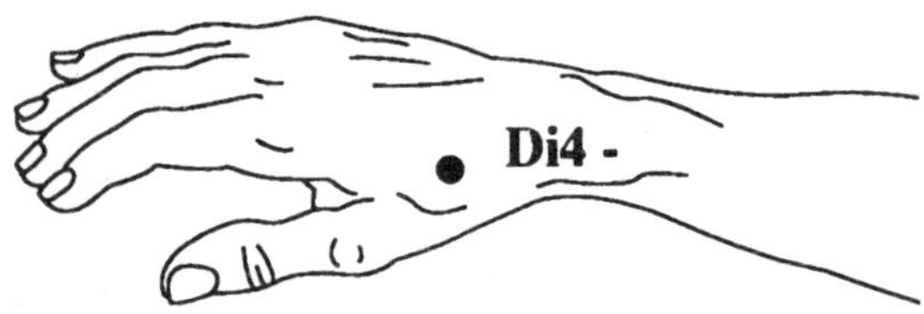

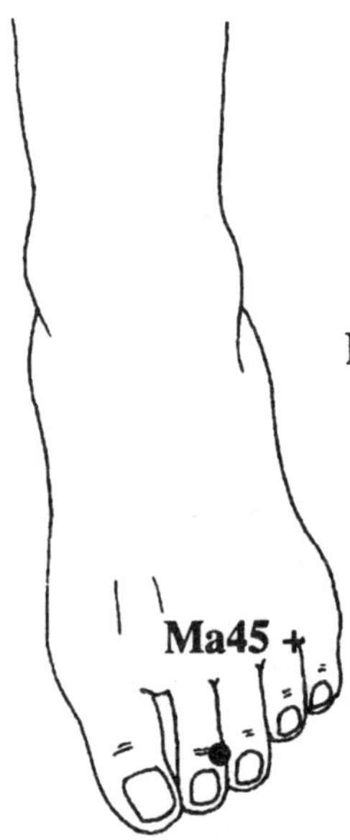

Ma45: Am Nagelbett der zweiten Zehe, auf der Seite der dritten Zehe.

Große Zehe
Schmerzen in der ...

Die häufigste und schmerzhafteste Art von Schmerzen in der großen Zehe ist unbestritten Gicht. Das Gelenk der großen Zehe ist geschwollen, rot, heiß und schmerzt stark.

Es ist unbedingt eine gesunde Ernährungsweise notwendig: Streichen Sie Alkohol, Wurstwaren und Zucker. Essen Sie Gemüse, Salat, Obst, Vollkorngetreide.

Empfohlener Absud:	Lindenbaumrinde. Javatee (Orthosiphon).
Empfohlenes ätherisches Öl:	Wacholder.
Empfohlene Spurenelemente:	Jod. Magnesium. Schwefel. Zink.
Empfohlene Vitamine:	B15. C. PP.

Sedieren Sie die Punkte MP4, MP5 und Le3.

MP4: In der Mitte der Fußinnenkante, am Übergang zwischen der Haut des Fußrückens und der Haut der Fußsohle.

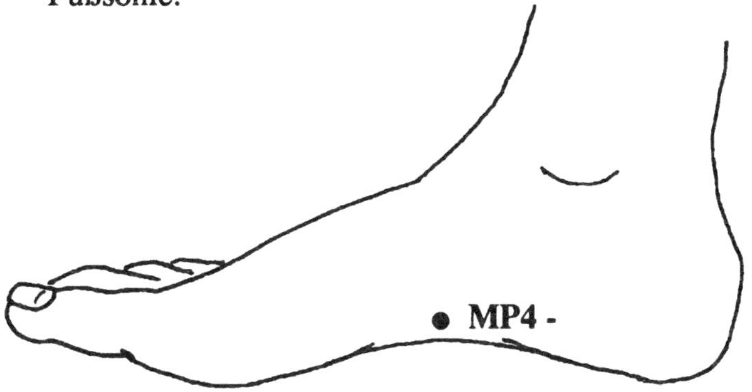

MP5: Vor dem inneren Fußknöchel, auf dem Fußrist, auf der Sehne des vorderen Schienbeinmuskels, in der Vertiefung, die sich bildet, wenn man den Fuß nach innen neigt.

Le3: Auf dem Fuß, an der Spitze des Winkels, den die beiden Mittelfußknochen in gespreiztem Zustand bilden, am Knochen der großen Zehe.

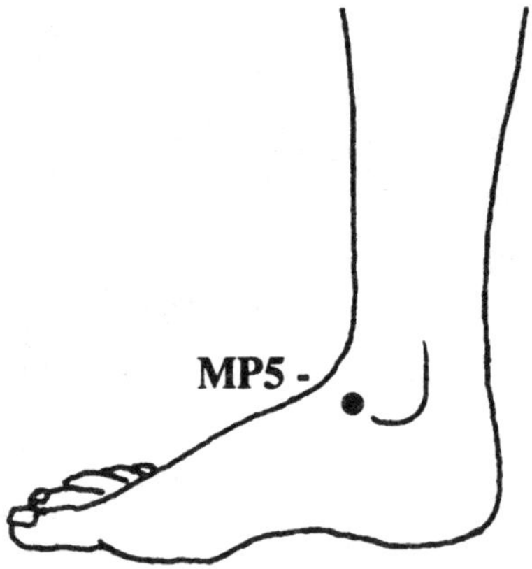

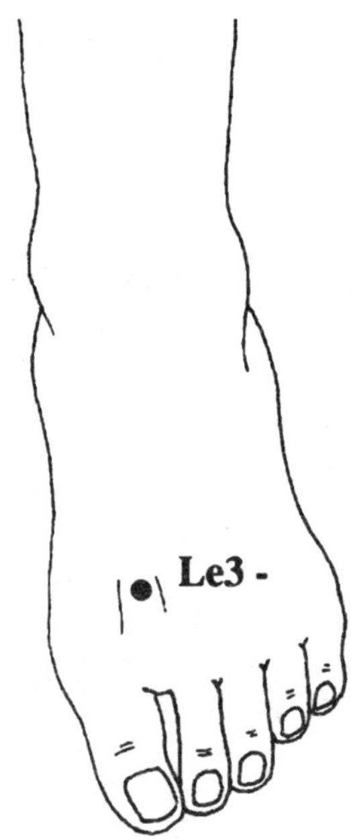

Index der Punkte

HM des Herzens

Konzeptionsgefäß

HM der Leber

Lenkergefäß

HM der Lunge

HM des Magens

HM Meister des Herzens

HM der Milz

HM der Nieren

Hauptindex

Cet ouvrage a été achevé d'imprimer en mai 1997 dans les ateliers de Normandie Roto Impression s.a.
61250 Lonrai – N° d'imprimeur : 970847 – Dépôt légal : mai 1997

Imprimé en France